12

张远山作品集

庄子复原本 下

北京出版集团
北京出版社

刘安版大全本篇目考

弁言 《庄子》大全本先于《史记》

欲明《庄子》大全本由何人、于何时编纂，必先探明"内外杂"的划分始于何人何时。主流观点认为，划分"内外杂"始于西晋郭象（252—312），没有史实依据。此外另有三说，各有微弱史实依据，均胜主流观点。

第一说，认为始于魏晋司马彪（？—306）。依据是唐人陆德明《经典释文·序录》（下文简称"陆序"）曰："司马彪注五十二篇，内篇七，外篇二十八，杂篇十四，解说三。"此说胜于主流观点，已从西晋郭象，上溯至魏晋司马彪。

第二说，认为始于东汉班固（32—92）。依据是班固《汉书·艺文志》曰："《庄子》五十二篇。"此说又胜第一说，又从魏晋司马彪，上溯至东汉班固。

第三说，认为始于西汉刘向（前79—前6）。依据是《汉书·艺文志》曰："至成帝时，以书颇散亡，使谒者陈农求遗书于天下，诏光禄大夫刘向校经传诸子诗赋。每一书已，向辄条其篇目，撮其指意，录而奏之。会向卒，哀帝复使向子侍中奉车都尉歆卒父业。歆于是总群书而奏其《七略》，故有辑略。今删其要，以备篇籍。"此说从班固"今删其要，以备篇籍"，考定《汉书·艺文志》钞自刘向《别录》（今佚）、刘向之子刘歆《七略》（今佚），又胜第二说，又从东汉班固，上溯至西汉刘向。

三说虽胜"划分内外杂始于郭象"的主流观点，然而均未探明源头。

《史记·老子韩非列传》曰："庄子著书十余万言，作《渔父》、《盗跖》、《胠箧》，以诋訿孔子之徒，以明老子之术。《畏累虚》、《亢桑子》之属，皆空语无事实。"均不符合魏牟版《庄子》初始本，只符合《庄子》大全本。

司马迁提及"十余万言"。魏牟版《庄子》二十九篇之复原部分，仅有五万余言，平均每篇一千七百余字，由于不少外篇已被郭象删残，如《惠施》残篇仅有526字，《列御寇》残篇仅有669字，因此推测魏牟版二十九篇之原文，总计大约不足六万言，平均每篇约二千字（详见绪论二《魏牟版初始本篇目考》）。郭象版《庄子》三十三篇，总计六万六千言，也是平均每篇约二千字。以每篇二千字计算，五十二篇是十万四千字，仅是"十余万言"的下限。

司马迁又提及《庄子》之五篇。《盗跖》、《胠箧》二篇确在魏牟版外篇，《渔父》、《畏累虚》、《亢桑子》三篇却在魏牟版所无的大全本杂篇（证见下文）。

司马迁所见《庄子》，必非仅有"内篇七，外篇二十二"，共计二十九篇、五万余言的《庄子》初始本，必为包括"内篇七，外篇二十八，杂篇十四，解说三"，共计"五十二篇"、"十余万言"的《庄子》大全本。

《庄子》大全本的编纂者，不仅早于西汉晚期的刘向（前77—前6），而且早于西汉中期的司马迁（前145—约前90）。

一　大全本编纂者必为刘安

《庄子》大全本五十二篇包含的"解说三"，其中二篇见于唐人李善《文选注》。

其一，《文选》张协《七命》："盖理有毁之，而争宝之讼解。"李善注曰："《庄子》曰：'庚市子肩之毁玉也。'《淮南子·庄子后解》曰：'庚市子：圣人无欲者也。人有争财相斗者，庚市子毁玉于其间，而斗者止。'"

其二，《文选》江淹《杂体诗》、谢灵运《入华子岗是麻源第三谷》、陶渊明《归去来辞》、任昉《齐竟陵文宣王行状》之李善注均曰："《淮南王·庄子略要》曰：'江海之士，山谷之人，轻天下，细万物，而独往者也。'司马彪曰：'独往：任自然，不复顾世也。'"

唐人李善所引《淮南子》之《庄子后解》、《庄子略要》，不见今传《淮南子》内篇，当属今已亡佚的《淮南子》外篇。李善先引《淮南子》外篇之《庄子略要》，再引司马彪《庄子注》之《庄子略要注》，可证司马彪注五十二篇之"解说三",均为刘安所撰。

清人俞正燮是本书之前认为五十二篇本《庄子》是刘安版的唯一学者,其《癸巳存稿》之《庄子司马彪注辑本跋》曰:"司马彪本五十二卷中,有《淮南王·略要》。或《汉志》五十二篇为淮南王本。"

今人王叔岷也认为《庄子后解》《庄子略要》属于"淮南王外篇",但未指出五十二篇本《庄子》是刘安版。

综上所言,五十二篇的《庄子》大全本,编纂者必为早于司马迁、刘向的刘安(前179—前122)。

淮南王刘安,汉高祖刘邦之孙,刘邦庶幼子刘长(前198—前174)之长子。刘安之家史兴衰,酷爱《庄子》,撰著《淮南子》,编纂《庄子》大全本,均非偶然,均有特殊时代背景,均与汉初诸帝政治路线的急剧变动,中华帝国的君主专制日益强化息息相关。

汉高祖刘邦(前206—前195在位)灭秦之后,改变"天子专制"的秦朝法家路线,采用"天子无为"的黄老道家路线,又改变秦朝之"废封建,立郡县",于是大封诸侯。刘安之父刘长封为淮南王,封地四郡。[1]

汉文帝刘恒(前179—前157在位),采纳儒生贾谊之献策,既沿袭"天子无为",又开始稍稍"有为",于是刘安六岁时(前174),其父刘长王号被废,绝食而死。刘长三子,降封为侯。刘安十六岁时(前164),文帝迫于众议,淮南复国,但三分其地,分封刘长三子。长子刘安,袭封淮南王,封地缩为一郡。其弟刘勃、刘赐,封为衡山王、庐江王。

汉景帝刘启(前156—前141在位),又采纳儒生晁错之献策,发布"削藩令",削减诸侯封地,引发吴、楚七王之乱(前154),三个月平定,二十六岁的刘安险遭牵连。

汉武帝刘彻(前140—前87在位)即位次年(前139),四十一岁的刘安把《淮南子》献给汉武帝。其时汉武帝尚未亲政,只能迎合正在主政、崇尚黄老的窦太后,故对《淮南子》佯装嘉许。但是刘安好景不长,四年

---

[1] 《史记·淮南衡山列传》:"高祖十一年(前196)七月,淮南王黥布反,立子长为淮南王,王黥布故地,凡四郡。"刘长时年四岁。

后（前135，武帝建元六年）窦太后去世，汉武帝亲政，立刻改变政治路线，重新起用被窦太后罢黜的田蚡为相，"绌黄老、刑名、百家之言，延文学儒者数百人"（《史记·儒林列传》），又采纳儒生董仲舒（前179—前104）之献策"罢黜百家，独尊儒术"，发布"推恩令"，强命诸侯把封地分给众子，开启了延续两千年的"王霸杂用"政体。

父丧国分的刘安，曾受惠于汉初政治路线，因而崇尚黄老的"天子无为"，酷爱庄学；又受害于汉初文、景之后逐渐改变的政治路线，因而反对儒家的"天子有为"和法家的"天子专制"。刘安编纂《庄子》大全本，刘安撰著《淮南子》进献汉武帝，均有特殊政治意图，都是希望汉武帝退回汉初的"天子无为"。

中华帝国君主专制日益强化的历史进程，不以刘安的个人主观愿望和特殊政治意图为转移。刘安五十八岁（前122）时，汉武帝诬其谋反，刘安被迫自杀，连坐而死数万人。淮南国亡，置为郡县。刘安谋反案的主审官，正是主张"罢黜百家，独尊儒术"的董仲舒之弟子吕步舒。[1]

二 刘安版新增二十三篇

刘安酷爱魏牟版《庄子》初始本，于是广泛搜罗魏牟以后、刘安以前的慕庄后学所撰之文，增补编纂《庄子》大全本。

刘安版《庄子》大全本，全部保留魏牟版《庄子》初始本。对于魏牟版"内篇七"，不增不减。对于魏牟版"外篇二十二"，则增补慕庄后学所撰、符合刘安特殊政治意图的六篇《骈拇》、《马蹄》、《刻意》、《缮性》、《在宥》、《天道》，变成刘安版"外篇二十八"。又创设魏牟版没有的杂篇，收入慕庄后学所撰《说剑》、《渔父》等十四篇，新增刘安版"杂篇十四"。

---

[1] 魏牟生平知者甚少，故本书详论。刘安史料俱见《史记·淮南衡山列传》、《汉书·淮南衡山济北王传》，故本书简述。

魏牟编纂《庄子》初始本，不追求形式主义数字。收入庄撰"内篇七"，未对七之意味予以神秘化。所以收入弟子、再传弟子所撰"外篇二十二"，并非七的倍数。

刘安编纂《庄子》大全本，却追求形式主义数字。以庄撰"内篇七"为基数，把"外篇二十二"增至"外篇二十八"成其四倍，创设"杂篇十四"为其两倍，合计七七四十九篇。四十九不仅是"内篇七"的七倍，又符合"大衍之数五十，其用四十有九"的周易蓍占法，遂成刘安予以神秘化的预定之数，为此不惜降低质量，收入若干劣篇。

刘安自撰的《庄子后解》、《庄子略要》等"解说三"，并非大全本之正文，仅是大全本之附录。刘安并无伪托庄撰、伪托庄门弟子所撰之意。其证有四：

其一，"解说三"不计入神秘化的预定之数"七七四十九"；

其二，标明其分类，仅是"解说"；

其三，标明其篇名，是《〈庄子〉后解》、《〈庄子〉略要》等，以明此为后人所解、所撰，决非庄子自解其书，自撰提要；

其四，又将"解说三"编入《淮南子·外篇》，以此标明知识产权归其所有，暗示《庄子》大全本为其编纂。

刘安版于魏牟版之后百年成书，包含魏牟版所有篇目，比魏牟版多二十三篇、五六万字，因此取代魏牟版，导致后人对魏牟之生平事迹，生存年代，身为庄子再传弟子，编纂《庄子》初始本，一概不知。后人同样不知《庄子》大全本的编纂者是刘安，原因仍与刘安遭到政治迫害有关。

稍后于刘安的司马迁《史记·老子韩非列传》曰："庄子著书十余万言。"稍后于司马迁的刘向《别录》、刘歆《七略》曰："《庄子》五十二篇，宋之蒙人。"司马迁、刘向父子对刘安编纂的《庄子》大全本、刘安撰著的《淮南子》均曾寓目，未必不知《庄子》五十二篇之"解说三"又见《淮南子》外篇，未必不知"解说三"必为刘安所撰。或许因为刘安被汉武帝诬以谋反而自杀，导致刘安编纂《庄子》大全本成了不宜提及的政治禁忌，因此司马迁才不得不含糊其辞曰"庄子著书十余万言"，刘向父子才不得不含糊其辞曰"《庄子》五十二篇，宋之蒙人（庄周撰著）"。

西汉政治禁忌，东汉无须避忌。然而东汉初年的班固撰著《汉书·艺文志》，照钞刘向父子曰："《庄子》五十二篇，名周，宋人。"东汉末年的高诱曾注《淮南子》内篇，竟然不知《庄子》五十二篇之"解说三"又见《淮南子》外篇，必为刘安所撰，其注《吕览·必己》所引《外篇·山木》"庄子行于山中"，仍然照钞刘向父子、班固曰："庄子名周，宋之蒙人，著书五十二篇，名之曰《庄子》。"至此，庄子撰著五十二篇，遂从西汉的含糊其辞，变成东汉的明确论断。

司马迁、高诱对庄子并不敌视，刘向、班固却对庄子颇为敌视。刘向《别录·孙卿书录》抨击庄子曰："庄周滑稽乱法。"班固曾著《难庄论》（今佚），《汉书·古今人表》又把"严周（庄周）"、"魏牟"列于第六等"中下"，等第比《古今人表》采信收入的庄周、魏牟虚构的寓言人物低下甚多[1]。刘向、班固既无庄学常识，史识又不高明，所以班固《汉书·艺文志》又照钞刘向父子曰："公子牟，魏之公子也，先庄子，庄子称之。"与外篇《秋水》著录的魏牟称赞庄子相反。

无论是由于客观环境有异，或是主观好恶不同，两汉大知最终一致妄言"庄子著书十余万言，五十二篇"。这一权威谬见遮蔽了刘安编纂《庄子》大全本的确凿史实，误导后世两千年。

三　郭象版删除十九篇

刘安版《庄子》大全本成书五百年之后，郭象版《庄子》删残本问世。郭象以儒解庄，在"罢黜百家，独尊儒术"的君主专制时代"政治正确"，遂被视为"独会庄生之旨"（陆序）。唐宋以后，"罢黜百家，独尊儒术"发

---

[1]　班固误将《庄子》中的诸多虚构寓言人物，如"王倪"（庄撰《齐物论》）、"子州支父"（魏撰《让王》）、"北人无择"（魏撰《让王》）等，视为历史人物而采入《古今人表》，等第却高于"庄周"、"魏牟"，堪称古典式恶搞。

展为"三教合一"，郭象以儒解庄的"政治正确"程度也日益提高，终于导致刘安版大全本在唐宋以后亡佚。

刘安版《庄子》大全本之亡佚，导致五十二篇的具体篇目及其分类构成，郭删十九篇的具体篇目及其分类归属，长期成为不解之谜。然而篡改历史，必有蛛丝马迹；愚弄世人，难以永远得逞。

郭象版《庄子》删残本之末，原有郭象之跋：

> 庄子阂才命世，诚多英文伟词。正言若反，故一曲之士，不能畅其弘旨，而妄窜奇说。若《阒弈》、《意修》之首，《厄言》、《游凫》、《子胥》之篇，凡诸巧杂，若此之类，十分有三。或牵之令近，或迂之令诞，或似《山海经》，或似《占梦书》，或出《淮南》，或辩形名，而参之高韵，龙蛇并御，且辞气鄙背，竟无深奥，而徒难知以困后蒙，令沉滞失流，岂所求庄子之意哉？故皆略而不存。今唯裁取其长，达致全乎大体者，为卅三篇焉。

元代以后的中国郭版钞刻本，为了掩盖郭象删改之迹，均已全删郭跋。幸而日本镰仓幕府时期（1185—1333，相当于元代）的高山寺古钞本，完整钞录了郭跋，只是撰者难明。幸而陆序曰："郭子玄云：'一曲之才，妄窜奇说，若《阒弈》、《意修》之首，《厄言》、《游凫》、《子胥》之篇，凡诸巧杂，十分有三。'"足证高山寺本之跋，撰者正是郭象。

郭跋承认"十分有三""略而不存"，十九篇正合五十二篇之三成。

郭跋承认删去的五篇：《阒弈》、《意修》、《厄言》、《游凫》、《子胥》，均属刘安版的杂篇。

郭跋暗示删去的四篇：刘安版的外篇《惠施》，刘安版的"解说三"《庄子后解》，《庄子略要》，《解说第三》。

郭跋所言"或辩形名"，暗示删去刘安版的外篇《惠施》。有《北齐书·杜弼传》之旁证："（杜弼）耽好玄理，老而愈笃，又注《庄子·惠施篇》、《易上下系》，名《新注义苑》，并行于世。"但是郭象并未全删刘安版的外篇《惠施》，而是裁剪"惠施多方"等526字，拼接于刘安版的外篇《天下》2053字，合为篇幅超长、结构断裂、义理脱节的郭象版杂篇《天下》2579字。有陆引崔注、陆引向注之旁证："天下"部分有陆引崔注18条、陆引向注2条，"惠施多方"部分陆引崔注0条、陆引向注0条。因为崔譔、向秀均注刘安版的外篇《天下》，未注刘安版的外篇《惠施》。郭象拼接《天下》、《惠施》，学者多有言及。张默生认为《惠施》"当另为一篇"，谭戒甫认为《惠施》"经后人糅合"于《天下》，王叔岷认为《天下》、《惠施》"盖郭象合之"。

郭跋所言"或出《淮南》"，暗示删去刘安版的"解说三"，因为《淮南子》外篇也收入了刘安自撰的"解说三"。

除了郭跋承认或暗示的九篇，另有三篇见于史籍：《畏累虚》、《亢桑子》、《马捶》，均属刘安版的杂篇。

《史记·老子韩非列传》言及刘安版外杂篇之五篇，郭象保存了三篇，即刘安版的杂篇《渔父》、外篇《盗跖》、外篇《胠箧》。郭象删去了二篇，即刘安版的杂篇《畏累虚》、杂篇《亢桑子》。[1]

《南史·文学传》言及刘安版的杂篇《马捶》："（何子朗）尝为《败冢赋》，拟庄周《马捶》，其文甚工。"郭象并未全删刘安版的杂篇《马捶》，而是裁剪"马捶"等228字，拼接于刘安版的外篇《至乐》1219字，合为结构断裂、义理脱节的郭象版外篇《至乐》1447字。有陆引崔注之旁证："至乐"部分有陆引崔注2条，"马捶"部分陆引崔注0条，因为崔譔仅注刘安版的外篇《至乐》，未注刘安版的杂篇《马捶》。

至此已知郭删十二篇之篇目，深入辨析郭跋，又能找到郭删另外七篇之篇目。

严灵峰辨析郭跋，钩沉一篇：既然郭存《寓言》，郭删《卮言》，应该另有佚篇《重言》。严说合理，仅有一疑：《寓言》已经兼论"寓言"、"重

---

[1] 或疑"亢桑子"是郭存《庚桑楚》的同篇异名，"畏累虚"则是郭存《庚桑楚》的内文地名，均非佚篇。此疑证据不足。倘若这两篇不是篇名，司马迁为"空语无事实"举证，当举更佳之例，如"藐姑射之山"、"长梧子"之类。这两篇应属慕庄后学仿拟《庚桑楚》之文，正如《卮言》、《重言》是慕庄后学仿拟《寓言》之文。

言"、"卮言"，为何另有《卮言》、《重言》？因为刘安版的杂篇《卮言》（郭跋承认）、杂篇《重言》（郭跋未言），均取义于魏牟版的外篇《寓言》而发挥，均为秦汉之际的慕庄后学所撰。正如刘安版的杂篇《畏累虚》、杂篇《亢桑子》，均取义于魏牟版的外篇《庚桑楚》而发挥，均为秦汉之际的慕庄后学所撰。

郭象把自己的删除方式，概括为两大类：第一类是"略而不存"，即删除全文。第二类是"裁取其长"，即裁剪拼接。亦即马叙伦所言："郭氏未必即就《阏弈》、《意修》、《卮言》、《游凫》、《子胥》之篇而尽去之，或有于诸篇之中，刺取其意，以为较驯者，而附之今存各篇之中。惜今众本共亡，不可复考。"

郭象深知"裁取其长"严重违背学术道德，所以郭跋隐瞒了"裁取其长"的所有八篇。其中二篇，上文已言，即郭象拼接刘安版的外篇《至乐》、杂篇《马捶》为郭象版的外篇《至乐》，拼接刘安版的外篇《天下》、外篇《惠施》为郭象版的杂篇《天下》。另外六篇，根据篇幅是否超长，结构是否断裂，义理是否脱节，以及有无陆引崔注、陆引向注，即可钩沉。

第一组三篇：刘安版的外篇《宇泰定》、外篇《管仲》、外篇《曹商》。

郭象裁剪刘安版的外篇《宇泰定》1197字，拼接于刘安版的外篇《庚桑楚》1293字，合为篇幅超长、结构断裂、义理脱节的郭象版杂篇《庚桑楚》2490字。有陆引向注之旁证："庚桑楚"部分有陆引向注28条，"宇泰定"部分陆引向注0条，因为向秀仅注刘安版的外篇《庚桑楚》，未注刘安版的外篇《宇泰定》。

郭象裁剪刘安版的外篇《管仲》1877字，拼接于刘安版的外篇《徐无鬼》1578字，合为篇幅超长、结构断裂、义理脱节的郭象版杂篇《徐无鬼》3455字。有陆引向注之旁证："管仲"部分有陆引向注5条，"徐无鬼"部分陆引向注0条，因为向秀仅注刘安版的外篇《管仲》，未注刘安版的外篇《徐无鬼》。

郭象裁剪刘安版的外篇《曹商》936字，拼接于刘安版的外篇《列御寇》669字，合为结构断裂，义理脱节的郭象版杂篇《列御寇》1605字。有陆引崔注之旁证："列御寇"部分有陆引崔注4条，"曹商"部分陆引崔注0条，因为崔譔仅注刘安版的外篇《列御寇》，未注刘安版的外篇《曹商》。

第二组一篇：刘安版的杂篇《百里奚》。

郭象裁剪刘安版的杂篇《百里奚》834字，拼接于刘安版的外篇《田子方》1367字，合为篇幅超长、结构断裂，义理脱节的郭象版外篇《田子方》2201字。此篇没有陆引崔注、陆引向注之旁证，因为崔譔、向秀全都未注刘安版的外篇《田子方》和杂篇《百里奚》。

第三组二篇：刘安版的杂篇《泰初》、杂篇《子张》。

郭象裁剪刘安版的杂篇《泰初》2005字，拼接于刘安版的外篇《天地》1151字，合为篇幅超长、结构断裂、义理脱节的郭象版外篇《天地》3156字。

郭象裁剪刘安版的杂篇《子张》1354字，拼接于刘安版的外篇《盗跖》1747字，合为篇幅超长、结构断裂、义理脱节的郭象版杂篇《盗跖》3101字。

第三组之二篇，虽有篇幅超长、结构断裂、义理脱节之三大内证，却有十分棘手的两大疑难。

疑难之一，崔譔、向秀不注刘安版的所有杂篇，为何刘安版的杂篇《泰初》却有陆引崔注2条、陆引向注1条？

可能的解释是：崔譔或崔譔之前的某人，已经裁剪刘安版的杂篇《泰初》之片断，拼接于崔譔、向秀所注刘安版的某一外篇。其旁证是：外篇《天地》首章最后的"夫子曰"二节，陆释谓"崔譔本、元嘉本在别篇"。

疑难之二，崔譔不注刘安版的所有杂篇，为何刘安版的杂篇《子张》却有陆引崔注1条？

可能的解释是：崔譔或崔譔之前的某人，已经裁剪刘安版的杂篇《子张》之片断，拼接于崔譔所注刘安版的某一外篇。其旁证是：崔譔未注刘安版的外篇《盗跖》。

根据以上辨析，即可推知：从刘安版《庄子》大全本，变成郭象版《庄子》删残本，并非郭象一人所为，而是中经多手（或含崔譔、向秀），正如郭象注以向秀注为基础，郭象版《庄子》也以前人的某些改编、裁剪为基础，郭象仅是"略而不存"、"裁取其长"的集大成者。从战国的魏牟版《庄子》初始本，到西汉的刘安版《庄子》大全本，再到西晋的郭象版《庄子》删残本，直到西晋至今的郭象版《庄子》衍生本，是历时两千多年的中国文化史第一大案，本书仅是初步定案，尚有更多鲜为人知的隐微细节，有待今后深入探索。

综上所言，郭象版《庄子》外杂篇之"新八篇"，是刘安版《庄子》外杂篇之"旧十六篇"的裁剪拼接。

郭象版的外篇《天地》，是刘安版的外篇《天地》、杂篇《泰初》之裁剪拼接。

郭象版的外篇《至乐》，是刘安版的外篇《至乐》、杂篇《马捶》之裁剪拼接。

郭象版的外篇《田子方》，是刘安版的外篇《田子方》、杂篇《百里奚》之裁剪拼接。

郭象版的杂篇《庚桑楚》，是刘安版的外篇《庚桑楚》、外篇《宇泰定》之裁剪拼接。

郭象版的杂篇《徐无鬼》，是刘安版的外篇《徐无鬼》、外篇《管仲》之裁剪拼接。

郭象版的杂篇《盗跖》，是刘安版的外篇《盗跖》、杂篇《子张》之裁剪拼接。

郭象版的杂篇《列御寇》，是刘安版的外篇《列御寇》、外篇《曹商》之裁剪拼接。

郭象版的杂篇《天下》，是刘安版的外篇《天下》、外篇《惠施》之裁剪拼接。

至此，郭删十九篇全部探明。尚需辨明每一篇在刘安版大全本的分类归属。辨明之前，先要考察郭象版外杂篇之分类。

郭象版"外篇十五"，《天道》、《刻意》、《田子方》三篇无陆引崔注、向注；另外十二篇有陆引崔注，其中《天运》、《至乐》、《达生》、《山木》四篇亦无陆引向注，其余八篇则有陆引向注。这符合崔譔、向秀并未全注刘安版"外篇二十八"之史实，又证明郭象版"外篇十五"均属刘安版"外篇二十八"。

郭象版"杂篇十一"，仅有《让王》、《说剑》、《渔父》三篇均无陆引崔注、向注，其余八篇《庚桑楚》、《徐无鬼》、《则阳》、《外物》、《寓言》、《盗跖》、《列御寇》、《天下》均有陆引崔注、或陆引向注，这不符合崔譔、向秀"有外而无杂"，全都不注"杂篇十四"之事实。可证崔譔、向秀选注的刘安版外篇八，被郭象移至郭象版杂篇。另外，《让王》被魏后刘前的《吕览》、《韩非子》、《韩诗外传》大量钞引，必属魏牟版外篇，刘安版承之，只是崔譔、向秀均未选注，也被郭象移至郭象版杂篇。因此郭象"移外入杂"共计九篇，郭象版"杂篇十一"实为刘安版外篇九和刘安版杂篇二《说剑》、《渔父》。郭象未注《说剑》一字，仅注《渔父》一条，可见《说剑》、《渔父》仅是郭象版杂篇的摆设，把刘安版外篇九"移外入杂"才是目的。郭象"移外入杂"的刘安版外篇九，承自魏牟版外篇，无一不是精华之篇，符合内七篇义理，不符合郭象义理，所以被郭象贬至杂篇，再予拼接、篡改、妄断、反注。

郭象版三十三篇"内篇七，外篇十五，杂篇十一"，实为刘安版"内篇七，外篇二十四，杂篇二"。郭删十九篇，并非表面上的"外篇十三，杂篇三，解说三"，实为"外篇四，杂篇十二，解说三"。

郭删"外篇四"：《曹商》，《管仲》，《惠施》，《宇泰定》。

郭删"杂篇十二"：《泰初》，《百里奚》，《子张》，《马捶》（以上四篇均有残篇）；《阆弈》，《游凫》，《意修》，《子胥》，《卮言》，《重言》，《畏累虚》，《亢桑子》（以上八篇全删）。

郭删"解说三"：《庄子后解》，《庄子略要》，《解说第三》（篇名不详，详见附录一中的"郭删十九篇分类篇目表"）。

至此，郭删十九篇的篇名及其原初分类全部探明，刘安版五十二篇的篇名及其分类也随之全部探明（详见附录一中的"刘安版大全本分类篇目表"）。

四 三大版本史实、钞引异同

魏牟版初始本外篇，至少有五条庄后史实，其中二条又为蔺后史实（详见附录二《外杂篇无一庄撰六类内证表》），无一魏后史实，足证"旧外篇二十二"无一庄撰，初始本非庄、非蔺编纂，必为魏牟编纂。

刘安版大全本，至少有十五条庄后史实（七条见于佚文，详见余论《〈庄子〉佚文概览》），其中十条又为蔺后史实，八条又为魏后史实，无一刘后史实，"解说三"均为刘撰，足证"新外篇六"、"杂篇十四"、"解说三"无一庄撰、蔺撰、魏撰，大全本非庄、非蔺、非魏编纂，必为刘安编纂。

魏牟以后的先秦三子，刘安以前的汉初二子，钞引了魏牟版初始本"内篇七"的五篇（未钞《德充符》、《应帝王》），又钞引了魏牟版初始本"外篇二十二"的所有篇目，未引刘安新增"新外篇六"、"杂篇十四"、"解说三"之一字。然而刘安所著《淮南子》内篇钞引了"新外篇六"的所有篇目，钞引了今存"杂篇十四"之六的三篇佳篇《渔父》、《泰初》、《百里奚》，未钞刘安凑数编入的三篇劣篇《说剑》、《子张》、《马捶》（详见附录三《钞引魏牟版、刘安版异同表》）。刘安所著《淮南子》外篇又全收"解说三"，无不证明魏牟版、刘安版的成书时间之先后和篇目分类之差异。

刘安版"外篇二十八"全部保留的魏牟版"旧外篇二十二"，主要为弟子蔺且、再传弟子魏牟所撰，仿拟内七篇近乎乱真。刘安版增补的"新外篇六"，均为慕庄后学所撰（或为三人），《骈拇》、《马蹄》、《刻意》、《缮性》无一寓言，毫无仿拟内七篇之意，通篇纯粹说理。《在宥》、《天道》仿拟内七篇得其形似，主张"上无为，下有为"、"君无为，臣有为"，大悖庄学宗旨。"新外篇六"无不符合刘安希望"天子无为，臣下有为"的特殊政治意图，所以受到刘安特别重视，补入比杂篇重要的外篇。

魏后刘前五子均未钞引的刘安版"新外篇六"，不仅符合刘安的特殊政治意图，而且远比魏牟版"旧外篇二十二"更符合吕不韦、荀况、韩非、贾谊、韩婴的政治意图。倘若已在魏牟版初始本，就难以解释五子为何大量钞引"旧外篇二十二"，却不钞引"新外篇六"一字一句。

刘安版"杂篇十四"，均为慕庄后学所撰，总体质量低于"新外篇六"，主要是刘安为了凑"七七四十九"之数而降低标准收入，《说剑》、《子张》、《马捶》均属显例，所以连刘著《淮南子》也不予钞引。

刘安编纂《庄子》大全本，其所撰著的《淮南子》又大量钞引《庄子》大全本，对传播庄学不无功绩。但是刘安为了特殊政治意图而增补的"新外篇六"，经郭象篡改之后排列于郭象版外篇靠前位置，成为旧庄学谬解庄学的重要依据。

　　郭象除了删除篇目、裁剪拼接、移外入杂、增删改字、妄断反注，还把外杂篇所有明显的庄后史实删除殆尽，谬解外杂篇均为庄撰，则是旧庄学谬解庄学的主要原因。

2009年9月8日初稿

2021年2月18日修订

附编上　刘安版新外篇六

骈拇

题解

《骈拇》是刘安增补"新外篇六"之一，故刘著《淮南子》钞引。不在魏牟版外篇，故魏后刘前五子均未钞引。郭象版仍在外篇。

本书把刘安版、郭象版外篇《骈拇》1062字，复原于刘安版外篇第二十三。校正郭象篡改和历代讹误：补脱文20字，删衍文5字，订讹文12字，厘正误倒1处。

《骈拇》文短义简，重复甚多。未录庄事，未引庄言。无一寓言，异于内七篇之"寓言十九"。结构连绵，章法相续，句法单调，连用三"是故"、三"且夫"，多用排比句，异于内七篇之"其辞参差"。承袭魏牟版或撰《胠箧》而贬斥"圣人"（用儒家义），异于老聃、庄子、蔺且、魏牟之褒扬"圣人"（用道家义）。撰者当为秦汉之际的慕庄后学某甲。

全文连贯，不宜分章，为明层次，分为八节。撰者肯定天道之存在，既言"自得"，又言"自适"，二义相关，乃谓"自得"天道分施之真德，然后因循真德而"自适"。本篇之"自得"尽管不悖庄学，然而用语不谨，字面悖于《大宗师》之"不自得"。

郭象否认天道之存在，仅言"自得"（《孟子》），不言"自适"（《大宗师》），因为"自适"不能引出庙堂伪道、君臣纲常，"自得"可以引出庙堂伪道、君臣纲常。因此郭象利用撰者之用语不谨，把撰者所言"自得"天道分施之真德，改造为"自得"人道黥劓之伪德。并把《骈拇》排于外篇首篇，视为庄撰（为此删尽外杂篇所有明显的庄后史实），把庄义"自适"改造为郭义"自得"，以"独化自得"反注整部《庄子》。

本篇两处贬斥"儒墨"，郭象篡改为"杨墨"。

骈拇枝指[1]，出乎性哉，而侈于德[2]；附赘悬疣[3]，出乎形哉，而侈于性[4]；多方乎仁义而用之者[5]，列于五藏哉[6]，而非道德之正也[7]。是故骈于足者，连无用之肉也；枝于手者，树无用之指也[8]；多方骈枝于五藏之情者，淫僻于仁义之行，而多方于聪明之用也。[9]

今译

骈合的足趾，枝分的手指，出于天然禀性，然而实为多余物德；附赘的肉瘤，悬垂的肉疣，出于天然身形，然而实为多余禀性；千方百计提倡仁义而用世，把仁义比附于五脏，然而仁义实非道德之正。因此骈合的足趾，不过是连起无用的赘肉；枝分的手指，不过是树起无用的手指；千方百计地分合五脏的实情，陷溺邪僻地比附于仁义的行为，就是千方百计滥用聪明。

校注

[1]骈 pián 拇：足拇趾连第二趾，使足五趾连为四趾。即下文"不足于数"。

枝指：手拇指枝生一指，使手五指分为六指。即下文"有余于数"。

[2]性：个体之天性。德：同类之常德。《老子》"常德不离"、"常德不忒"、"常德乃足"。林希逸："人所同得曰德。"〇"德"就同类言，"性"就个体言。同类之物，物德大同，个性小异。

出乎性哉，而侈于德：骈拇枝指虽属个体之天性，然而多于同类之常德。

[3]附赘 zhuì 悬疣 yóu：附生之赘肉，悬系之小疣。〇"悬"旧作"县"，字通。

[4]出乎形哉，而侈于性：附赘悬疣虽属天赋身形，然而多于正常之身形。〇以上六句设譬，引出下文贬斥儒家拔高"仁义"为至高价值（拔高的部分，就是多余的伪德）。

［5］多方乎仁义而用之者："多方"本于魏撰《惠施》"惠施多方"，此处意为想方设法、千方百计。儒家以"仁义"为至高价值，难以贯通阐释天地万物，只能"多方"弥缝。

　　［6］列于五藏 zàng 哉：儒家以"仁义礼智信"五德，比附于"肝肺心肾脾"五藏。句义隐喻儒家用伪德（五德）黥劓、雕琢、撄扰民众，植入民众内心（五藏）。○五藏，今作"五脏"。

　　［7］非道德之正也：此以道家价值序列"道↘德↘仁↘义"，贬斥儒家价值序列"仁义=道德"。"道德"乃天性之正，如同五指、五趾、五藏。"仁义"非天性之正，如同骈拇枝指、附赘悬疣、无用之肉、无用之指。

　　［8］"是故"四句：设譬。身形之骈于足、枝于手，均因多于常德而无用。

　　［9］"多方骈枝"三句：合譬。德心之骈于仁、枝于义，均因多于真德而自作聪明，自以为有用正道，实则淫僻有害。

　　◎第一节：骈拇多于常德，附赘悬疣无用；仁义并非道德，淫僻不正有害。

　　　是故骈于明者，乱五色，淫文章，青黄黼黻之煌煌非乎？而离朱是矣[1]。多于聪者，乱五声，淫六律，金石丝竹黄钟大吕之声非乎？而师旷是矣。枝于仁者，擢德塞性以收名声[2]，使天下簧鼓以奉不及之法非乎[3]？而曾史是矣。骈于辩者，累丸结绳，窜句棰辞[4]，游心于坚白同异之间，而敝跬誉无用之言非乎[5]？而儒墨是矣[6]。故此皆多骈旁枝之道[7]，非天下之至正也。[8]

今译

　　因此骈合眼睛之明，就会迷乱于五色，陷溺于文饰，青黄黼黻的辉煌不就是吗？离朱正是这样。枝分耳朵之聪，就会迷乱于五声，陷溺于六律，金石丝竹黄钟大吕的声音不就是吗？师旷正是这样。枝分仁义之人，拔高德性以收取名声，使天下人簧奏鼓吹以尊奉德性不能企及的王法不就是吗？曾参、史鳛正是这样。骈合诡辩之人，运用累丸结绳小技，穿凿词句锤炼修辞，游荡心知于坚白、同异之间，蹩脚跛足地赞誉无用之言不就是吗？儒家、墨家正是这样。所以这些都是多余骈合旁出枝分之道，并非天下的至正之道。

校注

〔1〕黼 fǔ 黻 fú：白与黑为黼，青与赤为黻（陆释引《周礼》）。古代礼服所绣华美花纹。

离朱：已见魏牟版或撰《胠箧》、《天地》。

〔2〕擢 zhuó 德搴 qiān 性：擢拔真德天性，使成伪德伪性。义本魏撰《则阳》引所庄言"寻擢吾性"。

【校勘】"搴"旧讹为"塞"，形近而讹。王念孙、郭庆藩、王叔岷据《淮南子·俶真训》"擢德搴性"、《文子·上礼》"擢德，自见也。搴性，绝生也"、《文子·九守》"擢拔吾生，搴取吾精"、《刘子·清神》"犹搴正性"校正。

〔3〕不及之法：标格过高、真德天性不能企及的恶法。〇庙堂伪道强立"不及之法"（鼓吹者亦难企及），以便斥民"不及"而治之。盲从伪道的民众自惭"不及"，甘愿被治。

〔4〕【校勘】"丸"旧讹为"瓦"，形近而讹。刘师培、高骏烈、马其昶、王叔岷据陆释一云"瓦当作丸"、《达生》"累二丸而不坠"校正。〇"棰辞"二字旧脱。王叔岷、陈鼓应、方勇、陆永品据唐写本"窜句"下有"棰辞"、《后汉书·张衡传》引文作"窜句籍辞"、郭注"致其危辞"、李颐注"小辩危词"校补。

〔5〕蹩 bié 躠 sǎ：蹩，跛也（《说文》）。躠，行不正貌。譬解儒墨跛行不正，拔技为道。

【校勘】郭象篡改"蹩躠"为"敝跬"，证见陆释引郭注"跬音屑"（今本已无）。孙诒让、章太炎、王叔岷、陈寿昌据陆释一本"敝"作"蹩"、成疏"蹩躠"、《马蹄》"蹩躠为仁，踶跂为义"校正。

［6］儒墨：与上文"曾史"并提。

【校勘】郭象篡改"儒墨"为"杨墨"，证见郭注"杨墨"（《胠箧》辨析三）。本书复原。

［7］故此皆多骈旁枝之道：都是旁门左道。

［8］非天下之至正也：上扣首节"仁义……非道德之正也"。庙堂"王道"鼓吹"仁义"，虽比庙堂"霸道"鼓吹"礼法"略正，但非"道德"至正。

◎第二节：攉拔真德，即成伪德；儒墨伪道，跛行不正。

彼至正者，不失其性命之情[1]。故合者不为骈，而跂者不为枝[2]；长者不为有余，短者不为不足[3]。是故凫胫虽短，续之则忧；鹤胫虽长，断之则悲[4]。故性长非所断，性短非所续，无所去忧也[5]。噫！仁义其非人情乎[6]？彼仁人何其多忧也！[7]

今译

至正之道，不失德性天命的实情。所以骈拇不可视为骈合，枝指不可视为枝分；长不可视为多余，短不可视为不足。因此雁脚虽短，人为续长就忧愁；鹤腿虽长，人为截短就悲惨。所以天性若长不必人为截短，天性若短不必人为续长，也就无须去除忧虑。唉！仁义恐怕并非人性的实情吧？那些仁人多么忧虑啊！

校注

［1］至正：道德。上扣首节"仁义……非道德之正也"。

【校勘】郭象篡改"至正"为"正正"，证见郭注："物各任性，乃正正也。"○吕惠卿、褚伯秀、罗勉道、王敔、胡文英、刘凤苞、宣颖、俞樾、武延绪、刘文典、王叔岷、陈鼓应、方勇、陆永品据上文"非天下之至正也"校正。

［2］故合者不为骈，而跂qí者不为枝：合，上扣"骈拇"。跂，上扣

"枝指"。不为，不可视为，不可作为（依据）。天然的骈拇、枝指，不可视为骈合、枝分，不可作为人为骈合、枝分（擢德塞性）的依据。

【校勘】"跂者不为枝"，旧误倒为"枝者不为跂"。奚侗校正："'枝者不为跂'，当作'跂者不为枝'，与'合者不为骈'相对。"王叔岷是之。

[3] "长者不为有余"二句：此斥伪道视"长"为有余，视"短"为不足，剪齐民众天赋真德，使成伪德。

[4] "凫 fú 胫 jìng 虽短"四句：此斥伪道为把民众改造为便于统治的编户齐民，"擢德塞性"，断长续短，使民忧悲，却自诩"仁义"。○义承魏撰《管仲》"鹤胫有所节，解之也悲"。

[5] 故性长非所断，性短非所续：阐明物德之量天然不齐，无须断长续短。上扣"不失其性命之情"。

【辨析一】庙堂"仁义"伪道，主张"上齐"（剪齐物德之量，强制上齐于伪道）、"下不齐"（下民分为不同等级），故"续凫胫，断鹤胫"，不许万物"吹万不同"、"自适其适"、自由发展。江湖"道德"真道，主张"上不齐"（不剪齐物德之量，任其向上发展）、"下齐"（物德之质齐一于道），故"长者不为有余，短者不为不足"，听任万物"吹万不同"、"自适其适"、自由发展。

[6] 噫 yī：嗟叹之声（成疏）。仁义其非人情乎：仁义并非人类的"性命之情"。○郭象反注："夫仁义自是人之情性，但当任之耳。"

【校勘】"噫"旧多改为"意"，释为推测之辞，连读为"意仁义其非人情乎"，不合古文句法，本书校正。○推测之辞当作"意者"，如《山木》"子其意者饰知以惊愚"，《天运》"意者其有机缄而不得已邪？意者其运转而不能止邪?"

[7] 彼仁人何其多忧也：贬斥鼓吹仁义之人忧虑天下物德不齐，不便于统治，遂欲断长续短，剪齐物德。○郭象反注："恐仁义非人情而忧之者，真可谓多忧也。"

◎第三节：真道至正，听任物德之量长短不齐；伪道不正，剪齐物德之量使之齐一。

且夫骈于拇者，决之则泣；枝于指者，龁之则啼[1]。二者，或有余于数，或不足于数[2]，其于忧一也[3]。今世之仁人，蒿目而忧世之患[4]；不仁之人[5]，决性命之情而饕贵富[6]。故曰：仁义其非人情乎[7]？自三代以下者，天下何其嚣嚣也！[8]

今译

况且天然骈合的足趾，人为割裂就会哭泣；天然枝分的手指，人为砍掉就会啼号。二者，或是多于常数，或是少于常数，仁人对于二者的忧虑一样。当今世上的仁人，蒿草遮目而忧虑世界的祸患；不仁之人，自我割裂性命的实情而贪图富贵。所以说：仁义恐怕并非人性的实情吧？从三代以来，天下多么嚣乱啊！

校注

[1]决：割裂。此指人为分割骈合之足拇。龁hé：咬断。此指人为斩断枝分之手指。○四句承上，申论剪齐物德之悲，贬斥鼓吹"仁义"者实属不仁。

【校勘】"指"旧讹为"手"。王叔岷校正。○"枝于指"即下句"有余于数"，有余者乃"指"，非"手"。

[2]或有余于数：手指枝分成六，多于五。或不足于数：足拇骈合成四，少于五。

[3]其于忧一也：忧者并非骈拇枝指者，而是必欲剪齐骈拇枝指，使之合于"五"（仁义礼智信）的"仁人"。观下句即明。

【辨析二】本节综合上文数节，阐明天然骈拇者之足趾，天然枝指者之手指，天然较短之凫胫，天然较长之鹤胫，均不当人为割开、斩除、续长、截短，亦即不当人为剪齐天生不齐的物德之量。贬斥庙堂伪道把"自适其适"的民众，强行改造成"适人之适"的编户齐民。

[4]今世之仁人：鼓吹"仁义"者。蒿hāo目：蒿草遮目。隐喻不窥

真道。

［5］不仁之人：此斥（佯装）信奉"仁义"者，实属不仁。

［6］决性命之情而饕 tāo 贵富：饕，贪。佯装信奉"仁义"而自剪真德，志在谋取富贵。参看魏撰《管仲》"捐仁义者寡，利仁义者众"。○上斥鼓吹"仁义"伪道者剪人真德，使人"泣啼"。此斥信奉"仁义"伪道者自剪真德，志在"贵富"。合观二义，则鼓吹、信奉"仁义"伪道者，均属不仁。

［7］仁义其非人情乎：重言上节"仁义其非人情乎"。○郭象再次反注："夫仁义自是人情也。"

【校勘】"曰"旧讹为"意"，遂错误连读为"故意仁义其非人情乎"。当属改上文之"噫"为"意"、连读为"意仁义其非人情乎"者系统妄改。○原文若作"故意"，则"故"为论断之辞，"意"为推测之辞，二字抵牾，义不可通。

［8］自三代以下者，天下何其嚣嚣 xiāo 也：义承魏牟版或撰《胠箧》"甚矣夫，好知之乱天下也！自三代以下者是矣"，魏牟版或撰《天运》"三王之治天下，名曰治之，而乱莫甚焉"。

◎第四节：三代以降，倡导"仁义"伪道；剪齐物德，天下嚣乱至今。

　　且夫待钩绳规矩而正者，是削其性者也；待缰索胶漆而固者，是侵其德者也[1]。屈折礼乐[2]，呴濡仁义[3]，以慰天下之心者[4]，此失其常然也[5]。天下有常然[6]。常然者，曲者不以钩，直者不以绳，圆者不以规，方者不以矩，附丽不以胶漆，约束不以缰索[7]。故天下诱然皆生，而不知其所以生；同焉皆得，而不知其所以得[8]。故古今不二，不可亏也[9]。则仁义又奚连连如胶漆缰索，而游乎道德之间为哉[10]？使天下惑也。[11]

今译

　　况且有待于钩绳、规矩而矫正，这是侵削天性；有待于绑索、胶漆而加固，这是侵害真德。屈膝折腰的礼乐，呴湿濡沫的仁义，用于抚慰天下民众之心，这已失去了天道常然。天下原有天道常然。天道常然，就是弯曲无须钩子，挺直无须绳墨，圆弧无须圆规，方正无须矩尺，相连无须胶漆，约束无须绑索。所以天下被道诱引而自然生长，却不能尽知诱引自己的天道；万物同质而各得于道，却不能尽知各有所得的天道。所以天道自古至今独一无二，不可人为亏损。那么仁义又为何连连如同胶漆、绑索，而人为介入天道、物德之间呢？只能使天下迷惑。

校注

［1］钩：弯木使曲之曲钩。绳：锯木使直之准绳（在墨盒内，可弹墨线）。规：锯木使成圆弧之圆规。矩：锯木使成直角之矩尺。缰mò索：绳索（捆绑二物合一）。胶漆：粘合二物为一。

削其性、侵其德：上扣篇首"侈于性"、"侈于德"。本节申论上文"性长非所断，性短非所续"。

【校勘】"缰索"旧讹为"绳约"，与上句"钩绳"语复。马叙伦、王叔岷、陈鼓应据下文"附离不以胶漆，约束不以缰索"、"则仁义又奚连连如胶漆缰索"校正。

［2］屈折礼乐：屈身折节，合于庙堂伪道之礼乐。

［3］呴xǔ濡仁义：使鱼处陆之后，再以"相呴以湿，相濡以沫"为"仁义"。

【校勘】"呴濡"旧讹为"呴俞"，当属欲掩原义者篡改。据《大宗师》"与其相呴以湿，相濡以沫，不若相忘于江湖"校正。○魏撰《管仲》"濡呴"旧亦讹为"濡需"，可证并非偶然之讹，而是有意篡改。

［4］以慰天下之心者："呴濡"乃是虚假仁义，用于安慰"失其常然"的民众愤怒之心。

［5］此失其常然也：使鱼处陆，已失鱼当处水之常然。○参看魏撰《外物》所引庄言涸辙之鱼寓言"吾失我常与"，魏撰《田子方》"失其大常"。

［6］天下有常然：道。证见下文"古今不二，不可亏也"。

［7］"常然者"七句：阐明天道不剪齐万物的物德之量。万物之曲、直、

圆、方、附丽、约束，均属天生，均非人为工具钩、绳、规、矩、胶漆、
缰索"削其性"、"侵其德"而成。○"丽"旧作"离"，字通。

[8]同焉皆得：万物之德同质，皆得于道。

[9]古今不二，不可亏也：天道古今不变，不可亏损。语本魏撰《管
仲》"古今不代，而不可以亏"。

[10]"则仁义"二句：上扣首节"仁义……非道德之正也"，贬斥庙堂
伪道以"仁义"僭代"道德"。

[11]使天下惑也：贬斥庙堂伪道以"仁义"僭代"道德"，意在使天
下民众迷惑。

◎第五节：道德使鱼处水，相忘无须呴濡；仁义使鱼处陆，呴濡以慰
天下。

夫小惑易方，大惑易性[1]。何以知其然邪？自有虞氏招仁义
以挠天下也[2]，天下莫不奔命于仁义，是非以仁义易其性欤[3]？
故尝试论之：自三代以下者，天下莫不以物易其性矣。小人则以
身殉利，士则以身殉名，大夫则以身殉家，圣人则以身殉天下。
故此数子者，事业不同，名声异号，其于伤性以身为殉，一也。[4]

今译

小的迷惑改易方向，大的迷惑改易天性。何以知道如此呢？自从虞舜高
举仁义用于搅扰天下，天下无不为了仁义疲于奔命，这不是用仁义改易其天
性吗？所以尝试申论：从三代以来，天下无不用外物改易其天性。小人以身
殉于利益，士人以身殉于名声，大夫以身殉于家族，圣人以身殉于天下。所
以这几种人，事业不同，名号有异，他们伤害天性以身殉物，是一样的。

校注

[1]夫小惑易方，大惑易性：小惑乃言行路弄错方向，大惑乃言人生

弄错方向（改变天性）。

［2］招仁义：义同魏牟版或撰《天运》、刘安版新外篇《天道》"揭仁义"。招、揭均训标举。

挠náo：扰乱。挠天下：搅扰、黥劓、雕琢天下。

【校勘】"虞氏"前，旧脱"有"字。严灵峰、方勇、陆永品据《庄子》全书八见"有虞氏"、无一作"虞氏"、王夫之本作"有虞氏"校补。

［3］以仁义易其性：虞舜以"仁义"伪道，改易天下之真德天性。○郭象反注："虽虞氏无易之之情，而天下之性固已易矣。"

［4］"故尝试论之"十二句：义承魏撰《则阳》"自殉殊面"，列举"天下莫不以物易其性"。○贬斥"圣人"（用儒家义），承于魏牟版或撰《胠箧》。

◎第六节：标举仁义，虞舜搅扰天下；三代以降，天下伤性殉身。

臧与谷[1]，二人相与牧羊，而俱亡其羊[2]。问臧奚事，则挟策读书。问谷奚事，则博塞以游[3]。二人者事业不同，其于亡羊均也。伯夷死名于首阳之下，盗跖死利于东陵之上[4]，二人者所死不同，其于残生伤性均也[5]。奚必伯夷之是，而盗跖之非乎[6]？天下尽殉也。彼其所殉仁义也，则俗谓之君子；其所殉货财也，则俗谓之小人。其殉一也，则有君子焉？有小人焉？若其残生损性，则盗跖亦伯夷矣，又恶取君子小人于其间哉？[7]

今译

臧和谷，二人一起放羊，然而都丢了羊。问臧忙于何事，说是持简读书。问谷忙于何事，说是下棋游玩。二人沉溺的乐事不同，他们都一样丢了羊。伯夷以身殉名于首阳山下，盗跖以身殉利于东陵之上，二人赴死的方式不同，他们残害生命损伤天性相同。何必以伯夷为是，却以盗跖为非呢？天下人全都以身殉物。那些身殉仁义之人，俗见称为君子；那些身殉货财之人，俗见称为小人。以身殉物相同，哪有君子、小人之异？若论残害生命损伤天性，那么盗跖也是伯夷，又何必用君子、小人取舍于二人之间呢？

校注

[1]臧、谷：均训善。虚构的寓意人名。义本《老子》"天下皆知善之为善，斯不善矣"。

[2]俱亡其羊：隐喻臧、谷盲从伪道之善，却不知伪道之善乃是伪善，因而俱亡天性之真善。

[3]策：同"册"，简牍。博塞：棋类游戏，又作"簿簺"。○《庄子》佚文："吾闻君子不学诗、书、射、御，必有博塞之心。"

[4]伯夷死名：扣上节"士则以身殉名"。盗跖死利：扣上节"小人则以身殉利"。

[5]二人者所死不同，其于残生伤性均也：扣上节"其于伤性以身为殉，一也"。

[6]奚必伯夷之是，而盗跖zhí之非乎：义本《大宗师》"与其誉尧而非桀也，不如两忘而化其道"。伯夷、盗跖，一如唐尧、夏桀。

[7]"天下尽殉也"十一句：贬斥庙堂伪道强分"君子/小人"而且价值颠倒。义本《大宗师》"天之小人，人之君子；天之君子，人之小人也"。○"矣"旧作"已"，字通。

◎第七节：残生伤性，天下尽殉伪道；伯夷盗跖，难分君子小人。

　　且夫属其性乎仁者，虽通如曾史，非吾所谓臧也[1]；属其性乎辩者，虽通如儒墨，非吾所谓臧也[2]；属其性于五味，虽通如俞儿，非吾所谓臧也；属其性乎五声，虽通如师旷，非吾所谓聪也；属其性乎五色，虽通如离朱，非吾所谓明也[3]。吾所谓臧者，非仁之谓也，臧于其德而已矣；吾所谓臧者，非义之谓也，任其性命之情而已矣[4]；吾所谓聪者，非谓其闻彼也，自闻而已矣；吾所谓明者，非谓其见彼也，自见而已矣。夫不自见而见彼，不自得而得彼者，是得人之得而不自得其得者也，适人之适而不自适其适者也[5]。夫适人之适而不自适其适，虽盗跖与伯夷，是同为淫僻也^[6]。余愧乎道德，是以上不敢为仁义之操，而下不敢为淫僻之行也。^[7]

同为淫僻也[6]。余愧乎道德，是以上不敢为仁义之操，而下不敢为淫僻之行也。[7]

今译

况且让天性隶属于仁的人，即使博通如同曾参、史鰌，并非我所说的善；让天性隶属于辩的人，即使博通如同儒者、墨者，并非我所说的善；让天性隶属于五味的人，即使博通如同俞儿，并非我所说的善；让天性隶属于五声的人，即使博通如同师旷，并非我所说的聪；让天性隶属于五色的人，即使博通如同离朱，并非我所说的明。我所说的善，并非所谓仁，而是藏于天赋之德而止；我所说的善，并非所谓义，而是因任德性天命的实情而止；我所说的聪，并非听闻外物，而是自闻德心而止；我所说的明，并非明见外物，而是自见天性而止。那些不能自见德性却明见外物，不能自得却得于彼人者，是得人之得却不自得其得者，适人之适却不自适其适者。那些适人之适却不自适其适者，无论盗跖还是伯夷，都是同样陷溺于邪僻者。我惭愧于天道、物德，因此上不敢有为于仁义的节操，下不敢陷溺于邪僻的行为。

校注

[1]属：隶属。臧zāng：好，善。

【校勘】"仁"下，旧衍"义"字。王叔岷据上文"枝于仁"、本句郭注仅及"仁"未及"义"校删。○"属其性乎仁"与下句"属其性乎辩"对举，增"义"则失对。旧因下句"属其性乎辩"脱文，注家遂增"义"字，与"属其性于五味"对举。

[2]【校勘】"属其性乎辩者，虽通如儒墨，非吾所谓臧也"三句十七字旧脱。陆释本残存"虽通如杨墨"，孙诒让："似不当止多此一句。窃疑当云：'属其性乎辩者，虽通如杨墨，非我所谓臧也。'"王叔岷："盖陆所见仅存此句，与上下文意不相属，故后出之本皆删去。"○孙、王所辨甚是，仅是未明"杨墨"原作"儒墨"，已被郭象篡改（《胠箧》辨析三），本书复原。

［3］俞儿：古之善识味人（司马彪）。一云黄帝时人，一云齐桓公时人（陆释）。〇魏牟版或撰《胠箧》，以"师旷"、"离朱"、"工倕"，譬解"曾史"、"儒墨"。本篇仿拟，以"师旷"、"离朱"、"俞儿"，譬解"曾史"、"儒墨"。

［4］【校勘】"非仁之谓也"之"仁"下，旧衍"义"字。本书据郭注"善于自得，忘仁而仁"未及"义"校删。〇"非义之谓也"之"非"下，旧衍"所谓仁"三字，与上下句不谐。〇本节文字讹乱，源于郭象篡改"儒墨"为"杨墨"。后人又渐次删去"属其性乎辩者，虽通如儒墨，非吾所谓臧也"三句十七字，进而妄改"仁"为"仁义"，妄改"义"为"所谓仁义"，导致原文分斥"仁"、"义"，变成重复贬斥"仁义"，与上下句不谐。

［5］闻彼、见彼、得彼：闻于、见于、得于彼人所闻、所见、所得，即下句"得人之得"、"适人之适"。〇参看刘安新外篇《在宥》"因众以宁所闻"，谓众人盲从伪道俗见。

自闻、自见、自得：自闻、自见、自得于天性、真德，即下句"自得其得"、"自适其适"。

适人之适而不自适其适：语本《大宗师》。

【辨析三】撰者褒扬"自得"（义近"自适"）、贬斥"不自得"（义近"不自适"），即下文褒扬"自得其得"、"自适其适"，贬斥"得人之得而不自得其得"，并不违背庄义，仅是用语不谨，语犯《大宗师》贬斥"自得"、褒扬"不自得"。郭象利用撰者之用语不谨，遂将刘安版新外篇《骈拇》列为外篇之首，作为郭义"独化自得"合于庄学之证，进而把庄义"逍遥自适"反注为"逍遥自得"，以便否定"道"之存在。

［6］"夫适人之适"三句：贬斥"君子"伯夷、"小人"盗跖同样"适人之适而不自适其适"，"同为淫僻"，失性一也。

［7］"余愧乎道德"三句：上如"君子"伯夷，下如"小人"盗跖，均在伪道樊笼之内，"同为淫僻"。〇"君子"盲从伪道，"小人"反抗伪道（亦被伪道规定，反模仿而不自觉），二者"彼/此"对待，最终本质无异（《齐物论》辨析二）。

◎第八节：君子小人，均属淫僻；适人之适，本质无异。

马蹄

题解

《马蹄》是刘安增补"新外篇六"之一，故刘著《淮南子》钞引。不在魏牟版外篇，故魏后刘前五子均未钞引。郭象版仍在外篇。

本书把刘安版、郭象版外篇《马蹄》558字，复原于刘安版外篇第二十四。校正郭象篡改和历代讹误：删衍文1字，订讹文10字，厘正误倒1处。

《马蹄》文短义简，重复甚多。未录庄事，未引庄言。无一寓言，异于内七篇之"寓言十九"。结构连绵，章法相续，句法单调，多用排比句，异于内七篇之"其辞参差"。承袭魏牟版或撰《胠箧》而贬斥"圣人"（用儒家义），异于老聃、庄子、蔺且、魏牟之褒扬"圣人"（用道家义）。文风、义理全同《骈拇》，撰者亦当为秦汉之际的慕庄后学某甲。

全文连贯，不宜分章，为明层次，分为五节。通篇演绎魏撰《秋水》之贬斥"络马首"，魏撰《徐无鬼》之主张"去其害马者"，抉发庄义"至治不治"，贬斥"善治马"的"伯乐"、善治民的"圣人"（用儒家义）。

篇中"前有橛饰之患，而后有鞭策之威"，针对《荀子·性恶》"前有衔辔之制，后有鞭策之威"，《韩非子·奸劫弑臣》"无捶策之威，衔橛之备，虽造父不能以服马"，证明本篇撰于秦汉。

马，蹄可以践霜雪，毛可以御风寒，龁草饮水，翘尾而蹳，此马之真性也[1]。虽有峨台路寝，无所用之[2]。及至伯乐，曰："我善治马。"[3]烧之剔之，刻之烙之[4]，连之以羁靮，编之以皂栈[5]，马之死者十二三矣[6]。饥之渴之，驰之骤之，整之齐之，前有橛饰之患，而后有鞭策之威[7]，而马之死者已过半矣[8]。

陶者曰："我善治埴。"圆者中规，方者中矩。匠人曰："我善治木。"曲者中钩，直者应绳[9]。夫埴木之性，岂欲中规矩钩绳哉[10]？然且世世称之曰："伯乐善治马，而陶匠善治埴木。"[11]此亦治天下者之过也。[12]

今译

马，蹄足可以践踏霜雪，鬓毛可以抵御风寒，吃草饮水，翘尾而跳，这是马的真性。即使有高台大殿，对马也无用处。到了伯乐，就说："我善于治马。"烧毛剪鬃，刻蹄烙印，系上缰绳绊索，编入食槽马棚，马被治死十分之二三了。然后饿它渴它，忽驰忽骤，整治天性剪齐物德，前有嚼口妆饰的妨碍，后有鞭子大棒的威迫，马被治死已经过半了。陶匠说："我善于治土。"捏泥合于圆规，塑土合于方矩。木匠说："我善于治木。"拗木合于曲钩，锯木合于准绳。土木的天性，岂愿合于规矩钩绳呢？然而人们世代称颂说："伯乐善于治马，而陶匠木匠善治土木。"这也是整治天下者的过错。

校注

[1]龁 hé：咬。踛 lù：跳跃。马之真性：义本魏撰《秋水》"牛马四足，是谓天"。本篇即发挥此义而撰。

【校勘】"尾"旧讹为"足"，"踛"旧讹为"陆"（陆），均形近而讹。茆泮林、郭庆藩、奚侗据陆释引崔譔本、《淮南子·修务训》均作"翘尾"，《文选》郭璞《江赋》注引作"翘尾而踛"校正。

[2]峩台：高台。路寝：正寝大殿。○参看蔺撰《达生》"此之谓以己养养鸟也。若夫以鸟养养鸟者，宜栖之深林，浮之江湖"。

【校勘】"峩"（峨）旧讹为"義"（义）、"羲"。奚侗、章太炎、王叔岷校正。

[3]我善治马：义本魏撰《秋水》"络马首，穿牛鼻，是谓人"。○"马"喻民，"伯乐"喻善治民的君主。

〔4〕烧之剔之：烧毛剪鬃。刻之烙 lào 之：刻蹄烙印。

【校勘】"烙"旧作"雒"，字通。王念孙、郭庆藩、俞樾、王叔岷、方勇、陆永品校正。

〔5〕羁 jī：络马首。馽 zhí：绊马足。皁 cáo：同"槽"。栈 zhàn：棚。

〔6〕马之死者十二三矣：剪齐马之物德，马之死已十分之二三。此斥"治马"之"害马"。○魏撰《徐无鬼》"去其害马者"，所去者即"治马"、"害马"的"伯乐"，即"治民"、"害民"的"君主"（《徐无鬼》辨析四）。

〔7〕前有橛饰之患，而后有鞭策之威：橛 jué，同"嚼"。二句隐斥《荀子·性恶》"前有衔辔之制，后有鞭策之威"，《韩非子·奸劫弑臣》"无捶策之威，衔橛之备，虽造父不能以服马"，可证本篇撰于秦汉。

〔8〕马之死者已过半矣：使马"役人之役，适人之适"（《大宗师》），马之死已过半。此斥"役马"之"害马"。

〔9〕埴 zhí：黏土。陶者"我善治埴"、匠人"我善治木"：变文重言伯乐"我善治马"。增设二喻，贬斥治埴则害埴，治木则害木。

〔10〕"夫埴木之性"二句：阐明埴木之天性不欲合于规矩钩绳。

〔11〕"然且世世称之曰"三句：伪道终成俗见，以不合天性之伪善为真善。

〔12〕此亦治天下者之过也：揭破治马、治埴、治木，均喻治民。

◎第一节：伯乐善于治马，害马致死；君主善于治民，害民致死。

　　吾意善治天下者不然[1]。**彼民有常性**[2]，**织而衣，耕而食，是谓同德**[3]；**一而不党，命曰天放**[4]。**故至德之世，其行蹎蹎，其视瞑瞑**[5]。**当是时也，山无蹊隧，泽无舟梁**[6]；**万物群生，连属其乡**[7]；**禽兽成群，草木遂长。是故禽兽可系羁而游，鸟鹊之巢可攀援而窥。**[8]

今译

我以为善于治理天下之人不是这样。民众原有恒常天性，织布而后穿衣，耕田而后吃饭，这叫人同此德；齐一万物而无所偏党，这叫天然放任。所以至德之世，人们行路迟缓，目光凝定。当此之时，山无路径隧道，河无舟船桥梁；万物群居共生，乡野连绵无界；禽兽繁衍成群，草木顺遂滋长。因此飞禽走兽可以任人牵拉游玩，鸟窠鹊巢可以任人攀爬窥探。

校注

[1] 吾意善治天下者不然："不然"伪道之"然"，义本庄学真谛"不然然"（《齐物论》）。

[2] 彼民有常性：上扣"马之真性"，揭破"马"即喻民。〇"真性"、"常性"，即"真德"、"常德"。《老子》"常德不离"、"常德不忒"、"常德乃足"。

[3] 同德：人同此德。

[4] 一而不党，命曰天放：真道齐一物德之质，不分人类之阶级群党，顺应天道，放任不治。〇伪道齐一物德之量，划分人类之阶级群党，违背天道，有为治民。

[5] 其行蹎蹎 diān：其行重迟。其视瞋瞋 chēn：其视专一。〇"蹎蹎"、"瞋瞋"，字皆从"真"，均状"其德甚真"（《应帝王》）。

【校勘】"蹎蹎"旧讹为"填填"，"瞋瞋"旧讹为"颠颠"，均为形近而讹。王叔岷据《淮南子·览冥训》"其行蹎蹎"校正。

[6] 山无蹊 xī 隧 suì，泽无舟梁：蹊，径。隧，洞。二句义本《老子》"民至老死不相往来"。

[7] 连属其乡：没有行政区划。

[8] "禽兽成群"四句：人与鸟兽尚不敌对，何况与人。

◎第二节：至德之世，天然放任；民有常性，至治不治。

夫至德之世，同与禽兽居，族与万物并[1]，恶乎知君子小人哉[2]？同乎无知，其德不离；同乎无欲，是谓素朴[3]；素朴而民性得矣[4]。及至圣人，蹩躠为仁，踶跂为义[5]，而天下始疑矣$^{[6]}$；澶漫为乐，摘擗为礼$^{[7]}$，而天下始分矣$^{[8]}$。故纯朴不残，孰为牺樽？白玉不毁，孰为珪璋$^{[9]}$？道德不废，安取仁义？情性不离，安用礼乐$^{[10]}$？五色不乱，孰为文采？五声不乱，孰应六律？夫残朴以为器，工匠之罪也$^{[11]}$；毁道德以为仁义，圣人之过也。$^{[12]}$

今译

至德之世，人类与禽兽同居，族群与万物并生，何曾知晓君子小人呢？大家同样无知，真德不曾离弃；大家同样无欲，这就叫作素朴；素朴而民众天性得于天道。到了圣人，跛足行走强合于仁，踮起脚跟强合于义，而后天下开始迷惑；分别限定奏乐等级，逐级限定礼仪规范，而后天下开始分化。所以纯朴不予残毁，谁能做成牺樽？白玉不予雕琢，谁能做成珪璋？道德不予废弃，何必取用仁义？真情天性不予离弃，何必取用礼乐？五色不予淆乱，谁会需要文采？五声不予淆乱，谁会需要六律？残毁素朴制成器具，是工匠的罪过；残毁道德符合仁义，则是圣人的罪过。

校注

[1] 同与禽兽居，族与万物并：义本《齐物论》"天地与我并生，万物与我为一"。

[2] 恶wū乎知君子小人哉：贬斥庙堂伪道强分"君子/小人"。义同《骈拇》"又恶取君子小人于其间哉"，均本《大宗师》"天之小人，人之君子；天之君了，人之小人也"。

[3] 同乎无知、同乎无欲：义本《老子》"常使民无知无欲"。

其德不离、是谓素朴：葆全天赋初始真德，不予"黥劓"、"雕琢"。

[4] 素朴而民性得矣：义本《应帝王》"雕琢复朴"、《大宗师》"息黥补劓"。

[5] 蟞bié蹝sǎ：已见刘安版新外篇《骈拇》，跛行。蹩tī跂qǐ：蹩，

同"踢"。跂，同"企"。踮足，拔高。○贬斥"圣人"跂行伪道，拔高伪德。

[6]而天下始疑矣：义同《骈拇》"使天下惑也"。

[7]澶sǎn漫：澶，同"散"。散漫即不一，不一即分。摘zhāi擗pǐ：琐碎。○贬斥庙堂伪道规定礼、乐等级，天子、诸侯、大夫、士、庶人分而不一。

【校勘】"擗"旧讹为"僻"，形近而讹。郭嵩焘据王逸《楚辞注》作"擗"校正。

[8]而天下始分矣：始分为"君子/小人"。上扣"恶乎知君子小人哉"。

[9]牺樽：古代酒器。作牺牛形，背上开孔以盛酒。珪guī璋zhāng：周代祭天六玉之二。○"樽"旧作"尊"，字通。

[10]道德不废，安取仁义？情性不离，安用礼乐：阐明道家价值序列"道↘德↘仁↘义↘礼↘乐"。

【校勘】"情性"旧误倒为"性情"。王叔岷据陆释本作"情性"、成疏先释"情"后释"性"校正。○《缮性》之"性情"亦属误倒，王叔岷亦校正。

[11]残朴以为器：义本《老子》"朴散则为器"。

[12]毁道德以为仁义，圣人之过也：拔高"仁义"僭代"道德"（淆乱价值序列），是庙堂"圣人"之过。○贬斥"圣人"（用儒家义），同于刘安版新外篇《骈拇》，均承魏牟版或撰《胠箧》。

◎第三节：至德之世，民性素朴；道德不废，安取仁义。

夫马，居则食草饮水，喜则交颈相磨，怒则分背相踶，马知已此矣[1]。**夫加之以衡轭**[2]，**齐之以月题**[3]，**而马知介倪**[4]，**闉扼，鸷曼，诡衔，窃辔**[5]。**故马之知而能至盗者，伯乐之罪也。**[6]

今译

马，平居就食草饮水，欢喜就交颈厮磨，愤怒就背身相踢，马的心知仅止于此。若是套上衡木车轭，戴上月形额饰，而后马才知道啃啮衡木，曲颈甩轭，撕咬车篷，偷吐衔口，窃藏笼头。所以马的心知竟能至于盗贼，这是伯乐的罪过。

校注

[1]"夫马"五句：踶tī，同"踢"。已，训止。摹状"马之真性"。〇第二、第三节申论之后，本节回归首节之喻，再次褒扬"马之真性"，贬斥"伯乐治马"。

【校勘】"居"前旧衍"陆"字，马无水居者，有"陆"字又与下二句不谐。〇"磨"旧作"靡"，字通。

[2]衡轭è：辕前横木曰衡，马颈曲木曰轭。一马一轭，一车一衡。

[3]齐之以：贬斥伪道剪齐万物。月题：额上当颅，形状如月的额镜。

[4]介：同"龂"（朱骏声），齿相切。輗ní：大车辕端以持衡者（《说文》），车辕前端（与车衡相接）。介：啃啮衡木。

[5]闉yīn轭：曲颈甩轭。鸷zhì曼：撕咬车篷。诡衔：偷吐衔口。窃辔pèi：窃藏辔头。

【校勘】"轭"旧作"扼"，"輗"旧作"倪"，"曼"旧作"曼"，均为借字。罗勉道、孙诒让、朱骏声、王叔岷校正。

[6]故马之知而能至盗者，伯乐之罪也：马之为盗，伯乐之罪。譬解人之为盗，圣人之罪。义承魏牟版或撰《胠箧》"圣人不死，大盗不止"。

【校勘】"能"旧讹为"態"（态），形近而讹。马叙伦、方勇、陆永品据林希逸本、褚伯秀本、罗勉道本、世德堂本均作"能"校正。〇下节"民能已此矣"，亦证此字作"能"。

◎第四节：马之真性，喜怒自适；逼马为盗，伯乐之罪。

夫赫胥氏之时[1]，民居不知所为，行不知所之[2]，含哺而戏，鼓腹而游[3]，民能已此矣[4]。及至圣人，屈折礼乐以匡天下之形，悬跂仁义以慰天下之心[5]，而民乃始踶跂好知[6]，争归于利，不可止也[7]。此亦圣人之过也。[8]

今译

赫胥氏时代，民众平居不知何为，行走不知何往，含着食物而嬉戏，鼓着肚腹而游玩，民众的能耐仅止于此。到了圣人时代，用屈膝折腰的礼乐匡正天下人的身形，用悬首跂足的仁义抚慰天下人的德心，而后民众才开始跂起脚跟喜好悖道之知，争相趋归庙堂之利，不可阻止。这也是圣人的罪过。

校注

[1] 赫胥氏：上古酋长。○司马彪注"上古帝王"，不合庄学。陆释："有赫然之德，使民胥附，故曰赫胥，盖炎帝也。"俞樾驳正："炎帝即神农也。《胠箧篇》既云赫胥氏，又云神农氏，其非一人明矣。"

[2] 民居不知所为，行不知所之：语本《知北游》"行不知所往，处不知所持"。

[3] 含哺 bǔ 而戏，鼓腹而游：演绎庄义"游戏"。

【校勘】"戏"旧讹为"熙"。据《史记·老子韩非列传》所引庄言"游戏"校正。

[4] 民能已此矣：义同上节"马知已此矣"。○本篇章法，总是先设譬，再点破。文虽短，义多复。

[5] 屈折礼乐：屈膝折腰，合于庙堂礼乐之规定。悬跂 qǐ 仁义：悬，旧作"县"，字通。跂，同"企"，踮足，拔高。悬首踮足，合于庙堂仁义之规定。○二句参看《骈拇》"屈折礼乐，呴俞仁义，以慰天下之心"。

[6] 而民乃始踶 tī 跂 qǐ 好知：民众踮足好知，"以奉不及之法"（刘安版新外篇《骈拇》）。○贬斥"好知"，乃斥喜好伪道假知，非斥喜好真道真知。

[7] 争归于利，不可止也：民众"擢德搴性"（刘安版新外篇《骈拇》），并非真为仁义，而是"决性命之情而饕贵富"（刘安版新外篇《骈拇》）。

[8] 此亦圣人之过也：篇终再斥"蹩躠为仁，踶跂为义"的庙堂"圣人"。

◎第五节：仁义礼乐，庙堂伪道；民好伪道，圣人之过。

【附论】

慕庄后学某甲所撰《骈拇》、《马蹄》，文风与内七篇和魏牟版外篇差异极大，义理属于激进"无君"论，但未严重偏离庄学，只是对蕴涵于内七篇的"无君"论予以突出发挥。刘安身为淮南王，不大可能主张"无君"论，因此两篇似可证明，刘安版新外篇六并非刘安自撰。

刘安版外篇二十八，承袭魏牟版外篇二十二而新增六篇，不可能把新外篇六列于魏牟版外篇二十二之前，也不可能把某甲所撰《骈拇》、《马蹄》列于刘安版外篇最前。由于慕庄后学某甲所撰《骈拇》误以"自得其得"阐释庄义"自适其适"，遂被郭象视为郭义"独化自得"的文本证据，于是列于郭象版外篇之首，又把文风义理相近的《马蹄》列于郭象版外篇之次。

刻意

题解

《刻意》是刘安增补"新外篇六"之一，故刘著《淮南子》钞引。不在魏年版外篇，故魏后刘前五子均未钞引。郭象版仍在外篇。

本书把刘安版、郭象版外篇《刻意》670字，复原于刘安版外篇第二十五。校正郭象篡改和历代讹误：补脱文12字，订讹文6字，厘正误倒2处。

《刻意》未录庄事，未引庄言。无一寓言，异于内七篇之"寓言十九"。结构连绵，章法相续，句法单调，六用"故曰"，异于内七篇之"其辞参差"。慕庄后学某甲所撰《骈拇》、《马蹄》二篇均斥"圣人"（用儒家义），本篇则褒扬"圣人"（用道家义），义理、文风皆异，撰者当为秦汉之际的慕庄后学某乙。

某乙所撰《刻意》，与贾谊所撰《鹏鸟赋》有相似文句（详见注文）。由于贾谊（前200—前168）死时，刘安（前179—前122）年仅11岁，尚未编纂《庄子》大全本，因此当属《刻意》化用《鹏鸟赋》。刘安成年以后，编纂《庄子》大全本，将《刻意》补入外篇。

全文连贯，不宜分章，为明层次，分为三节。首节贬斥五种俗子，褒扬"圣人"（用道家义）。次节阐明圣人葆德。末节阐明真人达道。文短义简，重复甚多，为刘安凑数编入之篇，却被郭象排于外篇前列。

慕庄后学某乙，尽管缺乏文学才华，但是哲学悟性甚高。其文虽然义理单薄，结构单调，但能准确演绎庄义，没有违背之处，对于理解庄学仍然小有助益。

刻意尚行，离世异俗[1]，高论怨诽，为亢而已矣[2]，此山谷之士，非世之人也，枯槁赴渊者之所好也。[3]

语仁义忠信，恭俭推让，为修而已矣[4]，此平世之士[5]，教诲之人也[6]，游居学者之所好也。[7]

语大功，立大名，礼君臣，正上下，为治而已矣，此朝廷之士，尊主强国之人也，致功并兼者之所好也。[8]

就薮泽，处闲旷，钓鱼闲处，为无而已矣[9]，此江海之士，避世之人也，闲暇者之所好也。[10]

吹呴呼吸，吐故纳新[11]，熊经鸟伸[12]，为寿而已矣，此导引之士，养形之人也，彭祖寿考者之所好也。[13]

若夫不刻意而高，无仁义而修，无功名而治，无江海而闲，不导引而寿[14]，无不忘也，无不有也[15]，澹然无极，而众美从之[16]，此天地之道，圣人之德也。[17]

今译

刻削己意而高尚己行，离弃人世而异于俗众，高调放言而怨愤针砭，有为于高亢而止，这是山谷林泉之士，非议世俗之人，枯槁其身、投水自杀者所喜好。

谈论仁义忠信，恭俭辞让，有为于修剪真德而止，这是剪平世人之士，诲人不倦之人，游说诸侯、研习学问者所喜好。

谈论大功，建立大名，强调君臣之礼，匡正上下之分，有为于整治民众而止，这是立身朝廷之士，尊君强国之人，致力功业、兼并敌国者所喜好。

趋赴湖泽，闲居旷野，钓鱼闲游，有为于致无而止，这是隐居江海之士，逃避世俗之人，自在闲暇者所喜好。

调息练气，吐故纳新，熊经鸟伸，有为于长寿而止，这是导引修炼之士，保养身形之人，渴望寿如彭祖者所喜好。

至于无须刻削己意就能高尚，无须标榜仁义就能葆德，无须立功扬名就能自治，无须隐居江海就能闲适，无须导引修炼就能长寿，无不丧忘，无不拥有，淡泊无极，然而众多美德随从而至，这是天地之道，圣人之德。

校注

［1］离世异俗：身形"离世"，德心"异俗"。○至人身形"与世俗处"（魏撰《天下》），德心"异于俗"（魏撰《让王》）。

［2］亢：高。为亢：自高。

［3］赴渊者：逃避伪道而投水自尽者。○魏撰《外物》所引庄言贬斥的务光、申徒狄，魏撰《让王》贬斥的北人无择、卞随、务光，魏撰《盗跖》贬斥的申徒狄、尾生，均属"赴渊者"。违背《德充符》"不以好恶内伤其身"，《大宗师》"终其天年而不中道夭者，是知之盛也"。《让王》斥为"戾行"，《盗跖》斥为"罹名轻死，不念本养寿命"。

【校勘】"非世之人"、"教诲之人"、"尊主强国之人"、"避世之人"、"养形之人"下，旧皆脱"也"字。刘文典、王叔岷据唐写本、《艺文类聚》三六引、《文选》谢灵运《述祖德诗》、沈约《学省愁卧》诗注引、范晔《逸民传论》注引均有"也"字校补。

［4］语仁义忠信，恭俭推让：形容儒家之士。为修：自我修剪真德。○庄学贬斥"修身"、"修心"，主张"至人不修"（"修"训"修剪"），参看《田子方》辨析二。

［5］平世之士：以平治天下为己任之士。○魏撰《外物》形容孔子"视若营四海"。

［6］教诲之人：隐指孔子"临人以德"、"诲人不倦"。

［7］游居学者：孔、孟、荀均周游列国，游说诸侯。

［8］"语大功"八句：形容法家之士（在朝儒士亦然，儒法原本一家）。

［9］为无：有为于致无。义本魏撰《知北游》"及为无，有矣"。"为无"者自矜丧忘功名利禄，标榜恬淡无为，实未恬淡无为，仍执其"有"，未能"无何有"（《逍遥游》）。

【校勘】"为无"旧误倒为"无为"。"无为"乃道家宗旨，必非撰者所斥。

○奚侗据上下文均作"为亢"、"为修"、"为治"、"为寿"校正，甚是。唯释"为无"为"为逃"，不确。

[10] 江海之士，避世之人：隐遁"出世"之士。○庄子反对"入世"、"出世"，主张"间世"。参看同一撰者《缮性》"古之所谓隐士者，非伏其身而弗见也"。

[11] 吐故纳新：吐故气，纳新气。古人导引之术。

[12] 熊经鸟伸：仿拟熊攀树、鸟伸足的导引健身之术。○东汉华佗在《庄子·刻意》"熊经鸟伸"（二禽戏）的基础上创编了五禽戏：一曰虎，二曰鹿，三曰熊，四曰猿，五曰鸟。

[13] 导引之士，养形之人：祈求长生（隐含"求仙"）之士。○庄子反对祈求长生成仙，主张"常因自然而不益生"（《德充符》）。

[14] "不刻意而高"五句：分斥上举五种士人。○刻意之士，隐逸之士，养形之士，常被误视为道家之士，撰者斥之，深明庄义。○"導"（导）旧作"道"，字通。

[15] 无不忘也，无不有也：无不丧忘，无不拥有。演绎庄学至境"至高不高"、"至修不修"、"至治不治"、"至闲不闲"、"至寿不寿"。

[16] 澹dàn然无极：义本《逍遥游》"无极之外，复无极也"。而众美从之：众多美德从之。

[17] 此天地之道，圣人之德也：此乃撰者褒扬之圣人。

◎第一节：五种俗士，均非圣人；圣人无极，超越俗士。

　　故曰：夫恬淡寂漠虚无无为，此天地之本，而道德之质也。[1]

　　故曰：圣人休焉。休则平易矣，平易则恬淡矣[2]。平易恬淡，则忧患不能入也，邪气不能袭也，故其德全而神不亏矣[3]。

　　故曰：圣人之生也天行，其死也物化；静而与阴同德，动而与阳同波[4]；不为福先，不为祸始；感而后应，迫而后动，不得已而后起[5]；去知与故[6]，循天之理[7]。故无天灾，无物累，无人非，无鬼责；其生若浮，其死若休[8]；不思虑，不预谋[9]；光矣而不耀[10]，信矣而不期[11]；其寝不梦，其觉无忧[12]；其神纯粹，其魂不疲；虚无恬淡，乃合天德。

故曰：悲乐者，德之邪也；喜怒者，道之过也；好恶者，心之失也[13]。故心不忧乐，德之至也；一而不变，静之至也；无所与忤，虚之至也；不与物淆，淡之至也；无所与逆，粹之至也。[14]

故曰：形劳而不休则弊，精用而不已则劳，劳则竭。水之性，不杂则清，莫动则平；郁闭而不流，亦不能清，失德之象也。[15]

故曰：纯粹而不杂，静一而不变，淡而无为，动而以天行，此养神之道也。[16]

今译

所以说：恬淡、寂寞、虚无、无为，是天地的根本，道德的实质。

所以说：圣人休止有为。休止有为就平和简易，平和简易就恬静淡泊。平和简易恬静淡泊，就忧患不入德心，邪气不袭身形，所以真德葆全而精神不亏。

所以说：圣人的生存顺应天道运行，死亡安于物化变迁；静居而与阴同德，行动而与阳同波；不种福果之因，不启祸患之端；感触外境而后因应，迫于内德而后行动，不得停止而后起行；去除心知又丧忘故德，因循天道之理。所以没有天灾，没有物累，人不非议，鬼不苛责；生存如同浮游，死亡如同休息；不思虑，不预谋；葆光而不外耀，诚信而不许诺；安寝不梦，觉醒无忧；精神纯粹，灵魂不疲；虚己致无恬静淡泊，合于天赋物德。

所以说：悲哀与欢乐，是不循德的邪僻；喜悦与愤怒，是不顺道的过错；嗜好与厌恶，是成心的偏失。因此心无忧乐，是循德的至境；纯一不变，是恬静的至境；不与外物冲突，是虚己的至境；不与外物淆乱，是淡泊的至境；不与外物违逆，是纯粹的至境。

所以说：身形劳累而不休就有弊病，精神使用而不止就会疲劳，疲劳就会穷竭。水的本性，不含杂质就能清澈，不予搅动就能平静；郁积封闭而不流动，也不能清澈，这是水失真德的征象。

所以说：纯粹而不含杂质，清静而纯一不变，恬淡而无为，行动而顺应天道运行，这是颐养心神的道术。

校注

〔1〕夫恬淡寂漠虚无无为，此天地之本，而道德之质也：语本贾谊《鵩鸟赋》"真人恬漠兮，独与道息"。〇贾谊《鵩鸟赋》语，又本《外篇·田子方》"遗物离人而立于独"，《外篇·天运》"道可载尔与之俱也"。

【校勘】"本"旧讹为"平"，马叙伦、陈鼓应据《艺文类聚》二二引文作"本"校正。〇字讹之因，当属或人据《天道》"夫虚静恬淡寂漠无为者，天地之平，而道德之至也"妄改。本篇之"本"、"质"互文，异于《天道》之"平"、"至"义异，详见彼篇。

〔2〕圣人休焉：圣人休止有为。恬 tián 淡：恬静淡泊。

【校勘】"圣人休焉。休则平易矣"，旧讹为"圣人休休焉，则平易矣"。俞樾、郭庆藩、奚侗、刘文典、王孝鱼、王叔岷、陈鼓应、方勇、陆永品据郭注、成疏、陆释均不叠"休"字、《庄子阙误》引张君房本作"圣人休焉。休则平易矣"、《天道》作"故帝王圣人休焉。休则虚"校正。

〔3〕德全而神不亏："葆德"而"才全"。

【校勘】"人"、"袭"下，旧皆脱"也"字。"亏"下，旧脱"矣"字。刘文典、王孝鱼、王叔岷据唐写本、《文选》嵇康《养生论》注引、《淮南子·精神训》校补。

〔4〕同波：义本《应帝王》"吾与之虚而委蛇，不知其谁何，因以为递靡，因以为波流"，魏撰《外物》所引庄言"且以狶韦氏之流观今之世，夫孰能不波？"魏撰《庚桑楚》"与物委蛇而同其波，是卫生之经矣"。〇以上四句，又见刘安版新外篇《天道》。

〔5〕感而后应：义本《德充符》"和而不唱"。迫而后动，不得已而后起：义本《人间世》"乘物以游心，托不得已以养中"，《大宗师》"催乎其不得已也"。

〔6〕故：故德（魏牟版或撰《天地》所引庄言，《天地》辨析二），初

始真德。去故：自"道"己德。

　　[7]循天之理："遥"达彼道。

　　[8]其生若浮，其死若休：语本贾谊《鹏鸟赋》"其生兮若浮，其死兮若休"。○贾谊《鹏鸟赋》语，又本《内篇·大宗师》"夫大块载我以形，劳我以生，佚我以老，息我以死。故善吾生者，乃所以善吾死也"。

　　[9]不思虑，不预谋：语本贾谊《鹏鸟赋》"天不可预虑兮，道不可预谋"。○贾谊《鹏鸟赋》语，又本《内篇·德充符》"圣人不谋"，《外篇·知北游》"无思无虑始知道"。

　　[10]光矣而不耀：语本《老子》"光而不耀"，即《齐物论》"葆光"二义。前义即"执故德"（自葆己德），后义即"去故（德）"（自逃己德）。

　　[11]信矣而不期：义本《大宗师》"道有信"、"约为胶"。○刘安版新外篇《骈拇》"约束不以纆索"。

　　[12]其寝不梦，其觉无忧：语本《大宗师》。

　　[13]【校勘】"德之邪"、"道之过"、"心之失"下，旧皆脱"也"字。"心"旧讹为"德"。刘文典、王叔岷、陈鼓应据唐写本、《淮南子·原道训》及《精神训》、《文子·九守》校补校正。

　　[14]静之至、虚之至、淡之至、粹之至：四"至"均言庄学至境。

　　【校勘】"无所与忤"、"无所与逆"，二"与"旧皆误作"于"（下文"无所与杂"不误）。王引之、高亨、方勇、陆永品校正。○"殽"（淆）旧讹为"交"，形近而讹。刘文典、王叔岷据《淮南子·原道训》作"不与物殽"（"殽"旧讹为"散"，王引之校正）、《文子·道原》及《自然》作"不与物杂"校正。下文"纯粹而不杂"、"无所与杂"亦为旁证。

　　[15]【校勘】"失"旧讹为"天"，形近而讹，义遂不通。武延绪、钱穆校正。○参看《大宗师》"失时，非贤也"，"失"亦讹为"天"。

　　[16]养神：即"葆德"。

　　◎第二节：道德之质，恬淡无为；圣人葆德，养神之道。

　　夫有干越之剑者，柙而藏之，不敢轻用也，宝之至也[1]。精神四达并流，无所不极，上际于天，下蟠于地，化育万物[2]，不可为象，其名为同帝。[3]

　　纯素之道，唯神是守[4]；守而勿失，与神为一[5]；一之精通，合于天伦[6]。野语有之曰："众人重利，廉士重名，贤人尚志，圣人贵精。"[7] 故素也者，谓其无所与杂也；纯也者，谓其不亏其神也[8]。能体纯素，谓之真人。[9]

今译

　　拥有干将越剑之人，用匣子收藏宝剑，不敢轻易使用，宝爱之至。精神四达合流，无所不臻道极，上达于天，下至于地，化育万物，不著迹象，名叫同于天帝。

　　纯粹素朴的天道，唯有心神能够持守；持守天道不失，使与心神合一；合一而精微通神，就能合于天理。乡野谚语有言："众人看重财利，廉士看重名声，贤人崇尚心志，圣人宝贵精神。"因此素呢，是说不与外物交杂；纯呢，是说不曾亏损精神。能够体悟纯粹素朴，叫作真人。

校注

[1] 柙xiá：同"匣"。放置器物的盒子。

"夫有干越之剑者"四句：义本《养生主》"善刀而藏之"。承上演绎"葆德"。

【校勘】"用"上，旧脱"轻"字。刘文典、王孝鱼、王叔岷、陈鼓应据《太平御览》三四四、《北堂书钞》一二二引、郭注、成疏均作"轻用"校补。

[2] 蟠pán：同"盘"。盘旋环绕。

"精神四达并流"五句：摹状"葆德"之效。义本《齐物论》"注焉而不满，酌焉而不竭，而不知其所由来，此之谓葆光"。

[3] 同帝：至人达道，与"帝"（天道）同格。○"葆德"之后，方能"达道"。

〔4〕纯素之道，唯神是守：义承蔺撰《达生》"纯气之守"、《至乐》"臣有守"，魏撰《秋水》"谨守而勿失，是谓返其真"，魏牟版或撰《天运》"杜隙守神"。参看刘安版杂篇《渔父》"慎守其真"。

〔5〕守而勿失，与神为一：义承蔺撰《达生》"形全精复，与天为一"。

〔6〕一之精通：葆德。合于天伦：达道。

〔7〕"众人重利"四句：或扣庄学四境。

〔8〕"故素也者"四句：变文重言"葆德"。

〔9〕能体纯素，谓之真人：变文重言"达道"。○撰者称"葆德"者为"圣人"，称"达道"者为"真人"。

◎第三节：圣人葆德，循德进道；真人达道，与道同在。

缮性

题解

《缮性》是刘安增补"新外篇六"之一，故刘著《淮南子》钞引。不在魏年版外篇，故魏后刘前五子均未钞引。郭象版仍在外篇。

本书把刘安版、郭象版外篇《缮性》640字，复原于刘安版外篇第二十六。校正郭象篡改和历代讹误：补脱文2字，删衍文3字，订讹文7字，厘正误倒2处。

《缮性》未录庄事，未引庄言。无一寓言，不合内七篇之"寓言十九"。结构连绵，章法相续，句法单调，异于内七篇之"其辞参差"。文风、义理全同《刻意》，撰者亦当为秦汉之际的慕庄后学某乙。

全文连贯，不宜分章，为明层次，分为三节。首节贬斥蔽蒙之民。次节贬斥世、道交丧。末节贬斥倒置之民。文短义简，重复甚多，为刘安凑数编入之篇，却被郭象排于外篇前列。

慕庄后学某乙，尽管缺乏文学才华，但是哲学悟性甚高。其文虽然义理单薄，结构单调，但能准确演绎庄义，没有违背之处，对于理解庄学仍然小有助益。

缮性于俗，学以求复其初；滑欲于俗，思以求致其明[1]；谓之蔽蒙之民。[2]

古之治道者，以恬养知[3]；知生而无以知为也[4]，谓之以知养恬[5]。知与恬交相养，而和理出其性。[6]

夫德，和也；道，理也[7]。德无不容，仁也[8]；道无不理，义也[9]；义明而物亲，中也[10]；中纯实而返乎情，乐也[11]；

信行容体而顺乎文，礼也[12]。礼乐遍行，则天下乱矣[13]。彼正而蒙己德，德则不冒[14]，冒则物必失其性也。[15]

今译

修剪天性迎合世俗，然后学习以便复归初始真德；滑乱嗜欲迎合世俗，然后思考以便获致天然澄明；这是受到蒙蔽的愚民。

古时研治道术之人，以恬静颐养心知；心知用于全生而不用于有为，这叫以心知颐养恬静。心知与恬静交相颐养，而后合和治理出自内在德性。

德，是合和万物的；道，是治理万物的。德无不包容，是仁；道无不治理，是义；道义彰明而万物相亲，是中；中正纯实而返归性情，是乐；诚信行为包容形体而顺从人文，是礼。礼乐普遍实行，就天下大乱了。彼人正己而蒙覆己德，真德就不会外冒，外冒就会导致物失天性。

校注

〔1〕缮shàn：修补整治。性：天性。俗：世俗。复其初：复归初始真德。滑gǔ：音骨，乱也（《广韵》）。欲：嗜欲。致其明：获致天然澄明。

【校勘】"缮性于俗"、"滑欲于俗"下，旧多根据郭注"已治性于俗矣，而欲以俗学复性命之本"，妄增"俗"字，再误断为："缮性于俗，俗学以求复其初，滑欲于俗，俗思以求致其明。"未增"俗"字之本，亦多根据郭注而误断为："缮性于俗学，以求复其初，滑欲于俗思，以求致其明。"均不可通。篇首贬斥"缮性于俗"、"滑欲于俗"，篇末贬斥"失性于俗"，褒扬"不为穷约趋俗"，均断句于"俗"。《达生》"去国捐俗"、《秋水》"行殊乎俗"、《天下》"不累于俗"、《渔父》"不拘于俗"，亦均断句于"俗"。○罗勉道、焦竑、宣颖、苏舆、王先谦、刘文典、钱穆、王叔岷、陈鼓应据《庄子阙误》引张君房本不叠"俗"字，校删旧多妄增之二"俗"字，然而断句仍多误从旧之妄断，释义仍多误从郭象谬注。

〔2〕蔽蒙：后逆序作"蒙蔽"。蔽蒙之民：被黥劓、雕琢、蒙蔽之民。

○郭象篡改反注《庄子》，"蔽蒙"后世之民至今。

　　○第一节第一层：首先迎合黥劓，然后祈求息补，乃是蔽蒙之民。

　　[3]以恬 tián 养知：以先天恬静（循德），颐养后天心知（进道）。

　　[4]知生而无以知为也：仅知顺道全生，而不以心知悖道有为（而亏生）。

　　[5]以知养恬：以后天心知（顺道），颐养先天恬静（循德）。○义本《大宗师》"以其知之所知，以养其知之所不知"。

　　[6]知与恬交相养，而和理出其性：后天心知与先天恬静交相滋养，德之"和"，道之"理"，就能出自德性。

　　○第一节第二层：以恬养知，以知养恬；知恬交养，不被蔽蒙。

　　[7]夫德，和也；道，理也：二句承上总提。展开"和理出其性"之"和"、"理"，强调循"德"进"道"。

　　[8]德无不容，仁也：以"德"摄"仁"。隐斥庙堂"亲亲之仁"不能包容万物，并非"至仁"。

　　[9]道无不理，义也：以"道"摄"义"。隐斥庙堂"君臣之义"不能治理万物，不合"道义"。

　　[10]义明而物亲，中也：以"道"之"义"（绝对之义），下摄物各自适之"义"（相对之义），方能"物亲"，方为中正之道。隐斥庙堂伪道使"义"不"明"，使"物"不"亲"，并非"中道"。

　　【校勘】郭象篡改"中"为"忠"，证见郭注之"忠"。成疏作"中"，亦证郭象篡改。刘文典、王孝鱼据《庄子阙误》引江南古藏本、张君房本皆作"中"，下句又作"中纯实而返乎情"校正。

　　[11]中纯实而返乎情，乐也：以"道"之"中"，下摄"乐"。隐斥庙堂之"乐"不能使民返乎性情，并非"至乐"。○"乐"双关"音乐"、"快乐"。

　　[12]信行容体而顺乎文，礼也：以"道"之"信"，下摄"礼"。隐斥庙堂之"礼"无信难行，不容形体，不顺人文，并非"至礼"。○以上运用道家价值序列"道↘德↘仁↘义↘礼↘乐"，阐明"道"、"德"高于"仁"、"义"、"礼"、"乐"，后四项是从属于前二项的次要价值。

　　[13]礼乐遍行，则天下乱矣：次要价值"礼乐"（和"仁义"）不可"遍

行"，否则就会天下大乱。至高价值"道德"方能"遍行"，不会天下大乱。

【校勘】郭象篡改"徧"（遍）为"偏"，然后反注：仁义礼乐"偏行"，则"一方得而万方失"，天下始乱；仁义礼乐"遍行"，则"万方不失"，天下不乱。本书据陆释作"徧"音"遍"、王元泽本、覆宋本均作"遍"、成疏本作"徧"复原。○钱穆、关锋、陈鼓应不知郭象篡改"中"为"忠"、篡改"徧"为"偏"，遂谓本节不合庄学，删去"夫德，和也"至"则天下乱矣"五十四字。

［14］彼：彼人，"知与恬交相养"的"古之治道者"。正：自正己身。蒙己德：蒙覆、隐藏己德。义本"支离其德"（《人间世》）、"善刀而藏之"（《养生主》）、"才全而德不形，内葆之而外不荡"（《德充符》）。

［15］冒则物必失其性也：冒，与"蒙"反义对举。真德外荡外显外冒，必定"临人以德"（《人间世》），剪齐物德之量，使合庙堂伪道之"仁义礼乐"，则万物必失天性。

○第一节第三层：道德至高，仁义次之；礼乐遍行，物失天性。
◎第一节：蔽蒙之民，均被黥劓；达道之人，知恬交养。

　　古之人，在混茫之中与一世，而得澹漠焉[1]。当是时也，阴阳和静，鬼神不扰，四时得节，万物不伤，群生不夭，人虽有知，无所用之，此之谓至一[2]。当是时也，莫之为而常自然。[3]

　　逮德下衰，及燧人、伏羲，始为天下，是故顺而不一[4]。德又下衰，及神农、黄帝，始为天下，是故安而不顺[5]。德又下衰，及唐、虞[6]，始为天下，兴治化之流，浇淳散朴，离道以伪，险德以行[7]，然后去性而从于心[8]。心与心识知，而不足以定天下[9]，然后附之以文，益之以博[10]。文灭质，博溺心[11]，然后民始惑乱，无以返其情性而复其初。[12]

　　由是观之，世丧道矣，道丧世矣[13]。世与道交相丧也，道亦何由兴乎世，世亦何由兴乎道哉[14]？道无以兴乎世，世无以兴乎道，虽圣人不在山林之中，其德隐矣[15]。隐，故不自隐。[16]

今译

古时的人们，在混沌茫然之中终其一生，而得以淡泊寂寞。当此之时，阴阳淳和宁静，鬼神不来惊扰，四季得其节气，万物不受伤害，众生不会早夭，人类虽有心知，没有地方可用，这叫至高齐一。当此之时，无须有为而常得自然。

等到真德下降衰退，到了燧人、伏羲，开始有为于天下，因此天下虽然顺遂却不再齐一。等到真德又下降衰退，到了神农、黄帝，开始有为于天下，因此虽然天下安宁却不再顺遂。等到真德又下降衰退，到了唐尧、虞舜，开始有为于天下，兴起整治、教化民众的源流，导致淳和浇漓、素朴离散，背离天道而学伪，拔高德性而奉行，然后去除天性而盲从成心。成心与成心的识知，却不足以定天下，然后附加文饰，增益繁博。文饰泯灭质朴，繁博溺死德心，然后民众开始迷惑混乱，无法返归真情天性而复归初始真德。

由此观之，人世一旦抛弃天道，天道必然抛弃人世。人世与天道互相抛弃，天道又如何兴起于人世，人世又如何兴起于天道？天道无法兴起于人世，人世无法兴起于天道，即使圣人不在山林之中，真德也只能隐藏。圣人隐藏真德，所以不必自隐山林。

校注

[1]混茫：义同"浑沌"（《应帝王》）。与一世：终其一生。得澹dàn漠焉：上扣"恬"、"和"。○"茫"旧作"芒"，字通。

[2]人虽有知，无所用之：不把心知用于违背天道。至一：至高齐一，"人与天一"（蔺撰《山木》）、"与天为一"（蔺撰《达生》）。

[3]莫之为而常自然：语本《老子》"道之尊，德之贵，夫莫之命而常自然"。

○第二节第一层：古人素朴，浑沌未开；万物不伤，无为自然。

[4]逮dài：及，到。

"逮德下衰，及燧人、伏羲"四句：先斥燧人、伏羲，从"至一"降至"顺而不一"。○魏牟版外篇不斥"伏羲、神农"以上，仅斥"黄帝"以下（魏撰《盗跖》、魏牟版或撰《天运》皆然）。刘安版新外篇更为激进。

［5］"德又下衰，及神农、黄帝"四句：再斥神农、黄帝，又从"顺而不一"降至"安而不顺"。

［6］德又下衰，及唐、虞：再斥唐尧、虞舜。

［7］离道以伪：背离真道而学伪。险德以行：险，险峻，高峻，拔高。拔高德性而奉行。参看刘安版新外篇《骈拇》"擢德塞性"、"以奉不及之法"，刘安版新外篇《马蹄》"蹩躠为仁，踶跂为义"。

【校勘】郭象篡改"伪"为"善"，证见郭注之"善"。成疏之"伪"，亦证郭象篡改。○王念孙、郭庆藩、奚侗、刘文典据《淮南子·俶真训》"离道以伪，险德以行"（"离"旧讹为"杂"，"险"旧讹为"俭"，王念孙校正）、《文子·上礼》"离道以为伪，险德以为行"校正。

［8］然后去性而从于心：去除德性，而后盲从成心之知。反扣首节"以恬养知"。○德性为天道分施，故顺从德性即顺从天道。德心（真知）被伪道黥劓变为成心（假知），故盲从成心即盲从伪道。

［9］心与心识知，而不足以定天下：此人之成心，与彼人之成心，相互识知、印证，"因众以宁所闻"（刘安版新外篇《在宥》），自坚成心而误视伪道为真道，然而不足以定天下。○郭象以降多以"知"字属下，误断为："心与心识，知而不足以定天下。"俞樾驳正："'识知'二字连文，言必'不识不知'，而后可定天下。诸家从'识'字断句，非是。"宣颖、王先谦、王叔岷、陈鼓应从之。

［10］然后附之以文，益之以博：伪道难定天下，故不得不附加文饰（仁义），增益繁博（礼乐）。

［11］文灭质，博溺nì心：仁义之文饰，泯灭质朴之真德；礼乐之繁博，溺死混茫之德心。

［12］然后民始惑乱，无以返其情性而复其初：此扣开篇首句"学以求复其初"、"思以求致其明"。先被伪道俗见"黥劓"，然后再学再思祈求"息补"，往往越学越思，越是自坚成心，越是悖道背德，难以复返情性之初。

【校勘】"情性"旧误倒为"性情"。王叔岷据成疏作"情性"、《庚桑楚》"汝欲返汝情性而无由入"校正。《盗跖》"强反其情性，其行乃甚可羞也"，亦为其证。○世传本之外杂篇，二见"情性"（《庚桑楚》、《盗跖》各一）；又二见"性情"（《马蹄》、《缮性》各一），均为"情性"之误倒，王叔岷均已校正。

○第二节第二层：伪道文饰愈繁，民德下衰愈烈；民德既被黥劓，学思难复其初。

[13]世丧道矣，道丧世矣：世人遗弃天道，天道亦遗弃世人。○后句之"道"，略有人格化倾向，实为撰者悲观之论。天道遍在永在，永不遗弃世人。

[14]"世与道交相丧也"三句：此亦撰者悲观之论。

【校勘】"道亦何由兴乎世"，旧讹为"道之人何由兴乎世"，义不可通。奚侗、武延绪、钱穆疑"亦"字误分为"之人"，据"世亦何由兴乎道"校正。

[15]虽圣人不在山林之中，其德隐矣：郭注宗旨"圣人虽在庙堂之上，然其心无异于山林之中"，语本此句，义与此反。撰者之旨，乃谓庙堂"名教"违背天道"自然"，而伪道猖獗，俗见盲从，故顺道真人虽不隐居于山林之中，仍然不得不"支离其德"，以免伪道惩罚。郭注之旨，则谓圣人不妨奉行"名教"，倚待庙堂，其心仍合"自然"，不悖天道，以证"名教即自然"。

[16]隐，故不自隐：顺道真人既已隐其真德，无须隐其身形。○同一撰者《刻意》亦斥"避世之人"隐其身形。

○第二节第三层：世人丧道，道弃世人；伪道猖獗，圣人隐德。

◎第二节：古时混茫，无为自然；今时离道，伪道猖獗。

　　古之所谓隐士者，非伏其身而弗见也[1]，非闭其言而不出也[2]，非藏其知而不发也[3]，时命大谬也[4]。当时命而大行乎天下，则返一无迹[5]；不当时命而大穷乎天下，则深根宁极而待。此存身之道也。[6]

古之存身者[7]，不以辩饰知[8]，不以知穷天[9]，不以知穷德[10]，危然处其所而返其性矣，又何为哉？道固不小行，德固不小识；小识伤德，小行伤道[11]。故曰：正己而已矣[12]。乐全之谓得志。[13]

古之所谓得志者，非轩冕之谓也[14]，谓其无以益其乐而已矣[15]。今之所谓得志者，轩冕之谓也[16]。轩冕在身，非性命之有也，物之傥来寄也[17]。寄之者，其来不可御，其去不可止[18]。故不为轩冕肆志，不为穷约趋俗[19]，其乐，彼与此同，故无忧而已矣[20]。今寄去则不乐[21]，由是观之，虽乐，未尝不荒也[22]。故曰：丧己于物，失性于俗者[23]，谓之倒置之民。[24]

今译

古人所说的隐士，并非伏身山林而不现人世，并非关闭言说而不出议论，并非深藏真知而不肯发露，而是时运天命大为乖谬。时运天命恰当而真道大行于天下，圣人就返归道一自隐无迹；时运天命不当而真道大困于天下，圣人就深藏根本宁静至极而等待。这是丧我存吾的道术。

古时丧我存吾的圣人，不以言辩文饰心知，不以心知穷极天道，不以心知拔高己德，知危静处其所而返归天性，又何须有为呢？天道原本不体现于细小行为，真德原本不体现于琐屑辨识；琐屑辨识伤害真德，细小行为伤害天道。所以说：圣人自正己身而止。乐于葆全真德叫作得志。

古人所谓得志，说的不是官爵禄位，而是说无法用外物增益快乐而已。今人所谓得志，说的是官爵禄位。官爵禄位在身，并非德性天命原有，而是外物的偶然暂寄。暂寄的外物，来时无法抵御，去时无法阻止。所以不因官爵禄位而放肆心志，不因穷困约束而趋奉世俗，他的快乐，有外物与无外物相同，所以无所忧虑而已。今人暂寄外物一旦离去就不快乐，由此观之，即使快乐，没有不荒谬的。所以说：丧己真德于外物，迷失天性于世俗之人，叫作本末倒置的愚民。

校注

[1]"古之所谓隐士者"二句：承上申论。圣人仅隐德心，不隐身形。○此合"间世"之义。

[2]非闭其言而不出也：圣人亦有假言。唯因"一与言为二"（《齐物论》），故"终身言，未尝言"（蔺撰《寓言》），"其口虽言，其心未尝言"（魏撰《则阳》）。

[3]非藏其知而不发也：圣人亦不藏知。唯因"知止其所不知"（《齐物论》），故"和而不唱"（《德充符》），"不考不鸣"（魏牟版或撰《天地》所引庄言）。

[4]时命大谬 miù 也：圣人隐其真德，乃因时命大谬。○义本蔺撰《山木》所引庄言"此所谓非遭时也"，用语小异。庄子仅言"时"，未言"命"。内七篇之"命"，均指"天命"。撰者之"时命"，实为"时运"。"时运"仅属"若命"（《人间世》、《德充符》）。

[5]"当时命"二句：天道大行，时命不谬，圣人仍然"支离其德"，返一无迹。○此为"支离其德"第一义：自道己德，不拔德为道，乃因"道难尽知"。○"返"旧作"反"，字通。

[6]"不当时命"三句：天道大穷，时命大谬，圣人仍然"支离其德"，深根宁极，静待天道大行。○此为"支离其德"第二义：为免伪道惩罚，乃是"存身之道"。

【辨析一】"深根宁极而待"，虽谓"待时"，仍属广义之"待物"，不合内七篇之"无待"（不待外物，独待天道）。撰者"有待"，故而悲观；庄子"无待"，故而达观。入世者乐观，出世者悲观，间世者达观。

○第三节第一层：当于时命，返一无迹而隐；不当时命，深根宁极而待。

[7]古之存身者：展开上节"此存身之道也"。

【校勘】"存"旧讹为"行"，形近而讹。褚伯秀、林云铭、王孝鱼、王叔岷、方勇、陆永品据世德堂本作"存"、上句"存身之道"校正。

[8]不以辩饰知：不以强辩自诩无所不知。

［9］不以知穷天：不以心知穷尽天道，因为"道难尽知"。

【校勘】"天"下旧衍"下"字，与上下句不谐，义亦不通。钱穆、王叔岷校删。

［10］不以知穷德：不以心知拔高己德，因为"德低于道"。

［11］道固不小行，德固不小识：义本《齐物论》"道隐于小成，言隐于荣华"。○"返"旧作"反"，字通。

［12］正己而已矣：自正己身，而后知止。

［13］乐全：自乐于"全生"（《养生主》），自乐于葆全真德。

得志：得适己志。"以德为循，自适其适"（《大宗师》）。

○第三节第二层：小识伤德，小行伤道；正己而止，乐全得志。

［14］轩xuān冕miǎn：古代贵族所乘马车和冠冕服饰。

"古之所谓得志者"二句：古之得志者，不欲获得庙堂富贵，以德为循，自适其适。

［15］无以益其乐：以德为循，自适其适，此乃"至乐"，故无以益之，无须另外找乐。

［16］"今之所谓得志者"二句：今之得志者，必欲获得庙堂富贵，故不得不"役人之役，适人之适"（《大宗师》），此乃"至苦"（《人间世》"能苦其生者"），故须另外找乐。

［17］傥tǎng来：意外得来，偶然得到。成疏："傥来，意外忽来。"

"轩冕在身"三句：轩冕非德性、天命原有，仅是暂寄于身之外物。

【校勘】"之有"二字旧脱。刘文典、王孝鱼、王叔岷据《庄子阙误》引张君房本、湛然《辅行记》二六引均有"之有"二字校补。

［18］寄之者，其来不可御，其去不可止：参看刘安版杂篇《百里奚》"孙叔敖三为令尹而不荣华，三去之而无忧色。吾以其来不可却也，其去不可止也"。

【校勘】"者"字旧误移于上句"傥来寄"下。上下二句，旧作"物之傥来寄者也。寄之，其来不可御"，不合古文句法，义亦难通。○"御"旧作"圉"，字通，正如"列御寇"旧作"列圉寇"。

［19］不为穷约趋俗：此句亦证庄学反对"从其俗"。旧多盲从郭象反

注，谬解庄子主张"从其俗"（《天下》辨析二八）。

[20] 彼：轩冕。此：穷约。自适者无论轩冕、穷约，至乐皆同。适人者无论轩冕、穷约，至苦亦同。

[21] 今寄去则不乐：今人对于暂寄之轩冕，一旦离去则不乐。○魏撰《让王》"今世之人，居高官尊爵者，皆重失之"，魏牟版或撰《天运》"操之则慄，舍之则悲"。

[22] "由是观之"三句：仅因轩冕未去而乐，必非自适之至乐，故须另外恶补，导致荒乱淫僻。

【校勘】"是"旧讹为"之"。王孝鱼、王叔岷据覆宋本、世德堂本均作"是"校正。

[23] 丧己于物，失性于俗：上扣篇首"缮性于俗"、"滑欲于俗"。

[24] 倒置之民：上扣篇首"蔽蒙之民"。

○第三节第三层：自适不求轩冕，至乐而后无忧；适人而求轩冕，至苦而后荒淫。

◎第三节：达道之人，存己葆真；倒置之民，丧己失性。

【附论】

王夫之曰："《刻意》文词软美肤俗，首尾结构一若后世科场文字之局度，以视内篇穷神写生灵妙之文，若厉与西施之悬绝。《缮性》与《刻意》之旨略同，文亦滑熟不足观。外篇非庄子之书，于此益验矣。"

慕庄后学某乙所撰《刻意》、《缮性》，文风与内七篇和魏牟版外篇差异极大，义理大致合于庄学，虽较魏牟版外篇稍有激进，但不持慕庄后学某甲所撰《骈拇》、《马蹄》之激进"无君"论，仅是主张"恬淡无为"，颇合刘安希望"天子无为"的特殊政治意图。

在宥

题解

《在宥》是刘安增补"新外篇六"之一，故刘著《淮南子》钞引。不在魏牟版外篇，故魏后刘前五子均未钞引。郭象版仍在外篇。

本书把刘安版、郭象版外篇《在宥》2307字，复原于刘安版外篇第二十七。校正郭象篡改和历代讹误：补脱文4字，订讹文11字。

《在宥》未录庄事，未引庄言。文风仿拟内七篇，义理悖于内七篇。义理、文风异于慕庄后学某甲、某乙所撰之篇，撰者当为秦汉之际的慕庄后学某丙。

全文七章。卮言四章1033字，寓言三章1274字。卮言之篇幅冗长，义理之大悖庄学，均为外杂篇罕见，而与同一撰者的《天道》相同。认为"天"高于"道"，悖于老、庄之义，承袭魏牟版或撰《天地》之误，用意则异。

本篇义理大悖庄学，符合刘安的特殊政治意图（详见绪论三《刘安版大全本篇目考》），故本篇为刘安增补外篇、修正庄学的关键篇什。由于本篇大悖庄学，故比其他外杂篇更合郭义，遂被郭象排于外篇前列。

一

闻在宥天下，不闻治天下也[1]。在之也者，恐天下之淫其性也；宥之也者，恐天下之迁其德也。天下不淫其性，不迁其德，岂有治天下者哉？[2]

昔尧之治天下也，使天下欣欣焉人乐其性，是不恬也[3]；桀之治天下也，使天下瘁瘁焉人苦其性，是不愉也[4]。夫不恬不愉，非德也。非德也而可长久者，天下无之。[5]

人大喜邪，毗于阳。大怒邪，毗于阴[6]。阴阳并毗，四时不至，寒暑之和不成，其反伤人之形乎[7]？使人喜怒失位[8]，居处无常，思虑不自得[9]，中道不成章[10]，于是乎天下始乔诘卓鸷[11]，而后有盗跖、曾史之行[12]。故举天下以赏其善者，不足；举天下以罚其恶者，不给。故天下之大，不足以赏罚。自三代以下者，匈匈焉终以赏罚为事[13]，彼何暇安其性命之情哉？[14]

而且悦明邪，是淫于色也。悦聪邪，是淫于声也。悦仁邪，是乱于德也。悦义邪，是悖于理也。悦礼邪，是相于技也。悦乐邪，是相于淫也。悦圣邪，是相于艺也。悦知邪，是相于疵也[15]。天下将安其性命之情，之八者，存可也，亡可也；天下将不安其性命之情，之八者，乃始脔卷獊囊[16]，而乱天下也，而天下乃始尊之惜。甚矣，天下之惑也！岂直过也而去之邪？乃斋戒以言之邪？跪坐以进之邪？鼓歌以舞之邪？吾若是何哉？[17]

故君子不得已而临莅天下，莫若无为。无为也，而后安其性命之情[18]。故贵以身于为天下，则可以托天下；爱以身于为天下，则可以寄天下[19]。故君子苟能无解其五藏[20]，无擢其聪明[21]，尸居而龙见，渊默而雷声[22]，神动而天随，从容无为[23]，而万物炊累焉[24]。吾又何暇治天下哉！[25]

今译

曾闻任物自在宽宥天下，未闻整治天下。任物自在，是恐怕天下人天性淫僻；宽宥天下，是恐怕天下人真德变迁。天下人天性不淫僻，真德不变迁，何须整治天下呢？

从前唐尧整治天下，使天下欣然人人自喜其天性，这是不恬淡；夏桀整治天下，使天下忧愁人人自苦其天性，这是不愉悦。不恬淡不愉悦，就不是真德。不是真德而可以长治久安，天下从来没有。

人大喜呢，就毗邻阳极。人大怒呢，就毗邻阴极。阴极阳极同时毗邻，四季就不能按时而至，寒暑的和谐就不能达成，岂非反过来伤害人类的身形吗？使人喜怒失其常情，居处失其常态，思虑不能自得，偶合天道不成章法，于是天下人开始乔装、诘责、自高、凶狠，而后有了盗跖、曾参、史䲡的乖戾行为。所以用整个天下奖赏行善之人，尚嫌不足；用整个天下惩罚作恶之人，尚嫌不够。所以天下之大，不足以赏善罚恶。从三代以来，汹汹然终于都以赏善罚恶为大事，天下人哪有闲暇安于德性天命的实情呢？

　　而且喜悦明呢，就会淫僻于色。喜悦聪呢，就会淫僻于声。喜悦仁呢，就会淆乱真德。喜悦义呢，就会违背天理。喜悦礼呢，就会助长末技。喜悦乐呢，就会助长淫僻。喜悦圣呢，就会助长技艺。喜悦知呢，就会助长疵议。天下若是安于德性天命的实情，以上八项，保存固可，丧亡亦可；天下若是不安于德性天命的实情，以上八项，就开始割裂扭曲动摇，而后淆乱天下，然而天下竟然开始尊崇之珍惜之。太过分了，天下人的迷惑！何曾视为过错而去除之？竟然斋戒以言论之？跪坐以进献之？鼓吹歌颂以舞蹈之？我对此又能如何呢？

　　所以君子迫不得已而莅临天下，不如无为。无为，而后方能安于德性天命的实情。所以尊贵自身超过有为于天下，才可以托付天下；爱护自身超过有为于天下，才可以寄寓天下。所以君子若能不解析五藏，不擢拔聪明，静居如尸而动现如龙，渊深缄默而震响如雷，心神灵动而追随天道，从容无为，如此则万物炊熟果实累累。我又哪有闲暇整治天下呢！

校注

［1］在宥 yòu：自在，宽宥。义同"放任"。《说文》："宥，宽也。"

［2］淫其性、迁其德：略同刘安版新外篇《骈拇》"削其性"、"侵其德"。

【校勘】"岂有"之"岂"旧脱。刘文典、王叔岷据《太平御览》六二四、《初学记》二○引文均有"岂"字校补。

◎第一章第一节：天道无为，在之宥之；不治天下，民德不迁。

〔3〕使天下欣欣焉人乐其性：此谓"淫性迁德"之偏于阳极。

〔4〕使天下瘁瘁cuì焉人苦其性：瘁，忧愁。此谓"淫性迁德"之偏于阴极。○以上分斥尧、桀各臻极端，义本《大宗师》"与其誉尧而非桀也，不如两忘而化其道"。

【辨析一】魏牟版二十九篇，仅有或撰《胠箧》一见"恬淡无为"。刘安版新外篇六，某甲所撰《骈拇》、《马蹄》主张激进"无君"论，故未劝诫君主"恬淡无为"，某乙所撰《刻意》、《缮性》，某丙所撰《在宥》、《天道》，均不主张"无君"论，故均大谈"恬淡无为"，义本《老子》"恬淡为上"。

〔5〕"夫不恬不愉"四句：结上，启下。

◎第一章第二节：尧桀有为，不恬不愉；欲治天下，民德始迁。

〔6〕毗pí：田界，引申为"极"。两田相连、相邻，谓之"毗连"、"毗邻"。

人大喜邪，毗于阳：上扣尧"使天下欣欣焉人乐其性"。贬斥尧使人毗邻阳极。

大怒邪，毗于阴：上扣桀"使天下瘁瘁焉人苦其性"。贬斥桀使人毗邻阴极。

〔7〕"阴阳并毗"四句：尧、桀使天下各臻阴极阳极，悖于天道之四季循环、寒暑合和，故必反伤人形。○四句义承魏撰《外物》贬斥尧、桀"反无非伤也"。

〔8〕使人喜怒失位：句前承上省略"尧、桀"，以下各句均同。

〔9〕思虑不自得：贬斥尧、桀使人"思虑不自得"。○撰者贬斥"不自得"，违背《大宗师》褒扬"不自得"，合于郭义"自得"，故被郭象移至外篇前列。

〔10〕中道不成章：中zhòng，动词，合于。句谓偶合天道，但是不成章法。○以上四句，义承魏撰《外物》贬斥尧、桀"动无非邪也"。

〔11〕乔诘卓鸷zhì：乔装、诘责、自高、凶狠。均属"淫性迁德"。

〔12〕而后有盗跖、曾史之行：上有所好，下必甚焉，故盗跖"毗于阴"，曾（参）史（䲡）"毗于阳"。

［13］"自三代以下者"二句：泅泅，波涛汹涌，形容喧闹。尧舜以降君主，无不奖赏"毗于阳"的曾史之"善"，惩罚"毗于阴"的盗跖之"恶"。

【校勘】"泅泅"旧作"匈匈"，字通。陆树芝、马叙伦校正。

［14］彼何暇 xiá 安其性命之情哉：上扣"淫性迁德"。盗跖、曾史不安性命之情，乃是伪道之治天下所致。

◎第一章第三节：有为之治，必囿一偏；三代以降，性命不安。

［15］相：助长，"以人助天"（《大宗师》）。以上贬斥八"悦"，"明聪圣知"四项设譬，"仁义礼乐"四项正题。〇八"悦"字旧皆作"说"，字通。

［16］脔 luán：割裂。卷：扭曲。猖 cāng 囊 náng：义同"跄踉"（今多逆序作"踉跄"），脚步不稳，竞相趋赴。

［17］【校勘】"斋"旧作"齐"（齐），字通。"言之"、"进之"、"舞之"下，旧皆脱"邪"字。王念孙、王叔岷据陆释本均有"邪"、崔譔本均有"咫"校补。〇王念孙："今本无三'邪'字者，后人妄删之也。"（《经传释词》四引）

"岂直过也而去之邪"五句：天下不以"仁义礼乐"为过而去之，反而斋戒以言，跪坐以进，鼓歌以舞，奉为真道。

◎第一章第四节：仁义礼乐，乱德悖道；天下踉跄，竞相趋赴。

［18］"故君子不得已而临莅天下"四句：劝诫君主无为。"君子"为"君主"之婉词。

［19］"故贵以身于为天下"四句：语本《老子》。重言"于为"，异于今本《老子》"贵以身为天下，若可寄天下。爱以身为天下，若可托天下"。〇王念孙、苏舆、王先谦、刘文典、陈鼓应均删二"于"字。王叔岷异议："帛书甲、乙本《老子》，首句皆作'故贵为身于为天下'，后句皆作'爱以身为天下'，正可以探索《老子》之旧观矣。"

［20］无解其五藏：不把浑沌真德，解析为"仁义礼智信"五德。义本《应帝王》贬斥"浑沌凿窍"。〇参看下文"愁其五藏以为仁义"，刘安版新外篇《骈拇》"多方乎仁义而用之者，列于五藏哉"。

［21］无擢其聪明：不"擢德搴性"（《骈拇》）。

［22］尸居而龙见，渊默而雷声：语本魏牟版或撰《天运》形容老聃之

言。此转用于形容无为之君主。

〔23〕从容无为：预伏末章"无为而尊者，天道也……主者，天道也"。

〔24〕万物炊累：炊累，炊而熟之，果实累累。预伏末章"有为而累者……人道也；臣者，人道也"。

〔25〕吾又何暇治天下哉："吾"非撰者自指，而是虚拟"不得已而临莅天下"的君主口吻。本篇主旨，即主张君主"无为而尊"，反对君主"有为而累"。详见末章。

◎第一章第五节：君临天下，莫若无为；从容无为，万物自在。

●第一在宥天下章：淫性迁德，万物失性；宽宥天下，万物自在。

二

崔瞿问于老聃曰[1]："不治天下，安臧人心?"[2]

老聃曰："汝慎无撄人心[3]！人心排下而进上[4]，上下囚杀[5]，绰约柔乎刚强[6]。廉刿雕琢[7]，其热焦火，其寒凝冰[8]。其疾也，俯仰之间而再抚四海之外[9]；其居也，渊而静[10]；其动也，悬而天[11]。偾骄而不可系者，其唯人心乎?[12]

"昔者黄帝始以仁义撄人之心[13]，尧舜于是乎股无胈，胫无毛[14]，以养天下之形[15]，愁其五藏以为仁义[16]，矜其血气以规法度[17]，然犹有不胜也[18]。尧于是放讙兜于崇山[19]，投三苗于三峗[20]，流共工于幽都[21]，此不胜天下也。夫施及三王，而天下大骇矣[22]，下有桀跖，上有曾史，而儒墨毕起[23]。于是乎喜怒相疑，愚知相欺，善否相非，诞信相讥，而天下衰矣。大德不同，而性命烂漫矣[24]；天下好知，而百姓求竭矣[25]。于是乎斤锯制焉，绳墨杀焉，椎凿决焉[26]。天下脊脊大乱，罪在撄人心[27]。故贤者伏处大山嵁岩之下，而万乘之君忧栗乎庙堂之上。[28]

"今世殊死者相枕也，桁杨者相推也，刑戮者相望也[29]，而儒墨乃始离跂攘臂乎桎梏之间[30]。噫，甚矣哉！其无愧而不知耻也，甚矣！吾未知圣知之不为桁杨椄槢也？仁义之不为桎梏凿枘也？焉知曾史之不为桀跖嚆矢也[31]？故曰：绝圣弃知，而天下大治。"[32]

今译

崔瞿问老聃说："若是不整治天下，怎能驱使人心向善？"

老聃说："你千万不要撄扰人心！人心被排抑就下沉被激励就上进，下沉上进就囚杀真德，柔弱人心就屈服于刚强囚杀。锋锐雕琢，将使人心热如焦火，寒如凝冰。人心疾驰，俯仰之间而往还四海以外；人心安定，渊深而归宁静；人心跃动，高悬而达九天。兴奋骄矜而不可束缚的，岂非唯有人心呢？

"从前黄帝开始用仁义撄扰人心，尧舜于是大腿无肉，小腿无毛，以此养育天下民众的身形，自愁五脏而推行仁义，自矜血气而规划法度，然而仍然不能胜任。唐尧于是放逐讙兜至崇山，发配三苗至三峗，流放共工至幽都，这是不能胜任整治天下。施行整治及于三代，天下大受惊骇，下有夏桀、盗跖，上有曾参、史鰌，而后儒者、墨者全都兴起。于是喜怒相疑，愚知相欺，善恶相非，诈信相讥，而天下就此德衰。民众的大德不再相同，而德性天命溃烂散漫；天下喜好心知，而百姓求取穷竭。于是运用斧锯管制，运用绳墨杀戮，运用锤凿处决。天下瀞然大乱，罪过在于撄扰人心。所以贤人隐伏于高山峻岩之下，而万乘之君忧惧于庙堂之上。

"当今之世死于非命的尸体相互枕藉，戴着枷锁的囚徒相互推挤，受到刑戮的犯人相互望见，而儒者墨者竟然开始离弃真德踮足挥臂于桎梏之间。唉，太过分了！他们不知惭愧又不知羞耻，太过分了！我不明白圣知为何不是连接枷锁的木条呢？仁义为何不是拼合桎梏的榫卯呢？不明白曾参、史鰌为何不是夏桀盗跖的先声呢？所以说：绝圣弃知，而后天下大治。"

校注

[1] 崔瞿 qú：虚构人物，隐喻君主（对应于上章尧、桀）。崔，大高也（《说文》）。瞿，隼之视也（《说文》），大视貌（《字林》）。其名寓意，自矜自大，自作聪明。

老聃：老聃教诲崔瞿，即教诲君主"无为而治"，合于汉初崇尚黄老的时代语境。〇魏牟版之老聃，或教诲阳子居、南荣趎、柏矩等道家后学，或教诲孔子、子贡等儒门师徒，未曾教诲隐喻君主之人。

[2] 不治天下，安臧 zāng 人心：臧，善，此为使动用法。不治天下，如何驱使人心向善。〇崔瞿所问，合于欲治天下的君主口吻。

【校勘】"臧"旧讹为"藏"，义不可通。王先谦、王叔岷、方勇、陆永品据郭注、成疏均训"善"、焦竑本、陆西星本、方虚名本、胡文英本均作"臧"校正。

[3] 撄 yīng 人心：撄扰、"黥劓"、"雕琢"人心。〇鲁迅《摩罗诗力说》："《老子》书五千语，要在不撄人心。"乃据本篇。《老子》无此语。

[4] 人心排下而进上："排下"即"非之而沮"，上扣"罚其恶"。"进上"即"誉之而劝"，上扣"赏其善"。

[5] 上下囚杀："上"即"誉之而劝"，"下"即"非之而沮"，两者囚杀真德。

[6] 绰约柔乎刚强：绰，旧作"淖"，字通。"绰约"指柔弱民心，"刚强"指庙堂伪道。"柔乎"为动词，谓柔弱人心屈服于庙堂伪道。句义异于《老子》"柔弱胜刚强"。〇"刚强"下当断句，"廉刿雕琢"另起。旧多未断，义遂难通。

[7] 廉刿 guì 雕琢：廉，锋利。刿，尖锐。"廉刿"义同"雕琢"，上承"刚强"，即"撄人心"的庙堂伪道。

[8] 其热焦火，其寒凝冰：其，人心。二句分扣首章"毗于阳"、"毗于阴"。庙堂伪道撄扰、"黥劓"、"雕琢"人心，导致人心热如焦火，成为"毗于阳"的曾史；寒如凝冰，成为"毗于阴"的盗跖。〇"凝冰"下当断句，"其疾也"另起。旧多未断，义遂难通。

〔9〕其疾也，俯仰之间而再抚四海之外：人心有此"乘物游心"之真德。

〔10〕其居也，渊而静：人心真德之阴静，并非如同盗跖被伪道激至"大怒"而为恶，而是如同深渊之宁静。

〔11〕其动也，悬而天：人心真德之阳动，亦非如同曾史被伪道激至"大喜"而为善，而是顺应高悬的天道。○"悬"旧作"县"，字通。

〔12〕偾 fèn 骄：偾，同"奋"。人心一旦被"撄"，易于亢奋骄矜。○二句小结不可"撄人心"。

○老聃语第一层：人心柔弱，不可撄扰；撄扰人心，必致奋骄。

〔13〕昔者黄帝始以仁义撄人之心：追溯伪道之始。○此下结构、用语，大多仿拟、暗引魏牟版或撰《天运》老聃教诲子贡语。唯因教诲对象不同，义遂小异。

〔14〕股无胈 bá，胫 jìng 无毛：股，大腿。胈：腿肚肉。胫：小腿前部。○语本魏撰《天下》形容夏禹"腓无胈，胫无毛"，撰者变文移用于尧舜。

〔15〕以养天下之形：黄帝、尧舜撄扰人心，意在养育民众之身形。虽然本末倒置，尚有爱民之心，而无害民之心。

〔16〕愁其五藏 zàng 以为仁义：上扣首章"解其五藏"。

〔17〕矜其血气以规法度：矜，自矜自得。义本《应帝王》"君人者以己出经式义"。

〔18〕然犹有不胜也：义本《大宗师》"物不胜天"。

〔19〕讙 huān 兜 dōu：尧之乱臣，共工同党。崇山：在今湖南大庸（张家界）。

〔20〕三苗：参看《齐物论》、《人间世》尧伐"三苗"。三峗 wéi：在今甘肃敦煌。

〔21〕共 gōng 工：尧之水官。幽都：幽州。

〔22〕夫施及三王，而天下大骇矣：化用魏牟版或撰《天运》"是以天下大骇，儒墨皆起"。

〔23〕下有桀 jié 跖 zhí，上有曾史，而儒墨毕起：此处"曾史"、"儒墨"并提（郭象漏改），可证《胠箧》、《骈拇》各有二处并提"曾史"、"杨墨"，均为郭象篡改。

〔24〕大德不同，而性命烂漫矣：大德（德之质）本同，小德（德之量）本异。伪道"撄人心"既久，人心之质亦有变异，大德遂亦不同，德性天命亦糜烂散漫。

〔25〕天下好知，而百姓求竭矣：上有所好，下必甚焉。

〔26〕斤锯、绳墨、椎zhuī凿záo：义同下文"桁杨"、"桎梏"、"刑戮"，均谓庙堂刑教。○三句上扣首章"举天下以罚其恶者，不给"。讽刺崔瞿之"撄人心"，本欲"臧人心"，使民众成为"畤于阳"的曾史之徒，结果民众常常成为"畤于阴"的盗跖之徒。

〔27〕天下淆淆xiáo大乱，罪在撄人心：二句结上。人心之所以趋恶，正是因为伪道逼人向善。○义本《老子》"天下皆知善之为善，斯不善矣"。

【校勘】"肴肴"（淆淆）旧讹为"脊脊"，形近而讹。据陆释一本作"肴肴"校正。

〔28〕嵁kān岩：凸凹不平的山岩。○"故贤者"二句：警告"万乘之君"崔瞿。○"慄"旧作"栗"，字通。

◎老聃语第二层：黄帝始作，黥劓人心；天下大乱，罪在黥劓。

〔29〕殊死：特殊死亡，指非正常死亡。桁háng杨：套于囚犯之脚或颈的枷具。

〔30〕离跂qǐ：跂，同"企"。脚跟离地，踮足，"擢德搴性"（刘安版新外篇《骈拇》）。

桎zhì梏gù：在足曰桎，在手曰梏。古代刑具，类似现代的脚镣、手铐。

〔31〕棲jiē槢xí：连接桁杨的木条。

凿záo枘ruì：拼合桎梏的榫卯。嚆hāo矢shǐ：响箭。隐喻先声。○"桁杨棲槢"、"桎梏凿枘"、"桀跖嚆矢"，中皆略"之"，义同"（圣知为）桁杨之棲槢"、"（仁义为）桎梏之凿枘"、"（曾史为）桀跖之嚆矢"。

〔32〕绝圣弃知，而天下大治：义同魏牟版或撰《胠箧》"绝圣弃知，大盗乃止"。均本《老子》"绝圣弃知，民利百倍；绝仁弃义，民复孝慈；绝巧弃利，盗贼无有"。

◎老聃语第三层：儒墨之道，残害天下；曾史之行，桀跖先声。

●第二崔瞿问道老聃章：黥劓人心，天下大乱；绝圣弃知，天下大治。

三

黄帝立为天子十九年，令行天下[1]。闻广成子在于空同之山，故往见之[2]。曰："我闻吾子达于至道，敢问至道之精。吾欲取天地之精，以佐五谷[3]，以养民人；吾又欲官阴阳，以遂群生。为之奈何？"[4]

广成子曰："尔所欲问者，物之质也；尔所欲官者，物之残也[5]。自尔治天下，云气不待族而雨，草木不待黄而落，日月之光益以荒矣[6]。尔佞人之心翦翦者[7]，又奚足以语至道？"

黄帝退，捐天下，筑特室，席白茅，闲居三月，复往邀之。[8]

广成子南首而卧，黄帝顺下风膝行而进，再拜稽首而问曰："闻吾子达于至道，敢问治身奈何而可以长久？"[9]

广成子蹶然而起，曰："善哉问乎[10]！来！吾语汝至道。至道之精，窈窈冥冥；至道之极，昏昏默默。无视无听，抱神以静；形将自正，必静必清；无劳汝形，无摇汝精，乃可以长生[11]。目无所见，耳无所闻，心无所知，汝神将守形，形乃长生[12]。慎汝内，闭汝外，多知为败[13]。我为汝遂于大明之上矣，至彼至阳之原也；为汝入于窈冥之门矣，至彼至阴之原也[14]。天地有官，阴阳有藏[15]，慎守汝身，物将自壮[16]。我守其一，以处其和[17]，故我修身千二百岁矣，吾形未尝衰。"[18]

黄帝再拜稽首曰："广成子之谓天矣！"[19]

广成子曰："来！余语汝。彼其物无穷，而人皆以为有终；彼其物无测，而人皆以为有极[20]。得吾道者，上为皇而下为王[21]；失吾道者，上见光而下为土[22]。今夫百昌，皆生于土，而返于土[23]，故余将去汝，入无穷之门，以游无极之野[24]。吾与日月参光，吾与天地为常[25]。当我，缗乎[26]！远我，昏乎[27]！人其尽死，而我独存乎！"[28]

今译

　　黄帝立为天子十九年，政令通行天下。闻知广成子住在空同山，所以前往拜见。说："我听说先生达于至道，请问至道的精髓。我想汲取天地的精髓，用于助长五谷，用于养育人民；我又想控制阴阳，用于顺遂众生。我该如何作为？"

　　广成子说："你所询问的，是万物的本质；你想控制的，是万物的残器。从你整治天下以来，云气不等聚团就下雨，草木不等枯黄就落叶，日月之光日益昏暗。你这佞人自剪己德复剪人德，又如何足以谈论至道？"

　　黄帝告退，捐弃天下，另建别室反省，静坐白茅思过，闲居三月，重新前往拜见。

　　广成子面南而卧，黄帝顺着下风膝行上前，再拜叩头而问："听说先生达于至道，请问如何治身而后可以长生久视？"

　　广成子立刻坐起，说："问得好啊！过来！我告诉你至道。至道的精髓，遥深幽冥；至道的终极，昏暗静默。无须目视无须耳听，抱持心神趋于恬静；身形若欲自正，必须恬静必须清寂；切勿劳累你的身形，切勿摇荡你的精神，这才可以长生。目无所见，耳无所闻，心无所知，你的心神将会守护身形，身形才会长生。慎守你的内在真德，关闭你的外在感官，多用心知必将失败。我带你上遂大明之上，到那至阳的本原；我带你进入遥冥之门，到那至阴的本原。天地固有官守，阴阳固有府藏，慎守你的身形，万物自会茁壮。我持守道一，以处德心祥和，所以我修养身形一千二百岁了，我的身形未曾衰败。"

　　黄帝再拜叩头说："广成子可以称为天了！"

　　广成子说："过来！我告诉你。彼道没有穷尽，然而众人都以为必有终点；彼道无法测度，然而众人都以为必有极限。得到吾道之人，上为天皇而下为人王；失去吾道之人，上见天光而下为黄土。如今百物昌盛，都生于土，都归于土，所以我将与你告别，进入无穷之门，遨游无极之野。我与日月同光，我与天地为常。未来将迎接我，与我泯合！过去将远离我，与我合一！众人尽皆死去，而我独自存在！"

校注

[1] 黄帝：对应于上章之崔瞿。上扣"黄帝始以仁义撄人之心"。○上章总斥黄帝、尧舜、三王、儒墨"以仁义撄人之心"，本章专斥始作俑者黄帝。

[2] 广成子：虚构至人。对应于上章之老聃。反扣《齐物论》"道隐于小成"。

空同之山：虚构的寓意山名。虚空大同。○黄帝往见广成子于空同之山，仿拟《逍遥游》"尧往见四子藐姑射之山"。

【校勘】"山"旧讹为"上"。郭庆藩、刘文典、王叔岷、陈鼓应据《庄子阙误》引张君房本、成疏均作"山"校正。

[3] 以佐五谷：佐，助也。欲以人助天。参看《大宗师》"无以人助天"。

[4] 以养民人、以遂群生：上扣"黄帝始以仁义撄人之心……以养天下之形"。

【辨析二】魏撰《徐无鬼》"君独为万乘之主，以苦一国之民，以养耳目鼻口"，激进否定君主制度，痛斥君主自养而苦民（内七篇、魏牟版外篇皆然）。刘安版新外篇《在宥》承认君主制度（因为激进否定不能救急），所以一再肯定君主"以养天下之形"、"以养民人"之意图非恶，仅谓撄人之心、以人助天之手段悖道，即谓有为之治不能实现意图，唯有无为而治方能实现意图。撰者立场不同，篇旨遂异。

[5] 物之质：物之本质。物之残：物之残器。二句贬斥黄帝所问悖于所行，欲问"道德"而欲行"仁义"，故下斥"奚足以语至道"。○刘安版新外篇《马蹄》"夫残朴以为器，工匠之罪也；毁道德以为仁义，圣人之过也"。○二"尔"旧皆作"而"，字通。下二"尔"同。

[6] "自尔治天下"四句：贬斥黄帝之治天下，破坏自然节律，人为使之提前，违背天道。○义本魏牟版或撰《天运》"舜之治天下，使民心竞；民妇孕七月而生子，子生五月而能言，不至乎孩而始谁"。

[7] 翦翦：翦，同"剪"。黄帝自剪剪人，即自撄撄人。○义本魏牟版

或撰《天运》"黄帝之治天下，使民心一"。

［8］"黄帝退"六句：黄帝受教，闭门反省。

［9］敢问治身：黄帝反省三月之后，不再问"治天下"，转问"治身"。○义本魏撰《让王》"道之真以持身，其绪余以为国家，其土苴以治天下"。

［10］善哉问乎：黄帝前问"治天下"，故斥之。黄帝此问"治身"，故善之。○以下兼采魏撰《知北游》《田子方》老聃教孔章，易孔子为黄帝。

［11］无劳汝形，无摇汝精，乃可以长生：诱以"长生"。○三"汝"旧皆作"女"，字通。下八"汝"同。

［12］汝神将守形，形乃长生：重言诱以"长生"。

［13］多知为败：多用心知，必将导致（祈求长生之）失败。

［14］至彼至阳之原、至彼至阴之原：语本魏撰《田子方》老聃教孔章"至阴肃肃，至阳赫赫"。○"窅"旧作"窈"，字通。

［15］天地有官，阴阳有藏：天地固有官守，无须人为设官；阴阳固有府藏，无须人为解析。此斥黄帝上言"吾又欲官阴阳"、首章"解其五藏"。义本《德充符》"官天地，府万物"。

［16］慎守汝身，物将自壮：自治己身，万物自壮。

［17］我守其一，以处其和：我守道之一，以处德之和。○广成子"现身说法"。

［18］故我修身千二百岁矣，吾形未尝衰：坐实"长生"。

［19］广成子之谓天矣：黄帝敬称广成子为"天"。

［20］彼：彼道。○四句义本《逍遥游》"无极之外，复无极也"（旧被郭象所删），足证《逍遥游》郭注"物各有极"之谬。

［21］上为皇：上为皇帝。下为王：下为侯王。○此证本篇撰于秦汉之际。

［22］上见光：隐喻"人君"之死。下为土：隐喻"人臣"之死。

［23］百昌：万物。皆生于土，而返于土：万物皆有死，而得道者能长生。再次诱以"长生"。○"返"旧作"反"，字通。

［24］入无穷之门，以游无极之野：再扣《逍遥游》"无极之外，复无

极也"。

[25] 吾与日月参光，吾与天地为常：广成子强调自己得道而后成仙。

[26] 当我：迎我而来的未来之物。缗 mǐn：泯合。

[27] 远我：远我而去的过去之物。昬 hūn：古"昏"字，义指浑沌不分。○四句义本《齐物论》"万物与我为一"，然而用于形容"长生"，义有小异。

【校勘】"昬"旧作"昏"，唐人避李世民讳而改"民"为"氏"。○刘安版杂篇《泰初》"若愚若昬"之"昬"，旧亦讳改为"昏"（王叔岷校正）。

[28] 人其尽死，而我独存乎：广成子再次强调得道而后成仙。

【辨析三】本章一再重言"长生"、"千二百岁"、"人其尽死，而我独存"，竭力宣扬"神仙"之说，违背《德充符》"常因自然而不益生"，魏牟版外篇亦无此义。旧因不明本篇为刘安增入之新外篇，遂有两种误解：其一，误视为庄撰，遂谓庄子主张"长生成仙"；其二，视其他外杂篇为庄撰，但视本篇非庄撰。○既明本篇乃是刘安为其特殊政治意图而补入，则其意易明：唯因君主别无不足，遂以"长生成仙"之说，诱其放弃"有为而治"（秦皇、汉武无不沉迷）。君主沉迷"长生成仙"，确有近于"虚君无为"之效。

●第三黄帝问道广成章：得吾道者，顺道治身而仙；失吾道者，悖道治人而死。

四

云将东游[1]，过扶摇之枝[2]，而适遭鸿蒙[3]。鸿蒙方将拊髀雀跃而游。[4]

云将见之，倘然止[5]，贽然立[6]，曰："叟何人邪？叟何为此？"[7]

鸿蒙拊髀雀跃不辍，对云将曰："游！"[8]

云将曰："朕愿有问也。"[9]

鸿蒙仰而视云将曰："吁？"[10]

云将曰:"天气不和,地气郁结,六气不调,四时不节。今我愿合六气之精,以育群生。为之奈何?"[11]

鸿蒙拊髀雀跃掉头曰[12]:"吾弗知!吾弗知!"[13]

云将不得问。又三年东游[14],过有宋之野,而适遭鸿蒙。[15]

云将大喜,行趋而进曰:"天忘朕邪?天忘朕邪?"[16]再拜稽首,愿闻于鸿蒙。

鸿蒙曰:"浮游,不知所求;猖狂,不知所往[17];游者鞅掌[18],以观无妄[19]。朕又何知?"[20]

云将曰:"朕也自以为猖狂,而民随予所往[21];朕也不得已于民,今则民之仿也[22]。愿闻一言!"[23]

鸿蒙曰:"乱天之经,逆物之情,玄天弗成[24]!解兽之群,而鸟皆夜鸣;灾及草木,祸及昆虫[25]。噫!治人之过也!"[26]

云将曰:"然则吾奈何?"[27]

鸿蒙曰:"噫!毒哉[28]!仙仙乎归矣。"[29]

云将曰:"吾遇天难,愿闻一言。"[30]

鸿蒙曰:"噫!心养[31]!汝徒处无为,而物自化[32]。堕尔形体,黜尔聪明;伦与物忘,大同乎涬溟[33];解心释神,漠然无魂;万物芸芸,各复其根[34]。各复其根而不知,浑浑沌沌,终身不离[35]。若彼知之,乃是离之[36]。无问其名[37],无窥其情[38],物固自生。"[39]

云将曰:"天降朕以德,示朕以默。躬身求之,乃今也得。"[40]再拜稽首,起辞而行。[41]

今译

云将向东巡游,路过扶摇之枝,恰好遇见鸿蒙。鸿蒙正在拍腿雀跃而游戏。

云将见了,犹豫而后止步,恭敬站立而问:"老丈是什么人?老丈在干什么?"

鸿蒙拍腿雀跃不停，对云将说："游戏！"

云将说："我愿向你请教。"

鸿蒙仰头看着云将说："哦？"

云将说："天气不能淳和，地气又有郁结，六气不再调适，四季不合时节。如今我想调和六气的精髓，用于养育众生。我该如何作为？"

鸿蒙掉头继续拍腿雀跃说："我不知！我不知！"

云将没有得到答案。又过三年再次向东巡游，路过有宋之野，恰好遇见鸿蒙。

云将大喜，快步趋前而问："天忘了我吗？天忘了我吗？"再拜叩头，愿意闻道于鸿蒙。

鸿蒙说："飘浮遨游，不知何求；恣意自适，不知何往；遨游之人不修仪容，以便观照永不虚妄。我又知道什么？"

云将说："我自以为恣意自适，然而民众追随我前往；我无法阻止民众，如今的民众仿效于我。我愿一闻教诲！"

鸿蒙说："你淆乱天道的常经，违逆万物的常情，玄妙的天道不会让你成功！你解散鸟兽的族群，而后鸟儿都在夜里鸣叫；灾难遍及草木，祸患遍及昆虫。唉！这是你整治人民的罪过！"

云将说："那么我该如何作为？"

鸿蒙说："唉！你中毒太深！你只须飘飘若仙回归天上。"

云将说："我遇天甚难，愿意再闻教诲！"

鸿蒙说："唉！心斋静养！你只须安处无为，而后万物自然化育。怠堕你的身形，废黜你的聪明；丧忘物我之别，齐同于天地元气；解除心知释放精神，淡漠如同没有灵魂；芸芸万物，各自复归根本。各自复归根本而又不知根本，方能浑浑沌沌，终身不离根本。若是彼人自矜知晓根本，乃是远离根本。不要追问根本的名相，不要窥探根本的实情，万物原本自然生成。"

云将说："天降赐我以真德，指示我以静默。我亲身寻求大道，乃于今日有得。"再拜叩头，起身告辞而去。

校注

[1] 云将 jiàng：云，处于中天。将，引申为杀伐之气。隐喻代大匠斫的君主。对应于上二章之崔瞿、黄帝。○云将东游，非无为之"游"，乃有为之"游"。

[2] 扶摇之枝：隐喻随风扶摇，无为不治。取义于《逍遥游》"搏扶摇而上者九万里"。○参看刘安版杂篇《泰初》"上如标枝，民如野鹿"。

[3] 鸿蒙：浑沌元气，万物总德。隐喻葆德真人。对应于上二章之老聃、广成子。

[4] 拊 fǔ：拍击。髀 bì：大腿。雀跃：双足相并，跳跃如雀。○老叟鸿蒙，跳跃游戏一如童子，譬解达道至人永葆初始真德，童心常在。

【校勘】"髀"旧讹为"脾"，形近而讹（下同）。奚侗、王叔岷据陆释一本、赵谏议本、道藏各本、覆宋本均作"髀"校正。

[5] 倘 cháng 然止：倘，同"徜"。欲止不止貌。○云将乍见老叟而童戏，不能确信是否有道，犹豫于是否止步问道。

[6] 赘 zhì 然：不动貌。○云将复思老叟而童戏，必为异人，于是止步问道。

[7] 云将先不问道，先问老叟为何童戏。

[8] 游：异于云将之"东游"，乃无为之"逍遥游"。此处义同今语"玩"。参看《史记·老子韩非列传》所引庄言"游戏"。

[9] 朕 zhèn：暗示云将隐喻皇帝。下文鸿蒙之言，均斥皇帝。均证本篇撰于秦始皇称帝之后（刘安之前）。○秦始皇之前，人人均可自称"朕"。秦始皇之后，"朕"为皇帝专用之自称。

[10] 鸿蒙仰而视云将：云将（皇帝）居于世俗上位，鸿蒙（真人）居于世俗下位。取义于《大宗师》"天之小人，人之君子；天之君子，人之小人也"。

[11] 今我愿合六气之精，以育群生。为之奈何：义同上章黄帝之首问"吾欲取天地之精，以佐五谷，以养民人；吾又欲官阴阳，以遂群生。为之奈何？"

〔12〕鸿蒙拊髀雀跃掉头：跳至某处，掉头回跳。略同今日童子之戏"跳房子"。

〔13〕吾弗知：义同上章广成子斥黄帝首问之言"奚足以语至道"。

〔14〕又三年东游：小异上章黄帝"闲居三月"。○《礼记·王制》"天子五年一巡守"。此处不言"五年"而言"三年"，隐讽云将"三年"技有小成，"道隐于小成"（《齐物论》）。

〔15〕有宋之野：庄子母邦。暗示"鸿蒙"为庄子化身。

〔16〕天忘朕邪：云将自称"朕"，敬称鸿蒙为"天"。○上章黄帝亦敬称广成子为"天"。

〔17〕猖狂：义同《大宗师》"恣睢"、"自适"。语本蔺撰《山木》"猖狂妄行"。参看魏撰《庚桑楚》"百姓猖狂不知所如往"。

〔18〕鞅掌：不修仪容，引申为污渎，语本魏撰《庚桑楚》。游者鞅掌：义同《史记·老子韩非列传》庄拒楚聘之言"游戏污渎"。

〔19〕以观无妄：义同《德充符》"审乎无假"。"观"、"审"同训。"妄"、"假"同训。"无妄"、"无假"均谓道。

〔20〕朕又何知：鸿蒙亦自称"朕"，义本《人间世》"天子之与己，皆天之所子"，反讽云将（皇帝）以"朕"为自称之专名。○云将未明鸿蒙之反讽，下文又六次自称"朕"。

〔21〕朕也自以为猖狂，而民随予所往：云将（皇帝）自辩，自己实为猖狂"自适"，然而民众却欲"适人"，自愿追随他。

〔22〕朕也不得已于民，今则民之仿也：云将（皇帝）自辩，无法制止民众自愿追随他，如今民众均欲仿效于他，自愿"适人"。○"仿"旧作"放"，字通（《庚桑楚》辨析三）。

〔23〕愿闻一言：云将（皇帝）愿闻，如何制止民众自愿追随他。

〔24〕"乱天之经"三句：鸿蒙驳斥云将（皇帝）之自辩。民众并非自愿"适人"，而是被伪道黥劓，被暴力劫持，才不得不"适人"。由于"少成若天性，习惯如自然"（贾谊《新书》所引孔言），遂以"适人"为天经地义。实属"乱天之经，逆物之情"，故"玄天弗成"。

〔25〕"解兽之群"四句：鸿蒙贬斥庙堂伪道淆乱天道、悖逆物德，灾

祸不仅及于民众，而且及于草木昆虫。○魏牟版或撰《胠箧》"喘喘之虫，肖翘之物，莫不失其性"。

【校勘】"昆"旧或讹为"止"。王叔岷据陆释一本、赵谏议本、道藏各本、覆宋本、成疏均作"昆虫"校正。

［26］治人之过：鸿蒙贬斥云将之结语。民众自愿"适人"，实为"治人"伪道黩剿民众真德所致。

［27］然则吾奈何：云将（皇帝）受教，遂问应当如何。

［28］毒哉：承上，谓"治人"之毒。参看魏牟版或撰《天运》"其知憯于蛎虿之尾，鲜窥之兽"。

［29］仙仙乎归矣：针对云将有为治人的"东游"巡狩，故劝其"归"。"仙仙"隐扣"云"之属性，喻其当归天上遨游，不当下治民众。○又以"长生神仙"诱之，同于上章。

［30］吾遇天难，愿闻一言：云将不再问"治天下"，转问"治身"（成仙）。同于上章之黄帝。

［31］心养："养心"之倒装。义同《人间世》"心斋"。

［32］汝徒处无为，而物自化：义本《老子》"道恒无为而无不为，侯王若能守之，万物将自化"，"我无为而民自化"。

［33］滓 xìng 溟 míng：浑沌元气，义同"鸿蒙"。刘安版杂篇《泰初》逆序作"溟滓"。○"堕尔形体"四句，化用《大宗师》"坐忘"十六字"堕其肢体，黜其聪明；离形去知，同于大通"。

【校勘】"黜"旧讹为"吐"，义不可通。刘文典、陈鼓应据《大宗师》校正。

［34］万物芸芸，各复其根：芸芸，旧作"云云"，字通。语本《老子》"夫物芸芸，各复归其根"。

［35］浑浑沌沌：语本《应帝王》"浑沌"。义同"滓溟"、"鸿蒙"。

［36］若彼知之，乃是离之：不知则合同为一，知则分离为二。○参看刘安版杂篇《泰初》"识其一，而不知其二"。

［37］无问其名：义本《老子》"名可名，非恒名"，魏撰《知北游》"道不当名"。

［38］无窥其情：义本魏撰《知北游》"道不可见，见而非也"。

［39］物固自生：非谓离道而自生，乃谓顺道而自生。○郭象以"独化自得"释"自生"，全反庄学。

［40］躬身求之，乃今也得：云将求道三年，始得闻道于鸿蒙。

［41］再拜稽qǐ首，起辞而行：云将不再"东游"巡狩，辞行西归。○秦都咸阳，汉都长安，均在中原之西。此亦可证本篇撰于秦汉。

●第四云将问道鸿蒙章：君主"自适"，民众"适人"；乱天逆物，治人之过。

【辨析四】王叔岷认为，本篇原文至此而终，以下三章不合庄学，为郭象裁剪别篇移入。其说无据。前四章同样不合庄学。全文七章结构相续，义理相连，实为一体。

五

世俗之人，皆喜人之同乎己，而恶人之异于己也。同于己而欲之，异于己而不欲者，以出乎众为心也[1]。夫以出乎众为心者，何尝出乎众哉[2]？因众以宁所闻，不如众技众矣[3]。而欲为人之国者[4]，此览乎三王之利，而不见其患者也[5]。此以人之国侥幸也，几何侥幸而不丧人之国乎[6]？其存人之国也，无万分之一；而丧人之国也，一不成而万有余丧矣。悲夫！有土者之不知也[7]！夫有土者，有大物也。有大物者，不可以物[8]；物而不物，故能物物[9]。明乎物物者之非物也，岂独治天下百姓而已哉[10]？出入六合，游乎九州，独往独来，是谓独有[11]。独有之人，是谓至贵。[12]

今译

世俗之人，都喜欢他人同于自己，而厌恶他人异于自己。同于自己就愿结交，异于自己就不愿结交，以超出众人作为心愿。以超出众人作为心愿者，何尝超出众人呢？因袭众人以安宁于所闻，不如众人之技太多了。而又意欲为人谋国，这是仅见三王之利天下，却不见三王之害天下。这种以他人的邦国来侥幸博取私利之人，怎能侥幸成功而不丧亡他人的邦国呢？这种人保存他人的邦国，没有万分之一；而丧亡他人的邦国，一无所成却万有余丧。可悲啊！拥有国土者之无知啊！拥有国土者，就是拥有大物。拥有大物者，不可亲自驾驭大物；拥有大物而不亲自驾驭大物，方能驾驭大物。明察天道非物而不亲自驾驭万物，岂能独自一人治理天下百姓呢？出入六合，遨游九州，独往独来，方能独自拥有天道。独自拥有大道，才是至贵之人。

校注

[1]"世俗之人"六句：义本蔺撰《寓言》"同于己为是之，异于己为非之"。参看刘安版杂篇《渔父》"人同于己则可，不同于己，则虽善不善"。

[2]出乎众：居于"以隶相尊"的庙堂等级之高位。〇"何"旧作"曷"，字通。

夫以出乎众为心者，何尝出乎众哉：贬斥欲"出乎众"者，实为泯然众人。

[3]因众以宁所闻，不如众技众矣：前二"众"谓众人，第三"众"训多。因袭众人俗见，以便安宁于所闻伪道，不如有技众人甚多。〇章首至此，劝诫已经居于"以隶相尊"的至尊之位的君主，奉行之道不当同于众人，而当异于众人。预伏末章之旨：君主独自奉行"无为而尊"的"天道"、"君道"，众人奉行"有为而累"的"人道"、"臣道"。

[4]而欲为人之国者：自居圣贤，唆使君主有为之人。

[5]此览乎三王之利，而不见其患者也：义本魏牟版或撰《胠箧》"圣人之利天下也少，而害天下也多"。〇"览"旧作"揽"，字通。

[6]此以人之国侥jiǎo幸也：隐扣魏撰《盗跖》贬斥孔子"妄作孝悌而侥幸于封侯富贵"。

〔7〕有土者：君主。○以上诸句劝诫君主，谨防唆使其"有为治国"、妄想"侥幸"谋取富贵的悖道大知。

　　〔8〕有大物者，不可以物：后"物"动词，训驾驭。拥有大物者，不可亲自驾驭大物。此即"无为而尊"，反对君主事必躬亲地"有为而累"。

　　〔9〕物而不物，故能物物：拥有大物而不亲自驾驭大物，方能驾驭大物。二句取义于蔺撰《山木》所引庄言"物物而不物于物"，义有不同。庄言至人"因应外境"，此处转言君主"无为而治"。○郭象反注："不能用物而为物用，即是物耳，岂能物物哉！不能物物，则不足以有大物矣。"奚侗驳正："郭注反诠此文。"

　　〔10〕物物者之非物：语本魏撰《知北游》"物物者非物"。○二篇之"物物者"均谓"道"。

　　明乎物物者之非物也，岂独治天下百姓而已哉：君主明于天道非物，又不亲自治物，岂能独自一人治理天下百姓呢。○二句劝诫君主仿效天道，亦不亲自治物。

　　〔11〕独有：独自拥有天道，方能"出乎众"。○此义违背庄学。

　　〔12〕独有之人，是谓至贵：君主独自拥有君道，方为至贵之人。○撰者为了劝诫君主"无为"，不惜违背庄学。天道不可能为君主独自拥有，拥有天道亦非为了居于"至贵"君位。

　　●第五世俗之人章：众人有为，均行人道；君主无为，独有天道。

六

　　达人之教，若形之于影，声之于响[1]。有问而应之，尽其所怀，为天下配；处乎无响，行乎无方[2]。挈汝适[3]，复之挠挠[4]，以游无端[5]；出入无傍，与日无始[6]；颂论形躯，合乎大同，大同而无己[7]。无己，恶乎得有有[8]？睹有者，昔之君子[9]；睹无者，天地之友。[10]

今译

达人的教诲，如同影之随形，响之应声。有人叩问而后应对，倾尽自己所藏真知，与天下万物匹配；无人叩问就静处无响，行于无方无隅。因循你的自适，修复你的撄扰，游心于没有端倪之道；出入无所依傍，如同太阳无始无终；颂赞万物形躯，合于大同之道，合于大同之道而后丧忘自己。丧忘自己，怎会坚执有形之物？仅见有形之物者，是旧之君子；进窥无形之道者，是天地之友。

校注

[1]达人：达道之人。形：物形。影：物形之影。声：原声。响：回响。〇"达人之教"三句，义本《德充符》"和而不唱"、《应帝王》"至人之用心若镜"。

【校勘】郭象篡改"达人"为"大人"，证见郭注"大人"。详见《秋水》辨析一。本书复原。〇第二章之老聃，第三章之广成子，第四章之鸿蒙，均为教诲君主的"达人"，均非"大人"。

[2]无方：道术（《大宗师》）。参看《秋水》辨析四。〇"有问而应之"五句，义本魏牟版或撰《天地》"不考不鸣"。

[3]挈qiè汝适：因循你所欲适。此谓庄学真谛"因循内德"。

[4]复之挠挠náo：挠挠，即"雕琢"。复之，即"复朴"。此谓庄学俗谛"因应外境"。〇旧多连读"挈汝适复之挠挠"，义遂难明。

[5]以游无端：游心天道。"无端"即《大宗师》"返复终始，不知端倪"之道。此谓庄学宗旨"顺应天道"。

[6]出入无傍，与日无始：出入无所依傍（无待），像太阳一样无始无终（终生如此）。〇二句乃谓终生遵循庄学三义。〇"傍"旧作"旁"，字通。

[7]颂论：颂赞。章太炎释为"貌象"，义不可通。形躯：有形万物。〇"颂论形躯"三句，乃谓遵循庄学三义之后，进而颂赞万物，合于大道，合于大道道而后无己丧我。

［8］无己：无己丧我。恶乎得有有：前"有"动词，训坚执。后"有"名词，训有形之物（特指自我）。○无己丧我，方能致无其有，"无何有"（《逍遥游》）。

［9］睹有者：仅见有形之物者。昔之君子：隐扣孔子，参看魏撰《知北游》老聃贬斥孔子的"君子之道"。

［10］睹无者：窥见无形之道者。天地之友：即"达人"，上扣老聃、广成子、鸿蒙。

●第六达人之教章：达道至人，无为配天；大同万物，无己达道。

【辨析五】宣颖、刘凤苞、胡文英、马叙伦、冯友兰、李勉、陈鼓应认为，本篇原文至此而终，以下末章不合庄学，当属衍文，应该删去。其说无据。末章240字若为衍文，原属何篇？若属别篇，仍悖庄学。若属注文，必无如此之长。删去末章，前六章仍然不合庄学。全文七章结构相续，义理相连，实为一体。

七

贱而不可不任者，物也[1]；卑而不可不因者，民也[2]；匿而不可不为者，事也[3]；粗而不可不陈者，法也[4]；远而不可不居者，义也[5]；亲而不可不广者，仁也[6]；节而不可不积者，礼也[7]；中而不可不高者，德也[8]；一而不可不易者，道也[9]；神而不可不为者，天也[10]。故圣人观于天而不助，成于德而不累，出于道而不谋，会于仁而不恃，薄于义而不积，应于礼而不讳，接于事而不辞，齐于法而不乱，恃于民而不轻，因于物而不去[11]。物者莫足为也，而不可不为[12]。不明于天者，不纯于德[13]；不通于道者，无自而可[14]；不明于道者，悲夫！何谓道？有天道，有人道[15]。无为而尊者，天道也；有为而累者，人道也。主者，天道也；臣者，人道也[16]。天道之与人道也，相去远矣，不可不察也。[17]

今译

低贱却不可不任用的，是万物；卑微却不可不因循的，是民众；隐匿却不可不从事的，是政事；粗陋却不可不陈列的，是法律；遥远却不可不持守的，是正义；爱亲却不可不推广的，是仁爱；节制却不可不积累的，是礼仪；中庸而不可不推崇的，是物德；唯一却不可不变易的，是大道；神妙却不可不运行的，是天意。所以圣人观照天意而不予推助，成于物德而不被牵累，出于大道而不运谋略，归于仁爱而不恃恩惠，趋于正义而不积财富，因应礼仪而不讳尊卑，应接政事而不予推辞，齐于法律而不予淆乱，倚仗民众而不予轻视，因任万物而不废一物。外物不足以有为，而不可不有为。不明天意之人，不能纯粹物德；不通大道之人，没有自适值得认可；不明大道之人，可悲啊！何谓大道？有天道，有人道。无为而尊贵的，是天道；有为而受累的，是人道。君主，奉行天道；臣仆，奉行人道。天道之与人道，相去太远了，不可不察啊。

校注

[1] 贱而不可不任者，物也：以物为贱，违背庄学。〇魏撰《秋水》"以道观之，物无贵贱"。

[2] 卑而不可不因者，民也：以民为卑，违背庄学。〇魏撰《则阳》"其达也，使王公忘爵禄而化卑"，魏撰《让王》"不以人之卑自高"，魏撰《徐无鬼》"天地之养也一，登高不可以为长，居下不可以为短"。

[3] 匿 nì 而不可不为者，事也：阴谋权术，违背庄学。〇魏撰《则阳》贬斥"匿为物而过不识"。

[4] 粗而不可不陈者，法也：法家思想，违背庄学。〇义同《慎子·威德》"法虽不善，犹愈于无法，所以一人心也"。参看魏撰《徐无鬼》贬斥"法律之士广治"，魏牟版或撰《胠箧》贬斥窃国大盗"并与其圣知之法而盗之"，主张"殚残天下之圣法，而民始可与论议"，刘安版新外篇《骈拇》

贬斥"天下簧鼓以奉不及之法"。

　　［5］远而不可不居者，义也：以庙堂私义齐一天下"众宜"，违背庄学。〇魏撰《外物》所引庄言"事果乎众宜"，魏牟版或撰《天地》所引庄言"大小长短修远，各得其宜"。参看"适↘义（宜）"之辨（《山木》辨析一、《至乐》辨析三）。

　　［6］亲而不可不广者，仁也：以亲为仁，违背庄学。欲推广之，略合庄学。〇《大宗师》"有亲，非仁也"，魏牟版或撰《天运》所引庄言"至仁无亲"（魏牟版或撰《宇泰定》亦有此语，未谓庄言），魏撰《管仲》"无所甚亲，无所甚疏"。

　　［7］节而不可不积者，礼也：儒家思想，违背庄学。〇刘安版新外篇《马蹄》贬斥"蹩躠为仁，踶跂为义，澶漫为乐，摘擗为礼"，刘安版新外篇《缮性》"礼乐遍行，则天下乱矣"。

　　［8］中 zhōng 而不可不高者，德也：以德为高，合于庄学。

　　［9］一而不可不易者，道也：以道为一，合于庄学。以道为不可不易（不可不变），违背庄学。又与同一撰者《天道》"此不易之道也"抵牾。〇欲合庄学，当作"一而不可易者，道也"，即刘安版新外篇《刻意》"一而不变"。撰者主张"道不可不改易"，乃为下文析道为二预做铺垫。

　　［10］神而不可不为者，天也：章首至此，由低至高排列价值序列"物↗民↗事↗法↗义↗仁↗礼↗德↗道↗天"十项，以"天"为至高价值，降"道"为次高价值（参看同一撰者之刘安版新外篇《天道》"先明天而道德次之"），核心主张即"道不可不改易"。此义大悖老、庄。〇至高价值不可改易，次高价值仅须不悖至高价值，即可改易。

　　［11］故圣人观于天而不助：此句义本《大宗师》"不以人助天"，合于庄学。

　　【辨析六】"故圣人观于天而不助"以下十句，由高至低小结价值序列"天↘德↘道↘仁↘义↘礼↘事↘法↘民↘物"，但与上文之次序有异（改造庄学，无法圆融），"道"低于"德"，又降为第三价值，再为下文析道为二预做铺垫，可证本篇之"天"相当于"道"，本篇之"道"相当于"术"。"道"既为"术"，故可有二，亦可改易。

［12］物者莫足为也，而不可不为：前句佯承"无为"，后句强调"有为"。乃为下文"人道有为"预做铺垫。

［13］不明于天者，不纯于德："天"相当于"道"。二句所言，即"道↘德"关系。

［14］不通于道者，无自而可："道"相当于"术"。二句所言，即"无术不能治天下"的黄老、法家思想。

［15］何谓道？有天道，有人道：析道为二，违背庄学。承上"一而不可不易者，道也"，虽与"不可不易"相合，但与"一……道也"抵牾。

［16］"无为而尊者"八句：本篇宗旨，违背庄学。

［17］天道之与人道也，相去远矣，不可不察也：字面义似合庄学，深层义违背庄学。庄学主张人人信仰无为天道，反对一切有为人道。本篇主张君主信奉无为天道，臣子信奉有为人道。○刘安深明本篇之"道"相当于"术"，故《淮南子》阐明"君道"异于"臣道"之篇，名为《主术训》，而非《主道训》。此亦可证慕庄后学某丙所撰《在宥》、《天道》，虽然符合刘安的特殊政治意图，但非刘安所撰。

●第七天道人道章：君行天道，无为而尊；臣行人道，有为而累。

【附论】

本篇七章，卮言四章，寓言三章，自始至终劝诫君主信奉"无为而尊"的"天道"（天子之术）、"主道"（君主之术），不可信奉"有为而累"的"人道"、"臣道"（人臣之术）。所以寓言三章之受教对象"崔瞿"、"黄帝"、"云将"，均为君主。此为魏年版外篇所无，而为刘安版新外篇六、杂篇十四独有，遂成《庄子》全书最悖庄学之篇。旧或删其末三章、末章，以便强解为符合庄义，实则前四章、前六章仍然不合庄学。整容强解，殊非学术正道。参看《天道》辨析二。

天道

题解

《天道》是刘安增补"新外篇六"之一，故刘著《淮南子》钞引。不在魏牟版外篇，故魏后刘前五子均未钞引。郭象版仍在外篇。

本书把刘安版、郭象版外篇《天道》2303字，复原于刘安版外篇第二十八。校正郭象篡改和历代讹误：补脱文4字，删衍文3字，订讹文9字，厘正误倒1处。

《天道》未录庄事。引用庄言二节，一节"庄子曰"引自《大宗师》而改字，义遂大异；一节"夫子曰"来源不明。文风仿拟内七篇，义理悖于内七篇。文风、义理全同《在宥》，撰者亦当为秦汉之际的慕庄后学某丙。

王夫之曰："此篇之说，有与庄子之旨迥不相侔者；特因老子守静之言而演之，亦未尽合于老子。盖秦汉间学黄老之术以干人主者之所作也。"

外杂篇四见"王天下"。《天地》一见，乃是引用庄言贬斥"王天下"。《天道》三见，则是撰者褒扬"王天下"。

外杂篇十见"帝王"。《让王》、《天运》、《泰初》各一见，《天道》七见。魏撰《让王》"帝王之功"，意为"使王称帝之功业"，"帝王"并不连读成词，不悖《应帝王》之义。"帝王"连读成词，始于魏牟版或撰《天运》，《天道》承之，悖于《应帝王》之义（《应帝王》题解）。

刘安版新外篇《天道》，大量袭用魏牟版或撰《天运》（又多袭用刘安版新外篇《刻意》），尤其是老聃斥孔章，大钞《天运》老聃斥孔章。然而《天运》之老聃称孔子为"吾子"，《天道》之老聃称孔子为"夫子"，亦证《天道》撰于汉初。

全文六章。卮言一章1258字，寓言五章1045字。卮言之篇幅冗长，义理之大悖庄学，均为外杂篇罕见，而与同一撰者的《在宥》相同。

本篇义理大悖庄学，符合刘安的特殊政治意图（详见绪论三《刘安版大全本篇目考》），故本篇为刘安增补外篇、修正庄学的关键篇什。由于本篇大悖庄学，故比其他外杂篇更合郭义，遂被郭象排于外篇前列。郭象把《天道》列于《天运》、《刻意》之前，导致后人误以为《天运》、《刻意》大量袭用《天道》。

一

天道运而无所积，故万物成；帝道运而无所积，故天下归；圣道运而无所积，故海内服[1]。明于天，通于圣，六通四辟于帝王之德者[2]，其自为也，昧然无不静者矣[3]。圣人之静也，非曰静也善，故静也[4]；万物无足以挠心者，故静也[5]。水静，则明烛须眉；平中准，大匠取法焉[6]。水静犹明，而况精神[7]？圣人之心静乎！天地之鉴也，万物之镜也[8]。夫虚静恬淡寂漠无为者，天地之平，而道德之至也，故帝王圣人休焉[9]。休则虚，虚则实，实则备矣[10]。虚则静，静则动，动则得矣[11]。静则无为[12]，无为也则任事者责矣[13]。无为则愉愉，愉愉者，忧患不能处，年寿长矣。[14]

夫虚静恬淡寂漠无为者，万物之本也。明此以南向，尧之为君也；明此以北面，舜之为臣也[15]。以此处上，帝王天子之德也；以此处下，玄圣素王之道也[16]。以此退居而闲游江海，山林之士服；以此进为而抚世，则功大名显而天下一也[17]。静而圣，动而王[18]，无为也而尊[19]，朴素而天下莫能与之争美[20]。夫明白于天地之德者，此之谓大本大宗，与天和者也；所以均调天下，与人和者也。与人和者，谓之人乐；与天和者，谓之天乐。[21]

庄子曰："吾师乎！吾师乎！齑万物而不为戾，泽及万世而不为仁，长于上古而不为寿，覆载天地、刻雕众形而不为巧。"[22]此之谓天乐。故曰："知天乐者，其生也天行，其死也物化。静而与阴同德，动而与阳同波。"[23]故知天乐者，无天怨，无人非，无物累，无鬼责。故曰："其动也天，其静也地，一心定而王天下；其魄不祟，其魂不疲，一心定而万物服。"[24]言以虚静推于天地，通于万物，此之谓天乐。天乐者，圣人之心以畜天下也。[25]

夫帝王之德[26]，以天地为宗[27]，以道德为主[28]，以无为为常[29]。无为也，则用天下而有余；有为也，则为天下用而不足[30]；故古之人贵夫无为也[31]。上无为也，下亦无为也，是下与上同德，下与上同德则不臣；下有为也，上亦有为也，是上与下同道，上与下同道则不主。上必无为而用天下，下必有为为天下用，此不易之道也[32]。故古之王天下者，知虽络天地，不自虑也；辩虽周万物，不自说也；能虽穷海内，不自为也[33]。天不产而万物化，地不长而万物育，帝王无为而天下功[34]。故曰：莫神于天，莫富于地，莫大于帝王[35]。故曰：帝王之德配天地。此乘天地，驰万物，而用人群之道也。[36]

本在于上，末在于下；要在于主，详在于臣[37]。三军五兵之运，德之末也；赏罚利害，五刑之辟，教之末也；礼法数度[38]，形名比详，治之末也[39]；钟鼓之音，羽旄之容，乐之末也；哭泣缞绖，降杀之服，哀之末也[40]。此五末者[41]，须精神之运，心术之动[42]，然后从之者也[43]。末学者，古人有之，而非所以先也。[44]

君先而臣从，父先而子从，兄先而弟从，长先而少从，男先而女从，夫先而妇从[45]。夫尊卑先后，天地之行也，故圣人取象焉[46]。天尊地卑，神明之位也[47]；春夏先，秋冬后，四时之序也[48]。万物化作，萌区有状[49]；盛衰之杀，变化之流也[50]。夫天地至神，而有尊卑先后之序，而况人道乎[51]？宗庙尚亲，朝廷尚尊，乡党尚齿，行事尚贤，大道之序也[52]。语道而非其序者，非其道也；语道而非其道者，安取道哉？[53]

是故古之明大道者[54]，先明天而道德次之[55]，道德已明而仁义次之，仁义已明而分守次之，分守已明而形名次之，形名已明而因任次之[56]，因任已明而原省次之[57]，原省已明而是非次之，是非已明而赏罚次之[58]。赏罚已明而愚知处宜，贵贱履位，贤不肖袭情，必分其能，必由其名[59]。以此事上，以此畜下[60]，以此治物，以此修身[61]；知谋不用，必归其天，此之谓太平[62]，治之至也。[63]

故《书》曰："有形，有名。"形名者，古人有之，而非所以先也[64]。古之语大道者，五变而形名可举[65]，九变而赏罚可言也[66]。骤而语形名，不知其本也；骤而语赏罚，不知其始也[67]。倒道而言，迕道而说者，人之所治也，安能治人[68]？骤而语形名赏罚，此有知治之具，非知治之道[69]；可用于天下，不足以用天下[70]。此之谓辩士，一曲之人也[71]。礼法数度，形名比详，古人有之，此下之所以事上，非上之所以畜下也。[72]

今译

天道运转而无所滞积，所以万物生成；帝道运转而无所滞积，所以天下归往；圣道运转而无所滞积，所以海内服膺。明于天道，通于圣道，六合四方通达于帝王的德心，其自身作为，就是自知暗昧而无不清静。圣人之清静，并非认为清静是善，所以致力于清静；而是万物不足以撄扰德心，所以原本就清静。水若清静，就能烛照须眉；水平合于标准，大匠得以取法。水之清静尚能明澈，何况精神清静？圣人之心清静啊！所以是天地之鉴，万物之镜。虚静、恬淡、寂漠、无为，是天地的平准，道德的至境，所以帝王圣人休止有为。休止有为就能虚己，虚己就能充实，充实就能完备。虚己就能清静，清静就能行动，行动无不得当。清静就能无为，无为就能让任事者负责。无为就能愉悦，愉悦者，不与忧患共处，年寿必能长久。

虚静、恬淡、寂漠、无为，是万物的根本。明白于此而面南，所以唐尧成为人主；明白于此而面北，所以虞舜成为人臣。以此处于上位，就是帝王天子之德；以此处于下位，就是玄圣素王之道。以此退隐静居而闲游江海，山林之士也将服膺；以此进取有为而安抚人世，就能功大名显而天下一统。清静而后内圣，行动而后外王，无为而后至尊，朴素而后天下不能与之争美。明白天地之德的人，叫作立足大本大宗，就能与天和谐；用于均平调适天下，就能与人和谐。与人和谐，叫作人道之乐；与天和谐，叫作天道之乐。

庄子说："天道吾师啊！天道吾师啊！粉碎万物而不以为暴戾，泽及万世而不以为仁爱，年长于上古而不以为长寿，覆天载地、雕刻众形而不以为灵巧。"这就是天道之乐。所以说："知晓天道之乐者，把生存视为天道运行，把死亡视为物化变迁。静居与阴同德，行动与阳同波。"所以知晓天道之乐者，不抱怨天，不非议人，不被物牵累，不被鬼谴责。所以说："他的行动如天，他的静止如地，一心凝定而称王天下；他的体魄不遭邪祟，他的神魂不会疲劳，一心凝定而万物服膺。"就是说把虚静推及于天地，通达于万物，这就叫天道之乐。天道之乐，就是圣人以清静无为之心畜养天下。

帝王之德，以天地为宗，以道德为主，以无为为常。无为，就能使用天下而有余；有为，就被天下使用而不足；所以古人崇尚无为。君上无为，臣下也无为，这是臣下与君上同德，臣下与君上同德就不像臣仆；臣下有为，君上也有为，这是君上与臣下同道，君上与臣下同道就不像君主。君上必须无为而使用天下，臣下必须有为而被天下使用，这是不可改易的大道。所以古时称王天下者，心知即使网络天地，也不自己思虑；辩才即使周遍万物，也不自己言说；能耐即使冠绝海内，也不自己作为。天不生产而万物化生，地不养育而万物生长，帝王无为而天下成功。所以说：神妙莫过于天，富庶莫过于地，博大莫过于帝王。所以说：帝王之德匹配天地。这就是驾乘天地，驱使万物，运用人群之道。

根本居于上位，末梢居于下位；简要在于君主，周详在于臣仆。三军五兵的运用，是物德之末技；赏罚利害，五刑的施行，是教化之末技；礼仪法度，刑名参详，是治道之末技；钟鼓雅乐，羽饰仪仗，是乐舞之末技；哭泣戴孝，等差丧服，是丧礼之末技。这五项末技，需要精神的运用，心术的推动，然后从属于大道。末技之学，古人也有，却不处于居先位置。

君主居先而臣仆跟从，父亲居先而儿子跟从，兄长居先而诸弟跟从，长者居先而少年跟从，男人居先而女人跟从，丈夫居先而妾妇跟从。尊卑先后，是天地运行的常经，所以圣人取象仿效。天尊地卑，是神明的定位；春夏居先，秋冬随后，是四季的次序。万物化生，必有萌兆区分；盛衰递降，必有变化迁流。天地至为神妙，尚有尊卑先后的次序，何况人道呢？宗庙崇尚亲疏的次序，朝廷崇尚尊卑的次序，乡党崇尚年齿的次序，行事崇尚贤愚的次序，这是大道的次序。谈论大道而违背次序，必非大道；谈论大道却违背大道，何必有取大道呢？

因此古时彰明大道之人，先明天意而后道德次之，道德已明而后仁义次之，仁义已明而后身份职守次之，身份职守已明而后刑教名教次之，刑教名教已明而后因才分任次之，因才分任已明而后监察考核次之，监察考核已明而后是非功过次之，是非功过已明而后赏善罚恶次之。赏善罚恶已明而后愚知各处其宜，贵贱各居其位，贤与不肖符合实情，必能分辨能耐，必能循名责实。以此事奉君上，以此畜养臣下，以此治理万物，以此修剪身心；心知谋略不须使用，万事万物必归天意，这就叫太平，是治理天下的至境。

所以《书》曰："有刑教，有名教。"刑教名教，古人也有，却不处于居先位置。古时谈论大道之人，五次递变而后刑教名教方可列举，九次递变而后赏善罚恶方可列举。骤然言及刑教名教，是不知根本；骤然言及赏善罚恶，是不知初始。颠倒大道的次序而妄言，违背大道的根本而胡说之人，只可被他人治理，怎能治理他人？骤然言及刑教名教赏善罚恶，这是略有所知治理天下的形下之器，未能深知治理天下的形上之道；可以被天下使用，不足以使用天下。这种人叫作辩士，是囿于一方一隅之人。礼仪法度，刑名参详，古人也有，这是臣下用于事奉君上的末技，并非君上用于畜养臣下的大道。

校注

[1] 篇首"天道运"、"帝道运"、"圣道运"三句：均从魏牟版或撰《天运》篇首之"天其运"脱胎而来。本篇袭用《天运》甚多，但是《天运》

仅言"天道"，本篇析道为三（又甚于同一撰者《在宥》之析道为二）。内七篇"天"、"帝"均指"天道"，"圣"指至人。本篇"天"指"天道"，"帝"指"人帝"（可证撰于秦始皇称帝之后，与《在宥》同），"圣"指"人臣"，又谓"天下归，海内服"。均悖庄学。

［2］六通四辟：袭用魏撰《天下》。帝王：参看题解。○篇首分言"天道"、"帝道"、"圣道"，三句点明重心不在"天道"、"圣道"，而在"明于天（道）"、"通于圣（道）"的"帝道"。本篇的劝诫对象，正是"皇帝"，同于《在宥》。

［3］其自为也，昧然无不静者矣："帝道"之核心，是"无为而治"。

［4］"圣人之静也"三句：以静为善而静，则其心原本不静，并非圣人。○"圣人"以下，阐明"圣人"之"心静"，劝诫帝王仿效，否则就不能"通于圣"。

［5］万物无足以挠心者，故静也：义同《在宥》"复之挠挠"。圣人之心，原本即静。○二句劝诫帝王不可事必躬亲，以免被外物撄扰。

［6］平中准：中 zhòng，动词，合于。水平合于标准。○旧或断读为"平、中 zhōng、准"，不合句义。

［7］水静犹明，而况精神：本篇警语，影响深远。义本《德充符》"人莫鉴于流水而鉴于止水"。

［8］圣人之心静乎！天地之鉴也，万物之镜也：演绎《应帝王》"至人之用心若镜"。

［9］"夫虚静恬淡寂漠无为者"四句：阐明"天道"之"无为"，劝诫帝王仿效，否则就不能"明于天"。○四句袭用刘安版新外篇《刻意》："夫恬淡寂漠虚无无为，此天地之本，而道德之质也。故曰：圣人休焉。"某乙所撰《刻意》仅言"圣人休焉"，某丙所撰《天道》改言"帝王圣人休焉"，可证《天道》袭用《刻意》，而非相反。郭象将《天道》列于《刻意》之前，导致后人以为《刻意》袭用《天道》。

【校勘】"道德之至"下旧脱"也"字。宣颖、刘文典据《庄子阙误》引张君房本校补。

［10］休则虚：休则"虚己"（蔺撰《山木》）。虚则实："虚己"则"唯

道集虚"(《人间世》)。实则备矣：道集于虚心，故大备。义本魏撰《天下》"古之人其备乎"。

【校勘】郭象篡改"则備"（备）为"者倫"（伦），证见郭注"伦，理也"。王夫之、宣颖、刘凤苞、奚侗、刘文典、王叔岷、陈鼓应、方勇、陆永品据《庄子阙误》引江南古藏本、杨慎《庄子阙误》校正。

［11］虚则静："虚己"则"圣人之心静"。静则动：德心清静，方能动而合道。动则得矣：动而合道，方为得当。○旧多误释"虚则实"为"虚即实"，误释"静则动"为"静即动"，视为古人之"辩证法"，未明原义。

［12］静则无为：圣人"心静"，方能顺道"无为"。顺道而"动"，方能"无不为"。○此句综合上文二义，揭明本篇主旨（符合刘安特殊政治意图）：劝诫帝王"明于天，通于圣"，效法"圣道"之"心静"，"天道"之"无为"，成为"静而无为"的"帝王圣人"。

［13］无为也则任事者责矣：揭明"帝王圣人"之"静而无为"，意在责成"动而有为"的"任事者"（臣子）。合于同一撰者《在宥》所言"君主无为而尊，臣子有为而累"，不合内七篇和其他外杂篇。

［14］"无为则愉愉"四句：对帝王诱以"长生"。○合于同一撰者《在宥》，不合内七篇和其他外杂篇。○二"愉愉"旧均作"俞俞"，字通。

◎第一章第一节：帝王之德，明天通圣；心静无为，年寿恒长。

［15］"夫虚静恬淡寂漠无为者"六句：此言"南向为君"，"北面为臣"，均当"无为"。○"向"旧作"乡"，字通。

［16］素王：没有君位的"王德之人"（魏牟版或撰《天地》所引庄言）。

玄圣素王之道：语承魏撰《天下》"内圣外王之道"，寓意则异。○"帝王天子之德"，高于"玄圣素王之道"，可证本篇之"道"亦相当于"术"，同于《在宥》（《在宥》辨析六）。

【辨析一】刘安版新外篇《天道》之"素王"，为汉语史首见。胡文英："'素王'二字，本之于此。"姚鼐："'素王'是后人语。"意为非先秦语，故《天道》并非庄撰。王叔岷："汉人亦有所本，出于战国晚期。《鹖冠子·王鈇篇》：'素皇内帝之法。'素皇犹素王也。"○前139年刘安进献汉武帝的《淮南子·主术训》之"素王"，语出本篇，为汉语史第二见。前134

年董仲舒应汉武帝诏的《天人三策》之"素王",为汉语史第三见。两者一道一儒,以寓意不同的"素王",劝诫十字路口的汉武帝。汉武帝诬刘谋反而逼其自杀,采用董策"罢黜百家,独尊儒术"(详见绪论三)。

[17]功大名显:违背《逍遥游》"圣人无名,神人无功"。天下一:违背庄学。参看《齐物论》贬斥"劳神明为一,而不知其同",魏牟版或撰《天运》贬斥"黄帝之治天下,使民心一"。

[18]静而圣,动而王:义本魏撰《天下》"圣有所生,王有所成"。寓意则异。

[19]无为也而尊:此义合于同一撰者《在宥》君主"无为而尊",不合内七篇和其他外杂篇。

[20]朴素而天下莫能与之争美:义本《老子》"夫唯不争,故天下莫能与之争"。

[21]天乐:语本魏牟版或撰《天运》。人乐:据《天运》"天乐"推演而出。○《天运》"天乐"并非天之乐,而是至人之乐。本篇据《天运》"天乐"推演出"人乐",乃与"天道"、"人道"相配。

◎第一章第二节:清静无为,万物之本;为君为臣,均应无为。

[22]"庄子曰"以下六句:明引《大宗师》许由之言,而改"许由曰"为"庄子曰",改"齑万物而不为义"为"齑万物而不为戾",改"长于上古而不为老"为"长于上古而不为寿"。非庄所撰之硬证。

[23]"故曰"以下五句:袭用刘安版新外篇《刻意》"圣人之生也天行,其死也物化;静而与阴同德,动而与阳同波"。○郭象将《天道》列于《刻意》之前,导致后人以为《刻意》袭用《天道》。

[24]一心定而王天下、一心定而万物服:上扣开篇"天下归"、"海内服"。违背庄学。○武延绪、严灵峰、陈鼓应认为"王天下"不合庄学,改为"天地正"而强合庄学,无据。下节、下章均褒扬"古之王天下者"。○首章三言"海内服"、"山林之士服"、"一心定而万物服"。南宋刘辰翁:"是学庄子语者。读至'服'字,可笑!语无味!尚未得为似!岂庄子哉!"

【校勘】"魄"旧讹为"鬼"。王懋竑、陈鼓应校正。

[25]圣人:此言首节之"帝王圣人",非言不是"帝王"的"玄圣素王"。

以畜天下：义同《在宥》肯定君主"以养天下之形"、"以养民人"（《在宥》辨析二）。○违背庄学，参看《养生主》"不祈畜乎樊中"、魏撰《徐无鬼》"君独为万乘之主，以苦一国之民，以养耳目鼻口"。

◎第一章第三节：改引内篇，论证篇旨；帝王无为，天下臣服。

【辨析二】欧阳修、胡文英、王夫之、冯友兰、钱穆、关锋、李勉、陈鼓应认为，首章至此而终，以下"夫帝王之德"至"非上之所以畜下也"五节，不合庄学，当属衍文，应该删去。其说无据，亦不可通。以下五节746字若为衍文，原属何篇？若属别篇，仍悖庄学。若属注文，必无如此之长。删去后五节，前三节仍然不合庄学。首章八节结构相续，义理相连，实为一体。整容强解，殊非学术正道。参看《在宥》辨析四、辨析五及附论。

［26］夫帝王之德：以上三节，总论"帝道"如何仿效"天道"、"圣道"，如何"明于天，通于圣"。以下五节，专论"明于天，通于圣"之后的"帝道"之细节。

［27］以天地为宗："帝道"以天地为宗师。

［28］以道德为主："帝道"以无为"道德"为主，不以有为"仁义"为主。

［29］以无为为常："帝道"静而无为。○"无为"为"帝道"之核心，下文反复申论。

［30］无为也，则用天下而有余：此即"帝王之道"。有为也，则为天下用而不足：此即"人臣之道"。

［31］古之人：古之帝王，即下文"古之王天下者"。贵夫无为：帝王无为，方能"无为而尊"、"独有（天道）"、"至贵"（均见《在宥》）。

［32］下与上同德则不臣、上与下同道则不主：撰者反对。上必无为而用天下，下必有为为天下用：撰者主张。○析道为二，同于《在宥》。违背庄学。

【辨析三】王夫之曰："此篇以'无为'为君道，'有为'为臣道，则剖道为二。且既以'有为'为臣道矣，又曰'以此南乡，尧之为君也，以此北面，舜之为臣也'，则自相刺谬。"○《天道》"此不易之道也"，又与《在宥》"一而不可不易者，道也"抵牾。《在宥》主张"道不可不易"，意在析道为二，变成"君道无为而尊，臣道有为而累"。《在宥》析道为二之后，《天道》遂谓"上必无为，下必有为"是"不易之道"。某丙改造庄学，义理无法圆融。

[33]"故古之王天下者"七句：展开上节"一心定而王天下"，强调"不自虑"、"不自说"、"不自为"。"络"、"周"、"穷"，互文同训。

【校勘】"络"旧作"落"，字通。语本魏撰《盗跖》"知维天地"，"维"、"络"同训。宣颖、奚侗、刘师培、刘文典、王叔岷据《太平御览》四六四引文作"络"校正。○"雖周"旧讹为"虽雕"，"雖"旁之"佳"，误移"周"旁，遂讹为"雕"。章太炎、奚侗、王叔岷据《易传·系辞》"知周乎万物"、《治要》"虽辩周万物"校正。

[34]帝王无为而天下功：重言"帝王无为"。

[35]"莫神于天"三句：取义于《老子》篡改本"道大，天大，地大，王亦大"，故谓"莫大于帝王"。违背庄学，参看《人间世》"天子之与己，皆天之所子"。○《老子》原作"人亦大"，《老子》篡改本之"王亦大"，与下文"域中有四大，而人居其一焉。人法地，地法天，天法道"抵牾。

[36]此乘天地，驰万物，用人群之道也：化用庄义"乘物以游心"，义则悖之。参看《人间世》"人皆知有用之用，而莫知无用之用也"。

◎第二章第四节：帝王无为，乃用天下；臣民有为，为天下用。

[37]本在于上，末在于下：设譬。要在于主，详在于臣：正题。

【辨析四】本（树根）在下，末（树杪）在上。设譬二句本末倒置，难以论证正题二句。此为黄老法家之言。儒家虽亦尊君，仍然以下为本，以上为末，故谓"民为邦本"，尚未本末倒置。

[38]数度：语本魏撰《天下》，"本数"、"末度"之缩略。下文第七节"王道九阶"之价值序列，即据"本数"、"末度"排列。

[39]形名：形，通"刑"，庙堂刑教。名，庙堂名教。

【校勘】"数度"旧误倒为"度数"。王叔岷据《治要》引文作"数度"、成疏先释"数"后释"度"校正。

[40]缞cuī绖dié：缞，粗麻布制成的丧服之衣。绖，粗麻布制成的丧

服之带。

【校勘】"降"旧讹为"隆"，形近而讹。刘文典、王叔岷据《治要》引文作"降"、《天运》"民有为其亲杀其服"（降、杀同训）校正。

〔41〕五末：此释"详在于臣"。

〔42〕须精神之运，心术之动：此释"要在于主"。〇撰者自言"帝王之道"乃"术"。

〔43〕然后从之者也：君操"本"、"要"而主之，臣操"末"、"详"而从之。参看下节"君先而臣从"。

〔44〕末学者，古人有之，而非所以先也："末学"义同魏撰《天下》"末度"，不可先于"本数"。三句预伏第七节"王道九阶"之价值序列。

◎第一章第五节：君道无为，在上为本；臣道有为，在下为末。

〔45〕"君先而臣从"六句：标立庙堂"人道"。首句主旨，后五句附论。

〔46〕夫尊卑先后，天地之行也，故圣人取象焉：论证"人道"乃是圣人取象于"天道"。

〔47〕天尊地卑，神明之位也：违背《齐物论》"天地与我并生，万物与我为一"。〇惠施尚言"天与地卑，山与泽平"（魏撰《惠施》）。

〔48〕春夏先，秋冬后，四时之序也：比拟庙堂等级"君先而臣从"之合理。

〔49〕萌区有状：萌兆区分，各有形状。比拟庙堂名教"各守其分"之合理。

〔50〕盛衰之杀：比拟庙堂礼教"降杀之服"之合理。

〔51〕夫天地至神，而有尊卑先后之序，而况人道乎：论证"人道"合于"天道"。违背庄义"天道人道两行"，合于郭义"名教即自然"。〇以上诸句，不可证明"尊卑先后之序"、"人道"合于"天道"。只可证明天道循环（四季循环、盛衰循环），参看《大宗师》"返复终始，不知端倪"，魏牟版或撰《天运》"四时迭起，万物循生"。

〔52〕宗庙尚亲：儒家宗旨。朝廷尚尊：法家宗旨。乡党尚齿：宗法伦理。行事尚贤：墨家宗旨。大道之序也：不谓"天道"，实为"王道"之术。

【辨析五】马其昶："庄子论治道，乃精实如此。"马氏妄言，本篇并非庄撰，大悖庄学。本篇"道"，实为"王道"之术。〇钱穆："此皆晚世儒生语耳，岂诚庄生之言哉！"王叔岷："此数语盖学庄之徒，濡染儒家之说耳。"钱、王辨析不确。本篇融合道法儒墨，属于战国晚期兴起、汉初庙堂遵行的黄老之学，异于醇儒之学。因汉武帝已有改变汉初政治路线之征象，刘安编入慕庄后学某丙所撰《在宥》《天道》二篇，意在劝诫其不改祖制，仍从旧贯。

〔53〕"语道而非其序者"四句：引出下节"王道九阶"之价值序列。

【校勘】"哉"字旧脱。奚侗、刘文典、王叔岷据《庄子阙误》引文如海本有"哉"校补。

◎第一章第六节：天尊地卑，圣人取象；君尊臣卑，合于天道。

〔54〕大道：王道。实属"方术"，并非"道术"。

〔55〕先明天而道德次之："天"高于"道德"。违背老、庄。

【辨析六】道家价值序列"道↘德↘仁↘义↘礼↘乐"，"道"为至高价值，"德"为次高价值。撰者改造道家价值序列，使合"王道"，故以"天"为至高价值，即以"天尊地卑，君尊臣卑"为至高价值。参看同一撰者《在宥》先列"天↘道↘德"，后列"天↘德↘道"（改造庄学，无法圆融）。撰者之"道"相当于"术"（《在宥》辨析六）。

〔56〕因任：因才任用。〇异于庄学"因任"之义：因循内德，一任天道。

〔57〕原省：推原，省察。即"循名责实"，监察考核。〇郭注："物各自任，则罪责除也。"俞樾驳正："郭注未得其义。下文云：'原省已明而是非次之，是非已明而赏罚次之。'然则此时尚未有'是非'、'赏罚'，又何'罪责'之有乎？'省'之言'省察'也，'原'与'省'同义。盖既因物而任之，又从而原省之，于是其'是非'可得，而'赏罚'可加也。"

〔58〕【辨析七】以上九句，阐明"王道九阶"（实为"主术九阶"）：天↘道德↘仁义↘分守↘形名↘因任↘原省↘是非↘赏罚。仿拟《大宗师》"道术九阶"，义则悖之。

〔59〕"赏罚已明"五句：阐明"王道九阶"之用。违背庄学。

【校勘】"贤"上旧衍"仁"字。武延绪、钱穆、王叔岷据道藏成疏本无"仁"字校删。

［60］以此事上，以此畜下："事上"为臣道，"畜下"为君道。二句又悖上文反对"下与上同德，上与下同道"。改造庄学，无法圆融。

［61］以此治物：以此整治外物，黥劓民众。以此修身：以此自治己身，自我黥劓。○庄学反对"治物"，主张"不治"。反对"修身"，主张"不修"（《田子方》辨析二）。

［62］太平：剪齐民众物德之量，使之成为"编户齐民"。人人均被剪平，即为"太平"。○庄学主张齐一物德之质，听任物德之量不齐（《齐物论》题解）。

［63］治之至也：人人均服整治，无不"役人之役，适人之适"（《大宗师》），安于"以隶相尊"（《齐物论》）的"王道"乐土，即为"太平"至境。○违背庄义"吹万不同"（《齐物论》）、"有万不同"（魏牟版或撰《天地》所引庄言）、"至治不治"。

◎第一章第七节：王道九阶，次序分明；以隶相尊，天下太平。

［64］形名者，古人有之，而非所以先也：黄老法家强调"刑名"，但不视为至高价值。

［65］五变而形名可举："形名"居于"王道九阶"之第五阶，属于"末度"。

［66］九变而赏罚可言也："赏罚"居于"王道九阶"之第九阶，属于"末度"。

［67］"骤而语形名"四句："天尊地卑"为"本数"，"形名赏罚"为"末度"。不明"本数"，"末度"必乱。

［68］"倒道而言"四句：迕wǔ，同"忤"，违逆。颠倒、违逆"王道九阶"的价值序列，只能成为被人所治之臣，安能成为治人之君？○大悖庄学。

［69］治之具、治之道："具"同"器"。"形而上者谓之道，形而下者谓之器"（《易传·系辞》）。

［70］可用于天下，不足以用天下：上扣"上必无为而用天下，下必有为为天下用"。

［71］辩士、一曲之人：语本魏撰《秋水》"曲士不可以语于道"、《则阳》"在物一曲"、《天下》"不赅不遍，一曲之士"。○臣子可为"曲士"，君主不可为"曲士"。

［72］非上之所以畜下也：上扣第三节末句"圣人之心，以畜天下也"，可证旧删第三节以下五节之非。

◎第一章第八节：君执大道，方能治臣；臣执小器，方能被治。

●第一王道九阶章：融合道法儒墨，论证王道九阶。

二

昔者舜问于尧曰："天王之用心何如？"[1]

尧曰："吾不傲无告，不废穷民，苦死者，嘉孺子，而哀妇人。此吾所以用心矣。"[2]

舜曰："美则美矣，而未大也。"[3]

尧曰："然则何如？"

舜曰："天德而土宁[4]，日月照而四时行[5]，若昼夜之有经，云行而雨施矣。"

尧曰："胶胶扰扰乎[6]？子，天之合也；我，人之合也。"[7]

夫天地者，古之所大也[8]，而黄帝尧舜之所共美也[9]。故古之王天下者，奚为哉[10]？天地而已矣。[11]

今译

从前虞舜问唐尧说："天王的德心运用于何处？"

唐尧说："我不傲慢对待求告无门的小民，不抛弃贫民，悲苦死者，嘉许孩童，而哀怜妇人。这是我的德心运用之处。"

虞舜说："美好固然美好，然而不够博大。"

唐尧说："那么应该如何？"

虞舜说："德行如天而安宁如地，日月普照而四季运行，犹如昼夜交替那样遵守常经，云行雨施那样泽被万物。"

唐尧说："我太胶执撄扰了吧？你，合于天道；我，合于人道。"

天地，是古人所取大的，因而黄帝尧舜共同赞美。所以古时称王天下者，何曾有为呢？效法天地罢了。

校注

[1] 天王：全书仅此一见。意为"独有"（《在宥》）天道、"替天行道"之"王"。○钟泰："不曰'帝王'而曰'天王'者，表'王道'本于'天道'。"

[2] 诸句描述唐尧的有为人道之"仁"。○"傲"旧作"敖"，字通。

[3] 美则美矣，而未大也：虞舜谓唐尧美而未大，仅达有为人道之"仁"，未达无为天道之"至仁"（魏牟版或撰《天运》所引庄言）。

[4] 天德而土宁：如天之德（阳动），如土之宁（阴静）。上扣首章"圣人之心静乎"。

【校勘】"土"旧讹为"出"，形近而讹。孙诒让、章太炎、王叔岷、陈鼓应据《老子》"天得一以清，地得一以宁"校正。

[5] 日月照：义本《齐物论》虞舜教诲唐尧仿效"十日并出，万物皆照"的天道。

[6] 胶胶扰扰乎：唐尧接受虞舜批评，自谓胶执于人道，撄扰了天道。

[7] 子，天之合也；我，人之合也：你合于天道，我合于人道。

[8] 夫天地者，古之所大也：不言"天道"，而言"天地"，即"天尊地卑"之"王道"。

[9] 黄帝尧舜之所共美也：以黄帝尧舜为"王道"之楷模。异于内七篇、魏牟版外篇。

[10] 故古之王天下者，奚为哉：第三次褒扬"古之王天下者"。○外杂篇四见"王天下"。魏牟版或撰《天地》一见，乃是引用庄言贬斥"王天下"。本篇三见，则是撰者褒扬"王天下"。

[11] 天地而已矣：为明"天王"仿效天尊地卑，撰者乃作不通之语。

●第二舜问尧章：天王用心，不行小仁；王天下者，无为而尊。

三

孔子西藏书于周室。[1]

子路谋曰:"由闻周之征藏史有老聃者[2],免而归居[3]。夫子欲藏书,则试往因焉。"[4]

孔子曰:"善。"

往见老聃,而老聃不许[5],于是翻十二经以说。[6]

老聃中其说[7],曰:"太蔓!愿闻其要。"[8]

孔子曰:"要在仁义。"[9]

老聃曰:"请问:仁义,人之性邪?"[10]

孔子曰:"然。君子不仁则不成,不义则不生。仁义,真人之性也[11],又将奚为矣?"

老聃曰:"请问:何谓仁义?"[12]

孔子曰:"中心物恺[13],兼爱无私[14],此仁义之情也。"

老聃曰:"噫!几乎,后言[15]。夫兼爱,不亦迂乎[16]?无私焉,乃私也[17]!夫子若欲使天下无失其牧乎[18]?则天地固有常矣,日月固有明矣,星辰固有列矣,禽兽固有群矣,树木固有立矣。夫子亦仿德而行,循道而趋,已至矣。又何竭竭乎揭仁义,若击鼓而求亡子焉[19]?噫!夫子乱人之性也!"[20]

今译

孔子意欲西行藏书于周室。

子路谋划说:"我听说周室征集收藏书籍的史官有叫老聃的,现已去职归居。夫子意欲藏书于周室,不妨尝试因缘于老聃。"

孔子说:"好。"

前往拜见老聃,然而老聃不允许,于是孔子翻检十二经加以解说。

老聃打断孔子的解说，说："太过枝蔓！愿闻精要。"

孔子说："精要在于仁义。"

老聃说："请问：仁义，是人的天性吗？"

孔子说："是的。君子不仁就不能成功，不义就不能生存。仁义，真是人的天性，此外又能有何作为呢？"

老聃说："请问：什么是仁义？"

孔子说："内心爱悦万物，兼爱无私，这是仁义的实情。"

老聃说："唉！危险啊，你后面所言。兼爱，不是迂腐吗？无私，乃是有私啊！夫子似乎希望天下不要失去牧人吧？那么天地本有常经，日月本有常明，星辰本有序列，禽兽本有族群，树木本来挺立。夫子只须仿效物德而行动，因循天道而趋进，已能达至目标了。又何必竭力标举仁义，犹如击鼓追捕逃亡者呢？唉！夫子淆乱人的天性啊！"

校注

[1] 孔子西藏书于周室：孔子欲藏其书于周室，使之成为后世法典。

[2] 征藏史：老聃为"周守藏室之史"（《史记·老子韩非列传》），职在"守藏"原有之书，而无"征书"之职。本篇改"守藏"为"征藏"，可兼"征集"之职，以便孔子"西藏书于周室"。

[3] 免而归居：退休去职，归居沛邑。参看蔺撰《寓言》、魏牟版或撰《天运》。

[4] 夫子欲藏书，则试往因焉：欲藏己书于王室，须有因缘。

[5] 老聃不许：老聃认为孔子之书，不可成为后世法典。

[6] 十二经：六经六纬。○姚鼐："十二经，是后人语。"孔子删定"六经"（当时并无此名），"六纬"为汉儒所增。此证本篇为汉人所撰。严灵峰、陈鼓应改"十二经"为"六经"，无据。

[7] 老聃中其说：中，中断。老聃中断孔子之言。○成疏反注："中其说者，许其有理也。"王先谦、奚侗驳正。

[8] 太蔓！愿闻其要：孔子翻书详论，老聃嫌其太过枝蔓，愿闻简要

之义。○司马谈《论六家之要指》："儒者博而寡要，劳而少功。道家采儒墨之善，撮名法之要；指约而易操，事少而功多。"所言"道家"即本篇撰者所属黄老"道家"（近于法家）。撰者年代，当早于司马谈。○"太"旧作"大"，"蔓"旧作"漫"，字通。

[9] 要在仁义：孔子、儒家以"仁义"为至高价值。首章"王道九阶"列于第三。

[10] 仁义，人之性邪：老聃问孔子，仁义是否人之天性。○"性"即"德"。道家价值序列"道↘德↘仁↘义"，异于儒家价值序列"仁义＝道德"。

[11] 仁义，真人之性也："真人"不连读，中略"乃"。撰者用语不谨，易与庄学名相"真人"相混。

[12] 何谓仁义：老聃要求孔子定义"仁义"。

[13] 物恺kǎi："恺物"之逆序。恺，乐也（《说文》）。○"物恺"即"乐物"（乐于通物）。参看《大宗师》"乐通物，非圣人也"。

[14] 兼爱无私：孔学主张"亲亲之仁"，墨学贬斥孔学"亲亲之仁"有私，遂倡导"兼爱无私"。撰者混淆。

[15] 几乎：近于（危殆）。后言：与"前言"相对。○孔之"前言"，即"要在仁义"，老聃不欲径驳。孔之"后言"，即"中心物恺，兼爱无私"，老聃遂予驳斥。

[16] 夫兼爱，不亦迂乎：撰者混淆儒墨主张，再驳"兼爱"为"迂"，论证无力。

[17] 无私焉，乃私也：义本《老子》"非以其无私邪？故能成其私"，义有小异。《老子》乃劝君主"无私"，以便"成其私"。撰者乃斥孔子主张"无私"（实为墨子主张），实为"成其私"。

[18] 夫子若欲使天下无失其牧乎：袭用魏牟版或撰《天运》"吾子使天下无失其朴"，改"朴"为"牧"，义遂大异，违背庄学。参看《齐物论》"君乎牧乎，固哉！丘也与汝皆梦也"。○又改"吾子"为"夫子"。王叔岷："老子似不当称孔子为'夫子'。"王辨甚是（参看《田子方》辨析一、《泰初》辨析二），此亦可证本篇撰于秦汉。

[19]"夫子亦仿德而行"五句：袭用魏牟版或撰《天运》"吾子亦仿风而动，总德而立矣。又奚傑傑然揭仁义，若负建鼓而求亡子者邪？"○魏牟版或撰《天运》"仿风而动"，义同魏撰《庚桑楚》"仿道而行"（《庚桑楚》）。本篇袭用而改为"仿德而行"，义不可通。○"仿"旧作"放"，"竭竭"旧作"偈偈"，字通。

[20]夫子乱人之性也：上扣孔言"仁义，真人之性也"。贬斥孔子"以仁义易其性"（刘安版新外篇《骈拇》）。

●第三老聃斥孔章：道德为本，仁义为末；孔子崇末，乱人之性。

四

士成绮见老子而问曰[1]："吾闻夫子圣人也，吾故不辞远道而来愿见，百舍重跰而不敢息。今吾观子，非圣人也。鼠壤有余蔬，尔弃昧之者[2]，不仁也。生熟不尽于前，尔积敛无涯。"[3]

老子漠然不应。[4]

士成绮明日复见，曰："昔者吾有刺于子，今吾心正隙矣，何故也？"[5]

老子曰："夫巧知神圣之人，吾自以为脱焉[6]。昔者，子呼我牛也而谓之牛，呼我马也而谓之马[7]。苟有其实，人与之名而弗受，再受其殃[8]。吾服也恒服，吾非以服有服。"[9]

士成绮雁行避影[10]，履行遂进而问[11]："修身若何？"[12]

老子曰："尔容崖然，尔目冲然，尔颡頯然[13]，尔口阚然，尔状峨然[14]，似系马而止也[15]。动而持[16]，发也机[17]，察而审[18]，知巧而睹于泰[19]，凡以为不信[20]。边境有人焉，其名为窃。"[21]

今译

士成绮拜见老子而问："我听说夫子是圣人，所以不辞路远而来拜见，投宿百家旅舍、脚底重重老茧而不敢休息。如今我观察您，并非圣人。鼠穴旁边有剩余菜蔬，你丢弃于暗昧之处，这是不仁。生食熟食无穷无尽堆在面前，你积富敛财没有止境。"

老子漠然不作应对。

士成绮明天又来拜见，说："昨天我对您有所讥刺，今天我的内心有了裂隙，是何缘故？"

老子说："自居巧知神圣之人，我自以为脱离了。昨天，你称我为牛而我任你叫我为牛，你称我为马而我任你叫我为马。如果我有牛马之实，他人给我牛马之名而我不接受，就会两次遭殃。我随顺外物是恒常随顺，我并非因为外物随顺己意才随顺。"

士成绮如雁斜行，避开老子身影，忘了脱鞋就进前而问："请问如何修养身心？"

老子说："你容色傲慢，你目光冲犯，你额头高抬，你口出大言，你状貌自高，一似缰绳勒住的奔马。欲动而强持，待发如弩机，苛察而精审，自矜知巧而骄泰有目共睹，凡事全都以为不可信。如同流窜边境之人，名叫窃贼。"

校注

[1] 士成绮 yǐ："士"喻俗士（儒）。"成"喻"道隐于小成"（《齐物论》）。"绮"通"倚"，喻倚待庙堂。

[2] 重跰 jiǎn：跰，足跰（今作"茧"）。重重足茧。

鼠壤：鼠穴。余蔬：多余的菜蔬。弃昧：丢弃暗昧。

【校勘】"尔弃昧之者"旧讹为"而弃妹"，"而"通"尔"，"妹"通"昧"（林希逸），脱"之者"。王叔岷据陆释一本"妹"下有"之者"（郭庆藩本"者"误为"老"）、覆宋本作"而弃妹之者"校正。〇吕惠卿、林云铭等谓老聃"弃其妹于不养"，训"妹"本字，于史无征。

〔3〕尔积敛无涯：隐扣《老子》"持而盈之，不如其已"。"持盈"义同"积敛"，"无涯"义同"无已"。士成绮讥刺老子言行相悖。

〔4〕老子漠然不应：老子"举世非之而不加沮"（《逍遥游》），"以可不可为一贯"（《德充符》老聃语）。

〔5〕吾心正隙：义本《德充符》"（灵府）日夜无隙"而反用之。士成绮讥刺老子之后，内心不安而自疑。

【校勘】"隙"旧作"郤"，异体字。"郤"或讹为"卻"（却），形近而讹。

〔6〕夫巧知神圣之人，吾自以为脱焉：老子解脱了渴望他人视为"巧知神圣之人"的俗境，故士成绮的贬斥完全无效。

〔7〕"子呼我牛"二句："呼我牛"、"呼我马"，隐喻士成绮贬斥老子"非圣人"、"不仁"。你说我非圣不仁，我就默然接受，因我原本未曾自居圣人仁人。〇旧多牵扯《应帝王》"一以己为马，一以己为牛"，妄释本篇牛马二句。《应帝王》乃是褒扬伏羲之时，人兽同居，万物齐一，义同刘安版新外篇《马蹄》"至德之世，同与禽兽居，族与万物并"，义与此异。

〔8〕"苟有其实"三句：如果我有非圣不仁之实，他人给我"非圣"、"不仁"之名我却不受，就会二受其殃（被斥一殃，争辩二殃）。〇若无其实，亦不置辩，则二殃皆无。

〔9〕吾服也恒服，吾非以服有服：服，随顺。我随顺外物是恒常随顺，我并非因为外物随顺己意才随顺外物。〇参看魏撰《外物》所引庄言"顺人而不失己"。

〔10〕雁行避影：如雁斜行，避开老子之影。〇古人视踩踏崇敬之人的身影为不敬。

〔11〕履行遂进：古人脱鞋入室。士成绮羞愧慌乱，失常忘礼，著鞋入室。

〔12〕修身若何：士成绮已悟惑于俗见所谓"圣"、"仁"，遂问修身，欲达至圣至仁之境。

〔13〕颡sǎng：额头。頯kuí：同"傀"、"魁"，引申为高耸。〇"尔颡頯然"，异于《大宗师》"古之真人，其颡頯"。彼谓真人昂首向天，向往天

道。此斥士成绮昂头高傲，自矜自得。

[14] 阚 kàn：张口詈人之状。峨然：自高之状。

【校勘】"䴏"（峨）旧作"義"（义），字通。俞樾、郭庆藩、王叔岷据《大宗师》"其状義而不凭"之"義"通"䴏"校正。○《马蹄》"虽有義台路寝"，"義"亦通"䴏"。

[15] 似系马而止也：士成绮如奔马欲驰，而强行系止。义本《齐物论》"其行尽如驰，而莫之能止"。

[16] 动而持：欲动而强持。上扣"似系马而止也"。

[17] 发也机：义本《齐物论》"其发若机栝"。士成绮出口伤人，如同发射弩机。

[18] 察而审：自矜明察、精审。上扣士成绮明察、精审"鼠壤有余蔬"。

[19] 知巧而睹于泰：士成绮自矜知巧，骄泰之状可睹。

[20] 凡以为不信：上扣士成绮"闻夫子圣人……今吾观子，非圣人也……不仁也"。至仁至圣尚且不信，何况其他。○旧释老聃谓士成绮之一切行为皆不可信。脱离语境。

[21] 边境有人焉，其名为窃：此斥俗士（士成绮）如同窃贼，窃取"仁圣"之名，自居"仁圣"。○第二章贬斥唐尧"有为"，第三章贬斥孔子以"仁义"为至高价值，第四章贬斥儒士窃取"仁圣"之名，三章自古及今，均扣首章后五节"王道九阶"，再证旧删首章后五节之非。

●第四老子斥士章：儒士自矜自得，妄斥至仁至圣；儒士不仁不圣，窃取仁圣之名。

五

夫子曰[1]："夫道，于大不终，于小不遗，故万物备[2]。广乎其无不容也，渊乎其不可测也[3]。形德仁义[4]，神之末也[5]，非至人孰能定之[6]？夫至人有世，不亦大乎？而不足以为累[7]。

天下奋柄，而不与之偕[8]。审乎无假，而不与物迁[9]；极物之真，能守其本[10]。故外天地，遗万物，而神未尝有所困也[11]。通乎道，合乎德，退仁义，摈礼乐，至人之心有所定矣。[12]

"世之所贵道者[13]，书也。书不过语，语有贵也。语之所贵者，意也[14]，意有所随[15]。意之所随者，不可以言传也[16]。而世因贵言传书，世虽贵之，我犹不足贵也，为其贵非其贵也[17]。故视而可见者，形与色也；听而可闻者，名与声也[18]。悲夫！世人以形色名声为足以得彼之情。夫形色名声果不足以得彼之情[19]，则知者不言，言者不知[20]，而世岂识之哉？"[21]

今译

夫子（庄子）说："道，对于大物而言是不能终穷的，对于小物而言是不能遗弃的，所以遍在万物。广大啊无不包容，渊深啊不可测度。刑赏仁义，是神明之道的末技，若非至人谁能厘定？至人遨游世界，不是博大吗？然而世界不足以为德心牵累。天下奋力争夺权柄，然而至人不与天下同行。审察无所假借的真道，而不随外物变迁；究极万物的本真，能守万物的根本。所以置天下于度外，遗弃万物的搅扰，而心神未曾有所疲困。通达天道，合于物德，斥退仁义，摈弃礼乐，至人的德心就能宁定了。

"世人之所贵重称道的，是书籍。书籍不过是言语，言语另有贵重。言语贵重的，是言语之意，言语之意另有追随的实体。言语之意追随的实体，不能用言语传递。然而世人因为贵重言语而传承书籍，世人虽然认为言语值得贵重，我仍然以为不值得贵重，因为世人贵重的言语并非值得贵重的实体。所以视而可见的，只是形与色；听而可闻的，只是名与声。可悲呀！世人以为通过万物的形色名声足以得知彼道的实情。万物的形色名声果真不足以得知彼道的实情，所以知者不言，言者不知，然而世人岂能认识这些呢？"

校注

[1]夫子：庄子。本章之义全合内七篇，不合老学、孔学。非对话语境引用庄言，非庄所撰之硬证（《天地》辨析一）。〇旧视本篇为庄所撰，成疏、王先谦、方勇、陆永品遂谓"夫子"乃庄子称老子。王叔岷盲从旧注，无据妄改"夫子"为"老子"，注释却全引内七篇，未引《老子》一字，自相抵牾。

[2]"夫道"四句：乃谓大物不能穷尽天道，小物不能遗弃天道。参看魏撰《知北游》"六合为巨，未离其内；秋毫为小，待之成体"。

[3]"广乎"二句：承上概括道之广大深厚，无所不包，不可测度，难以尽知。

【校勘】"广乎"旧作"广广乎"，与下"渊乎"不谐。据褚伯秀本"广"、"渊"均不叠字，《大宗师》"广乎其似世也"十句均不叠字校正。〇奚侗、刘文典、王叔岷、陈鼓应据《庄子阙误》引江南古藏本，而叠"渊"字。

[4]形德：形，通"刑"（首章"有形有名"、"五变而形名可举"皆然）。证见刘安版杂篇《说剑》"论以刑德"。〇参看《韩非子·二柄》："明主之所导制其臣者，二柄而已矣。二柄者，刑德也。何谓刑德？曰：杀戮之谓刑，庆赏之谓德。"

仁义：与"形德"互文同训。"仁"即"德"（庆赏之谓德），"义"即"刑"（杀戮之谓刑）。〇庄子连言"形德仁义"，乃是揭破"仁"乃以名治心之名教，"义"乃以刑治身之刑教。

[5]神之末也：上扣首章"末学者，古人有之，而非所以先也"。〇撰者引用庄言，欲证"王道九阶"。实则"王道九阶"悖于庄义。

[6]非至人孰能定之：若非至人，谁能厘定"形德仁义"，而"代大匠斫"？

[7]夫至人有世，不亦大乎？而不足以为累：至人之德心，拥有世界而博大，但其德心不被世界牵累。

【校勘】"累"前旧衍"之"字，不合古文句法。《秋水》"爵禄不足以为劝，戮耻不足以为辱"、《管仲》"为大不足以为达"、《天运》"不足以为变"、

"不足以为广"，均无"之"字。

[8] 天下奋柄，而不与之偕：柄，权柄。句义参看魏牟版或撰《天运》所引庄言"至贵，国爵摒焉"。

【校勘】"柄"旧作"棅"，异体字。据陆释"棅音柄"校正。

[9] 无假："道"之变文。道为绝对之"真"（不假），又无所假借（无假）。下句"极物之真"，"真"扣"无假"，足证旧训"假"为"瑕"之误。○二句全同《德充符》。

【校勘】"物"旧讹为"利"，形近而讹。奚侗、王叔岷据《德充符》"审乎无假，而不与物迁"校正。

[10] 极物之真，能守其本：极，动词。究极万物之本真（道），持守万物之根本（道）。○魏撰《则阳》"道，物之极"。

[11] 故外天地，遗万物，而神未尝有所困也：参看《大宗师》"叁日而后能外天下，七日而后能外物"。

[12] 通乎道，合乎德，退仁义，摈礼乐：阐明价值序列"道↘德↘仁↘义↘礼↘乐"。○撰者引用庄言，欲证"王道九阶"。然而庄言以"道"为至高价值，"王道九阶"以"天"为至高价值。二者不尽相合。○"摈"旧作"宾"，字通。

◎庄言第一节：天道广大，遍在永在于物；标举道德，退摈仁义礼乐。

[13] 贵道：贵重称道。

[14] 语之所贵者，意也：言语（能指）之所贵，在于语意（所指）。○魏撰《外物》所引庄言"言者所以在意也，得意而忘言"。

[15] 意有所随：语意（所指）又追随于实体（受指）。

[16] 意之所随者，不可以言传也：实体（受指）不能用言语（能指）、语意（所指）传递。○《齐物论》"一与言为二"。

[17] 为其贵非其贵也：义同"非所贵而贵之"。参看《齐物论》"非所明而明之"。○言语（能指）、语意（所指）均不可贵，均不可明，唯有实体（受指）可贵，可明。

[18] "故视而可见者"四句：物有形色名声，道无形色名声。○魏撰《知北游》"道不可闻，闻而非也；道不可见，见而非也；道不可言，言而

非也"。

[19]"世人以形色名声为足以得彼之情"二句：彼，道。〇蔺撰《达生》"世之人以为养形足以存生，而养形果不足以存生"，句法仿拟上文二句。这一句式仅此二见。本章所引庄言，当属蔺且下传。

[20]知者不言，言者不知：语本《老子》（魏撰《知北游》暗引）。参看魏撰《列御寇》所引庄言"知道易，勿言难。知而不言，所以之天也；知而言之，所以之人也。古之至人，天而不人"。

[21]而世岂识之哉：大知小知不知人难尽知天道，自矜其知，独断妄言天道。至知至人彻悟人难尽知天道，致无其知，不独断妄言天道。〇众人盲从伪道，以为独断妄言者均已"尽道"，视为"圣知"；以为不独断妄言者尚未"尽道"，视为"非圣非知"。

◎庄言第二节：道可假言，不可闻见；道难尽言，言者不知。

●第五引用庄言章：名相之道，并非实体之道；知道之人不言，言道之人不知。

六

桓公读书于堂上。[1]

轮扁斫轮于堂下[2]，释椎凿而上，问桓公曰："敢问公之所读者何言邪？"

公曰："圣人之言也。"[3]

曰："圣人在乎？"

公曰："已死矣。"[4]

曰："然则公之所读者[5]，古人之糟粕矣夫？"[6]

桓公曰："寡人读书，轮人安得议乎？有说则可，无说则死。"

轮扁曰："臣也，以臣之事观之。斫轮，徐则甘而不固，疾则苦而不入[7]。不徐不疾，得之于手，而应于心[8]，口不能言[9]，有数存焉于其间[10]。臣不能以喻臣之子[11]，臣之子亦不能受之于臣，是以行年七十，而老斫轮。古之人与其不可传也，死矣[12]。然则公之所读者，古人之糟粕矣夫？"[13]

今译

桓公读书于殿堂之上。

轮扁凿制车轮于殿堂之下，放下锤子凿子走上殿堂，问桓公说："请问主公所读的是什么言语？"

桓公说："是圣人的言语。"

轮扁问："圣人还在吗？"

桓公说："已经死了。"

轮扁说："那么主公所读之书，岂非古人的糟粕呢？"

桓公说："寡人读书，轮匠哪有资格妄议？说得通则罢，说不通则死。"

轮扁说："我呢，只能以我凿制车轮观照此事。凿制车轮，榫眼太松就爽滑不固，榫眼太紧就滞涩难入。榫眼不松不紧，只能得之于手，领悟于心，口不能言说，只有技术存于心中。我不能晓谕我的儿子，我的儿子也不能受之于我，所以我年已七十，仍然老而凿制车轮。古人及其不可言传的论道之意，都已死了。那么主公所读之书，岂非古人的糟粕呢？"

校注

[1] 桓公：田齐桓公田午（前375—前358在位），晚于孔子，与轮扁同处战国中期。〇李颐注为"齐桓公"，意为早于孔子的春秋第一霸姜齐桓公，误。

桓公读书于堂上：此扣上章所引庄言"书不过语"，又扣第三章"孔子西藏书于周室"。

【校勘】刘文典据《北堂书钞》一〇〇及一四一、《太平御览》四五九及七六三引文均作"齐桓公"，误增"齐"字。〇李颐注"桓公，齐桓公"，足证原文必无"齐"字。

椎chuí凿záo：槌子、凿子。轮匠工具。

〔2〕轮扁：轮匠，名扁。

〔3〕圣人：隐指第三章"孔子"。之言：隐指第三章孔子"十二经"。

〔4〕已死矣：义同《庄子》佚文"其人与骨皆已朽矣"。

〔5〕【校勘】"公"旧讹为"君"，下同。刘文典、王叔岷据上文作"公"、《北堂书钞》一〇〇、《太平御览》六一六、《事类赋》一六注引、《鹖冠子·天权篇》注引均作"公"校正。

〔6〕糟zāo粕pò：酒滓曰糟，渍糟曰粕。成疏："醇酎比乎'道德'，糟粕方之'仁义'。"○此扣上章所引庄言"世虽贵之，我犹不足贵也"。参看魏牟版或撰《天运》"夫六经，先王之陈迹也，岂其所以迹哉？"○"矣"旧作"已"，字通。

〔7〕徐：宽松。甘：爽滑。疾：窄紧。苦：滞涩。○徐渭："《南华》妙于用替字。'徐'字替'宽'字，'甘'字替宽者之爽快，病在不固。'疾'字替'紧'字，'苦'字替紧者之涩却，病在不入。"

〔8〕得之于手，而应于心：成语"得心应手"本此，义则大异。本篇原文"得手应心"，乃谓实践出真知，反对盲从"圣人之言"，反对"理论先行"、"成心在胸"的强奸现实。成语"得心应手"，易于盲从"圣人之言"，成为"理论先行"、"成心在胸"的强奸现实。○陈鼓应译为"得心应手"。方勇、陆永品驳正："以手应心，说明自己的心智尚且不能预知双手的实践活动，更何况想用语言把这一系列实践活动的奥妙之理传授给人家呢？"

〔9〕口不能言：此扣上章所引庄言"意之所随者，不可以言传也"及暗引老言"知者不言，言者不知"。

〔10〕有数存焉于其间："数"同"术"，即"技"。"技"尚难言，何况言"道"。今语"心里有数"略同。

〔11〕臣不能以喻臣之子：参看魏牟版或撰《天运》"使道而可以与人，则人莫不与其子孙。然而不可"。

〔12〕古之人与其不可传也，死矣：此谓不当坚执古人古书的名相之道，而应领悟遍在永在的实体之道。○《老子》"执今之道，以御今之有"（马王

堆帛书甲、乙本均作"执今之道"，河上公本、王弼本均已篡改为"执古之道"）。

[13] 然则公之所读者，古人之糟粕矣夫：矣，旧作"已"，字通。二句重言。○本篇第一厄言章大悖庄学，第二章至第六章论证首章，或悖庄学，或合庄学。后者独立之义虽合庄学，倘若用于论证首章，则既不合首章，又不合庄学。

●第六轮扁议书章：技难传子，道更难言；圣人之言，道之糟粕。

【附论一】

慕庄后学某丙所撰《在宥》、《天道》两篇，属于黄老之言，严重偏离庄学。甚合刘安希望"天子无为"的特殊政治意图，然而仍宜认为这两篇并非刘安所撰。只不过刘安搜罗到的这两篇，恰好符合其特殊政治意图。这或许正是刘安增补编纂《庄子》大全本的契机之一。

《在宥》、《天道》两篇经过郭象重新排序，移至外篇靠前位置加以突出之后，成为后世伪庄学的重要内容，又成为唐宋以后儒道合流互补的主要依据。其主张"君主无为而尊，臣子有为而累"，对于弱化君主专制，趋近"虚君无为"，作用非小。其厘定"王道九阶"，对于中华帝国的庙堂体制之精密完善，作用尤大。

慕庄后学某甲、某乙、某丙各撰两篇的新外篇六，文风或义理大异于魏年版外篇，足以证明从魏年到刘安的百年时光，中间横亘着秦王嬴政僭称"皇帝"这一划时代事件，悖道外境已成迥异其趣的别样世界，先秦之风已成飘然远逝的隔世旧梦。

【附论二】

王夫之曰："外篇非庄子之书，盖为庄子之学者，欲引申之，而见之弗逮，求肖而不能也。以内篇参观之，则灼然辨矣。内篇虽参差旁引，而意皆连属；外篇则踳驳而不续。内篇虽洋溢无方，而指归则约；外篇则言穷意尽，徒为繁说而神理不挚。内篇虽极意形容，而自说自扫，无所粘滞；外篇则固执粗说，能死而不能活。内篇虽轻尧舜，抑孔子，而格外相求，不党邪以丑正；外篇则恣庳诅诽，徒为轻薄以快其喙鸣。内篇虽与老子相近，而别为一宗，以脱卸其矫激权诈之失；外篇则但为老子作训诂，而不能探化理于玄微。故其可与内篇相发明者，十之二三，而浅薄虚嚣之说，杂出而厌观；盖非出一人之手，乃学庄者杂辑以成书。其间若《骈拇》、《马蹄》、《胠箧》、《天道》、《缮性》、《至乐》诸篇，尤为情劣。读者遇庄子之意于象言之外，则知凡此之不足存矣。

"杂篇唯《庚桑楚》、《徐无鬼》、《寓言》、《天下》四篇，为条贯之言，《则阳》、《外物》、《列御寇》三篇，皆杂引博喻，理则可通，而文义不相属，故谓之杂。要其与内篇之指，皆有所合，非《骈拇》诸篇之比也。

"外篇文义虽相属，而多浮蔓卑隘之说；杂篇言虽不纯，而微至之语，较能发内篇未发之旨。盖内篇皆解悟之余，畅发其博大精微之致，而所从入者未之及。则学庄子之学者，必于杂篇取其精蕴，诚内篇之归趣也。"

王氏所斥"外篇"，主要是郭象移至外篇靠前位置的刘安版新外篇六。王氏所褒"外篇"，主要是郭象移至外篇靠后位置的魏牟版外篇《秋水》、《达生》、《山木》、《田子方》、《知北游》等篇。王氏所褒"杂篇"，主要是郭象移外入杂的魏牟版、刘安版外篇《庚桑楚》、《徐无鬼》、《寓言》、《天下》、《则阳》、《外物》、《列御寇》等篇。王氏虽然不知三大版本之流变，但其议论基本暗合魏牟版、刘安版之旧貌和郭象篡改重编之真相，可谓巨眼卓识！

附编下　刘安版杂篇十四

说剑

题解

《说剑》是刘安新增"杂篇十四"之一，是刘安凑数编入之劣篇，故刘著《淮南子》亦未钞引。魏年版无杂篇，亦无此篇，故魏后刘前五子均未钞引。郭象版仍在杂篇，是郭存刘安版杂篇二篇之一。撰者当为秦汉之际的慕庄后学。

本书把刘安版、郭象版杂篇《说剑》868字，复原于刘安版杂篇第一。校正郭象篡改和历代讹误：删衍文1字，订讹文5字，厘正误倒3处。

《说剑》仿拟魏撰《庚桑楚》、《盗跖》、《列御寇》，是首尾连贯、结构完整的单一寓言，也是中国短篇小说的祖构之一。全文连贯，不宜分章。姑分三章，以明层次。

不合史实三例：其一，前266年赵王何卒，谥"惠文王"，庄殁二十年；其二，赵何之太子名丹，不名悝；其三，庄殁之年，赵何二十四岁，太子不可能大于十岁，难以干预国政。

违背庄学三例：其一，庄如策士；其二，庄子"儒服"；其三，鼓吹"天下服"、"无不宾服"。

本篇独有四例：其一，庄为主角；其二，首字为"昔"；其三，庄子称"臣"；其四，言及"五行"。

本篇毫无精义，却成郭象版"杂篇十一"保留的刘安版杂篇二篇之一，但是郭象未注一字，实为郭象掩盖移外入杂九篇的障眼法。

一

昔赵文王喜剑[1]，剑士夹门而客三千余人，日夜相击于前，死伤者岁百余人，好之不厌。如是三年，国衰，诸侯谋之。

太子悝患之[2]，募左右曰："孰能说王之意止剑士者，赐之千金。"

左右曰："庄子当能。"

太子乃使人以千金奉庄子。

庄子弗受，与使者俱，往见太子曰："太子何以教周，赐周千金？"

太子曰："闻夫子明圣，谨奉千金，以币从车[3]。夫子弗受，悝尚何敢言？"

庄子曰："闻太子所欲用周者，欲绝王之喜好也。使臣上说大王而逆王意，下不当太子，则身刑而死，周尚安所事金乎？使臣上说大王，下当太子，赵国何求而不得也？"[4]

太子曰："然。吾王所见，唯剑士也。"

庄子曰："诺。周善为剑。"[5]

太子曰："然吾王所好剑士，皆蓬头突鬓，冠垂缦胡之缨[6]，短后之衣，瞋目而语难，王乃悦之。今夫子必儒服而见王，事必大逆。"[7]

庄子曰："请治剑服。"

治剑服三日，乃见太子。

今译

从前赵文王喜爱剑术，豢养夹门而居的剑客三千余人，日夜击剑于面前，每年死伤百余人，喜好不曾厌倦。如此三年，国势衰落，诸侯开始图谋赵国。

太子悝十分忧虑，招募左右说："谁能说服大王心意停止沉迷剑士，赐以千金。"

左右说："庄子应当能够。"

太子遂派人以千金奉赠庄子。

庄子不肯接受，与使者一起，往见太子说："太子有何见教，为何赐我千金？"

太子说："听说夫子圣明，敬赠千金，用于犒赏随从。夫子不肯接受，我怎么敢说请求？"

庄子说："听说太子想要用我，希望断绝大王的喜好。假使我上言劝说大王而违逆大王之意，下不合太子心愿，就会身遭刑戮而死，千金对我还有何用呢？假使我上能说服大王，下能合于太子心愿，我对赵国求取什么不能得到呢？"

太子说："对。吾王愿见的，唯有剑士。"

庄子说："好。我擅长使剑。"

太子说："然而吾王喜好的剑士，都是蓬乱头发突起鬓角，铁冠下垂散乱的缨穗，衣服后摆很短，瞪大眼睛而说话困难，吾王才会喜悦。如今夫子定要身穿儒服去见吾王，事情必定大为不利。"

庄子说："请为我制作剑服。"

制作剑服用了三天，然后又见太子。

校注

[1] 赵文王：赵惠文王赵何（前298—前266在位），赵王别无谥"文"者。《抱朴子外篇·钦士》："庄周未食，而赵惠竦立。"亦为《说剑》"赵文王"即"赵惠文王"赵何之硬证。赵何得谥"惠文"，必在前266年（庄殁20年）死后。此为本篇非庄所撰的史实硬证。○马叙伦："本书记庄子事，无加'昔'字者。"此亦可证本篇晚出。

[2] 太子悝kuī：史无其人。赵何之太子名丹（赵孝成王）。前310年，赵武灵王娶吴娃。前309年，吴娃生赵何（同母弟平原君赵胜、平阳君赵

豹）。前298年，赵何十二岁即位。前286年庄子卒，赵何二十四岁，必无业已成年、已能干政之太子。此为本篇纯属虚构的史实硬证。

〔3〕【校勘】"车"旧讹为"者"。刘文典、王叔岷据成疏、日本高山寺古钞本均作"从车"、陆释一本作"从军"（"军"为"车"之讹）校正。

〔4〕说shuì大王：劝说大王。当dàng太子：合于太子。

周、臣：撰者文思粗陋，庄子自称不一，五次为"周"，七次为"臣"。后者违背《人间世》"天子之与己，皆天之所子"，魏撰《让王》"天子不得臣，诸侯不得友"。蔺撰《山木》著录"庄过魏王"，魏撰《田子方》虚构"庄见鲁哀"，庄子均不自称"臣"。

〔5〕周善为剑：自矜自夸，不合庄子口吻。○刘安版新外篇《骈拇》贬斥伯乐自称"吾善治马"。

〔6〕冠：铁冠，兜鍪。垂：下垂。缦màn胡之缨yīng：散漫胡乱的冠缨。○旧多误断："皆蓬头突鬓垂冠，缦胡之缨。"义不可通。

【校勘】"冠垂"旧误倒为"垂冠"（下同）。冠不可垂，所垂乃缨。○"缦"旧作"曼"，字通。朱骏声、刘文典、王叔岷据《文选》左思《魏都赋》注、张协《杂诗》注、旧钞本《文选·离骚经》陆善经注、《后汉书·舆服志》注、《太平御览》三四四、《事类赋》注引、李白《侠客行》、李商隐《为濮阳公祭太常崔丞文》均作"缦"校正。○"悦"旧作"说"，字通。

〔7〕今夫子必儒服而见王：妄言庄子"儒服"，不合史实。○蔺撰《达生》贬斥孔子为"缝衣徒"，魏撰《盗跖》贬斥孔子"缝衣浅带"，魏撰《田子方》"举鲁国而儒服"、"鲁多儒士，少为先生（庄子）方者"，均证庄子不儒服。

●第一太子聘庄章：赵王好剑，太子聘庄；庄子儒服，俯首称臣。

二

太子乃与见王，王脱白刃待之。

庄子入殿门不趋，见王不拜。

王曰："子欲何以教寡人，使太子先？"

曰："臣闻大王喜剑，故以剑见王。"

王曰："子之剑，何能禁制？"

曰："臣之剑，十步一人，千里不留行。"[1]

王大悦之，曰："天下无敌矣！"

庄子曰："夫为剑者，示之以虚，开之以利，后之以发，先之以至[2]。愿得试之。"

王曰："夫子休，就舍待命。设戏请夫子。"[3]

今译

太子遂与庄子去见赵王，赵王脱下剑鞘手执白刃等着庄子。

庄子进入殿门并不快步趋前，见了赵王也不跪拜。

赵王说："你有何言指教寡人，让太子先来通报？"

庄子说："我听说大王喜好剑术，所以凭借剑术进见大王。"

赵王说："你的剑，如何制服对手？"

庄子说："我的剑，十步一人阻挡，千里不能留阻我行。"

赵王大悦，说："天下无敌了！"

庄子说："使剑的要诀，先示人以虚招，敞开破绽诱之以利，后于对手出剑，先于对手击中。愿有机会一试。"

赵王说："夫子先休息，到客舍待命。设定剑戏再请夫子。"

校注

[1] 十步一人，千里不留行：千里之内十步一人阻我，不能留我之行。〇王叔岷："司马云：'十步与一人相击，辄杀之。'疑'十步'下原有'杀'字。李白诗《侠客行》：'十步杀一人，千里不留行。'即用此文，正有'杀'字。"司马彪误注。王叔岷误辨。原文若有"杀"字，司马无须再注，陆释亦会标明。李白为合五言诗，据司马误注而增"杀"字，不足为据。

［2］后之以发，先之以至：成语"后发先至"本此。

［3］"夫子休"三句：夫子休息，趋就馆舍待命。设定剑戏再请夫子。

【校勘】"命"下旧衍"令"字。刘文典、王孝鱼、王叔岷据《庄子阙误》引张君房本、日本高山寺古钞本、《太平御览》三四四引文均无"令"字校删。○注家误以为"戏"乃庄子暂休之时，赵王另设别戏以娱庄子，故增"令"字，末句遂成"令设戏请夫子"。若然，则为客观陈述，当作"令设戏请庄子"。

●第二赵王见庄章：庄子大言，形同策士；往说赵王，馆舍待命。

三

王乃校剑士七日，死伤者六十余人，得五六人，使奉剑于殿下，乃召庄子。

王曰："今日试使士校剑。"[1]

庄子曰："望之久矣。"

王曰："夫子所御杖，长短何如？"[2]

曰："臣之所奉皆可，然臣有三剑，唯王所用。请先言，而后试。"

王曰："愿闻三剑。"

曰："有天子剑，有诸侯剑，有庶人剑。"

王曰："天子之剑何如？"

曰："天子之剑，以燕溪、石城为锋，齐、岱为锷，晋、卫为脊，周、宋为镡，韩、魏为铗[3]；包以四夷，裹以四时[4]；绕以渤海，带以常山[5]。制以五行[6]，论以刑德[7]，开以阴阳[8]；持以春夏，行以秋冬[9]。此剑，直之无前，举之无上，案之无下，运之无旁；上决浮云，下绝地纪。此剑一用，匡诸侯，天下服矣[10]。此天子之剑也。"

文王茫然自失，曰："诸侯之剑何如？"

曰："诸侯之剑，以知勇士为锋，以清廉士为锷，以贤良士为脊，以忠圣士为镡，以豪杰士为铗[11]。此剑，直之亦无前，举之亦无上，案之亦无下，运之亦无旁[12]；上法圆天，以顺三光；下法方地，以顺四时；中和民意，以安四乡。此剑一用，如雷霆之震也，四封之内，无不宾服，而听从君命者矣[13]。此诸侯之剑也。"

王曰："庶人之剑何如？"

曰："庶人之剑，蓬头突鬓，冠垂缦胡之缨，短后之衣，瞋目而语难。相击于前，上斩颈领，下决肺肝[14]。此庶人之剑，无异于斗鸡。一旦命已绝矣，无所用于国事。今大王有天子之位[15]，而好庶人之剑，臣窃为大王薄之。"

王乃牵而上殿。宰人上食，王三环之。

庄子曰："大王安坐定气，剑事已毕奏矣。"

于是文王不出宫三月，剑士皆伏毙其处也。[16]

今译

赵王遂命剑士较量七日，死伤六十余人，选出五六人，让他们持剑于大殿之下，才召庄子。

赵王说："今天试让剑士与夫子较量。"

庄子说："盼望已久了。"

赵王说："夫子所用之剑，长短如何？"

庄子说："我用之剑长短皆可，然而我有三剑，听凭大王指定。请允许我先予说明，然后一试。"

赵王说："愿闻三剑。"

庄子说："有天子剑，有诸侯剑，有庶人剑。"

赵王说："天子之剑如何？"

庄子说："天子之剑，以燕溪、石城为剑锋，以齐国、泰山为剑刃，以晋国、卫国为剑脊，以周畿、宋国为剑环，以韩国、魏国为剑柄；以四夷、四季为包裹的剑鞘，以渤海、恒山为缠绕的剑穗。制剑兼用五行，使剑合用刑德，开锋并用阴阳；春夏持剑，秋冬行剑。此剑，直刺一往无前，高挑一往无上，低劈一往无下，横挥一往无旁；上断浮云，下割地脉。此剑一用，匡正诸侯，天下臣服。这是天子之剑。"

赵文王茫然自失，说："诸侯之剑如何？"

庄子说："诸侯之剑，以知勇之士为剑锋，以清廉之士为剑刃，以贤良之士为剑脊，以忠圣之士为剑环，以豪杰之士为剑柄。此剑，直刺也一往无前，高挑也一往无上，低劈也一往无下，横挥也一往无旁；上法圆天，顺应三光；下法方地，顺应四季；中和民意，安抚四乡。此剑一用，犹如雷霆震动，四疆之内，无不臣服，而后听从君命。这是诸侯之剑。"

赵王说："庶人之剑如何？"

庄子说："庶人之剑，蓬乱头发突起鬓角，铁冠下垂散乱的缨穗，衣服后摆很短，瞪大眼睛而说话困难。对面击刺，上斩颈脖，下刺肺肝。这是庶人之剑，无异于斗鸡。一旦命丧剑下，再也无用于国事。如今大王拥有天子之位，然而喜好庶人之剑，我私下为大王感到鄙薄。"

赵王牵引庄子走上大殿。厨师摆上酒食，赵王绕着几案转了三圈。

庄子说："大王安坐定神，三剑已经论毕。"

于是赵王不出王宫三月，剑士都伏剑自杀于客舍。

校注

[1]【校勘】"使士校剑"之"校"旧作"教"，后讹为"敦"，形近而讹。奚侗据《太平御览》三四四引文作"试使士交剑"（"交"通"校"）校正。○敦，司马彪、成疏训"断"，宣颖、俞樾、王叔岷训"治"，胡怀琛训"斗"，钟泰训"对"。义均难通。

[2]所御仗：所持剑。

【校勘】"仗"旧讹为"杖"，形近而讹。马叙伦、刘文典、王叔岷据日本高山寺古钞本、《玉篇》引文均作"仗"校正。

[3]锋：剑端。锷è：剑刃。脊：剑背。镡xín：剑环（剑柄、剑身连

接处的突出部分）。镡jiá：旧作"夹"，字通。剑柄。

【校勘】"卫"旧讹为"魏"，与下"韩魏"重复。刘文典、于省吾、王叔岷据陈景元本及其成疏、日本高山寺古钞本、《北堂书钞》一二二、《艺文类聚》六〇、《太平御览》三四四、《事类赋》注引均作"卫"校正。

〔4〕包以、裹以：承上整体比喻（旧谓"环臂"）。隐指包裹剑身之剑鞘。

四夷：隐指秦、楚。视秦为"夷"，不欲齿及，合于汉人语境。

〔5〕绕以、带以：承上整体比喻。隐指缠绕剑柄之剑穗。

常山：恒山。〇罗勉道、王叔岷、陈鼓应等以为汉人避汉文帝刘恒讳而改为"常"，回改为"恒"。本篇晚出，或即撰于文帝之时，原文或已作"常"。

〔6〕制以五行：此谓制剑之材料，不仅有金，且有木水火土。〇马叙伦："本书不言五行。"全书"五行"仅此一见，亦证本篇晚出。

〔7〕刑德：以刑治身之刑教，以名治心之名教。〇《韩非子·二柄》："何谓刑德？曰：杀戮之谓刑，庆赏之谓德。"

论以刑德：此谓使剑之方法，不仅嗜杀，而且恩威兼施。〇此义违背刘安版新外篇《天道》所引庄言"形（刑）德仁义，神之末也"。

〔8〕开以阴阳：此谓剑锋之开出，兼用阴阳二气。

〔9〕持以春夏，行以秋冬：战国"耕战"（商鞅始行于秦，列国仿效于后），春夏则耕，"持"剑不用，秋冬则战，"行"剑征伐。〇古人认为人道之运行，当仿效天道之运行，故四季之政不同。参看《礼记·月令》、《吕览·十二纪》。

〔10〕匡诸侯，天下服：大悖庄学。〇刘安版新外篇《天道》"海内服"、"山林之士服"、"一心定而万物服"。南宋刘辰翁："是学庄子语者。读至'服'字，可笑！语无味！尚未得为似！岂庄子哉！"

〔11〕"诸侯之剑"六句：仍属整体比喻，仅将形容天子剑之国名、地名，易为"知勇士"、"清廉士"、"贤良士"、"忠圣士"、"豪杰士"。

〔12〕"直之亦无前"四句：全同天子剑"直之无前"四句，仅增四"亦"字。〇诸侯剑无异于天子剑，则上言天子剑"匡诸侯，天下服"难以成立。文思粗陋。

［13］无不宾服：此同天子剑之"天下服"，大悖庄学。

［14］瞋chēn目：睁大眼。颔hàn：下巴。

【校勘】"颔"旧讹为"领"，形近而讹。"肺肝"旧误倒为"肝肺"。刘文典据《太平御览》三四四引作"颔"、《太平御览》四六四引皇甫谧《高士传》作"肺肝"校正。○"颈颔"、"肺肝"，均属人体，二句成韵。作"领"则义不谐，作"肝肺"则失韵。

［15］今大王有天子之位：赵惠文王殁后十年，秦始灭周。此前赵虽僭称"王"，仍属诸侯，并非"天子"。用语不谨。

［16］【校勘】"伏"旧作"服"，字通。刘文典、于省吾、王叔岷据吕惠卿本、日本高山寺古钞本、《太平御览》三四四、四六二、四六四引皇甫谧《高士传》均作"伏"校正。

●第三庄子论剑章：庄论三剑，赵王罢剑；天下宾服，听从君命。

渔父

题解

《渔父》是刘安新增"杂篇十四"之一，故刘著《淮南子》钞引。魏牟版无杂篇，亦无此篇，故魏后刘前五子均未钞引。郭象版仍在杂篇，是郭存刘安版杂篇二篇之二。撰者当为秦汉之际的慕庄后学。

本书把刘安版、郭象版杂篇《渔父》1546字，复原于刘安版杂篇第二。校正郭象篡改和历代讹误：补脱文8字，删衍文7字，订讹文15字，厘正误倒1处。

《渔父》仿拟魏撰《庚桑楚》、《盗跖》、《列御寇》，是首尾连贯、结构完整的单一寓言，也是中国短篇小说的祖构之一。义理亦仿拟魏撰《盗跖》，全合庄学，是刘安版"杂篇十四"的佳篇之一。全文连贯，难以分章。姑分三章，以明层次。

本篇是郭象版"杂篇十一"保留的刘安版杂篇二篇之一，但是郭象仅注一条，是郭象掩盖移外入杂九篇的障眼法。

一

孔子游乎缁帷之林[1]，休坐乎杏坛之上[2]。弟子读书，孔子弦歌鼓琴。奏曲未半，有渔父者下船而来[3]，须眉交白，披发揄袂[4]，行原以上，距陆而止，左手据膝，右手持颐以听。曲终而招子贡、子路，二人俱对。

客指孔子曰："彼何为者也?"

子路对曰："鲁之君子也。"

客问其族。

子路对曰："族孔氏。"

客曰："孔氏者何治也?"

子路未应。[5]

子贡对曰[6]："孔氏者性服忠信，身行仁义，饰礼乐[7]，选人伦[8]，上以忠于世主，下以化于齐民[9]，将以利天下。此孔氏之所治也。"

又问曰："有土之君欤?"

子贡曰："非也。"

"侯王之佐欤?"

子贡曰："非也。"

客乃笑而还，行言曰："仁则仁矣，恐不免其身。苦心劳形[10]，以危其真[11]。呜呼，远哉! 其分于道也。"[12]

今译

孔子出游于又黑又密的树林，休坐于长满杏树的高坛之上。弟子读书，孔子吟唱弹琴。弹奏乐曲未及一半，有渔父下船走来，须眉皆白，披散长发挥动衣袖，走上坡岸，来到平陆止步，左手撑于膝盖，右手托腮静听。曲终以后招呼子贡、子路，二人过去应对。

渔父指着孔子问："那人是干什么的?"

子路应对说："是鲁国的君子。"

渔父又问姓氏。

子路应对说："姓孔。"

渔父问："孔氏所治何业?"

子路不再应对。

子贡应对说："孔氏天性服膺忠信，躬身践行仁义，整顿礼乐制度，序列人道伦理，对上用于效忠当世君主，对下用于教化编户齐民，将为天下谋取福利。这是孔氏所治之业。"

渔父又问："是否拥有国土的诸侯呢?"

子贡说："不是。"

"是否诸侯天子的卿相辅佐呢？"

子贡说："不是。"

渔父笑着起身回船，边走边说："仁爱固然仁爱，恐怕自身不免祸患。自苦德心，劳累身形，将会危及真德。呜呼，太远了！他远离于道啊。"

校注

［1］缁 zī 帷 wéi 之林：缁，黑色。林密如帷，光影不透。

［2］杏 xìng 坛：泽畔高处，多有杏树。○后世以"杏坛"指"教坛"，本此。

［3］渔父：虚构至人。○成疏妄释为"越相范蠡"，无据。又妄言"屈原所逢者"，屈原后于孔子、范蠡二百余年。

［4］披发：披发无冠，隐喻未被"黥劓"、"雕琢"，不遵庙堂伪道（《达生》辨析五）。揄袂：挥袖。

［5］子路未应：孔子名闻天下，渔父竟然不知。子路不快，故不作答。伏下子路不悦孔子之礼敬渔父。文思缜密，小说高境。

［6］子贡对曰：子贡擅长外交，不怪渔父不知孔子。合于性格，小说高境。

［7］性服忠信，身行仁义，饬 chì 礼乐：隐扣《老子》"失道而后德，失德而后仁，失仁而后义，失义而后礼。夫礼者，忠信之薄而乱之首也"。

【校勘】"饬"旧讹为"饰"，或为形近而讹，或为未明文义者妄改。据陆释一本作"饬"、下章"人伦不饬"校正。○孔子疾"礼崩乐坏"等级不明，故整饬之、剪齐之，非修饰之。下章"人伦不饬"，若作"饰"尤不可通。

［8］选人伦：选择人伦，"亲亲"辨异，未能齐一万物。

［9］化于齐民：教化民众，剪齐民德，使成"编户齐民"。

［10］苦心劳形：语本《大宗师》"劳形怵心"。参看《齐物论》"劳神明为一，而不知其同"。

[11] 以危其真：此言"德"。参看《人间世》接舆斥孔"何尔德之衰"。

[12] 其分于道：此言"道"。○子贡论孔，仅及"仁义礼乐"。渔父笑孔，则言"道德"。阐明道家价值序列"道↘德↘仁↘义↘礼↘乐"。

●第一渔父笑孔章：苦心劳形，危及真德；距道尚远，与道相分。

二

子贡还报孔子。

孔子推琴而起曰："其圣人钦？"[1] 乃下求之，至于泽畔。

方将杖拏而引其船[2]，顾见孔子，还向而立。

孔子反走，再拜而进。

客曰："子将何求？"

孔子曰："曩者，先生有绪言而去[3]。丘不肖，未知所谓，窃侍于下风[4]，幸闻咳唾之音，以卒相丘也。"[5]

客曰："嘻！甚矣，子之好学也。"

孔子再拜而起曰："丘少而修学，以至于今，六十九岁矣，无所得闻至教[6]，敢不虚心？"

客曰："同类相从，同声相应[7]，固天之理也。吾请释吾之所有，而经子之所以。子之所以者，人事也。天子，诸侯，大夫，庶人，此四者自正，治之美也；四者离位，而乱莫大焉。官治其职，人处其事，乃无所凌。故田荒室露，衣食不足，征赋不属，妻妾不和，长幼无序，庶人之忧也[8]。能不胜任，官事不治，行不清白，群下荒怠，功美不有，爵禄不持，大夫之忧也。廷无忠臣，国家昏乱，工技不巧，贡职不美[9]，春秋后伦[10]，不顺天子，诸侯之忧也。阴阳不和，寒暑不时，以伤庶物，诸侯暴乱，擅相攘伐，以残民人，礼乐不节，财用穷匮，人伦不饬，百姓淫乱，天子有司之忧也。今子既上无君侯有司之势，而下无大臣职事之官[11]，而擅饬礼乐，选人伦，以化齐民[12]，不太多事乎？

"且人有八疵，事有四患，不可不察也。非其事而事之，谓之总[13]；莫之顾而进之，谓之佞[14]；希意导言，谓之谄[15]；不择是非而言，谓之谀；好言人之恶，谓之谗；析交离亲，谓之贼；称誉诈伪，以败德人，谓之慝[16]；不择善否，两容颜适，偷拔其所欲，谓之险[17]。此八疵者，外以乱人，内以伤身；君子不友，明君不臣[18]。所谓四患者：好经大事，变更易常，以挂功名，谓之叨[19]；专知擅事，侵人自用，谓之贪；见过不更，闻谏愈甚，谓之狠[20]；人同于己则可，不同于己，则虽善不善，谓之矜[21]。此四患也。能去八疵，无行四患，尔始可教矣。"[22]

孔子愀然而叹，再拜而起曰："丘再逐于鲁，削迹于卫，伐树于宋，围于陈蔡。丘不知所失，而罹此四谤者何也？"[23]

客凄然变容曰："甚矣，子之难悟也[24]！人有畏影恶迹而去之走者，举足愈数而迹愈多，走愈疾而影不离。自以为尚迟，疾走不休，绝力而死。不知处阴以休影，处静以息迹，愚亦甚矣。子审仁义之间，察同异之际，观动静之变，适受与之度，理好恶之情，和喜怒之节，而几于不免矣。谨修尔身，慎守其真，还以物与人[25]，则无所累矣。今不修之身，而求之人，不亦外乎？"[26]

孔子愀然曰："请问何谓真？"

客曰："真者，精诚之至也。不精不诚，不能动人。故强悲者虽哭不哀，强怒者虽严不威，强亲者虽笑不和[27]。真悲无声而哀，真怒未发而威，真亲未笑而和[28]。真在内者，神动于外，是所以贵真也。其用于人理也，事亲则慈孝，事君则忠贞，饮酒则欢乐，处丧则悲哀。忠贞以功为主，慈孝以适为主，饮酒以乐为主，处丧以哀为主[29]。功成之美，无一其迹矣；事亲以适，不论其所以矣[30]；饮酒以乐，不选其具矣；处丧以哀，无问其礼矣。礼者，世俗之所为也；真者，所以受于天也，自然不可易也。故圣人法天贵真[31]，不拘于俗[32]。愚者反此，不能法天，而恤于人；不知贵真，禄禄而受变于俗，故不足[33]。惜哉！子之早湛于人伪，而晚闻大道也。"[34]

孔子又再拜而起曰："今者丘得过也[35]，若天幸然。先生不羞，而比之服役，而身教之。敢问舍所在，请因受业，而卒学大道。"

客曰："吾闻之，可与往者，与之至于妙道；不可与往者，不知其道，慎勿与之，身乃无咎[36]。子勉之！吾去子矣，吾去子矣。"乃刺船而去，延缘苇间。[37]

今译

子贡返回报告孔子。

孔子推琴起身说："恐怕是圣人吧？"于是走下杏坛去追，来到湖畔。

渔父正要持桨引船，回头看见孔子，转身站住。

孔子退后几步，拜了两拜而后进前。

渔父问："你有何事相求？"

孔子说："刚才，先生留下片言而去。孔丘愚笨，未明所言，敬待于下风，有幸亲闻咳唾之音，听完先生对孔丘的教诲。"

渔父说："嘻嘻！太过分了，你的好学。"

孔子拜了两拜而后起身说："孔丘自小修习学问，直到如今，六十九岁了，无缘得闻至人教诲，怎敢不虚心？"

渔父说："同类相从，同声相应，原是天然之理。我愿告知我之所闻，而后供你对照自己的作为。你的作为，属于人道事务。天子，诸侯，大夫，庶人，四者自正其身，治理方能完美。四者离于其位，混乱莫过于此。官吏各司职责，民众各营事务，才会互不侵扰。所以田地荒芜，居室破漏，衣食不足，赋税不纳，妻妾不和，长幼无序，是庶人应该忧虑之事。能力难以胜任，官事疏于治理，行为不能清白，下属荒淫怠惰，功德善政全无，爵禄难以持守，是大夫应该忧虑之事。朝廷没有忠臣，国事家事昏乱，工匠技术低劣，贡品赋税不佳，朝觐排位移后，不能顺从天子，是诸侯应该忧虑之事。阴阳失调，寒暑失时，伤害物产，诸侯暴乱，擅自相互攻伐，以此残害民众，礼乐不守节制，财用穷尽匮乏，人伦不能整顿，百姓淫乐作乱，是天子及其辅佐应该忧虑之事。如今你既然上无君王诸侯及其辅佐的权势，下无大臣及其下属的官职，却擅自整顿礼乐制度，序列人道伦理，用于教化编户齐民，不是太过多事吗？

"况且人有八大瑕疵，事有四大祸患，不可不加审察。并非己事而视为己事，叫作揽事；没人询问而主动进言，叫作佞巧；揣摩上意而先导倡言，叫作谄媚；不择是非而逢迎妄言，叫作阿谀；喜好编派他人之恶，叫作进谗；拆散好友而离间亲属，叫作缺德；称赞奸诈伪善之人，以便挫败有德之人，叫作奸邪；不择善人恶人，两皆容纳厚颜适人，拔高满足一己私欲，叫作阴险。这八大瑕疵，对外惑乱人心，对内伤害自身；君子不愿与他为友，明君不愿以他为臣。所谓四大祸患：喜好经管大事，变更改易常道，以便博取功名，叫作贪功；专断矜知擅权好事，侵夺他人为己所用，叫作恋权；自知己过不思悔改，听到劝谏变本加厉，叫作凶狠；他人同于自己就认可，不同于自己，即使属善也不视为善，叫作自矜。这是四大祸患。若能除去八大瑕疵，不行四大祸患，你就可以教诲了。"

孔子忧愁而叹息，拜了两拜而后起身说："孔丘两次被鲁国驱逐，被卫人铲除留下的足迹，被宋人砍掉倚靠的大树，在陈蔡边界遭到围困。孔丘不知自己有何过失，为何罹患这四次毁谤？"

渔父凄然变色说："太过分了，你的难以晓悟！有人害怕影子厌恶脚印而逃离急走，抬脚越多却脚印越多，逃跑越快却影子不离。自以为仍然太慢，狂奔不停，脱力而死。不知安处树阴以便休止影子，安处静坐以便消除脚印，也太过愚蠢了。你审察仁、义的差别，辨析同、异的边界，观照动、静的变化，调整施、受的限度，理顺爱、憎的实情，合和喜、怒的分寸，然而几乎不免祸患。恭谨地修养你的身形，审慎地葆守你的真德，同样对待外物和他人，就没有患累了。如今你不能修正己身，却求全责备他人，岂非外在于道呢？"

孔子忧愁地问："请问何为真德？"

渔父说："真德，就是精纯诚挚的至境。不精纯不诚挚，不能感动他人。所以强装悲伤之人即使哭泣也不哀痛，强装愤怒之人即使严厉也不威严，强装亲切之人即使欢笑也不和悦。真诚悲伤没有哭声也哀痛，真诚愤怒不必严厉也威严，真诚亲切未曾欢笑也和悦。真德充盈于内之人，方能心神动人于外，这就是崇尚真德的原因。真德运用于人伦之理，事奉双亲必定慈孝，事奉君主必定忠贞，朋友饮酒必定欢乐，处理丧事必定悲哀。忠贞以功绩为主，慈孝以自适为主，饮酒以快乐为主，处丧以悲哀为主。建功成事的美好，不拘一定形迹；事奉双亲的自适，不论任何形式；朋友饮酒意在欢乐，不必挑选酒具；处理丧事意在悲哀，不问具体礼仪。礼仪，只是世俗行为；真德，才是受于天道，自然而不可改易。所以圣人效法天道崇尚真德，不拘泥于世俗。愚人与此相反，不能效法天道，然而忧虑人事；不知崇尚真德，庸庸碌碌而被世俗改变，所以真德不足。可惜啊！你过早陷溺于人道伪饰，因而晚闻大道。"

孔子又拜了两拜而后起身说："今天孔丘得以明白过失，如同天赐的幸运。先生不以教诲我为羞，而视为弟子，且亲自教诲我。敢问住处所在，请允许我前往受业，而能学完大道。"

渔父说："我听说，可以同行之人，与他同行达至玄妙天道；不可同行之人，不能知解天道，慎勿与之同行，自身方能无过。你努力吧！我要离开你了，我要离开你了。"于是划船而去，沿着湖岸穿行于芦苇之间。

校注

[1]其圣人欤：孔子称渔父为"圣人"，反扣上文子路称孔子为"君子"。文思细密。

[2]挐rú：桡（司马彪、成疏），船桨。《方言》："楫谓之桡。"

引其船：靠岸之小船，行前先以船桨抵岸稍离，方能以桨划水。

【校勘】"方将杖挐而引其船"及下文"不闻挐音"、"今渔父杖挐逆立"之"挐"，旧讹为"拏"（"拿"之异体字），形近而讹。朱骏声、王叔岷、方勇、陆永品据世德堂本作"挐"校正。

[3]曩nǎng者：本义从前，此指刚才。绪言：未尽之余言。〇俞樾："绪，余也。绪言，余言也。先生之言未毕而去，是有不尽之言，故曰'绪

言'。"○"嚮"（向）旧作"鄉"，字通。

［4］【校勘】"侍"旧讹为"待"，尊孔后儒妄改。刘文典据陆释一本、《庄子阙误》引张君房本均作"侍"校正。○《田子方》孔子对老子"便而侍之"，尊孔后儒亦改"侍"为"待"（据陆释一本作"侍"校正）。

［5］咳ké唾tuò之音：言语。相xiàng丘：相，助也。助丘不逮（成疏）。

［6］六十九岁矣，无所得闻至教：隐讽孔言"七十而从心所欲不逾矩"（《论语·为政》）。○蔺撰《寓言》"孔子行年六十而六十化，始时所是，卒而非之"，隐讽孔子自言"六十而耳顺"。魏牟版或撰《天运》"孔子行年五十有一而不闻道"，隐讽孔子自言"五十而知天命"。

［7］同类相从，同声相应：仿拟《易传·文言》"子曰：同声相应，同气相求"。○实际孔子与渔父不"同类"，真际孔子与渔父"同类"。

［8］【校勘】"人处其事"之"处"，旧讹为"忧"。刘文典、王叔岷、陈鼓应据日本高山寺古钞本作"处"校正。○"凌"旧作"陵"，字通。○"长幼无序"之"幼"，旧讹为"少"。刘文典、王叔岷据日本高山寺古钞本、成疏均作"幼"校正。古文罕见"长少"，多作"少长"。

［9］贡职不美：《周礼·夏官·大司马》"施贡分职"，郑注："职，谓赋税也。"

［10］春秋后伦：春秋大祭之时，诸侯朝觐天子，按照爵位排列先后，倘若有过，排位将被移后。

［11］"今子"二句：上扣首章谓孔子既非"有土之君"，又非"侯王之佐"。

［12］擅shàn饬礼乐，选人伦，以化齐民：上扣首章子贡谓"孔氏饬礼乐，选人伦，上以忠于世主，下以化于齐民"，著一"擅"字，与"诸侯暴乱，擅相攘伐"并斥。

【校勘】"擅饬礼乐，选人伦"之"饬"，旧讹为"饰"，据上章"饬礼乐，选人伦"校正。○"太"旧作"泰"，字通。

◎渔父教孔第一层：孔囿人事，未能自正；擅饬礼乐，有为多事。

［13］非其事而事之，谓之总：总，兜揽，今谓"揽事"。非己事而视为己事（以治天下为己任），谓之揽事。上扣"不太多事乎"。

【校勘】"總"（总）旧作"摠"，字通，本书校正。〇成疏释"摠"为"滥"，不确，又与释"叨"为"滥"义复。

［14］莫之顾而进之：孔子周游列国游说诸侯，即然。〇异于"和而不唱"（《德充符》）。

谓之佞 nìng：义本魏撰《则阳》斥孔"佞人"。

［15］希意导言：义同"先意承志"。揣摩上意，倡导先言。〇《礼记·祭义》："曾子曰：'君子之所为孝者，先意承志。'"《抱朴子·臣节》："先意承指者，佞谄之徒也。"

【校勘】"導"（导）旧作"道"，字通。据陆释"道音導"校正。

谄 chǎn：谄媚，曲意献媚之言。

［16］谀 yú：阿谀，曲意奉承之言。谗 chán：谗言，捕风捉影的诽谤他人之言。慝 tè：奸邪。

【校勘】"惪"（德）旧讹为"恶"，或为形近而讹，或为未明文义者妄改。据《庄子阙误》引张君房本作"德"校正。〇旧读"以/败德/人"，视为不通。或讹、或改为"以/败恶/人"（成疏"好败伤人"），视为可通。当读"以败/德人"，文顺义通。"德人"又见刘安版杂篇《泰初》。

［17］两容颜适：两皆容纳，厚颜适人。揄拔其所欲：拔高满足一己所欲。

【校勘】"颜"旧讹为"颊"，形近而讹。刘文典据陆释一本、宋本、《道藏》注疏本、王元泽本、林希逸本、褚伯秀本、罗勉道本、赵谏议本、日本高山寺古钞本、成疏、陆释均作"颜"校正。〇"揄"旧讹为"偷"，形近而讹。马叙伦校正。

［18］"此八疵 cī 者"五句：总斥上举"八疵"。

［19］叨：残（奚侗引《方言》），同"饕"（陆释、马叙伦）。〇成疏释"叨"为"滥"。奚侗驳正："'叨'之本训为贪，既与下文'贪'并举，则当训残。"

［20］【校勘】"狠"旧作"很"，字通。据林希逸本、褚伯秀本、陈景元本、罗勉道本、元纂图互注本、世德堂本均作"狠"校正。〇成疏："很戾之人。""很"即同"狠"。

［21］"人同于己则可"四句：参看蔺撰《寓言》"同于己为是之，异于己为非之"，刘安版新外篇《在宥》"世俗之人，皆喜人之同乎己，而恶人之异于己也"。魏撰《外物》老莱子斥孔"去汝躬矜"、"终矜耳"。

【校勘】"则"字旧脱，刘文典、王叔岷据日本高山寺古钞本"虽"上有"则"字校补。

［22］"尔始可教矣"之"尔"旧作"而"，字通。

◎渔父教孔第二层：人有八疵，事有四患；尔若能去，始可教之。

［23］愀qiǎo然：忧也（《说文》）。忧愁貌。

"再逐于鲁"四句：变文又见蔺撰《山木》，魏撰《让王》、《盗跖》，魏牟版或撰《天运》。详见《山木》注。

【校勘】"罹此四谤"之"罹"旧作"离"，字通。○"离"下旧衍"身"字，与上句不谐。刘文典、王叔岷据日本高山寺古钞本、《世说新语·言语》注、《文选》枚乘《上谏吴王书》注、《太平御览》三八八、四九九引文均无"身"字校正。

［24］【校勘】"子之难悟"之"悟"，旧或讹为"语"（陆释本、高山寺古钞本），尊孔后儒妄改。义不可通，本书校正。

［25］谨修尔身：尔，旧作"而"，字通。慎守其真，还以物与人：慎守一己真德，亦同样对待外物、外人。○既不自我黥劓，亦不黥劓民众。

［26］今不修之身：修，修复。上扣"谨修尔身"。○孔学主张"修身"、"修心"。庄学反对"修身"、"修心"，主张"至人不修"（"修"训修剪）。参看《田子方》辨析二。

◎渔父教孔第三层：处阴休影，处静息迹；谨修尔身，慎守尔真。

［27］【校勘】"强悲者虽哭不哀"，"悲"、"哭"二字旧倒。王叔岷据《说文系传》三五引作"强悲者虽哭不哀"校正。○下三句"真悲"、"真怒"、"真亲"，扣此三句"强悲"、"强怒"、"强亲"，亦证当作"强悲"，不当作"强哭"。

［28］【校勘】"真怒不严而威"，"不严"旧讹为"未发"。刘文典、于省吾、王叔岷据日本高山寺古钞本作"不严"校正。○"无声"、"不严"、"未笑"，错综为文。作"未发"则与"未笑"语复。

［29］【校勘】"忠贞以功为主"下，旧脱"慈孝以适为主"六字。"处丧以哀为主"下，旧衍"事亲以适为主"六字，与下"事亲以适"语复。王叔岷据唐写本校正。

［30］【校勘】"不论其所以矣"，"其"字旧脱。刘文典、王叔岷据日本高山寺古钞本"论"下有"其"字、上下句当一律校补。

［31］法天贵真：效法天道，贵葆真德。○"天"即"道"，"真"即"德"。成疏训"真"为"道"，与上句"真者，所以受于天也"抵牾。

［32］不拘于俗：此句足证庄学反对"从其俗"。旧多盲从郭象反注，谬解庄子主张"从其俗"（《天下》辨析二八）。

［33］不知贵真，碌碌lù而受变于俗，故不足：碌碌，今作"碌碌"，训随从。此句足证庄学反对"从其俗"。旧多盲从郭象反注，谬解庄子主张"从其俗"（《天下》辨析二八）。

【校勘】"碌碌"旧作"禄禄"。朱骏声、奚侗校正。○奚侗："禄借为碌。《说文》：'碌，随从也。''禄禄'即'受变于俗'。"

［34］湛dān：同"耽"，沉溺。

子之早湛于人伪，晚闻大道：上扣"称誉诈伪"、"六十九岁"。○蔺撰《曹商》斥孔"使民离实学伪"，魏撰《盗跖》斥孔"巧伪人"、"矫言伪行"、"诈巧虚伪"，刘安版杂篇《子张》"儒者伪辞"。

【校勘】"早"旧作"蚤"，字通。据陆释一本、成疏均作"早"、下句"晚"校正。

◎渔父教孔第四层：受变于俗，习染人伪；法天贵真，以适为主。

［35］今者丘得过也：上扣孔言"丘不知所失"。"过"、"失"同训。"得过"即"知失"。

【校勘】"過"（过）旧讹为"遇"，尊孔后儒妄改。刘文典据陆释本、元纂图互注本、日本高山寺古钞本均作"过"校正。○俞樾、王叔岷囿于尊孔成心，遂谓字当作"遇"，"得过"不通。

［36］"吾闻之"七句："可与往者"虚言，"不可与往者"实指。○孔子追来敬问，渔父姑言如上，欲请"受业"，则不许之，因为孔子、渔父并非"同类"。反扣上文"同类相从，同声相应"。

［37］刺船：以桨抵岸，使船离岸。

◎渔父教孔第五层：孔子渔父，并非同类；道既不同，不相为谋。

●第二渔父教孔章：渔父教孔，法天贵真；孔子受教，去伪存真。

三

颜渊还车，子路授绥，孔子不顾，待水波定，不闻桨音，而后敢乘。[1]

子路旁车而问曰："由得为役久矣，未尝见夫子遇人如此其威也[2]。万乘之主，千乘之君，见夫子未尝不分庭抗礼[3]，夫子犹有倨傲之容。今渔父杖桨逆立，而夫子曲腰磬折，言拜而应，得无太甚乎[4]？门人皆怪夫子矣，渔人何以得此乎？"

孔子伏轼而叹曰："甚矣，由之难化也！湛于礼义有间矣，尔朴鄙之心，至今未去。进，吾语汝！夫遇长不敬，失礼也；见贵不尊，不仁也[5]。彼非至人，不能下人[6]。下人不精，不得其真，故长伤身[7]。惜哉！不仁之于人也，祸莫大焉，而由独擅之。且道者，万物之所由也[8]。庶物失之者死，得之者生；为事逆之则败，顺之则成。故道之所在，圣人尊之。今渔父之于道，可谓有矣，吾敢不敬乎？"

今译

颜回掉转车头，子路递上登车的拉索，孔子头也不回，等待水波平定，不闻划桨之声，而后才敢登车。

子路陪乘车旁而问："仲由得以侍奉夫子很久了，未曾见过夫子待人如此恭敬。万乘之主，千乘之君，见到夫子无不分庭抗礼，夫子仍有倨傲的容色。如今渔父持桨对面站立，而夫子弯腰一如磬折，开言即拜而后应对，岂非太过分了？门下弟子都在嗔怪夫子了，渔人为何得此待遇呢？"

孔子伏于车轼而叹气说："太过分了，仲由难以教化啊！浸淫礼义有些时间了，你的粗鄙之心，至今尚未尽去。过来，我告诉你！遇到长者不恭敬，是失礼；见到贵人不尊重，是不仁。他若不是至人，不能使我谦下。我谦下于他若不精诚，不能得闻他的真道，就会长久伤害自身。可惜啊！麻木不仁对于人，祸害极大，而你尤其严重。况且天道，是万物必由之路。庶类万物失去天道就会死亡，得于天道就能生存；做事违逆天道就会失败，顺应天道就会成功。所以天道所在，圣人必定尊重。如今渔父之于天道，可谓有道在身，我怎敢不恭敬呢?"

校注

〔1〕绥suí：驾驭马车的缰绳。而后敢乘：上文"乃下求之，至于泽畔"，未言孔子追赶渔父时乘车。撰者小误。

〔2〕威：通"畏"。敬畏。（宣颖、高享、钱穆、王叔岷）

〔3〕【校勘】"分庭抗礼"之"抗"，旧作"伉"，字通。刘文典、王叔岷据唐写本、《文选》颜延年《应诏宴曲水作诗》注引均作"抗"校正。

〔4〕曲腰磬qìng折：古人行礼，曲腰如磬。磬背曲折"一矩有半"（《周礼·考工记·磬氏》），即135度。○"腰"旧作"要"，字通。

〔5〕【校勘】"尔朴鄙之心"之"尔"，旧作"而"，字通。○"见贵不尊"之"贵"，旧讹为"贤"。刘文典据日本高山寺古钞本作"贵"、成疏"见可贵不尊"校正。○渔父"法天贵真"，著"贵"甚确，故孔子称其"至人"。注家以为渔父属于"小人"，并非"贵人"，遂改"贵"为"贤"。

〔6〕彼非至人，不能下人：彼，渔父。"下人"之"下"，使动用法，使人谦下；"人"为孔子自指。渔父若非至人，不能使孔子谦下。

〔7〕下人不精，不得其真，故长伤身："下人"之"下"，主动用法；"人"指渔父。孔子谦下于渔父若不精诚，不能得闻渔父之真道，所以将会长伤己身。

〔8〕道者，万物之所由也：本篇警语，影响深远。

●第三孔子服教章：天道永在，万物所由；孔子闻道，欣然改宗。

泰初 △

题解

《泰初》是刘安新增"杂篇十四"之一，故刘著《淮南子》钞引。魏牟版无杂篇，亦无此篇，故魏后刘前五子均未钞引。郭象版杂篇无《泰初》，是郭删十九篇之一。撰者当为秦汉之际的慕庄后学。

崔譔、向秀《庄子注》均"有外无杂"（陆序），郭象版外篇《天地》十二章，"天地"五章无陆引崔注、向注，"泰初"七章却有陆引崔注、向注，而且两大部分结构断裂、义理脱节，证明郭象并未全删《泰初》，而是裁剪刘安版杂篇《泰初》2005字，拼接于刘安版外篇《天地》1151字，合为篇幅超长的郭象版外篇《天地》3156字；同时证明崔譔、向秀均未注刘安版外篇《天地》，均把刘安版杂篇《泰初》移杂入外而注。详见绪论三《刘安版大全本篇目考》，参看《天地》题解。

《泰初》首句"泰初有无，无有无名"，是从头说起的开篇之言，置于篇中不类，也与《天地》末章"伯成子高"不相衔接。

本书从郭象版外篇《天地》3156字中，摘出郭象拼接的刘安版杂篇《泰初》2005字，复原于刘安版杂篇第三。校正郭象篡改和历代讹误：补脱文6字，删衍文10字，订讹文20字。

《泰初》篇名，未见史籍，今按外杂篇之篇名惯例拟名。今存七章，义理完整，似为完璧。首章、末章为厄言章。中间五章为寓言章。基本合于庄学，是刘安版"杂篇十四"的佳篇之一。

刘安版杂篇《泰初》，承袭魏牟版外篇《秋水》贬斥"可不可，然不然"（庄学真谛），误导后世。又与刘安版新外篇《天道》相同，承袭魏牟版外篇《天运》之"帝王"连读成词，悖于《应帝王》之义（《应帝王》题解）。撰者客观陈述称孔子为"夫子"，证明本篇撰于汉初。

郭象及其追随者的大肆篡改反注，导致本篇精义湮灭不彰。第四子贡游楚章，郭象全部反注。汉阴丈人之“浑沌术”，原义为孔子赞扬之，郭象反注为孔子贬斥之。后儒妄增“子”字，使丈人贬斥孔子转为贬斥子贡。后儒又妄删“夫子”二字，使子贡否定孔子为“天下一人”变成否定自己是“天下一人”。第七章贬斥“儒墨”，郭象篡改为“杨墨”。

一

　　泰初有无[1]，无有无名[2]；一之所起，有一而未形[3]。物得以生，谓之德[4]；未形者有分[5]，徂然无间[6]，谓之命[7]；流动而生物[8]，物成生理，谓之形[9]；形体保神，各有仪则[10]，谓之性[11]。性修返德，德至同于初[12]，同乃虚，虚乃大，合喙鸣[13]；喙鸣合，与天地为合[14]；其合缗缗，若愚若昏[15]，是谓玄德，同乎大顺。[16]

今译

　　太初只有道无，既没道有也没名相；道有起于道无，只有浑沌一气而未分有形万物。每物得于元气而生成，叫作物德；尚未有形的元气有所分出，往于万物再无间断，叫作天命；元气流动而后生成万物，万物既成产生物理，称为物形；形体保护心神，各有不同法则，叫作天性。天性修复返归物德，返归物德直至同于初始，同于初始就能虚己，虚己就能博大，就能合于鸟鸣；与鸟鸣相合，就与天地相合；相合泯同，如愚如昏，叫作玄同之德，就能同于大顺万物的道无。

校注

　　[1]泰初有无：泰初，终极初始。有，动词。无，道之体，终极规律，

即"道"。○"物物者非物"（魏撰《知北游》），故称"无"。郭象反注："无有，故无所名。"

[2] 无有无名：二"无"均为动词。有，道之用，浑沌元气，万物始基，即"一"（见下）。名，名相。○姚鼐、宣颖、王先谦、吴汝纶、马其昶、刘文典误断为："泰初有无无，有无名。"未明其义。

[3] 一之所起，有一而未形：一，即上句"无有"之"有"。○郭象反注："夫一之所起，起于至一，非起于无也。"妄立"至一"，不肯言"道"。

[4] 物得以生，谓之德：二句乃言每物之物德，均得于万物始基（一，万物总德）。○郭象反注："夫无不能生物，而云物得以生，乃所以明物生之自得。"

[5] 未形者：即上句"一"，万物之总德。有分：每物之物德。

[6] 徂cú然无间：徂，往。物化"转徙之途"（《大宗师》）永无间隙。义同下句"流动而生物"。参看《齐物论》"周与蝴蝶，则必有分矣。此之谓物化"，《大宗师》"万化而未始有极者也，弊而复新"。

【校勘】"徂"旧讹为"且"，形近而讹。王叔岷校正："'且'读为'徂'，往也。《诗经·郑风·溱洧》：'士曰既且。'释文：'且，音徂，往也。'与此同例。'且然无间'，犹'往而无间'。"

[7] 谓之命：物德之厚薄，天年之长短，均属天命。

[8] 流动而生物：元气流动"转徙"、"弊而复新"，而生万物。○开篇至此，演绎《老子》"道生一，一生二，二生三，三生万物"。

【校勘】"流动"之"流"，旧讹为"留"。朱骏声、奚侗据陆释一本、《文选》颜延年《应诏宴曲水作诗》注引均作"流"校正。

[9] 物成生理，谓之形：上文"物得以生，谓之德"，"德"泛指"物德"。二句分"德"为二：先言"形"，即物得于道的物质属性（身形）。下言"神"，即物得于道的精神属性（德心）。

[10] 形体保神，各有仪则：前句言保养身形旨在葆养心神，后句言"形"、"神"各有不同仪规、法则。

[11] 谓之性："形"（身形）与"神"（德心），均属"性"（物德）。○分言之，谓之"形/神"、"身/心"。合言之，谓之"德"、"性"、"才"（一

般理解，仍然偏重精神属性）。

[12]性修返德，德至同于初：修，修复。返，复归。参看刘安版新外篇《缮性》"返其情性而复其初"。○庄学贬斥"修身"、"修心"，主张"至人不修"（"修"训修剪），参看《田子方》辨析二。

[13]合喙huì鸣：喙，鸟嘴。鸣，鸟鸣。人言合于鸟鸣，即"人法地"（《老子》）。

[14]喙鸣合，与天地为合："喙鸣合"承上"合喙鸣"而变文，然后申论"与天地为合"，即由"人法地"进而"地法天，天法道"（《老子》）。○旧多连读"合喙鸣，喙鸣合"，义遂难通。

[15]其合缗缗mín，若愚若昏hūn：昏，同"昏"。"缗"、"昏"互文，刘安版新外篇《在宥》"当我缗乎，远我昏乎"亦然。二句进言"道法自然"（《老子》）。

【校勘】"昏"旧作"昏"，唐人避李世民讳而改"民"为"氏"。王叔岷校正。○《在宥》"远我昏乎"之"昏"，旧亦讳改为"昏"。

[16]玄德：即"一"。大顺：即"无"。"同乎大顺"义同《大宗师》"同于大通"。○"物成生理"至章末，根据《老子》"人法地，地法天，天法道，道法自然"，演绎庄学义理。

●第一泰初有无章：无先于有，有先于名；德生于道，返德于初。

二

夫子问于老聃曰[1]："有人治道若相仿[2]，可不可，然不然[3]。辩者有言曰：'离坚白[4]，若悬宇。'[5]若是，则可谓圣人乎？"

老聃曰："是胥易技系，劳形怵心者也。执狸之狗成累，猿狙之便来藉[6]。丘[7]，予告若，尔所不能闻与尔所不能言。凡有首有趾，无心无耳者众[8]；有形者，与无形无状而皆存者尽无[9]。其动，止也；其死，生也；其废，起也[10]；此又非其所以也[11]。有治在人[12]，忘乎物[13]，忘乎天[14]，其名为忘己[15]；忘己之人，是之谓入于天。"[16]

今译

夫子（孔子）问老聃说："有人研治大道如同相互仿效，认可他人不认可的，肯定他人不肯定的。辩者有言说：'石的坚、白相互分离，如同悬挂天宇一样明白。'如此之人，可以称为圣人吗？"

老聃说："这是胥吏容易心系末技，劳苦身形而惊扰德心之人。狗能捕狸遂成牵累，猿猴便捷招来抓捕。孔丘，我告诉你，你未曾听闻和你不能言谈之理。凡是有头有脚之人，无心无耳的众多；有形之物，与无形无状之道共存的根本没有。此物之动，就是彼物之止；此物之死，就是彼物之生；此物之废，就是彼物之起；这些又只是表象而非本质。有能研治大道的至人，丧忘万物，丧忘天道，这叫丧忘自己。丧忘自己之人，才可称为入于天道。"

校注

［1］夫子：孔子。〇撰者客观陈述称孔子为"夫子"，可证本篇晚出。参看刘安版新外篇《天道》之老聃称孔子为"夫子"（《田子方》辨析一）。

［2］治道：义近今语"治学"，通过治学而达道。相仿：相互模仿，此指反模仿。〇"仿"旧作"放"，字通（《庚桑楚》辨析三）。

［3］可不可，然不然：有人治学不诉诸实体，仅诉诸名相，予以反模仿，他人可之，己必不可之，他人然之，己必不然之。〇魏撰《秋水》误以为《齐物论》贬斥"然不然，是不是"（庄学真谛），又混淆于《齐物论》"可乎可，不可乎不可"（庄学俗谛），遂斥公孙龙"然不然，可不可"。本篇撰者被魏撰《秋水》误导，亦斥"可不可，然不然"。从而积非成是，导致后世混淆庄学二谛，不明庄学真谛。

［4］辩者：隐指公孙龙。离坚白：谓公孙龙对惠施之"盈坚白"予以反模仿。〇撰者贬斥"可不可，然不然"，举公孙龙"离坚白"为例，足证

其被魏撰《秋水》贬斥公孙龙"离坚白，然不然，可不可"误导。

[5] 若悬宇：有如悬挂天上（那样明白）。〇"悬"旧作"县"，字通。

[6] "是胥易技系"四句：化用《应帝王》"是于圣人也，胥易技系，劳形怵心者也。且也虎豹之文来畋，猿狙之便来藉"。

【校勘】"执狸之狗"，"狸"旧作"留"，吴汝纶、奚侗、章太炎、王叔岷、陈鼓应据陆释一本、赵谏议本、覆宋本、道藏各本均作"狸"校正。"累"旧讹为"思"，形近而讹，孙诒让、谭戒甫校正。〇"猿狙之便"下旧衍"自山林"三字，"来"下旧脱"藉"字。吴汝纶、奚侗、王叔岷、陈鼓应据《应帝王》校正。

[7] 丘：撰者客观陈述虽称孔子为"夫子"，老子仍称孔子为"丘"。异于刘安版新外篇《天道》老子称孔子为"夫子"。

[8] 有首有趾：人类。无心无耳：知有聋盲（《逍遥游》）。〇二句乃谓知有聋盲者甚多，知晓天道之存在者甚少。〇二"尔"旧作"而"，字通。

[9] 有形者：万物。与无形无状皆存：与无形无状之道共存。〇二句乃谓与天道共存之物根本没有。

[10] "其动"六句：此物之动，即彼物之止；此物之死，即彼物之生；此物之废，即彼物之起。上扣首章"流动而生物"，演绎《齐物论》"方生方死，方死方生。……其成也，毁也。"〇旧多连读为："其动止也，其死生也，其废起也。"义不可通。

[11] 此又非其所以也：所以，即本质、原因。此言万物之动、止，死、生，废、起，均属表象、结果，皆非本质、原因。参看魏牟版或撰《天运》"夫六经，先王之陈迹也，岂其所以迹哉？"

[12] 有治在人：上扣"治道"（通过治学而达道）。治学而欲达道，在于人"性修返德，德至同于初"（上承首章而略）。

[13] 忘乎物：丧忘此物、彼物之对待。贬斥"有人治道若相仿，可不可，然不然"，坚执此物、彼物之对待。

[14] 忘乎天：（与道合一之后）丧忘天道。上扣首章"与天地为合"，下启"入于天"。

[15] 忘己："坐忘"（《大宗师》）、"无己"（《逍遥游》），则"丧我丧偶"

（《齐物论》）。

［16］忘己之人，是之谓入于天：坐忘无己，则"天地与我并生，万物与我为一"（《齐物论》）、"人与天一"（蔺撰《山木》）、"与天为一"（蔺撰《达生》）。

●第二老聃教孔章：正扣首章"性修返德，德至同于初"。人固黮暗，道难尽知；无己丧我，以人合天。

三

将闾葂见季彻曰[1]："鲁君谓葂也曰：'请受教。'辞不获命，既已告矣。未知中否，请尝荐之[2]。吾谓鲁君曰：'必服恭俭，拔出公忠之属，而无阿私，民孰敢不辑？'"[3]

季彻局局然笑曰[4]："若夫子之言，于帝王之德[5]，犹螳螂之怒臂以当车辙，则必不胜任矣[6]。且若是，则其自为处，危其观台[7]。多物将往，投迹者众。"[8]

将闾葂觋觋然惊曰[9]："葂也茫若于夫子之所言矣。虽然，愿先生之言其风也。"[10]

季彻曰："大圣之治天下也，摇荡民心，使之成教易俗[11]，举灭其贼心，而皆进其独志[12]，若性之自为，而民不知其所由然[13]。若然者，岂足尧舜之教民？溟涬然弟之哉[14]！欲同乎德，尔心居矣。"[15]

今译

将闾葂拜见季彻说："鲁君对我说：'请允许我接受教诲。'推辞无效，我已告诫他。不知是否合道，请允许我陈述。我对鲁君说：'你必须恭敬节俭，选拔公正忠诚的下属，而无阿党偏私，民众谁敢不服从？'"

季彻俯身而笑说："像夫子这样进言，对于帝王之德，犹如螳螂怒举其臂阻挡车轮，必定不能胜任。况且帝王若是如此，那么自己的处境，就会危及官观台榭。很多士人将会前往，投合仿效公正忠诚的形迹。"

将闾葂惊恐说："我茫然于先生所言。尽管如此，愿先生言说道之大略。"

季彻说："大圣治理天下，听任民心自摇自荡，使之自成教化自改风俗，泯灭害人之心，而后全都增进自适之志，如同天性自为，而民众不知为何如此。如此之人，何须推戴尧舜的教化民众？浑浑沌沌已经天下太平了！意欲齐同天下之德，你的德心先要静居无为。"

校注

［1］将闾葂：虚构的倚待庙堂之大知。"葂"同"勉"，谓其自我勉强，"擢德塞性以收名声"（刘安版新外篇《骈拇》）。

季彻：虚构的拒绝庙堂之至人。"季"字不合四境排行隐喻。"彻"喻通达。

［2］未知中 zhòng 否，请尝荐之：荐，陈也。未知己告鲁君之言是否合道，今陈述之（请季彻评判）。

［3］阿 ē：本意为曲，引申为曲意迎合。辑：疑通"揖"。

"必服恭俭"四句：仿拟《应帝王》日中始之言："君人者以己出经式义，庶民孰敢不听而化诸？"

［4］局局然笑：俯身而笑。

［5］帝王之德："帝王"连读成词，承袭魏牟版或撰《天运》之误（刘安版新外篇《天道》亦然），不合《应帝王》之义（《应帝王》题解）。

［6］"犹螳螂之怒臂以当车辙"二句：仿拟《人间世》"螳螂怒其臂以当车辙，不知其不胜任也"。○内七篇虽有重言，但无重复之喻。此亦可证本篇非庄所撰。

【校勘】"车辙"之"辙"，旧讹为"轶"，形近而讹。据陆释音"辙"、成疏作"辙"、《人间世》亦作"辙"校正。

［7］且若是，则其自为处，危其观台：帝王有为如此，则其自处，危及廊庙。

〔8〕多物将往，投迹者众：（帝王有为如此）众人将往，投合其有为之迹者甚众。参看《韩非子·二柄》"人主不掩其情，不匿其端，而使人臣有缘以侵其主"。○帝王无为，则无此弊。法家不能无为，又欲防止此弊，故主张帝王"匿为物，而过不识"（魏撰《则阳》斥之）、"匿而不可不为者，事也"（刘安版新外篇《在宥》褒之）。

【辨析一】以上四句，断句多异。郭象断句（刘文典同）："则其自为处危其观台，多物将往，投迹者众。"郭嵩焘、郭庆藩断句："则其自为处危，其观台多，物将往，投迹者众。"王先谦断句（张默生、陈鼓应、方勇、陆永品同）："则其自为处危，其观台多物，将往投迹者众。"义均难通。○王叔岷断句与本书大同，唯其"观台"之后为逗号，义仍难明。"其"谓"帝王"，"多物"谓"投迹者"，主语既换，当加句号。

〔9〕觋觋xì然：觋，会意字。惊恐貌。

〔10〕愿先生之言其风也：人难尽知天道，只能言其大略。参看《大宗师》"我为汝言其大略"，魏撰《知北游》"将为汝言其崖略"，魏撰《田子方》"尝为汝议乎其将"。○"茫"旧作"汒"，字通。

〔11〕摇荡民心：听任民心自摇自荡。使之成教易俗：使之自成教化自易风俗。○二句易被误解为撰者主张"黥劓"、"雕琢"、"撄扰"民心，强制教化，强制改易风俗。对观下文"岂足尧舜之教民"，虽可明白撰者真意，终属用语不谨。

〔12〕独志：独行自适之志。参看魏撰《让王》"独乐其志"、刘安版杂篇《子张》"独成尔意"。

〔13〕若性之自为，而民不知其所由然：义本《老子》"功成事遂，百姓皆谓我自然。"○"若性之自为"，即"少成若天性，习惯如自然"（贾谊《新书》所引孔言）。略合老义，近于孔义、郭义，不合庄义。

〔14〕岂足尧舜之教民：贬斥尧舜之"黥劓"、"雕琢"、"撄扰"民心。

溟míng涬xìng：刘安版新外篇《在宥》逆序作"涬溟"（司马彪、成疏训"自然之气"）。○郭象谬注："溟涬，甚贵之谓也。"孙诒让斥之："郭注殆所谓郢书燕说矣。"

溟涬然夷之哉：夷，平也。万物浑沌一气，其质皆平。

【校勘】郭象篡改"足"为"兄"（王叔岷据陆释引元嘉本作"足"校正），篡改"夷"为"弟"（孙诒让、章太炎、奚侗、王叔岷校正），证见郭象反注："不肯多谢尧舜而推之为兄也。"

［15］欲同乎德，尔心居矣：若欲齐同民德，尔心先当宁定无为。○"尔"旧作"而"，字通。

●第三将闾葂见季彻章：正扣首章"性修返德，德至同于初"。有为治民，螳臂当车；尧舜教民，不足效法。

四

子贡南游于楚，返于晋，过汉阴，见一丈人方将为圃畦[1]，凿隧而入井[2]，抱瓮而出灌，搰搰然用力甚多[3]，而见功寡。

子贡曰："有械于此，一日浸百畦，用力甚寡，而见功多，夫子不欲乎？"

为圃者仰而视之曰[4]："奈何？"

曰："凿木为机，后重前轻，挈水若抽，速如溢汤，其名为槔。"[5]

为圃者忿然作色而笑曰："吾闻之吾师[6]：'有机械者必有机事，有机事者必有机心[7]。机心存于胸中，则纯白不备[8]；纯白不备，则神性不定；神性不定者，道之所不载也。'[9]吾非不知，羞而不为也。"

子贡瞒然惭，俯而不对。[10]

有间，为圃者曰："子奚为者邪？"

曰："孔丘之徒也。"

为圃者曰："非夫博学以拟圣[11]，於于以盖众[12]，独弦哀歌[13]，以卖名声于天下者乎[14]？汝方将忘汝神气，堕汝形骸，尔庶几乎[15]！尔身之不能治，尔何暇治天下乎[16]？子往矣，无乏吾事！"[17]

子贡卑陬失色[18]，顼顼然不自得[19]，行三十里而后愈。

其弟子曰："向之人何为者邪？夫子何故见之变容失色，终日不自反邪？"

曰："始吾以夫子为天下一人耳，不知复有夫人也[20]。吾闻之夫子：'事求可，功求成。用力少，见功多者，圣人之道。'今徒不然[21]。执道者德全，德全者形全，形全者神全。神全者，圣人之道也。托生与民并行，而不知其所之，茫乎淳备哉！功利机巧，必忘夫人之心。若夫人者，非其志不之，其心不为[22]。虽以天下誉之，得其所谓，傲然不顾；以天下非之，失其所谓，傥然不受。天下之非誉，无益损焉，是谓全德之人哉[23]！我之谓风波之民。"[24]

返于鲁，以告孔子。[25]

孔子曰："彼假修浑沌氏之术者也[26]；识其一，而不知其二[27]；治其内，而不治其外[28]。夫明白入素，无为复朴，体性抱神，以游世俗之间者，汝将固惊也[29]！且浑沌氏之术，予与汝何足以识之哉？"[30]

今译

子贡南游楚国，返回晋国，路过汉水南岸，见一老丈正在浇灌菜园，挖掘隧道通入井下，抱着陶瓮出来浇地，呼哧呼哧用力很多，然而功效很少。

子贡说："有一种机械，一天浇地百畦，用力很少，然而功效很多，夫子不愿用吗？"

灌园老丈仰头看着子贡问："那又如何？"

子贡说："削凿木头做成机械，后面重前面轻，取水一如抽送，迅速如同沸水外溢，名叫桔槔。"

灌园老丈忿然变色而笑说："我闻教于吾师：'有机械者必有投机取巧之事，有投机取巧之事者必有投机取巧之心。投机取巧之心存于胸中，纯朴洁白的真德就不完备；纯朴洁白的真德不完备，心神天性就不宁定；心神天性不宁定之人，天道不会载之同往。'我并非不知桔槔，而是羞而不为。"

子贡垂目惭愧，低头不敢应对。

稍过片刻，灌园老丈问："你是做什么的？"

子贡说："孔丘的弟子。"

灌园老丈问："莫非是那个学而不厌以比拟圣人，诲人不倦以便盖过众人，独自弹琴哀歌以自卖名声于天下之人？你正在丧忘你的心神真气，堕落你的身形躯骸，你危险啊！你自身也不能治理，你哪有余暇治理天下呢？你快走吧，别碍我事！"

子贡自卑失色，惝惝然不能自得，走了三十里而后恢复。

他的弟子问："刚才那人是干什么的？夫子为何见他以后变容失色，整天没能回过神来？"

子贡说："原先我以为夫子是天下第一人，不知还有那样的人。我闻教于夫子：'做事求其可行，立功求其可成。用力少，见功多，就是圣人之道。'如今方知不然。执守天道之人真德葆全，真德葆全之人身形健全，身形健全之人精神完全。精神完全，才是圣人之道。圣人托生为人与民同行，而不知欲往何处，茫茫然淳厚完备啊！功利机巧，必已丧忘于那人的德心。那样的人，并非心志不够聪明，而是心志不欲有为。即使天下赞誉他，而且符合事实，他也傲然不顾；即使天下非毁他，而且不合事实，他也漠然不受。天下的非毁赞誉，不能损益他，这就叫全德之人啊！我叫作随风波动之人。"

子贡返回鲁国，以此告知孔子。

孔子说："那人是借此修习浑沌氏之术；认识道一，而不欲知晓道一所生的二；自治己身，而不治外物。澄明洁白入于纯素，德心无为复归纯朴，体悟天性抱守心神，以此遨游世俗之间之人，你当然会感到吃惊！况且浑沌氏的道术，我和你又何足以认知呢？"

校注

[1] 汉阴：汉水南岸。丈人：虚构至人。圃 pǔ 畦 qí：果圃菜地。

〔2〕凿隧而入井：井渠。有竖井，有斜渠（下行可至水面取水）。

〔3〕滑滑hú然：用力貌（成疏、陆释）。

〔4〕【校勘】"仰而视之"，"仰"旧作"卬"，字通。王叔岷据陆释一本、道藏各本、赵谏议本、覆宋本均作"仰"校正。〇《知北游》"泰清仰而叹曰"之"仰"，旧亦作"卬"（后讹为"中"）。

〔5〕槔gāo：即魏牟版或撰《天运》"桔槔"。一种运用杠杆原理的抽水工具。

【校勘】"速"旧作"数"。王叔岷据陆释引李颐注"疾速"校正。〇"溢"旧讹为"佚"。王叔岷据陆释一本作"溢"校正。〇"槔"前或衍"桔"字。王叔岷据陆释本无"桔"字、司马彪、成疏、李颐均释"槔"为"桔槔"校正。

〔6〕吾师：或为虚拟，坐实则指庄子。〇陆释："吾师，谓老子也。"误视本篇为庄撰。

〔7〕"有机械者"二句：本篇警语，影响深远。机心，机巧之心。

〔8〕纯白：无为之心。参看《人间世》"虚室生白"。

〔9〕神性：精神，天性，德心。道之所不载也：参看魏牟版或撰《天运》"道可载尔与之俱也"。

【校勘】二"性"旧作"生"。吴汝纶、奚侗、马其昶、王叔岷、方勇、陆永品校正。〇《大宗师》"无事而性足"，"性"旧亦作"生"（王先谦、王叔岷据成疏校正）。

〔10〕瞒mén然：闭目貌。目睑低也（徐广）。即下句"俯而不对"。

〔11〕拟圣：（孔子）自比圣人。

【校勘】"非夫博学以拟圣"前，旧衍"子"字，尊孔后儒妄增，以使斥孔诸句转斥子贡。参看下文各注、本篇辨析二。

〔12〕於wū于：拟声词，"临人以德"之教诲貌。盖众："临人以德"（《德充符》接舆斥孔）。

〔13〕独弦哀歌：魏撰《秋水》、《让王》，刘安版杂篇《渔父》均谓孔子"弦歌"。子贡从未"弦歌"。〇刘辰翁："'独弦哀歌'，逼人甚矣。"已知乃斥孔子，仅是不欲明言。

［14］以卖名声于天下：义本《德充符》斥孔"蕲以诚诡幻怪之名闻"。〇以上诸句均合孔子，均不合子贡。乃是子贡自言"孔丘之徒"，丈人遂先斥子贡之师（隐与"吾师"对比）。

［15］汝方将忘汝神气：你的德心危殆。堕汝形骸：你的身形危殆。尔庶几乎：你的德心、身形都有危殆。〇"尔"旧作"而"，字通。

［16］尔身之不能治，尔何暇治天下乎：义本魏撰《天下》"道之真以持身，其绪余以为国家，其土苴以治天下"。〇二"尔"旧均作"而"，字通。

［17］子往矣，无乏吾事：略同魏牟版或撰《天地》"子盍行邪？无落吾事"。〇"汝"字以下七句，"汝"、"子"各一见，"尔"三见，乃是直斥子贡。

［18］卑陬 zōu：卑，同"鄙"，远离城邑之偏远乡野。陬，训隅，角落。子贡闻教，自惭鄙陋。

［19］顼顼 xū 然：同"惴惴然"。不自得：同"不自适"。〇撰者贬斥"不自得"，用语不谨，语犯《大宗师》褒扬"不自得"。郭象利用本篇用语不谨，遂将刘安版杂篇《泰初》拼接于郭象版外篇《天地》之后，以证"独化自得"谬说。

［20］始吾以夫子为天下一人耳，不知复有夫人也：子贡原以孔子为天下一人，至此方知另有至人。〇义承魏撰《田子方》隐指孔子仅为"儒者一人"（而非"天下一人"）。

【校勘】"始吾以"下旧脱"夫子"二字，尊孔后儒妄删，导致句义转为子贡自以为"天下一人"。王叔岷据《古今事文类聚续集》九引作"吾以斯人"、《古今合璧事类备要》别集二一引作"吾以此人"、郭注"谓孔丘也"、成疏"宇内唯夫子一人"校补。〇郭注、成疏，均证唐前尚存旧貌，又证郭象篡改原文尚有分寸，后儒篡改又甚于郭。《古今事文类聚续集》之"斯人"，《古今合璧事类备要》别集之"此人"，可明后儒篡改渐变之迹。

【辨析二】旧庄学对《庄子》中的"夫子"充满篡改反注。蔺撰《山木》"夫子出于山"，"夫子"指庄子，"子"字被删。《山木》所引庄言"吾闻诸夫子曰"，"夫子"指庄子之师，旧多妄释"老子"或"孔子"。魏撰《秋水》"愿以境内累夫子"，"夫子"指庄子，旧被篡改为"矣"。魏撰《田子方》客观陈述"仲尼"，旧被篡改为"夫子"。本篇子贡之言"始吾以夫子为天下一人耳，不知复有夫人也"，旧被删去"夫子"二字，使子贡否定孔子为"天下一人"，变成子贡否定自己是"天下一人"。其实子贡是孔子死后推尊孔子为"天下一人"的最有力者，子贡自己从未自居"天下一人"，否定自己是"天下一人"根本无从说起。魏牟版或撰《天地》、刘安版新外篇《天道》"夫子曰"三章，均为弟子后学引用庄子之言，旧多视为老子或孔子之言（《天地》辨析一）。

［21］今徒不然：今日乃知孔子并非"天下一人"。此句贬斥上引"吾闻之夫子"五句。

［22］若夫人者，非其志不之，其心不为：上扣丈人之言"吾非不知，羞而不为也"。

【校勘】"茫"旧作"汒"，字通。○"其心不为"前旧衍"非"字，义不可通，又与上文丈人之言抵牾。当属篡改上文者系统妄改。

［23］"虽以天下誉之"九句：演绎《逍遥游》"举世誉之而不加劝，举世非之而不加沮"，《德充符》"以可不可为一贯"。○"执道者德全"至"是谓全德之人哉"，均为子贡赞扬丈人之言。○"傲"旧作"鳌"，字通。

［24］我之谓风波之民：义本《人间世》"夫言者，风波也；行者，实丧也。风波易以动，实丧易以危"。○子贡既闻丈人教诲，始悟师事孔子乃被"黥劓"，遂自斥"风波之民"。

◎第四章第一节：子贡妄言，丈人斥孔；子贡闻教，欣然改宗。

［25］返于鲁，以告孔子：引出孔子。○"返"旧作"反"，字通。

［26］彼假修浑沌氏之术者也：假，假借。浑沌，义同第三章"溟涬"。孔子赞扬丈人假借至人之言"有机械者必有机事，有机事者必有机心"，而修浑沌氏之术。参看魏撰《田子方》"假至言以修心"。○郭象反注："以其背今向古，羞为世事，故知其非真浑沌也。"李勉驳正："假，藉。此原藉孔子、子贡之言以赞扬丈人，而讥子贡与孔子。郭象之注，误'假'为'真假'之'假'，遂以为孔子嗤丈人之词。"

［27］识其一，而不知其二："一"即"道"，"二"即"物"（义详首章），义本《老子》"一生二"。孔子赞扬丈人仅欲识"道"，不欲知"物"（桔槔

之类）。参看《大宗师》"乐通物，非圣人也"。○郭象反注："徒识修古抱灌之朴，而不知因时任物之易也。"今之俗语"知其一，不知其二"，源于本篇郭象反注，已从褒语转为贬语。

［28］治其内，而不治其外：孔子赞扬丈人仅治己身，不欲治人、治物。义同丈人之言"尔身之不能治，尔何暇治天下乎"。○郭象反注："夫真浑沌，都不治也，岂以其外内为异而偏有所治哉！"

［29］"夫明白入素"五句：亦为孔子赞扬丈人，故曰"汝将固惊"。○郭注："此真浑沌也。"自圆上文反注。意为孔子贬斥丈人之假浑沌以后，又正面论述真浑沌。

【校勘】郭象篡改"汝将固惊也"之"也"为"邪"（证见上下郭象反注），使陈述句转为反问句，义遂反转，亦不可通。本书复原。○郭象又篡改《宇泰定》"非一邪"之"邪"为"也"，使反问句转为陈述句，义亦反转。《庄子》全书"也"、"邪"极乱，极易导致义理反转，当与郭象篡改有关。

［30］浑沌氏之术，予与汝何足以识之哉：二句为孔子赞扬丈人之结语，与郭象反注孔子贬斥丈人抵牾。

【辨析三】以上所有孔言，均为孔子赞扬丈人，郭象无不反注为孔子贬斥丈人，而与原文抵牾。后儒遂篡改原文，为郭象反注弥缝。○本章情节，仿拟《大宗师》三子寓言。两篇同为子贡闻至人之教而受惊，归问孔子，孔子遂赞扬至人，自贬自己及子贡。○《淮南子·精神训》："所谓真人者，性合于道也。故有而若无，实而若虚，处其一不知其二，治其内不治其外，明白太素，无为复朴，体本抱神，以游于天地之樊，芒然仿佯于尘垢之外，而消摇于无事之业，浩浩荡荡乎，机械之巧弗载于心。"暗引此处所有孔言，可证刘安深知孔言均为赞扬丈人。亦证本篇为刘安版新增之杂篇。

◎第四章第二节：子贡返鲁，以告孔子；孔子叹服，欣然改宗。

●第四子贡游楚章：正扣首章"性修返德，德至同于初"。子贡游楚，闻教改宗；返告孔子，孔亦改宗。

五

谆芒将东之大壑[1]，适遇苑风于东海之滨。[2]

苑风曰："子将奚之?"

曰："将之大壑。"

曰："奚为焉?"

曰："夫大壑之为物也，注焉而不满，酌焉而不竭[3]。吾将游焉。"[4]

苑风曰："夫子无意于横目之民乎? 愿闻圣治。"[5]

谆芒曰："圣治乎? 官施而不失其宜[6]，拔举而不失其能[7]；毕见其情事，而行其所为[8]；行言自为，而天下化[9]；手挠顾指，四方之民莫不俱至[10]。此之谓圣治。"[11]

"愿闻德人。"

曰："德人者[12]，居无思，行无虑，不藏是非美恶。四海之内共利之之谓悦，共给之之为安；怊乎若婴儿之失其母也，傥乎若行而失其道也[13]。财用有余，而不知其所自来；饮食取足，而不知其所从出[14]。此谓德人之容。"

"愿闻神人。"[15]

曰："上神乘光，与形灭亡，此谓昭旷[16]。致命尽情[17]，天地乐而万事销亡[18]。万物复情[19]，此之谓混冥。"[20]

今译

谆芒将要东行前往大沟，恰好遇见苑风于东海之滨。

苑风问："你将往何处?"

谆芒说："将往大沟。"

苑风问："意欲何为呢?"

谆芒说："大沟的物性，注水而永不满溢，取水而永不枯竭。我将遨游那里。"

苑风问："夫子无意于目光流盼、渴望圣治的民众吗？愿闻何为圣治。"

谆芒说："圣治吗？官吏施政不失适宜，拔举人才不失贤能；洞察世事的实情，而后行其当行；言行自适而为，而后天下归化；手一指目一顾，四方民众无不向往。这就是圣治。"

苑风说："愿闻何为德人。"

谆芒说："德人，居处没有杂念，行动没有顾虑，心中不藏是非美丑。四海之内共享利益才会喜悦，共享供给才会心安；茫然如同婴儿失去母亲，漠然如同行走失去方向。财用有余，却不知从何而来；饮食丰足，却不知从何产出。这就是德人的状貌。"

苑风说："愿闻何为神人。"

谆芒说："至上的神人驾乘天光，形迹消亡，这叫昭明空旷。达致天命尽于人情，与天地同乐而丧忘万事。万物复归实情，这就是混沌玄冥。"

校注

[1] 谆 zhūn 芒：虚构寓言人物。谆，同"淳"，训淳厚。芒，同"茫"，训浑沌。大壑：大海。

[2] 苑 yuàn 风：虚构寓言人物。上扣"风波之民"。

[3] "夫大壑 hè 之为物也"三句：语本《齐物论》"注焉而不满，酌焉而不竭，而不知其所由来；此之谓葆光"，义有小异。彼篇以大海譬解至人之德，但不点破为大海。本篇暗引《齐物论》而点破"大壑"，转喻道。

[4] 吾将游焉：吾将游心于道。

[5] 横目之民：横其目而四面瞻顾，以望圣治（刘凤苞）。○二句乃问，夫子"游心于道"，"进其独志"（第三章），那么民众怎么办？如何达于"圣治"？参看刘安版新外篇《在宥》"不治天下，安臧人心？"

[6] 官施而不失其宜：此言设官。

[7] 拔举而不失其能：此言举贤。

〔8〕毕见其情事，而行其所为：此言不得不为。

〔9〕行言自为，而天下化：此言"百姓皆谓我自然"（《老子》）。

〔10〕手挠náo顾指，四方之民莫不俱至：此言"王天下"。

〔11〕此之谓圣治：此言有为"圣治"。〇以上谆芒所言，不合庄学，略合老学。属于黄老之言，与刘安版新外篇《在宥》、《天道》相近。

〔12〕德人：葆德之人。内七篇无。〇已见刘安版杂篇《渔父》"以败德人"，二篇撰者或同。

〔13〕怊chāo：与下句之"悗"（通"怅"）互文。婴儿：隐喻"德人"。〇"若失其母"、"若失其道"，"母"、"道"互文同训，并非真失道，而是不自矜尽知天道。

〔14〕"财用有余"四句：义本《德充符》"受食于天"、魏撰《外物》所引庄言"植者过半，而不知其所以然也"。均谓财用、饮食乃天道所赐，然而道不可知。〇《逍遥游》"藐姑射之山……其神凝，使物不疵疬而年谷熟"，魏撰《庚桑楚》"庚桑楚居三年，畏垒大穰……日计之而不足，岁计之而有余"，均谓顺道无为，天道即赐财用、饮食。

【校勘】"所从"下旧脱"出"字，义不可通。武延绪、钱穆、王叔岷校补。

〔15〕神人：语本《逍遥游》。〇"德人"、"神人"分为二境，不合庄学四境。

〔16〕与形灭亡：没有形迹。昭旷：昭明空旷。

〔17〕致命：致，达至。命，天命。参看《人间世》"莫若为致命"。此谓庄学宗旨"顺应天道"。

尽情：穷尽物德之实情。参看《应帝王》"尽其所受乎天"。此谓庄学真谛"因循内德"。

〔18〕天地乐：与天地同乐。万事销亡：万千有为政事，无不消亡。

〔19〕万物复情：万物复归性命之情。参看《应帝王》"雕琢复朴"，刘安版新外篇《缮性》"返其情性而复其初"。

〔20〕混冥：义同第三章"溟涬"，第四章"浑沌"。自扣"谆芒"之名。

●第五谆芒教苑风章：演绎首章"性修返德，德至同于初"。东海如道，不满不竭；致命尽情，万物复朴。

六

门无鬼与赤张满稽观于武王之师。[1]

赤张满稽曰:"不及有虞氏乎!故罹此患也。"[2]

门无鬼曰:"天下均治而有虞氏治之邪?其乱而后治之欤?"[3]

赤张满稽曰:"天下均治之为愿,而何计以有虞氏为[4]?有虞氏之药疡也,秃而施髢,病而求医[5]。孝子操药以修慈父,其色憔然,圣人羞之[6]。至德之世,不尚贤,不使能[7];上如标枝,民如野鹿[8]。端正而不知以为义,相爱而不知以为仁,实而不知以为忠,当而不知以为信[9],蠢动而相使[10],不以为赐[11],是故行而无迹,事而无传。"[12]

今译

门无鬼与赤张满稽观看武王伐纣之师。

赤张满稽说:"不及虞舜啊!所以遭受这次战祸。"

门无鬼说:"是天下太平而后虞舜治理天下呢?还是天下大乱而后虞舜治理天下呢?"

赤张满稽说:"天下太平已经符合愿望,何须虞舜治理呢?虞舜治世如同治病,秃头而后施以假发,有病而后寻求医治。孝子持药以进慈父,容色憔悴,圣人为他羞愧。至德之世,不崇尚贤人,不使用能人;君上犹如高枝,下民犹如野鹿。端正而不知自矜为义,相爱而不知自矜为仁,诚实而不知自矜为忠,恰当而不知自矜为信,茫然行动而相互驱使,不以为有谁恩赐,所以行动不留形迹,故事不传后世。"

[1] 武王之师：武王伐纣之师。

[2] "不及有虞氏乎"二句：赤张满稽认为武王不及虞舜，但亦未褒虞舜（详下）。○郭象反注："言二圣俱以乱故治之，则揖让之与用师，直是时异耳，未有胜负于其间也。"

[3] "天下均治而有虞氏治之邪"二句：门无鬼误以为赤张满稽贬武王、褒虞舜，故问。

[4] "天下均治之为愿"二句：赤张满稽说明，自己仅谓武王不及虞舜，并无褒扬虞舜之意。

[5] 疡 yáng：头疮。髢 dí：古同"鬄"dì，假发。髲 bì（司马彪），《说文》段注："髲，益发也。"○赤张满稽补证，天下之病、秃，本为有虞氏所致。

[6] 以修慈父：以进慈父。林希逸："'修'与'羞'通，进也。"孙诒让："'修'与'羞'古通。《尔雅·释诂》：'羞，进也。'"○"憔"旧作"燋"，字通。

"孝子操药以修慈父"三句：虞舜有"孝子"之名，故设喻斥之。

[7] 至德之世，不尚贤，不使能：此合老义，但与上章褒扬"官施而不失其宜，拔举而不失其能"之"圣治"抵牾，故属黄老之学。○黄老之学改造老学，未有圆融者。

[8] 上如标枝，民如野鹿：义本《老子》"太上，不知有之"（《应帝王》辨析四）。

[9] "端正而不知以为义"四句：分斥"仁义忠信"。义本《老子》"失道而后德，失德而后仁，失仁而后义，失义而后礼。夫礼者，忠信之薄而乱之首也"。

[10] 蠢动：虫动也（《说文》）。因循真德的"天机之所动"（魏撰《秋水》）。参看魏牟版或撰《宇泰定》"唯虫能虫"。○句谓因循真德而相互驱使。

[11] 不以为赐：不以为有人（君主）恩赐。义本《老子》"功成事遂，百姓皆谓'我自然'"。参看魏撰《则阳》"人不赐，故德备"。

[12] 是故行而无迹，事而无传：义本《老子》"善行者无辙迹"。○至德之世，鱼处于水，天下无病而不必治，故其行无迹，其事不传（不视为善）。尧舜"立君臣"（魏撰《盗跖》）以后，使鱼处陆，使民致病，然后治之，其行有迹，其事皆传（皆视为善）。

●第六门无鬼斥武王章：反扣首章"性修返德，德至同于初"。武王征伐，不及尧舜禅让；尧舜治民，使民先病再治。

<h1 style="text-align:center">七</h1>

孝子不谀其亲，忠臣不谄其君，臣、子之盛也[1]。亲之所言而然，所行而善，则谓之不肖子；君之所言而然，所行而善，则谓之不肖臣[2]。而未知此其必然邪[3]？世俗之所谓然而然之，所谓善而善之，则不谓之谄谀之人也[4]，然则俗固严于亲而尊于君邪[5]？谓己谄人则勃然作色，谓己谀人则怫然作色，而终身谄人也，终身谀人也，合譬饰辞聚众也，是终始本末不相坐[6]。垂衣裳，设采色，动容貌，以媚一世，而不自谓谄谀[7]；与夫人之为徒，通是非，而不自谓众人，愚之至也[8]。知其愚者，非大愚也；知其惑者，非大惑也[9]。大惑者，终身不解；大愚者，终身不灵[10]。三人行而一人惑，所适者犹可致也，惑者少也[11]；二人惑，则劳而不至，惑者胜也[12]。而今也以天下惑，予虽有祈向，不可得也。不亦悲乎？[13]

大声不入于里耳[14]，《折杨》、《皇华》则嗑然而笑[15]，是故高言不止于众人之心[16]。至言不出，俗言胜也[17]。以二垂踵，惑而所适不得矣[18]。而今也以天下惑，予虽有祈向，其庸可得邪[19]？知其不可得也而强之，又一惑也，故莫若释之而不推[20]。不推，谁其比忧[21]？厉之人[22]，夜半生其子[23]，遽取火而视之，汲汲然唯恐其似己也。[24]

百年之木，破为牺樽[25]，青黄而文之[26]，其一断在沟中[27]。

比牺樽于沟中之断，则美恶有间矣，其于失性一也[28]。桀跖与曾史，行义有间矣，然其失性均也[29]。且夫失性有五：一曰五色乱目，使目不明；二曰五声乱耳，使耳不聪；三曰五臭熏鼻，困㥄中颡[30]；四曰五味浊口，使口厉爽；五曰趣舍滑心，使性飞扬。此五者，皆生之害也。而儒墨乃始离跂自以为得，非吾所谓得也[31]。夫得者困，可以为得乎[32]？则鸠鸮之在于笼也，亦可以为得矣[33]。且夫趣舍声色，以柴其内[34]；皮弁、鹬冠、搢笏、绅修，以约其外[35]；内支盈于柴栅，外重缰缴，睆睆然在缰缴之中[36]，而自以为得，则是罪人交臂枥指，而虎豹在于囊槛，亦可以为得矣。[37]

今译

孝子不阿谀父亲，忠臣不谄媚君主，是臣仆和儿子的盛德。父亲所言就视为正确，父亲所行就视为善行，称为不肖之子。君主所言就视为正确，君主所行就视为善行，称为不肖之臣。然而不知是否必然如此呢？世俗视为正确就视为正确，世俗视为善行就视为善行，却不称为谄媚阿谀之人，那么世俗岂非威严甚于父亲而尊贵甚于君主呢？被人称为谄媚君主就勃然变色，被人称为阿谀父亲就忿然变色，却终身谄媚世俗，终身阿谀世俗，用合事类比、矫饰言辞聚集众人，这是前后矛盾言行不一。选择服饰，设计行头，变动容貌，以此媚俗一世，却不承认自己谄媚阿谀；与这种人为伍，沟通是非，却不承认自己无异众人，真是愚昧之至。明白自己愚昧，尚非大愚；明白自己迷惑，尚非大惑。大惑之人，终身不能解惑；大愚之人，终身不能灵悟。三人同行而一人大惑，欲适之地仍可抵达，因为大惑者较少；三人同行而二人大惑，就徒劳而不能抵达，因为大惑者获胜。如今天下大惑，我虽有祈愿向往，也不得实现。不也可悲吗？

大声不能入于俗耳，听闻俗曲《折杨》、《皇华》就津津乐道而欢笑，因此高言不会栖止于众人之心。至言不能胜出，俗言就会获胜。因为二人垂脚，大惑而后三人不能抵达欲适之地。如今天下大惑，我虽有祈愿向往，怎么可能得遂所愿呢？既知不得如愿而勉强天下，又是一种大惑，所以不如放弃祈愿向往而不推动天下前行。不推动天下前行，谁会忧虑天下之大惑？丑陋如同厉鬼之人，半夜生了儿子，急忙取火来看，惶惶然唯恐儿子像自己一样丑陋。

百年大树，破开做成庙堂礼器，雕琢青黄纹饰，一截树根断在沟中。比较庙堂礼器与沟中断根，美丑有所不同，丧失天性一样。夏桀盗跖与曾参史鰌，行为有所不同，然而丧失天性一样。况且丧失天性共有五种：一是五色乱目，使目不明；二是五声乱耳，使耳不聪；三是五味熏鼻，使鼻不通；四是五味浊口，使口不清；五是取舍乱心，使性躁动。这五项，都是生命的祸害。然而儒墨之徒却离弃真德踮起脚跟而自以为得道，并非我所言的得道。得道者困顿，可以称为得道吗？那么斑鸠、鸱枭困于樊笼，也可自以为得道了。况且取舍声色，用于柴塞内在德心；皮帽、羽冠、朝板、官服，用于约束外在身形；内在德心支满柴草，外在身形看重束缚，瞪大双眼困于束缚之中，却自以为得道，那么罪人臂绑手铐，而虎豹困于牢笼，也可自以为得道了。

校注

[1]"孝子不谀其亲"三句：此乃黄老之学，故视立"孝子、忠臣"为正道。参看魏撰《外物》、《盗跖》贬斥"忠孝"。

[2]"亲之所言而然"六句：君、亲所言均视为然，君、亲所行均视为善，撰者斥为"不肖子"、"不肖臣"。

【校勘】"谓之不肖子"、"谓之不肖臣"上，旧均衍"世俗"二字，义不可通。○章首九句，均为撰者立论，均非世俗之论。若为世俗之论，与下贬斥众人媚俗抵牾。

[3]而未知此其必然邪：此问引出下文。世俗之人，理论上不反对上文九句，实际上其行大多与之相反。

[4]世俗：略同上文"君"、"亲"，因为"世俗"即以"君"、"亲"所言为然，即以"君"、"亲"所行为善。世俗之人理论上抨击"谄谀"君、亲；

实际上盲从世俗，"因众以宁所闻"（刘安版新外篇《在宥》），绕个圈子"谄谀"君、亲。

【校勘】"谄"旧讹为"道"、"导"（下文"谓己谄人"、"终身谄人"、"不自谓谄谀"之"谄"同），义不可通。○"諂"（谄）与"謟"形近，"謟"又与"道"、"导"音近，遂误。上文"谀其亲"、"谄其君"，均证此处"谀"、"谄"连文。

［5］然则俗固严于亲而尊于君邪：难道"世俗"之尊严，甚于"君"、"亲"吗？

［6］终始本末不相坐：此句结上，参看蔺撰《寓言》"无经纬本末以期来者，是非先也"。贬斥世俗之人一方面佯斥谄谀"君"、"亲"，被人斥为谄谀"君"、"亲"则勃然大怒，另一方面终身谄谀"世俗"，实为终始本末自相抵牾。○由于世俗之人无不谄谀"君"、"亲"，故佯斥谄谀"君"、"亲"之人，实亦终身谄谀"君"、"亲"。

［7］以媚一世，而不自谓谄谀：以下申论。贬斥世俗之人"媚俗"一世，而不自认为"媚俗"。

［8］"与夫人之为徒"四句：语本《人间世》、《大宗师》"与人为徒"，义本《逍遥游》"众人匹之，不亦悲乎"。贬斥世俗之人与媚俗谄谀之辈，做朋友，通是非，实为至愚之众人，而自以为并非至愚之众人。

［9］"知其愚者"四句：至人自知其愚其惑，故"不自得"（庄义），故非大愚大惑。

［10］"大惑者"四句：众人不自知其愚其惑，故"自得"（郭义），故大愚大惑终身不解。

［11］"三人行"三句：同行三人之一人惑于伪道俗见，仍可自适其适，惑者少也。

［12］"二人惑"三句：同行三人之二人惑于伪道俗见，则必适人之适，惑者多也。

［13］"而今也以天下惑"三句：而今天下皆惑于伪道俗见，予虽欲劝告天下人自适其适，不可得也。○本节痛斥媚俗，演绎庄学反对"从其俗"。旧多盲从郭象反注，谬解庄子主张"从其俗"（《天下》辨析二八）。

◎第七章第一节：众人伴斥诮谀，终身诮谀；天下皆惑伪道，忠孝至愚。

[14] 大声：义同"阳春白雪"，譬解下文"高言"、"至言"。里耳：俗耳。

[15]《折杨》、《皇华》：义同"下里巴人"，譬解下文"俗言"，参看魏撰《则阳》"丘里之言"。嗑kè然而笑：嗑，多言（《说文》），引申为津津乐道。

【校勘】"華"（华）旧讹为"荂"，形近而讹。王叔岷据陆释一本、司马彪本、陆释引李颐注、道藏各本、覆宋本、《记纂渊海》六〇、《埤雅》一三引均作"华"校正。○李颐："折杨、皇华，皆古歌曲也。"

[16] 高言不止于众人之心：义本《齐物论》"言隐于荣华"。

[17] 至言不出，俗言胜也：本篇警语，影响深远。承上贬斥"媚俗"，进斥"俗言"。○襃扬"至言"，足证旧庄学襃"大言"、贬"小言"之谬。二句移用于旧庄学，一如度身定做。

[18] 以二垂踵，惑而所适不得矣："二"为上节"三人行而二人惑"之缩略。垂踵，脚跟不离地，"垂脚不行"（成疏），譬解不行真道。义同"以二人惑而三人垂踵（不行真道），惑者胜而所适不得矣"。

【校勘】"垂踵"旧讹为"缶锺"，形近而讹。唐前已讹，陆释已据司马彪本作"垂踵"校正，成疏亦作"垂踵"。○后世各本仍然多作"缶锺"。林希逸、刘文典、王叔岷又据司马彪本、道藏成疏本、白文本、褚伯秀本、覆宋本、陆释、成疏均作"垂踵"校正。

[19] "而今也以天下惑"三句：变文重言上节之末三句。

[20] "知其不可得也而强之"三句：明知不可使天下惑者皆自适，强使之自适亦一惑，故莫若释之（任其"适人之适"），而不强推众人"自适其适"（独自"自适其适"）。○上扣第三章"进其独志"。

[21] 不推，谁其比忧：不强推众人"自适其适"，则不再忧虑他人是否"适人之适"。

[22] 厉之人：丑人。隐喻盲从伪道者，得闻真道之后自知其丑。参看《德充符》鲁哀公闻道之后，自知"寡人丑乎"。魏撰《秋水》"今尔出于崖

涘，观于大海，乃知尔丑"。上扣"知其愚者，非大愚也；知其惑者，非大惑也"。

〔23〕夜半：隐喻伪道猖獗、俗见盲从之世。

〔24〕遽jù：急忙。汲汲jí然：急切貌。

唯恐其似己也："厉之人"唯恐儿子"肖"于从前之己。隐喻已悟前非之人，不欲儿子再盲从伪道、谄媚世俗、"适人之适"，而是"自适其适"、"进其独志"。

◎第七章第二节：至言不出，俗言胜也；惑者悟道，欲子不肖。

〔25〕百年之木，破为牺樽：义本《老子》"朴散则为器"。○"樽"旧作"尊"，字通。下同。

〔26〕青黄而文之：此扣《人间世》贬斥"文木"。

〔27〕其一断在沟中：一，双关语，既谓"文木"之一小半（树木之根）弃于沟中，兼训众人将道一（万物之根）弃于沟中。

【校勘】"一"字旧脱。刘文典、王叔岷据《太平御览》七六一引文、《淮南子·俶真训》引文、成疏均有"一"字校补。

〔28〕"比牺樽于沟中之断"三句：设譬。牺樽、沟中之断，二者原本"同质"合一。牺樽（即下"曾史"）被伪道"雕琢"、"黥劓"，沟中之断（即下"桀跖"）未被伪道"雕琢"、"黥劓"，伪道俗见均视前者为"美"，均视后者为"恶"。

〔29〕"桀跖与曾史"三句：正论。参看刘安版新外篇《骈拇》"小人则以身殉利，士则以身殉名，大夫则以身殉家，圣人则以身殉天下。故此数子者，事业不同，名声异号，其于伤性以身为殉，一也"。

【校勘】"跖"上旧脱"桀"字。刘师培、刘文典、王叔岷据成疏"桀跖"、《在宥》"下有桀跖，上有曾史"、"焉知曾史之不为桀跖嚆矢也"校补。

〔30〕五臭xiù：五味。傯zōng：壅塞。颡sǎng：额部。久闻臭味，鼻腔壅塞直达额头。义同"入乎鲍鱼之肆，久而不闻其臭"。

〔31〕趣舍滑gǔ心：滑，音骨，乱也（《广韵》）。人之取舍爱恶，均会搅扰德心。

而儒墨乃始离跂qǐ自以为得，非吾所谓得也：二句贬斥儒墨之"自得"。

【校勘】郭象篡改"儒墨"为"杨墨"，证见《骈拇》郭注"杨墨"(《胠箧》辨析三)。本书复原。

[32] 夫得者困，可以为得乎：得道者困于庙堂之樊笼，可以视为得道乎?

[33] 则鸠jiū鸮xiāo之在于笼也，亦可以为得矣：义本《养生主》"泽雉十步一啄，百步一饮，不祈畜乎樊中。(畜乎樊中)形虽王，不善也"。参看《德充符》斥孔"画地而趋"。

[34] 且夫趣舍声色，以柴其内：声色柴塞内在德心。

[35] 皮弁biàn、鹬yù冠、搢jìn笏、绅修，以约其外：外物(庙堂富贵)约束外在身形。

[36] 睆睆huàn然：张大其目。繮mò缴zhuó：繮，绳索。缴，系在箭上的丝绳。

[37] 交臂：双臂交叉反缚于背，俗谓"五花大绑"。枥lì指：枅指(《说文》)，拶指(《说文》段注)。囊náng槛jiàn：布袋、木笼。

【校勘】"枥"旧作"历"。洪颐煊、奚侗据《胠箧》"攦工倕之指"、"攦"通"枥"校正。

◎第七章第三节：儒墨在笼，自以为得；画地而趋，失性非善。

●第七儒墨自得章：总结全篇。众人媚俗，盲从伪道；畜乎樊中，自以为得。

百里奚△

题解

《百里奚》是刘安新增"杂篇十四"之一，故刘著《淮南子》钞引。魏牟版无杂篇，亦无此篇，故魏后刘前五子均未钞引。郭象版杂篇无《百里奚》，是郭删十九篇之一。撰者当为秦汉之际的慕庄后学。

郭象版外篇《田子方》十一章，"田子方"五章，"百里奚"六章，两大部分结构断裂、义理脱节，证明郭象并未全删《百里奚》，而是裁剪刘安版杂篇《百里奚》834字，拼接于刘安版外篇《田子方》1367字，合为郭象版外篇《田子方》2201字。详见绪论三《刘安版大全本篇目考》，参看《田子方》题解。

本书从郭象版外篇《田子方》2201字中，摘出郭象拼接的刘安版杂篇《百里奚》834字，复原于刘安版杂篇第四。校正郭象篡改和历代讹误：补脱文12字，删衍文7字，订讹文4字。

《百里奚》篇名，未见史籍，今按外杂篇之篇名惯例拟名。今存六章，似为完璧。多处化用《齐物论》、《养生主》、《人间世》、《德充符》文句，然而不尽符合庄义。第三章之臧丈人，把姜太公与《德充符》哀骀它糅合为一，导致难以圆通。

第一卮言章，标举"爵禄不入于心，死生不入于心"二义，总领全篇。其后寓言五章，无不演绎二义。

第二元君画图章，第三文王观臧章，演绎"爵禄不入于心"一义。

第四列子习射章，演绎"死生不入于心"一义。

第五孙叔敖章，第六楚王凡君章，演绎"爵禄不入于心，死生不入于心"二义。

百里奚爵禄不入于心，故饭牛而牛肥[1]，使秦穆公忘其贱，与之政也[2]。有虞氏死生不入于心，故足以动人。[3]

今译

百里奚爵禄不入于德心，所以养牛而牛肥，使秦穆公忘其卑贱，授与国政。有虞氏死生不入于德心，所以足以动人。

校注

[1]百里奚：原为虞国大夫，晋灭虞而至晋。晋献公嫁女为秦穆公夫人，遂媵于秦。又逃亡至楚饭牛。秦穆公闻其贤，以五羊皮易之，号"五羖大夫"。

[2]秦穆公：前659—前621在位。以百里奚为相，遂成"春秋五霸"之一。参看《史记·秦本纪》，及《游侠列传》"百里饭牛"，《孟子荀卿列传》"百里奚饭牛车下而缪公用霸"。

[3]有虞氏死生不入于心，故足以动人：二句褒扬虞舜，或为郭象不愿割舍而拼接于《田子方》之原因。○首章标举"爵禄不入于心"、"死生不入于心"二义，总领全篇。其后寓言五章，无不演绎二义。

●第一厄言章：百里饭牛，丧忘爵禄；虞舜动人，丧忘死生。

宋元君将画图[1]，众史皆至，受揖而立[2]，舐笔和墨，在外者半。

有一史后至者^[3]，僵僵然不趋^[4]，受揖不立，因之舍。^[5]

公使人视之，则解衣槃礴。^[6]

君曰："可矣，是真画者也!"^[7]

今译

宋元君将要命人画图，众多画史皆至，受君之揖而后侍立，润笔磨墨，一半立于殿外。

有一位画史最后才到，散淡而不急趋，受君之揖也不侍立，径直回家。

元君派人去看，见他脱掉上衣赤膊作画。

元君说："可以了，这是真画师!"

校注

[1]宋元君：即宋王偃。已见魏撰《徐无鬼》庄过惠墓章所引庄言，本章据此演绎。

[2]众史皆至，受揖而立：众史受君之揖而立。○司马彪释众史揖君而立，误从者众。方勇、陆永品据《仪礼·燕礼》"公揖卿大夫"、《公羊传·僖二年》"献公揖而进之"驳正。古之君尊臣卑，不如后世悬殊，参看第三章文王对臧丈人"北面而问"。司马彪据后释古，遂反原义。

[3]有一史后至者：不趋奉。

[4]僵僵chán然：僵，同"散"。不趋：庙堂礼仪，面君当趋（碎步急走）。

[5]受揖yī不立：反扣众史"受揖而立"。因之舍：反扣众史"在外者半"。

[6]解衣槃bān礴bó：槃礴，即解衣。○画史与众史之同，即站立作画。画史与众史之异，即"解衣槃礴"。

【校勘】"槃"旧讹为"般"，据陆释一本作"槃"校正。司马彪误释"般礴"为"箕坐"。箕坐于地，不能作画。○"槃礴"下旧衍"裸"字，义复。

当属"裼磚"之义难明，注家旁注"裸"字，后遂羼入正文。

[7] 真画者：贬斥众史为假画者。譬解真人、假人。

●第二宋元君将画图章：演绎首章"爵禄不入"。画史忘礼，凝神作画；解衣裼磚，丧忘爵禄。

三

文王微服而观于臧[1]，见一丈人钓[2]，而其钓莫钓[3]。非持其钓有钓者也，上钓也。[4]

文王欲举而授之政，而恐大臣父兄之弗安也；欲终而释之，而不忍百姓之无天也[5]。于是旦而属之大夫曰："夕者寡人梦见良人[6]，黑色而髯[7]，乘驳马而偏朱蹄[8]，号曰：'寓尔政于臧丈人，庶几乎民有瘳乎！'"[9]

诸大夫蹵然曰："先君命王也。"[10]

文王曰："然则卜之？"[11]

诸大夫曰："先君之命，王其无它，又何卜焉？"[12]

遂迎臧丈人，而授之政。典法无更，偏令无出[13]。三年，文王观于国，则列士坏植散群，长官者不成德，斔斛不敢入于四境[14]。列士坏植散群，则尚同也[15]；长官者不成德，则同务也[16]；斔斛不敢入于四境[17]，则诸侯无二心也。[18]

文王于是焉以为太师，北面而问曰[19]："政可以及天下乎？"[20]

臧丈人昧然而不应，泛然而若辞，朝令而夜遁，终身无闻。[21]

颜渊问于仲尼曰："文王其犹未邪？又何以梦为乎？"[22]

仲尼曰："默，汝无言！夫文王尽之也，尔又何论刺焉[23]？彼直以循斯须也。"[24]

今译

周文王微服巡视臧地，见一老丈钓鱼，而他钓鱼无意钓鱼。并非持着钓钩有意钓鱼，而是悬于水上而钓。

文王意欲拔举他而授与国政，但是唯恐大臣父兄不安；意欲放弃此念，又不忍心百姓失去天的庇护。于是早晨对大夫们说："昨晚寡人梦见一位贤人，肤色黑而胡须长，所乘杂色马一蹄朱红，命令说：'托付你的政事给臧丈人，大概民众有救了吧！'"

各位大夫惊讶地说："那是先君命令大王啊。"

文王问："那就卜问一下？"

各位大夫说："先君的命令，大王何必另有他意，又何必卜问呢？"

于是迎聘臧丈人，而后授与政事。典章法律无所更改，偏私政令从不发出。三年以后，文王巡视全国，发现士人不再结党争斗，长官不再自矜有德，非法量器不敢进入国境。士人不再结党争斗，这是求同于上；长官不再自矜有德，这是同守职务；非法量器不敢进入国境，这是诸侯没有二心。

文王于是拜臧丈人为太师，站在面北下位而请教说："政事可以遍及天下吗？"

臧丈人默然而不应对，含糊而如推辞，早上文王拜师，而晚上丈人遁去，终身再无音讯。

颜回问仲尼说："文王恐怕仍然未达至境吧？又何必假托做梦呢？"

仲尼说："闭嘴，你不要妄言！文王已达至境，你又何必妄论讥刺呢？他只是因应外境于一时。"

校注

[1] 文王：周文王。微服：隐藏身份而改穿常服。臧：近渭水地名（成疏）。

【校勘】"微服而"三字旧脱，"丈人"旧讹为"丈夫"。王叔岷据陆释引司马彪本、《天中记》二三引均作"文王微服而观于臧"，陆释一本、褚伯秀本、下文均作"臧丈人"校正。

〔2〕丈人：隐指姜太公吕尚。因后文仿拟《德充符》哀骀它，异于姜太公，故不言其名。

〔3〕其钓莫钓：义同庄学至境"至钓不钓"。○志在钓人，不在钓鱼。异于"哀骀它"。

〔4〕上钓：钓钩高于河面之上。○王念孙："《广雅》：'钓，钩也。'六'钓'字，惟'其钓'与'持其钓'两'钓'字，指钩而言。余四'钓'字，皆读为'钓鱼'之'钓'。"

【校勘】"上"旧作"尚"，后讹为"常"。奚侗、王叔岷校正。

〔5〕天：敬称臧丈人。○魏撰《知北游》神农对老龙吉，刘安版新外篇《在宥》黄帝对广成子、云将对鸿蒙，均称为"天"。

〔6〕夕者寡人梦见良人：文王诡称梦见某人（隐指其父季历）。○文王用"术"，诡称做梦，又假装不知梦见之人是其父，故下文颜回疑之。刘凤苞："必托诸梦，以信诸大夫，似犹用术，未为天下至诚。"

〔7〕黑色而髯 rán：季历之特征。

〔8〕驳马：杂色马（隐指季历之马）。偏朱蹄：马之一蹄，色朱（季历之马特征）。

〔9〕庶几乎民有瘳乎：仿拟《人间世》"庶几其国有瘳乎?"

〔10〕【校勘】"先君"下旧脱"命"字。俞樾、刘文典、王叔岷据下文"先君之命，王其无它"校补。○成疏："乃是先君教令于王。""教令"释"命"，可为旁证。

〔11〕然则卜之：文王故意询问，以坚诸大夫之志，仍属用"术"。

〔12〕先君之命，王其无它，又何卜焉：文王欲说服诸大夫，反成诸大夫欲说服文王，此乃"术"之"妙用"。

〔13〕典法无更，偏令无出：法家"无为而治"之理想。○姜太公为法家远祖，周公为儒家远祖。

〔14〕三年：技有"小成"之年（《养生主》辨析六），距"技进于道"（《养生主》）尚远。○"列士"三句总提，下文展开。

〔15〕坏植散群：解散朋党（章太炎、王叔岷）。则尚同也：义本《墨子·尚同》。○下无党争，皆同于上。违背"吹万不同"（《齐物论》）、"有

万不同"（魏牟版或撰《天地》所引庄言）。

［16］不成德：不自矜其德之成。《大宗师》"不雄成"、"不自得"之缩略。则同务也：官不自得，同务于治。

［17］斔yǔ斛hú：斔，一说六斛四斗（李颐），一说六斗四升（成疏），一说十六斗（《左传·昭公二十六年》杜预注）。十斗曰斛（《仪礼》）。〇先秦列国度量衡皆异，至秦始皇统一。

［18］则诸侯无二心也：异国量器不入国境，内则民生不乱，外则诸侯不谋。意为不通商贸，"邻国相望，鸡犬之声相闻，民至老死不相往来"（《老子》）。

［19］北面而问：文王以臧丈人为师，遂易南北之位。〇后世君位日尊，臣位日卑，遂无此礼。

［20］政可以及天下乎："诸侯无二心"（不谋周国），文王反谋"天下"。

［21］"臧丈人昧然而不应"四句：仿拟《德充符》"国无宰，寡人传国焉。（哀骀它）闷然而后应，泛然而若辞，无几何也，去寡人而行"。〇文王用"术"，己身不正，反欲政教天下，臧丈人由此夜遁（姜太公并未如此）。姜太公假借钓鱼，以钓文王，即已用"术"。撰者杂合姜太公、哀骀它，义遂难通。

【校勘】"若"字旧脱。据《德充符》"泛然而若辞"校补。

◎第三章第一节：文王用术，控御臣下；己身不正，欲正天下。

［22］"文王其犹未邪"二句：文王诡称做梦而用"术"，颜回疑其未达至境。

［23］夫文王尽之也：仿拟《大宗师》"仲尼曰：夫孟孙氏尽之矣"，义有小异。彼篇真际孔子褒扬庄学至人，此篇实际孔子褒扬庙堂假君。

［24］彼直以循斯须也：循，因循。斯须，须臾。文王用术，仅是因应外境于一时。〇本章所褒者为"爵禄不入，君忘其贱"的臧丈人（哀骀它），非周文王，孔赞周文王，亦被隐斥。

◎第三章第二节：孔颜师徒，评议文王；真际颜回疑之，实际孔子赞之。

●第三文王观臧章：演绎首章"爵禄不入，君忘其贱"。丈人钓君，丧忘爵禄；文王用术，未达至境。

四

列御寇为伯昏无人射[1]，引之盈贯，措杯水其肘上，如矩发之[2]；镝矢复沓，放矢复寓[3]。当是时，犹象人也。[4]

伯昏无人曰："是射之射，非不射之射也[5]。尝与汝登高山，履危石，临百仞之渊，若能射乎？"

于是伯昏无人遂登高山[6]，履危石，临百仞之渊，背逡巡，足二分，垂在外，揖御寇而进之。御寇伏地，汗流至踵。

伯昏无人曰："夫至人者，上窥青天，下潜黄泉，挥斥八极，神气不变[7]。今汝怵然有恂目之志，尔于中也殆矣夫？"[8]

今译

列御寇为伯昏无人射箭，拉弓满弦，搁一杯水在臂肘之上，肘如直角而后发箭；前箭后箭重叠靶心，放出前箭又搭后箭。当此之时，犹如木偶。

伯昏无人说："这是为射而射，并非不射之射。尝试与你登上高山，脚踏危石，下临百丈深渊，你还能射吗？"

于是伯昏无人登上高山，脚踏危石，下临百丈深渊，背身后退，脚掌两分，半垂在外，揖请列御寇上前。列御寇伏在地上，汗流直至脚踵。

伯昏无人说："至人，上窥青天，下潜黄泉，挥斥八极，神气不变。如今你惊惧得目眩神迷，你对于射中恐怕没有信心了吧？"

校注

[1] 列御寇为伯昏无人射：此承魏撰《列御寇》之列子师事伯昏瞀人，亦属寓言。

[2] 如矩发之：引弦之臂，肘弯如矩（成为直角）乃发。

【校勘】"如矩"二字旧脱。据陆释本、《太平御览》七四五引文均有"如矩",郭注、成疏均有"左手如拒石"校补。〇郭象改"矩"为"拒",复增"石"字妄释（成疏承之），义遂难通，后人遂删。

〔3〕镝dí、矢：分指前箭、后箭。复沓：前箭、后箭皆中靶心，箭头重叠。

放矢复寓：前箭甫放，后箭复寓（搭箭于弓）。

【校勘】"镝"旧讹为"適"（适），形近而讹。奚侗、王叔岷据《列子·黄帝》、《太平御览》七四五引文均作"镝"校正。〇"放"旧讹为"方",形近而讹。刘文典据郭注、《太平御览》七四五引文均作"放"校正。

〔4〕象人：木偶土梗人也（成疏）。形如槁木（《齐物论》）。

〔5〕射之射：有为之射。不射之射：无为之射，参看第三章"其钓莫钓"。

〔6〕【校勘】"无人"上旧脱"伯昏"二字。刘文典据上下文均作"伯昏无人"、《列子·黄帝》此处亦有"伯昏"二字校补。

〔7〕"夫至人者"五句：义本《大宗师》"古之真人，登高不慄，入水不濡，入火不热"。参看蔺撰《达生》"行乎万物之上而不慄"。

〔8〕"今汝怵然"二句：恂xún，同"眩"。列子困于外境，心系死生，再难射中。

●第四列子习射章：演绎首章"死生不入"。有为之射，未忘死生；无为之射，丧忘死生。

五

肩吾问于孙叔敖曰[1]："子三为令尹而不荣华，三去之而无忧色[2]。吾始也疑子[3]，今视子之鼻间栩栩然[4]，子之用心独奈何?"[5]

孙叔敖曰："吾何以过人哉[6]? 吾以其来不可却也，其去不可止也。吾以为得失之非我也，而无忧色而已矣。我何以过人哉[7]？且不知其在彼乎？其在我乎？其在彼邪？亡乎我。其在我邪？亡乎彼[8]。方将踌躇，方将四顾[9]，何暇至乎人贵人贱哉？"[10]

仲尼闻之曰[11]："古之真人，知者不得悦，美人不得滥，盗人不得劫，伏羲、黄帝不得友[12]。死生亦大矣，而无变乎己[13]，况爵禄乎？若然者，其神经乎太山而无介[14]，入乎渊泉而不濡[15]，充满天地而不窭[16]。既以与人，己愈有。"[17]

今译

肩吾问孙叔敖说："你三次拜相而不自矜荣耀，三次罢相而无忧色。我起初怀疑你，如今看你眉宇之间神态自若，你的用心究竟如何？"

孙叔敖："我哪有过人之处呢？我以为外物之来无法推却，外物之去无法阻止。我以为外物之得失由不得我，因而无忧色罢了。我哪有过人之处呢？况且不知荣辱在于相位呢？还是在于我呢？若是在于相位，与我无关。若是在于我，与相位无关。我将顺道进退，我将四顾遨游，哪有余暇顾及他人对我尊贵对我轻贱呢？"

仲尼闻知以后说："古之真人，知者不得取悦，美人不得引诱，盗贼不得胁迫，伏羲、黄帝不得交友。死生尽管重大，却不会改变自己，何况爵禄呢？如此之人，心神穿越高山而无障碍，潜入深渊而不濡湿，充满天地而无裂隙。给予他人越多，自己越是富有。"

校注

[1]肩吾：已见内七篇。孙叔敖：楚庄王之令尹。已见魏撰《管仲》。

[2]"子三为令尹而不荣华"二句：此谓孙叔敖"爵禄不入"。○《论语·公冶长》"令尹子文三仕为令尹，无喜色；三已之，无愠色"，本章据此演为寓言。

[3]吾始也疑子：《逍遥游》肩吾疑"藐姑射神人"，本章肩吾亦疑至

人孙叔敖。

[4] 栩栩 xǔ 然：语本《齐物论》"栩栩然蝴蝶也"。谓其神态自若，并无矫饰。

[5] 子之用心独奈何：语本《德充符》"其用心也独若之何"。

[6] 吾何以过人哉：孙叔敖"不雄成"、"不自得"（《大宗师》）。

[7] "吾以其来不可却也"五句：参看刘安版新外篇《缮性》"轩冕在身，非性命之有也，物之傥来寄也。寄之者，其来不可御，其去不可止"。

[8] "且不知其在彼乎"六句：彼，令尹之职位。我，自身之真德。

[9] 方将踌 chóu 躇 chú，方将四顾：语本《养生主》"为之四顾，为之踌躇满志"（"满志"或为衍文）。

[10] 何暇至乎人贵人贱哉：义本魏牟版或撰《天运》所引庄言"至贵，国爵摒焉"。参看魏撰《秋水》"以道观之，物无贵贱。以物观之，自贵而相贱。以俗观之，贵贱不在己"。

◎第五章第一节：楚之贤相，达于至境；爵禄不入，丧忘贵贱。

[11] 仲尼闻之曰：孙叔敖（约前630—约前593）、孔子（前551—前479）不同时，本章孔子为真际孔子、庄学代言人。

[12] 伏羲、黄帝不得友：义本《人间世》"天子之与己，皆天之所子"，语本《让王》"天子不得臣，诸侯不得友"。○"悦"旧作"说"，字通。

[13] 死生亦大矣，而无变乎己：语本《德充符》"死生亦大矣，而不得与之变"、《齐物论》"死生无变于己"。此谓孙叔敖"死生不入"。

[14] 其神经乎太山而无介：介，介入，引申为阻碍。略同《大宗师》"登高不慄"。此扣上章之义。

[15] 入乎渊泉而不濡：义本《大宗师》"入水不濡"。

【校勘】"入乎渊泉而不濡"下，旧衍"处卑细而不惫"六字，当属注文羼入。阮毓崧、钱穆校正。

[16] 充满天地而不窕：窕 tiǎo，间也（《尔雅·释言》），裂隙。义本《德充符》"（灵府）日夜无隙"。

【校勘】"充满天地"下，旧脱"而不窕"三字。王叔岷据《淮南子·俶真训》作"横扃天地之间而不窕"、《泛论训》作"舒之天下而不窕"、《兵略训》作“处大而不窕”、《人间训》、《要略》均作“布之天下而不窕”、《荀子·赋篇》作“充盈大宇而不窕”校补。○《荀子·赋篇》先于本篇，当属引自《大戴礼记》“布诸天下而不窕”。

[17] 既以与人，己愈有：语本《老子》“既以为人，己愈有；既以与人，己愈多”。

◎第五章第二节：孔子闻之，评议楚相；礼赞至人，死生不入。

●第五孙叔敖章：兼演首章“爵禄不入”、“死生不入”。真人忘物，爵禄不入；至人丧我，死生不入。

六

楚王与凡君坐[1]。少焉，楚王左右曰凡亡者三。[2]

凡君曰：“凡之亡也，不足以丧吾存[3]。夫凡之亡不足以丧吾存，则楚之存不足以存存[4]。由是观之，则凡未始亡，而楚未始存也。”[5]

今译

楚王与凡君对坐。片刻之间，楚王近臣言及凡国将要灭亡三次。

凡君说：“凡国灭亡，不足以丧亡吾之存在。既然凡国灭亡不足以丧亡吾之存在，那么楚国存在也不足以确保大王之存在。由此看来，凡国灭亡吾未必灭亡，而楚国存在大王未必存在。”

校注

[1] 楚王：楚文王（成疏）。凡：国名。凡君：凡僖侯（成疏）。

[2] 楚王左右曰凡亡者三：楚王左右言凡亡者三人（俞樾）。○郭注：“言有三亡征也。”成疏弥缝：“三者，谓不敬鬼、尊贤、养民也。”俞樾驳

正："郭注非是。"

［3］凡之亡也，不足以丧吾存：楚王胁迫凡君附楚（不从即征伐）。凡君不屈，视凡国为身外之物，遂谓凡国之亡，无害凡君之存。参看蔺撰《山木》"鲁国独非君之皮邪"，魏撰《徐无鬼》"夫魏真为我累耳"、《让王》"不以所用养，害所养"。○上章演绎《齐物论》"丧我"，本章演绎《养生主》"存吾"。

［4］则楚之存不足以存存："则楚之存不足以存王之存"之婉语。

［5］凡未始亡，而楚未始存也："凡亡吾未始亡，而楚存王未始存"之婉语。○凡君出以婉语，意在避免直言激怒楚王。旧多未明婉语，释为"以亡为存，以存为亡"，乃至视为古人之"辩证法"。

●第六楚王凡君章：演绎首章"爵禄不入"、"死生不入"。国为君累，丧忘爵禄；至人存吾，丧忘死生。

子张△

题解

《子张》是刘安新增"杂篇十四"之一，是刘安凑数编入之劣篇，故刘著《淮南子》亦未钞引。魏牟版无杂篇，亦无此篇，故魏后刘前五子均未钞引。郭象版杂篇无《子张》，是郭删十九篇之一。撰者当为秦汉之际的慕庄后学。

崔譔《庄子注》"有外无杂"（陆序），郭象版杂篇《盗跖》七章，"盗跖"五章无陆引崔注，"子张"二章却有陆引崔注一条，而且两大部分结构断裂、义理脱节，证明郭象并未全删《子张》，而是裁剪刘安版杂篇《子张》1354字，拼接于刘安版外篇《盗跖》1747字，合为篇幅超长的郭象版杂篇《盗跖》3101字，再移外入杂；同时证明崔譔未注刘安版外篇《盗跖》，而是把刘安版杂篇《子张》移杂入外而注。详见绪论三《刘安版大全本篇目考》，参看《盗跖》题解。马叙伦曰："《盗跖篇》之子张、无足两章，盖为别一篇之辞。"

本书从郭象版杂篇《盗跖》3101字中，摘出郭象拼接的刘安版杂篇《子张》1354字，复原于刘安版杂篇第五。校正郭象篡改和历代讹误：补脱文4字，删衍文3字，订讹文12字。

《子张》篇名，未见史籍，今按外杂篇之篇名惯例拟名。今存二章，字数过千，或为完璧。捏造"孔子受币"、"孔子不见母"等多项史实，诬陷孔子，文格甚低。

郭象利用《子张》暗引《盗跖》多条，拼接于《盗跖》，破坏了《盗跖》的缜密结构，降低了《盗跖》的整体品质。北宋王安石、苏轼以降，注家多据郭象拼接于《盗跖》的《子张》捏造史实诬陷孔子，认为《盗跖》非庄所撰，属于"伪作"，以证庄子尊孔、尊儒至极。

一

子张问于满苟得曰[1]:"盍为行[2]?无行则不信,不信则不任,不任则不利。故观之名,计之利,而义真是也[3]。若弃名利,返之于心,则夫士之为行,不可一日不为乎?"[4]

满苟得曰:"无耻者富,多信者显[5]。夫名利之大者,几在无耻而信[6]。故观之名,计之利,而信真是也[7]。若弃名利,返之于心,则夫士之为行,抱其天乎?"[8]

子张曰:"昔者桀纣贵为天子,富有天下,今谓臧聚曰'汝行如桀纣',则作色有不服之心者[9],小人所贱也。仲尼、墨翟穷为匹夫,今谓宰相曰'子行如仲尼、墨翟'[10],则变容易色称不足者,士诚贵也。故势为天子,未必贵也;穷为匹夫,未必贱也。贵贱之分,在行之美恶。"[11]

满苟得曰:"小盗者拘,大盗者为诸侯;诸侯之门,仁义存焉[12]。昔者桓公小白杀兄入嫂,而管仲为臣;田成子常杀君窃国,而孔子受币[13]。论则贱之,行则下之,则是言行之情,悖战于胸中也,不亦拂乎[14]?故《书》曰:'孰恶孰美?成者为首,不成者为尾。'"[15]

子张曰:"子不为行,即将疏戚无伦,贵贱无义,长幼无序。五纪六位,将何以为别乎?"[16]

满苟得曰:"尧杀长子[17],舜流母弟[18],疏戚有伦乎?汤放桀,武王杀纣,贵贱有义乎?王季为嫡[19],周公杀兄[20],长幼有序乎?儒者伪辞,墨者兼爱,五纪六位将有别乎[21]?且子正为名,我正为利[22];名利之实,不顺于理,不鉴于道[23]。吾昔与子讼于无约曰[24]:'小人殉财,君子殉名。其所以变其情,易其性,则异矣;乃至于弃其所为,而殉其所不为,则一也。'[25]故曰:无为小人,返殉尔天;无为君子,从天之理[26];若枉若直[27]，相尔天极[28]；面观四方，与时消息[29]；若是若非，执尔圆机[30]；独成尔意[31]，与道徘徊[32]；无专尔行[33]，无成尔义，将失尔所为[34]；无赴尔富，无殉尔成[35]，将弃尔天。比干剖心，子胥抉眼，忠之祸也[36]；直躬证父[37]，尾生溺死，信之患也；鲍子立干，申子自埋，廉之害也[38]；孔子不见母[39]，匡子不见父[40]，义之失也。此上世之所传，下世之所语[41]，以为士者正其言，必其行[42]，故服其殃，罹其患也。"[43]

今译

子张问满苟得说："何不有为而行？不有为而行就不能取信，不能取信就不得任用，不得任用就不得利禄。所以观察于名声，计算于利禄，可见有为之义真的属是。若是抛开名利，返观内心，那么士人的践行，岂非不可一日不有为呢？"

满苟得说："没有廉耻之人富有，多处取信之人显贵。那些大获名利之人，几乎都在没有廉耻而多处取信。所以观察于名声，计算于利禄，可见多处取信真的属是。若是抛开名利，返观内心，那么士人的践行，唯有持守无为天道吧？"

子张说："从前夏桀、商纣贵为天子，富有天下，如今对奴仆说'你的行为如同夏桀、商纣'，就会面有怒色而内心不服，可见小人也鄙视夏桀、商纣。仲尼、墨翟只是穷困的平民，如今对宰相说'你的行为如同仲尼、墨翟'，就会动容变色自称不及，可见君子也推崇仲尼、墨翟。所以有权势的天子，未必尊贵；穷困的平民，未必卑贱。尊贵、卑贱的分别，在于行为的善恶。"

满苟得说："小偷遭到拘捕，大盗成为诸侯；诸侯之门，即被视为仁义所在。从前齐桓公小白杀兄奸嫂，而管仲成为他的臣子；田成子常杀君窃国，而孔子接受他的聘礼。言论虽鄙视他们，行为却臣服他们，可见言行的实情，悖乱交战于有为者胸中，不是拂逆真德吗？所以《书》曾有言：'谁恶谁善？成则为王，败则为寇。'"

子张说："你不有为而行，必将亲疏无别，贵贱无义，长幼无序。五伦六纪，又将如何分别？"

满苟得说："唐尧诛杀长子，虞舜流放同母弟，亲疏有别吗？商汤放逐夏桀，武王诛杀商纣，贵贱有义吗？王季成为储君，周公诛杀兄长，长幼有序吗？儒家虚伪言辞，墨家兼爱万民，五伦六纪又将如何分别？况且你替有为正名为求名，我替有为正名为求利；无论求名、求利何者属实，全都不能顺于天理，不能鉴于天道。我从前与你在无约那里争辩时说：'小人殉利，君子殉名。他们扭曲真情，改易天性的原因，固然有异；至于他们抛弃其所当为，而殉于其所不当为，却一样。'所以说：不要成为殉利的小人，返殉你的天性；不要成为殉名的君子，顺从天的至理。无论曲行直行，合于你的天道之极；面观天下四方，随顺时势消长；无论属是属非，执守你的圆融天机；独成你的心意，顺应天道进退；不要坚执你的行为，不要成就你的有为之义，那将丧失你所当为；不要趋赴你的财富，不要殉于你的小成，那将背弃你的天性。比干剖腹剜心，子胥挖眼沉江，是忠君的灾难；直躬证父偷羊，尾生赴约溺死，是取信的祸患；鲍焦抱树枯死，申徒跳河淹死，是清廉的害处；孔子不赴母丧，匡章不赴父丧，是行义的过失。这些都是前世流传，今世常谈，认为士人应该正名其言，必须指导其行，所以承受灾殃，遭罹祸患。"

校注

[1]子张（前503—前450）：孔子弟子。姓颛孙，名师，字子张。陈人。小孔子四十八岁。〇独见本篇，别篇皆无。

满苟得：虚构至人。其名寓义，意为顺道无为，满足于一己所得，无须悖道有为，贪求超出需要的富贵。参看下章"平为福，有余为害"。

【辨析一】成疏反注："子张，行圣迹之人也。满苟得，苟且贪得以满其心，求利之人也。"旧多盲从。子张主张有为之义，实为贪求名利，为撰者贬斥。满苟得反对有为之义，主张鄙弃名利，为撰者褒扬。成疏反注，违背全书遵循的"寓言问答范式"（《逍遥游》辨析六）。子张为先言者，并非庄学代言人。满苟得为后言者，方为庄学代言人。○旧虽不知郭象拼接《子张》于《盗跖》，然而"子张"以上贬斥子张之师孔子，"子张"以下怎么可能褒扬孔子弟子子张？

[2]盍hé为行：盍，何不。何不有为而行（维护庙堂之义）。

【校勘】"盍"下旧衍"不"字。王叔岷据成疏、陆释校删："成疏、陆释并云'盍，何不也'，是正文本作'盍为行'。若'盍'下本有'不'字，则不得训'盍'为'何不'矣。"

[3]"故观之名"三句：义，庙堂之义。真是，已见魏撰《知北游》。以名利计，亦当有为而行。此为子张之言第一层。

[4]"若弃名利"四句：不以名利计，反观德心，亦不可一日不有为。此为子张之言第二层。○下文满苟得贬斥子张，重在第一层：儒生躬行有为，实为志在名利。次在第二层：儒生自我拔高，又谓不为名利亦当有为。○"返"旧作"反"，字通。下同。

[5]无耻者富，多信者显："无耻"、"多信"互文。"多信"即无信。

[6]夫名利之大者，几在无耻而信：得到大名大利者，几乎全是无耻而骗取信任的奸邪之徒。○子张之言第一层，重心是"无行则不信"之"信"，有"信"则得"任"，得"任"则得"利"。满苟得遂斥"无耻"、"无信"者，方能得"任"而"显"，得"利"而"富"。

[7]"故观之名"三句：戏仿子张之言，仅易子张之"义"为"信"。反讽子张：你之有为而行，实为贪图名利。你之所信实非有为之义，而是名利。

[8]"若弃名利"四句：前三句全同子张之言，仅易子张末句"不可一日不为乎"为"抱其天乎"。反驳子张：不以名利计，反观德心，则不当有为而行，而当抱持无为天道。

◎第一回合：子张主张，力行有为人道；满苟得主张，顺应无为天道。

[9]臧：臧获，仆役。聚：通"驺"、"趣"，养马者。○孙诒让："'聚'当读为'驺'。《说文》：'驺，厩御也。'《周礼》'趣马'郑注：'趣，养马者也。''趣'、'聚'同从'取'得声，古字通用。臧、聚皆仆隶贱役，故并举之。"

【校勘】旧作"则有怍色，有不服之心者"，前"有"衍文，"作"讹为"怍"。刘文典、王叔岷据《庄子阙误》引张君房本、日本高山寺古钞本均作"则作色有不服之心者"校正。○"有怍色"必服，与"有不服之心"抵牾。

[10]宰相：全书仅见。○旧皆不知郭象裁剪《子张》拼接于《盗跖》，注家多举"宰相"作为《盗跖》晚出、非庄所撰之证。如焦竑曰："封侯、宰相等语，秦以前无之。"马叙伦驳之："'宰相'之名，又见《韩非子·显学》、《吕览·制乐》。"

[11]以上子张论证：仲尼、墨翟力行庙堂之义而为人所贵，桀纣违背庙堂之义而为人所贱。○子张贬斥"桀纣"，褒扬"仲尼、墨翟"，主张"贵贱之分"，均与庄义不合，均证撰者贬斥子张，褒扬满苟得。

[12]"小盗者拘"四句：语本魏牟版或撰《胠箧》"彼窃钩者诛，窃国者为诸侯；诸侯之门而仁义存焉"。

【校勘】"仁义"旧讹为"义士"。刘师培、王叔岷据《胠箧》"诸侯之门而仁义存焉"、《史记·游侠列传》"侯之门，仁义存"校正。

[13]孔子受币：史无其事。○王叔岷："《论语·宪问》：'陈成子杀简公，孔子沐浴而朝，告于哀公曰：陈恒弑其君，请讨之。'何致受其币邪？真诬妄也！"王辨甚是。撰者捏造史实，文格甚低。庄子、蔺且、魏牟虽斥孔子，从不捏造史实。

[14]"论则贱之"五句：贬斥有为者之言行不一，拂逆真德。

[15]成者为首，不成者为尾：义同后世常言"成者为王，败者为寇"。○满苟得认为历史由胜利者书写。胜利者必定自居正义，失败者必被视为不义，故伪道俗见之贵贱、褒贬，不足为训。

◎第二回合：子张论证，行义则贵，悖义则贱。满苟得反驳，成则溢美，败则溢恶。

[16]五纪六位：五伦六纪（俞樾）。五伦：君臣、父子、夫妇、兄弟、朋友。六纪：诸父、兄弟、族人、诸舅、师长、朋友。○"子不为行"六句，子张被驳而反问。所言均悖庄义。

[17]尧杀长子：撰者再次捏造史实。尧废长子丹朱（禅位于舜），撰

者易"废"为"杀"。

[18]舜流母弟：撰者再次捏造史实。舜流异母弟象于有庳（秦之象郡，今属广西），撰者易"庶弟"（异母弟）为"母弟"（同母弟）。古文"母弟"仅指同母弟，不指异母弟。

[19]王季为嫡dí：周太王不立长子太伯、次子仲雍，而立庶子王季（季历，文王之父）。○"嫡"旧作"適"（适），字通。

[20]周公杀兄：周公诛杀其兄管叔蔡叔。○以上诸句，与魏撰《盗跖》"尧不慈，舜不孝，禹偏枯，汤放其主，武王伐纣"相近，郭象据此裁剪《子张》拼接于《盗跖》，意在使《子张》之多处捏造史实，降低《盗跖》之文格。

[21]儒者伪辞，墨者兼爱，五纪六位将有别乎：贬斥子张所颂"仲尼、墨翟"。

[22]子正为名，我正为利：二"正"均为动词，指"正名"。参看下文"正其言"。子张替有为者"正"名，谓其乃是"为名"，并非"为利"。满苟得亦替有为者"正"名，谓其貌似"为名"，实属"为利"。○成疏反注："子张心之所为，正在于名。苟得心之所为，正在于利。"与满苟得上言"弃名利，抱其天"，下言"名利之实，不顺于理，不鉴于道"、"小人殉财，君子殉名"，无不抵牾。

[23]【校勘】"鉴"（鉴）旧作"监"（监）。据陆释引一本作"鉴"、成疏"监，照也"校正。○下章"不监于体"、"不监于心"、"反监之度"之"监"，皆然。

[24]无约：虚构至人。义本《德充符》"约为胶"、刘安版新外篇《骈拇》"待绳索胶漆而固者，是侵其德者也"。○以下均属满苟得昔日与子张争讼之言。宣颖、陶鸿庆、王先谦、王叔岷、方勇、陆永品视为"无约"之言。

【校勘】"昔"旧讹为"日"。刘文典据《庄子阙误》引张君房本作"昔"校正。

[25]"小人殉财"八句：语本刘安版新外篇《骈拇》"小人则以身殉利，士则以身殉名，大夫则以身殉家，圣人则以身殉天下。故此数子者，事业

不同，名声异号，其于伤性以身为殉，一也"。〇《骈拇》诸句与全篇义理密合，本篇八句则是引语，当属本篇袭用《骈拇》。

［26］"无为小人"四句：贬斥"君子/小人"之分，义本《大宗师》"天之小人，人之君子；天之君子，人之小人也"。参看刘安版新外篇《骈拇》"又恶取君子小人于其间哉"，刘安版新外篇《马蹄》"恶乎知君子小人哉"。〇"返"旧作"反"，"尔"及下九"尔"字旧皆作"而"，字通。

［27］若枉若直：此谓庄学俗谛"因应外境"。

［28］相尔天极：此谓庄学宗旨"顺应天道"。〇"天极"即道极。

［29］面观四方，与时消息：仍言庄学俗谛"因应外境"。

［30］若是若非，执尔圆机：超越人道相对是非，执守自身物德天机。

［31］独成尔意：此谓庄学真谛"因循内德"。

［32］与道徘徊：仍言庄学宗旨"顺应天道"。义同《大宗师》、《应帝王》"与造物者为人"。

［33］无专尔行：义同蔺撰《山木》"无肯专为"，魏撰《秋水》"无一尔行"。

【校勘】"专"旧讹为"转"。王念孙、郭庆藩、王叔岷、方勇、陆永品据《山木》"无肯专为"、《秋水》"无一尔行"校正。

［34］将失尔所为：那将违背你所当为（顺道无为）。

［35］无殉尔成：义本《齐物论》"道隐于小成"、《大宗师》"不雄成"。不要殉于你的自矜有成之心。

［36］比干剖心，子胥抉眼：已见魏撰《外物》、《盗跖》，魏牟版或撰《胠箧》。

［37］直躬证父：事见《论语·子路》："叶公语孔子曰：'吾党有直躬者，其父攘羊，而子证之。'孔子曰：'吾党之直者异于是。父为子隐，子为父隐，直在其中矣。'"〇撰者贬斥直躬证父，隐含赞成孔子主张"子为父隐"，与上文贬斥孔子抵牾。

［38］鲍子：即鲍焦。申子：即申徒狄。〇尾生、鲍焦、申徒狄三事，均见魏撰《盗跖》。篇内如此重复，全书别无其例，此亦可证郭象拼接《子张》于《盗跖》。

【校勘】"干"旧作"乾"，异体字。○"申子自埋"旧作"申子不自理"，"不"字衍文，"埋"讹为"理"。王先谦、王叔岷据陆释本无"不"字、陆释引一本作"申子自埋"校正。

[39]孔子不见母：撰者再次捏造史实。

【辨析二】孔子首次离鲁，为三十五岁（前517）赴齐，其母已死。钱穆《孔子传》："孔子母死，不知其年。或云'孔子二十四岁母卒'，不可信。《史记·孔子世家》记孔子母卒在孔子十七岁前，当是。"《论语·里仁》孔言"父母在，不远游"，亦为旁证。○成疏："孔子历国应聘，其母临终，孔子不见。"无据。孔子五十五岁（前497）周游列国，其母已死数十年。

[40]匡子不见父：齐人匡章谏父，为父所逐，终身不见父。参看《孟子·离娄》："公都子曰：'匡章，通国皆称不孝焉。……'孟子曰：'……为得罪于父，不得近；出妻屏子，终身不养焉。"

[41]此上世之所传，下世之所语：撰者捏造多项史实，又妄言"上世所传，下世所语"，文格甚低。

[42]正其言：上扣"子正为名，我正为利"。必其行：上扣子张主张"行义"，满苟得主张"抱其天"。

[43]故服其殃，罹其患也：撰者广举史证（部分捏造），认为这些史实误导士人"行义"，导致士人服殃罹患。○"罹"旧作"离"，字通。

◎第三回合：子张反问，无为如何维持人道纲常。满苟得反驳，人道纲常原本淆乱。

●第一满苟得斥子张章：士人有为，实属为利；人道纲常，原本淆乱。

二

　　无足问于知和曰[1]："人卒未有不兴名就利者。彼富则人归之，归则下之，下则贵之。夫见下贵者[2]，所以长生安体乐意之道也。今子独无意焉？知不足邪？意知而力不能行邪[3]？故推正不忘邪?"[4]

知和曰："今夫此人，以为与己同时而生同乡而处者，以为夫绝俗过世之士焉[5]。是专无主正[6]，所以览古今之时是非之分也，与俗化世[7]，去至重，弃至尊[8]，以为其所为也[9]。此其所以论长生安体乐意之道，不亦远乎？惨怛之疾，恬愉之安，不鉴于体；怵惕之恐，欣欢之喜，不鉴于心[10]；知为为，而不知所以为[11]，是以贵为天子，富有天下，而不免于患也。"[12]

无足曰："夫富之于人，无所不利，穷美究势，至人之所不得逮，贤人之所不能及[13]；挟人之勇力[14]，而以为威强；秉人之知谋，以为明察；因人之德，以为贤良；非享国，而俨若君父[15]。且夫声色、滋味、权势之于人，心不待学而乐之，体不待象而安之[16]。夫欲恶避就，固不待师，此人之性也。天下虽非我，孰能辞之？"[17]

知和曰："知者之为，固动以百姓，不违其度[18]，是以足而不争，无以为，故不求。不足，故求之，争四处而不自以为贪；有余，故辞之，弃天下而不自以为廉。廉贪之实，非以迫外也，返鉴之度。势为天子，而不以贵骄人；富有天下，而不以财戏人。计其患，虑其反，以为害于性，故辞而不受也，非以要名誉也。尧舜为帝而推[19]，非仁天下也，不以美害生也；善卷许由得帝而不受，非虚辞让也，不以事害己也。此皆就其利，辞其害，而天下称贤焉，则可以有之，彼非以兴名誉也。"

无足曰："必持其名，苦体绝甘，约养以持生，则亦犹久病长厄而不死者也。"[20]

知和曰："平为福，有余为害者，物莫不然，而财其甚者也[21]。今富人，耳营于钟鼓管籥之声，口嗛于刍豢醪醴之味[22]，以感其意，遗忘其业，可谓乱矣；侅溺于冯气，若负重行而上坂也[23]，可谓苦矣；贪财而取慰[24]，贪权而取竭，静居则溺，体泽则冯，可谓疾矣；为欲富就利，故满若堵耳[25]，而不知避，且冯而不舍，可谓辱矣；财积而无用[26]，服膺而不舍，满心戚醮[27]，求益而不止，可谓忧矣；内则疑劫请之贼，外则畏寇盗之害，内周楼疏^[28]，外不敢独行，可谓畏矣。此六者，天下之至害也，皆遗忘而不知察；及其患至，求尽性竭财，单以返一日之无故而不可得也^[29]。故观之名，则不见，求之利，则不得，缭意绝体而争，此不亦惑乎？"^[30]

今译

无足问知和说："世人没有不求名趋利的。那人富贵就有人归附于他，归附于他就卑下于他，卑下于他就使他尊贵。被卑下者尊贵，正是长生安体愉悦心意之道。如今你唯独无意于此吗？是你心知不足呢？抑或心知虽够而无力践行呢？所以推求正道不能忘怀吗？"

知和说："如今的人，以为与己同时而生同乡而处却比自己富贵者，必属绝俗过世之士。这种人专断没有主见正道，所以观览古今之时是非之分，盲从世俗，失去至重之德，丢弃至尊之道，以为其所当为。以此谈论长生安体愉悦心意之道，不是遥不可及吗？悲惨的疾病，恬愉的安适，不能明鉴于己身；怵惕的恐惧，欢欣的喜悦，不能明鉴于己心；仅知为其所为，而不知为何而为，因此贵为天子，富有天下，却不免于祸患。"

无足说："富贵之人，无往不利，穷尽美事究极威势，至人也不能相比，贤人也难以企及；挟持他人的勇力，作为自己的威强；秉持他人的智谋，作为自己的明察；凭借他人的德行，作为自己的贤良；虽非享国之君，却俨然如同君父。况且声色、滋味、权势对于人，心知不待学习就感悦乐，身体不待模仿就感安泰。好恶趋避，原本不待师长教导，这是人的天性。天下人即使非难我，谁能拒绝这些？"

知和说："知者的所为，原本所动皆为百姓，不违民众心意，因此知足而不争，顺道而无为，所以无所欲求。不足，才会有所欲求，争求四处却不自以为贪婪；有余，才会推辞富贵，放弃天下而不自以为清廉。清廉、贪婪的实情，并非迫于外境，而是返观鉴照内心。权势贵为天子，却不以尊贵骄矜他人；财富拥有天下，却不以钱财戏弄他人。计算其后患，顾虑其反噬，认为富贵危害天性，所以推辞而不受，并非沽名钓誉。唐尧、虞舜身居帝位而推让，并非仁爱天下，而是不让美好的外物危害生命；善卷、许由得到帝位而不受，并非虚伪辞让，而是不让治人的恶事危害自己。这都是趋其利，避其害，而后天下称为贤良，他人称颂可以有之，他们实非求取贤良的名誉。"

无足说："定要保持贤良的名誉，自苦身体而拒绝享受，简约供养以维持生命，那就如同长期生病久处困厄而不死。"

知和说："平和是福气，有余是祸害，万物无不如此，而财富有余是至大祸害。当今富人，耳朵陶醉于钟鼓管乐之声，嘴巴惬意于美食佳酿之味，感化其意志，遗忘其正业，可谓迷乱了；极度陷溺于盛气，如同负重行走而上坡，可谓辛苦了；贪财而得病，贪权而衰竭，静处闲居就陷溺嗜欲，身体润泽就盛气凌人，可谓病重了；为了求富趋利，所以自满如同塞耳，而不知回避危殆，仍然盛气而不愿舍弃，可谓耻辱了；财富堆积而没有用处，服膺伪道而不肯舍弃，满心忧戚憔悴，欲求增益而不愿停止，可谓忧愁了；在家就疑心抢劫请托之贼，外出就担心兵寇强盗之害，在家遍设堡楼围墙，外出不敢单独行走，可谓畏惧了。以上六项，是天下的至大祸害，全都遗忘而不知洞察；等到祸患来到，费尽心机竭尽财富，只求返归一日平安而不可得。所以观于名声，看不见富贵有何名声，求于利益，看不到富贵有何利益，缭绕心意耗尽体力而争夺，这不是大惑吗？"

校注

[1] 无足：无有餍足。撰者斥之，同于上章"子张"。知和：至知合和。撰者褒之，同于上章"满苟得"。成疏正确阐释本章撰者之褒贬（合于"寓言问答范式"），亦证上章成疏反注撰者之褒贬。〇本章演绎《老子》"知足者富"、"知足不辱，知止不殆，可以长久"、"祸莫大于不知足，咎莫大于欲得，故知足之足常足矣"。

[2] 见下贵者：被下人所尊贵。居于"以隶相尊"（《齐物论》）的庙堂等级之上位。

[3] 意知而力不能行邪：意，同"抑"。抑或虽知而不能力行呢？

［4］故推正不忘邪：故，犹"特"。推，犹"求"。特推求正道不忘邪（王叔岷）。

［5］"今夫此人"三句：特殊句法。并非"此人以为"，而是有人（隐指无足）"以为此人"（富贵者）"与己同时而生同乡而处"却如此富贵，那么此人必属"绝俗过世之士"。

［6］主正：语本魏撰《则阳》"自外入者，有主而不执；由中出者，有正而不拒"，魏牟版或撰《天运》"中无主而不止，外无正而不行"。然而两篇之"正"皆通"征"，撰者未明通假，读"正"为本字，亦证本篇之晚出。

［7］与俗化世：反扣上句"绝俗过世"。义同《泰初》"世俗之所谓然而然之，所谓善而善之……以媚一世"。亦证庄学反对"从其俗"（《天下》辨析二八）。〇旧因盲从郭象反注，以为庄学主张"从其俗"，遂多误断为"与俗化，世去至重，弃至尊"。

［8］至重：德。至尊：道。

［9］以为其所为也：以为求取富贵，属于人所当为。

［10］"惨怛dá之疾"六句：于疾于安，不能鉴于己身。于恐于喜，不能鉴于己心。乃谓身心无不盲从伪道俗见。

［11］知为为，而不知所以为："为/所以为"之辨，义本魏牟版或撰《天运》"迹/所以迹"之辨。

［12］"是以贵为天子"三句：俯视"天子"，道家独有。义本《人间世》"天子之与己，皆天之所子"。

◎第一回合：无足主张，兴名就利，就能长生安体。知和反驳，与俗化世，仍然不免于患。

［13］"夫富之于人"五句：此乃古今不变之俗见。道家独反此见。

【校勘】"势"（古作"埶"）旧讹为"执"（古作"執"），形近而讹。奚侗、王叔岷、陈鼓应、方勇、陆永品据陆释"埶音势，本亦作势"、成疏"尽人间威势"校正。

［14］【校勘】"挟"旧讹为"侠"，形近而讹。宣颖、方勇、陆永品校正。陆释"侠音协"，即读为"挟"。《说文》："挟，俾持也。"《百里奚》"盗人不得劫"，"劫"、"挟"义同。

［15］【校勘】"伱"旧讹为"严"。据文义及魏撰《秋水》"伱伱乎若国之有君"校正。○成疏："威严有同君父。"误读"严"为本字。

［16］心不待学而乐之，体不待象而安之：象，动词，与"学"义同。

［17］天下虽非我，孰能辞之：非，非议。天下人即使非议我的观点（"声色、滋味、权势，心皆乐之，体皆安之"），谁又能拒绝富贵？○真道家均能拒绝不义之富贵。

［18］知者之为，固动以百姓，不违其度：知者（理想君主）之所为，理应所动皆为百姓，不违百姓之度（心意）。○成疏："百姓顺之，亦不违其法度也。"王先谦："百姓亦不违背其法度。"均反原义。

［19］【校勘】"推"旧讹为"雍"，形近而讹。孙诒让、章太炎、马叙伦、陈鼓应、方勇、陆永品校正。○孙诒让："成疏：'雍，和也。'望文生训，不足据。"

◎第二回合：无足主张，富利权势，人性所欲。知和反驳，富利权势，危害人性。

［20］【校勘】"犹"字旧脱。刘文典、王叔岷、陈鼓应据《庄子阙误》引江南古藏本"亦"下有"犹"字校补。○"厄"旧作"阨"，字通。魏撰《让王》"陈蔡之阨，于丘其幸乎"，"阨"亦通"厄"。异于蔺撰《曹商》"穷闾阨巷"之"阨"同"隘"。

［21］"平为福"四句：兼释本章"知和"、上章"满苟得"之名。

［22］营：谋求。嗛 qiè：同"慊"。快意。刍豢 chú huàn 醪醴 láo lǐ：蔬食、荤食、米酒、甜酒。

【校勘】"耳营"下旧脱"于"字，与下句"口嗛于"不谐。武延绪、王叔岷、陈鼓应、方勇、陆永品据上下句当一律校补。

［23］侅 gāi 溺 nì：侅，非常（《说文》、《方言》）。极度沉溺。凭气：盛气。

【校勘】"憑"（凭）旧作"馮"，下文"体泽则馮"、"馮而不舍"承此，三"馮"均通"憑"。○"上"下旧脱"坂"字。马叙伦、刘文典、王叔岷、陈鼓应、方勇、陆永品据成疏"犹如负重上坂而行"、《庄子阙误》引张君房本"上"下有"坂"字校补。

［24］【校勘】"蔚"旧作"慰"。王引之、郭庆藩、王叔岷校正。○王引之："'慰'读为'蔚'，病也。"郭庆藩："'慰'当与'蔚'通。《淮南·俶真篇》'五藏无蔚气'、《缪称篇》'侏儒瞽师，人之困慰者也'注皆曰：'慰，病也。'"王叔岷："王引之是也。《庄子阙误》引张君房本'慰'作'辱'，疑浅人所改。下文'可谓辱矣'、'可谓畏矣'，乃专就'辱'与'畏'而言。"

［25］满若堵耳：堵，动词。自满如同塞耳（不听规劝）。○成疏误释"堵"为"墙"，则"耳"字不可解。王叔岷盲从成疏，释"耳"为"矣"，弥缝难通。

［26］财积而无用：义承蔺撰《至乐》"多积财而不得尽用"。

［27］戚憔：忧戚，憔悴。

【校勘】"憔"旧讹为"醮"，形近而讹，义不可通。据李颐注"憔悴"校正。

［28］楼疏：重楼疏轩（李颐）。

［29］"及其患至"三句：特殊句法。"单"扣下句"一日"，故与"求"分属二句，实当连训"单求"。句同"及其患至，尽性竭财，单求返一日之无故而不可得也"。

［30］缭意：意中缭绕。绝体：自绝身体。

【校勘】"绝"字旧脱。林希逸、刘凤苞、王叔岷、李勉、陈鼓应、方勇、陆永品据续古逸本、世德堂本"体"上均有"绝"字、成疏"情缠绕于名利，心决绝于争求"校补。

◎第三回合：无足主张，苦体绝甘，犹如久病不死。知和反驳，追求富贵，一日不得安宁。

●第二知和斥无足章：追求名利，不免于患；求益不止，人生大惑。

马捶▲

题解

《马捶》是刘安新增"杂篇十四"之一，刘著《淮南子》未予钞引。魏年版无杂篇，亦无此篇，故魏后刘前五子均未钞引。郭象版杂篇无《马捶》，是郭删十九篇之一。撰者当为秦汉之际的慕庄后学。

郭象版外篇《至乐》之"庄子见空髑髅"章（即《马捶》残篇）无陆引崔注，其余部分却有陆引崔注二条，证明郭象并未全删《马捶》，而是裁剪刘安版杂篇《马捶》228字，拼接于刘安版外篇《至乐》1219字，合为郭象版外篇《至乐》1447字；同时证明崔譔仅注刘安版外篇《至乐》，未注刘安版杂篇《马捶》。详见绪论三《刘安版大全本篇目考》，参看《至乐》题解。

本书从郭象版外篇《至乐》1447字中，摘出郭象拼接的刘安版杂篇《马捶》228字，复原于刘安版杂篇第六。校正郭象篡改和历代讹误：补脱文1字，订讹文3字。

王夫之贬斥《至乐》，主要针对郭象拼接于《至乐》的《马捶》部分，其言曰："庄子非以生不可悦，死不可恶为宗，尤非以悦死恶生为宗。此篇盖学于老庄，掠其肤说，生狂躁之心者所假托也，文亦庸沓无生气。"

《马捶》篇名，见于《南史·文学传》。今存一章，当非完璧。虚构庄事，演绎《齐物论》"终身役役，不死奚益"、魏撰《田子方》"哀莫大于心死，而人死亦次之"，贬斥伪道害民，使人难以"全生"（《养生主》），难以"终其天年"（《大宗师》）。

旧多未明撰者命意（王夫之亦然），遂谓撰者（大多误视为庄子）主张"悦死恶生"，全悖《大宗师》"不知悦生，不知恶死"。流毒深广，厚诬庄学。

庄子之楚[1]，见空髑髅，髐然有形[2]。

撽以马捶[3]，因而问之曰[4]："夫子贪生失理而为此乎[5]？将子有亡国之事、斧钺之诛而为此乎[6]？将子有不善之行，愧遗父母妻子之丑而为此乎[7]？将子有冻馁之患而为此乎[8]？将子之春秋固及此乎?"[9]

于是语卒，援髑髅，枕而卧。

夜半，髑髅见梦曰[10]："向子之谈者，似辩士[11]。视子所言，皆生人之累也，死则无此矣。子欲闻死之悦乎?"

庄子曰："然。"

髑髅曰："夫死，无君于上，无臣于下[12]，亦无四时之事[13]，泛然以天地为春秋[14]。虽南面王乐，不能过也。"[15]

庄子不信[16]，曰："吾使司命复生子形[17]，为子骨肉肌肤，返子父母妻子闾里知识，子欲之乎?"[18]

髑髅深矉蹙额曰[19]："吾安能弃南面王乐，而复为生人之劳乎?"[20]

今译

庄子前往楚国，看见空壳骷髅，森然而具人形。

庄子用马鞭敲敲骷髅，因而问它说："夫子是贪图生存违背天理而死呢？还是遭遇亡国之祸、斧斤之诛而死呢？还是有不善的行为，愧疚于遗羞父母妻儿而自杀呢？还是有饥寒之患而死呢？还是你的天年原本仅及此数呢?"

于是说完，拉过骷髅，枕着睡觉。

半夜，骷髅托梦说："刚才你的谈吐，很像辩士。观你之言，都是活人的拖累，死后就没有这些。你愿闻死后的快乐吗?"

庄子说："愿闻。"

骷髅说："人死之后，上面没有君主，下面没有臣仆，也无四季事务，泛然与天地同样长寿。即使朝南为王的快乐，不能超过。"

庄子不信，说："我请司命之神恢复你的身形，重生你的骨肉肌肤，把你送回父母妻儿邻里熟人之中，你愿意吗？"

骷髅深皱眉额说："我怎能放弃面南为王的快乐，而重新承受活人的劳苦呢？"

校注

[1] 庄子之楚：本章虽为寓言，然而撰者固知庄子是宋人，非楚人，故作此言。

[2] 髑dú髅lóu：死人骨架。髐xiāo然有形：枯空而具全身之形。

[3] 撽qiào：旁击（陆释引《说文》）。马捶chuí：马鞭。

【辨析一】《马捶》篇名，或取于此。然而不在首句，且与主旨无关，不合外杂篇命名通例。参看题解。○前307年赵武灵王实行胡服骑射，列国效之，然而仅限兵卒，士人仍多乘车，不自骑马，"执鞭之士"均为仆役。此言庄子自执"马捶"，不合史实。庄子家贫，不当有马。撰者虚构庄事，史识甚陋。

[4] 因而问之曰：庄问髑髅，仿拟魏撰《则阳》柏矩问辜人（尸体）。

[5] 夫子贪生失理而为此乎：第一问。是否自己之罪而被诛。

[6] 将子有亡国之事、斧钺yuè之诛而为此乎：第二问。是否亡国而殃及。

[7] 将子有不善之行，愧遗父母妻子之丑而为此乎：第三问。是否作恶自愧而自杀。

[8] 将子有冻馁něi之患而为此乎：第四问。是否冻饿而死。

[9] 将子之春秋固及此乎：第五问。是否终其天年。○致死五因，非正常死亡占其四，正常死亡占其一（且居最后），可明撰者命意：抨击伪道使人难以"终其天年"。

[10] 夜半，髑髅见梦：仿拟《人间世》"匠石归，栎社见梦"。

[11] 向子之谈者，似辩士：庄子痛诋辩士惠施、公孙龙。撰者虚构庄

事，知庄甚浅。

［12］夫死，无君于上，无臣于下：反扣上文"亡国之事、斧钺之诛"。〇此为无君论，义承《齐物论》"君乎牧乎，固哉"、魏撰《让王》"天子不得臣，诸侯不得友"。

【校勘】"子欲闻死之悦乎"之"悦"，旧作"说"，字通。〇"死"前旧脱"夫"字，王叔岷据《艺文类聚》一七、《古今事文类聚后集》二〇、《古文苑》卷五张衡《髑髅赋》注引"死"前均有"夫"字校补。

［13］四时之事：四季各有事务。即下"生人之劳"。

［14］【校勘】"泛"旧讹为"從"（从），形近而讹。奚侗、刘文典、王叔岷据《庄子阙误》引张君房本、《太平御览》三七四引文均作"泛"校正。

［15］虽南面王乐，不能过也：庄子反对俗见之悦生恶死，并不悦死恶生，证见《大宗师》"古之真人，不知悦生，不知恶死"。撰者主张悦死恶生，违背庄义。〇郭象或因本章事涉庄子，旨涉生死，遂裁剪本章拼接于多言生死的蔺撰《至乐》，导致后世误以为庄子主张"悦死恶生"。

［16］庄子不信：此或可证撰者亦知庄子并不主张"悦死恶生"。〇撰者之旨亦非主张"悦死恶生"，而是主张"无君于上，无臣于下"的无君论，唯因伪道猖獗之世难以"全生"、"终其天年"，遂撰寓言反讽之。得其命意，可忘其言。不得命意，死于句下。

［17］吾使司命复生子形：撰者戏谑假言。〇死而"复生"，不合庄学。《大宗师》"万化未始有极，弊而复新"，乃谓物化为别物，非谓复生为原形。

［18］闾里：乡邻之人。知识：所知所识之人。

［19］髑髅深矉 pín蹙 cù额：空髑髅仅为枯骨，不能"矉蹙"。所拟细节不合情景，文思不密。

［20］吾安能弃南面王乐，而复为生人之劳乎：撰者愤激之言。乃谓"终身役役，不死奚益"（《齐物论》）。演绎魏撰《田子方》"哀莫大于心死，而人死亦次之"，参看《吕览·贵生》所引子华子之言："全生为上，亏生次之，死次之，迫生为下。"

【校勘】"生人"旧讹为"人间"。刘文典据成疏、《庄子阙误》引张君房本均作"生人"校正。○《山木》"其畏人也，而袭诸人舍"，"人舍"旧亦讹为"人间"（据郭注"畏人而入于人舍"、成疏"入人舍宅，寄作窠巢"校正）。两例均为误解《人间世》篇名者妄改。庄子之前汉语无"人间"一词，《庄子》全书均无"人间"。

●庄见髑髅章：伪道害民，难以全生；迫生为下，死亦次之。

【说明】

以上魏牟版二十九篇、刘安版十二篇，总计四十一篇，范围与郭象版三十三篇重合。

由于魏牟版、刘安版、郭象版的内七篇基本相同，因此复原本与郭象版的最大不同，正是外杂篇。郭象版二十六篇外杂篇，多为结构断裂的杂凑之文，义理脱节的支离之文。复原本三十四篇外杂篇，多为结构清晰的有序之文，义理绵密的圆融之文。

阏弈 ▲

题解

《阏弈》是刘安新增"杂篇十四"之一。魏牟版无杂篇，亦无此篇，故魏后刘前五子均未钞引。郭象版杂篇无《阏弈》，是郭删十九篇之一，难明刘著《淮南子》是否钞引。本书列于刘安版杂篇第七。撰者当为秦汉之际的慕庄后学。

《阏弈》篇名，见于郭跋、陆序（日本高山寺古钞本之郭跋作《阏亦》，陆序引郭跋作《阏弈》，而佚文作"阏奕"，未知孰是，今从陆序），详见绪论三《刘安版大全本篇目考》。

今存佚文一条38字，演绎魏撰《天下》"上与造物者游"。

佚文

阏弈之棣与殷翼之孙、遏氏之子[1]，三士相与[2]，谋致人于造物，共之玄天之上[3]。玄天者，其高四见列星。[4]

今译

阏弈的弟弟与殷翼的孙子、遏氏的儿子，三人相与为友，想以人的身份拜访造物者，共同来到玄天之上的北方玄宫。北方玄宫位于天心，四望即可看见列星。

校注

[1] 阕 è 弈 yì 之棣 dì、殷翼之孙、遏 è 氏之子：寓言人名。"棣"借为弟。"之棣"（之弟）、"之孙"、"之子"连类而举。《路史》："高辛氏阕伯之后，有阕氏、遏氏。"○夏、周均为阕伯之后。三士隐喻夏商周后裔。"阕弈之棣"即夏之弟，"殷翼之孙"即商之孙，"遏氏之子"即周之子。

[2] 三士相与：三人相与为友。语本《大宗师》"相与为友"。

[3] 造物："造物者"之略语，道之人格化。○《庄子复原本》七见"造物者"，内七篇五见（《大宗师》四，《应帝王》一）、外杂篇二见（魏撰《列御寇》一，魏撰《天下》一）。

玄天：北方曰玄天（《吕氏春秋·有始览》、《淮南子·天文训》），此指北方玄宫，参看《大宗师》"颛顼得之，以处玄宫"。○《文选》注、《天中记》并引司马彪注："玄天，山名也。"大误。未明撰者命意。

谋致人于造物，共之玄天之上：三士图谋拜访造物（者），共同来到北方玄天之上。○演绎魏撰《天下》所言庄周"上与造物者游"。

[4] 玄天者，其高：华夏天文学以北极帝星为天心（四方列星绕其旋转），北方玄天最高。

四见列星：四望可见列星。东见苍龙七宿，南见朱雀七宿，西见白虎七宿，北见玄武七宿。

玄天者，其高四见列星：玄天之上的玄宫极高，四望可以遍见列星。○三士欲见造物者，然而造物者不可见，仅得四见列星，而悟天行有常，以此演绎"道可得而不可见"。参看《大宗师》"夫道，有情有信，无为无形。可传而不可受，可得而不可见"。寓言之旨乃言，三代后裔无不向往天道，均欲仿效庄周"上与造物者游"。

【校勘】"玄天"之"玄"，旧作"元"，清代避康熙玄烨讳而改。本书校正。

●《阕弈》佚文，《文选》颜延年《车驾幸京口侍游蒜山作》李善注、《白孔六帖》二、《天中记》七、《困学纪闻》卷一引。○王叔岷："此当是《阕弈篇》之文。"

游凫▲

题解

《游凫》是刘安新增"杂篇十四"之一。魏年版无杂篇，亦无此篇，故魏后刘前五子均未钞引。郭象版杂篇无《游凫》，是郭删十九篇之一，难明刘著《淮南子》是否钞引。本书列于刘安版杂篇第八。撰者当为秦汉之际的慕庄后学。

《游凫》篇名，见于郭跋、陆序，详见绪论三《刘安版大全本篇目考》。

今存佚文二条119字，其一演绎《齐物论》"不知其然谓之道"，其二演绎魏撰《徐无鬼》"黄帝见天师"寓言。

佚文一

游凫问雄黄曰[1]："今逐疫出魅，击鼓呼噪[2]，何也？"

曰："昔黔首多疾[3]，黄帝氏立巫咸，教黔首，使之沐浴斋戒，以通九窍；鸣鼓振铎，以动其心；劳形趋步，以发阴阳之气；春月毗巷饮酒茹葱[4]，以通五藏。夫击鼓呼噪，非以逐疫出魅，黔首不知，以为魅祟也。"[5]

今译

游凫问雄黄说："今人傩祭驱逐疫鬼邪魅，都要击鼓歌舞，是何原因？"

雄黄说："古时民众常患疫病，黄帝任命巫咸，教导民众，让他们沐浴斋戒，疏通九窍；击鼓敲钟，激励抗疫心志；跳舞健身，舒发阴阳之气；

春天邻里饮酒食葱，通达五脏。鼓噪歌舞的功用，并非驱逐疫鬼邪魅，民众不知鼓噪歌舞有益身心，以为可以驱魅逐祟。"

校注

〔1〕游凫 fú：凫，野鸭。人格化为寓言人名。○王叔岷："《玉烛宝典》一引作'游鸟'，《太平御览》五三〇、《路史后纪》五及《余论》三引并作'游岛'，皆'游凫'之误。《困学纪闻》十引作'游凫'。"

雄黄：中药名，又名"鸡冠石"。人格化为寓言人名。

〔2〕逐疫出魅：傩祭。击鼓呼噪：傩舞。○民众之俗见，以"击鼓呼噪"为因，以"逐疫出魅"为果。下文雄黄斥之。

〔3〕黔 qián 首：本条佚文三见。○秦始皇自上尊号"皇帝"，兼定民众之贱名"黔首"。此证本篇撰于秦汉。

黔首多疾：民众多有疾疫，皆归因于鬼魅，遂有傩祭傩舞，希望通过"逐疫出魅"祛病。

〔4〕趋 qū 步：趋，同"趋"。趋步，即傩舞之"禹步"。

"黄帝氏立巫咸"以下：破除"有鬼"迷信，以道家导引术释之。即以傩舞之"沐浴斋戒"、"鸣鼓振铎"、"劳形趋步"、"饮酒茹葱"为因，以"通九窍"、"动其心"、"发阴阳之气"、"通五藏"为果（达到祛病效果）。意为人不能通过迷信手段干预天道、左右鬼神而祛病延年，但是可以通过顺应天道、常葆真德而祛病延年。演绎《大宗师》"人之有所不得与"（人不能干预天道鬼神）。

〔5〕夫击鼓呼噪，非以逐疫出魅，黔首不知，以为魅祟也："击鼓呼噪"为因，"通九窍"、"通五藏"、"发阴阳之气"为果，"逐疫出魅"非果。黔首尽管仅知假果，不知真果，然而真果照样发挥实际作用，演绎《齐物论》"不知其然谓之道"。○此条破除俗见之"有鬼"论，见识极高，远胜《荀子》所言"君子以为文，百姓以为神"。并非郭跋所谓"辞气鄙背，竟无深奥"（详见绪论三）。

●《游凫》佚文之一，《玉烛宝典》一、《太平御览》五三〇、《路史后纪》

五及《余论》三、《困学纪闻》十、《荆楚岁时记》注、《艺文类聚》八二、《白孔六帖》一、《太平御览》二九、《记纂渊海》二引。〇王叔岷："此当是《游凫篇》之文。"

佚文二

牧马小童谓黄帝曰[1]："热艾宛其聚气。"雄黄亦云："燔金热艾，以灸其聚气。"[2]

今译

牧马小童对黄帝说："以热艾灸，可以宛然聚集阳气。"
雄黄也说："燃烧金针，以热艾灸，可以聚集阳气。"

校注

[1] 牧马小童谓黄帝：发挥魏撰《徐无鬼》"黄帝见天师"寓言，演绎为新寓言。

[2] 雄黄：已见《游凫》佚文一，亦当属于《游凫》佚文。〇佚文一，乃言黄帝发明导引术，而假借于傩祭之"击鼓呼噪"，助民祛病延年。佚文二，进言黄帝之医术，闻之于"天师"牧马小童（伏羲氏"泰隗"）。

●《游凫》佚文之二，《玉烛宝典》八引。〇王叔岷辑出此条佚文，未言当属何篇。

子胥▲

题解

《子胥》是刘安新增"杂篇十四"之一。魏牟版无杂篇，亦无此篇，故魏后刘前五子均未钞引。郭象版杂篇无《子胥》，是郭删十九篇之一，难明刘著《淮南子》是否钞引。本书列于刘安版杂篇第九。撰者当为秦汉之际的慕庄后学。

《子胥》篇名，见于郭跋、陆序，详见绪论三《刘安版大全本篇目考》。

根据篇名《子胥》，可以推知乃言伍子胥之事。

伍子胥见于《庄子复原本》之五篇。

其一，蔺撰《至乐》："故夫子胥争之，以残其形；不争，名亦不成。"

其二，魏撰《外物》："人主莫不欲其臣之忠，而忠未必信，故伍员流于江，苌弘死于蜀，藏其血三年而化为碧。"

其三，魏撰《盗跖》："世之所谓忠臣者，莫若王子比干、伍子胥。子胥沉江，比干剖心。此二子者，世谓忠臣也，然卒为天下笑。自上观之，至于子胥、比干，皆不足贵也。"

其四，或撰《胠箧》："昔者龙逢斩，比干剖，苌弘胣，子胥靡，故四子之贤，而身不免乎戮。"

其五，杂篇《子张》："比干剖心，子胥抉眼，忠之祸也。"

杂篇《子胥》，当属据之发挥，或与《子张》为同一撰者。

今存佚文一条6字。

佚文

夫差瞑目东粤。[1]

今译

吴王夫差不听子胥忠谏，终被越王勾践击败而死，闭目于东越之地。

校注

[1] 马叙伦曰："疑此为《音义》(按即陆德明《庄子音义》)所谓《子胥篇》文。"《庄子》其他各篇，未见"夫差"，马氏所言甚是。○蔺撰《至乐》、魏撰《外物》及《盗跖》、或撰《胠箧》、杂篇《子张》仅言忠臣害己，杂篇《子胥》进言忠臣害君。

●《子胥》佚文，见于《文选·广绝交论》李善注引。

意修 ▲

题解

《意修》是刘安新增"杂篇十四"之一。魏牟版无杂篇,亦无此篇,故魏后刘前五子均未钞引。郭象版杂篇无《意修》,是郭删十九篇之一,难明刘著《淮南子》是否钞引。本书列于刘安版杂篇第十。撰者当为秦汉之际的慕庄后学。

《意修》篇名,见于郭跋、陆序,详见绪论三《刘安版大全本篇目考》。根据篇名《意修》,可以推知篇旨反对"修身",主张"修意",亦即庄义"息黥补劓"。

今存《庄子》佚文,难明有无《意修》佚文,本书仅存其目。

巵言▲

题解

《巵言》是刘安新增"杂篇十四"之一。魏牟版无杂篇，亦无此篇，故魏后刘前五子均未钞引。郭象版杂篇无《巵言》，是郭删十九篇之一，难明刘著《淮南子》是否钞引。本书列于刘安版杂篇第十一。撰者当为秦汉之际的慕庄后学。

《巵言》篇名，见于郭跋、陆序，详见绪论三《刘安版大全本篇目考》。根据篇名《巵言》，可以推知是仿拟蔺撰《寓言》所言内七篇"寓言十九，重言十七，巵言日出"，重点抉发"巵言日出"。

今存《庄子》佚文，难明有无《巵言》佚文，本书仅存其目。

重言△

题解

《重言》是刘安新增"杂篇十四"之一。魏牟版无杂篇，亦无此篇，故魏后刘前五子均未钞引。郭象版杂篇无《重言》，是郭删十九篇之一，难明刘著《淮南子》是否钞引。本书列于刘安版杂篇第十二。撰者当为秦汉之际的慕庄后学。

《重言》篇名，未见史籍，而为严灵峰根据《寓言》、《卮言》推测钩沉，详见绪论三《刘安版大全本篇目考》。

假如严灵峰推测不误，则根据篇名《重言》，可以推知是仿拟蔺撰《寓言》所言内七篇"寓言十九，重言十七，卮言日出"，重点抉发"重言十七"。或与《卮言》为同一撰者。

今存《庄子》佚文，难明有无《重言》佚文，本书仅存其目。

畏累虚 ▲

题解

《畏累虚》是刘安新增"杂篇十四"之一。魏牟版无杂篇，亦无此篇，故魏后刘前五子均未钞引。郭象版杂篇无《畏累虚》，是郭删十九篇之一，难明刘著《淮南子》是否钞引。本书列于刘安版杂篇第十三。撰者当为秦汉之际的慕庄后学。

《畏累虚》篇名，见于《史记·老子韩非列传》，详见绪论三《刘安版大全本篇目考》。

杂篇《畏累虚》，《史记·老子韩非列传》谓其"空语无事实"，当属仿拟魏撰《庚桑楚》，据其所言"畏垒之山"而发挥之寓言，"畏累虚"为"畏垒之山"变文，意为畏累之墟。

今存《庄子》佚文，难明有无《畏累虚》佚文，本书仅存其目。

亢桑子▲

题解

《亢桑子》是刘安新增"杂篇十四"之一。魏牟版无杂篇,亦无此篇,故魏后刘前五子均未钞引。郭象版杂篇无《亢桑子》,是郭删十九篇之一,难明刘著《淮南子》是否钞引。本书列于刘安版杂篇第十四。撰者当为秦汉之际的慕庄后学。

《亢桑子》篇名,见于《史记·老子韩非列传》,详见绪论三《刘安版大全本篇目考》。

杂篇《亢桑子》,《史记·老子韩非列传》谓其"空语无事实",当属仿拟魏撰《庚桑楚》而发挥之寓言,"亢桑子"为"庚桑楚"变文。或与《畏累虚》为同一撰者。

今存《庄子》佚文,难明有无《亢桑子》佚文,本书仅存其目。

【附论】

刘安版"杂篇十四"的排序,今已难明。

本书先列郭象版保留于杂篇的《说剑》、《渔父》二篇,再列郭象裁剪之后拼接于《天地》的《泰初》残篇,拼接于《田子方》的《百里奚》残篇,拼接于《盗跖》的《子张》残篇,拼接于《至乐》的《马捶》残篇,再列郭象全删的《阅弈》之佚文、《游凫》之佚文、《子胥》之佚文,最后对难以判断有无佚文的五篇杂篇仅予存目。

存目五篇杂篇,撰者亦当为秦汉之际的慕庄后学,均非庄撰。因被郭象全删,难明刘著《淮南子》是否钞引。后人从唐宋以后类书辑出的《庄子》佚文,当有出于存目五篇者,详见余论《〈庄子〉佚文概览》。

刘安版附录　解说三

庄子后解 ▲

题解

《庄子后解》是刘安版附录"解说三"之一，撰者为刘安（或其门客），故又编入刘著《淮南子》外篇。魏牟版无"解说三"，亦无此篇。郭象版全删刘安版"解说三"，故无《庄子后解》，是郭删十九篇之一。本书列于刘安版"解说三"第一。

刘撰《庄子后解》，篇名见于《文选》李善注，郭跋"或出《淮南》"暗示（详见绪论三《刘安版大全本篇目考》）。王叔岷曰："《庄子后解》，当亦《淮南王外书》之一。"江世荣曰："《庄子要略》和《庄子后解》无疑即是解说三篇中的二篇。"

今存佚文一条28字。

佚文

庚市子[1]，圣人无欲者也。人有争财相斗者，庚市子毁玉于其间，而斗者止。[2]

今译

庚市子，是天机深、嗜欲浅的圣人。有二人争夺宝玉而相斗，庚市子砸毁宝玉，二人争斗立刻停止。

校注

［1］庚市子：寓言人名。见于刘安版杂篇十四某篇。刘安版附录《解说三》之《庄子后解》解释如下。

［2］毁玉于其间，而斗者止：演绎魏牟版或撰《胠箧》"擿玉毁珠，小盗不起"之义，参看《老子》"不贵难得之货，使民不为盗。不见可欲，使民心不乱"。

●《庄子后解》佚文，《文选》张协《七命》李善注引《淮南子·庄子后解》，《太平御览》五〇九引嵇康《高士传》略同。〇《庄子后解》既附于刘安版《庄子》大全本，又收入《淮南子》外篇（今佚）。

庄子略要▲

题解

《庄子略要》是刘安版附录"解说三"之一，撰者为刘安（或其门客），故又编入刘著《淮南子》外篇。魏牟版无"解说三"，亦无此篇。郭象版全删刘安版"解说三"，故无《庄子略要》，是郭删十九篇之一。本书列于刘安版"解说三"第二。

刘撰《庄子略要》，篇名见于《文选》李善注，郭跋"或出《淮南》"暗示（详见绪论三《刘安版大全本篇目考》）。俞正燮《癸巳存稿》之《庄子司马彪注辑本跋》曰："司马彪本五十二卷中，有《淮南王·略要》。或《汉志》五十二篇为淮南王本。"王叔岷曰："《庄子略要》，乃《淮南王外书》之逸篇。"江世荣曰："《庄子要略》和《庄子后解》无疑即是解说三篇中的二篇。"

今存佚文一条19字。

佚文

江海之士，山谷之人[1]，轻天下，细万物，而独往者也。[2]

今译

居于江海之士，隐于山谷之人，是轻视天下，摒弃万物，而独与天地精神往来的至人。

校注

[1] 江海之士，山谷之人：参看刘安版新外篇《刻意》"此江海之士，避世之人也"、"此山谷之士，非世之人也"。○刘安版新外篇《刻意》贬斥"江海之士，山谷之人"，本篇褒扬"江海之士，山谷之人"，证明外杂篇的众多作者互相抵牾。

[2] 轻天下，细万物，而独往者也：参看刘安版新外篇《在宥》"出入六合，游乎九州岛，独往独来，是谓独有"。○司马彪曰："独往，任自然，不复顾世也。"

●《庄子略要》佚文，《文选》江淹《杂体诗》、谢灵运《入华子岗是麻源第三谷》、陶渊明《归去来辞》、任昉《齐竟陵文宣王行状》李善注引《淮南王·庄子略要》。○《淮南王》即《淮南王书》、《淮南子》，《庄子略要》既附于刘安版《庄子》大全本，又收入《淮南子》外篇（今佚）。

解说第三△

题解

"解说第三"为刘安版附录"解说三"之一，撰者为刘安（或其门客），故又编入刘著《淮南子》外篇。魏牟版无"解说三"，亦无此篇。郭象版全删刘安版"解说三"，故无《解说第三》，是郭删十九篇之一。本书列于刘安版"解说三"第三。

刘撰《解说第三》，篇名未见史籍，此为拟名。详见绪论三《刘安版大全本篇目考》。

今存《庄子》佚文，难明有无《解说第三》佚文，本书仅存其目。

刘安版《庄子》大全本至此终。

《庄子》佚文概览

弁言　佚文可窥刘安版概貌

刘安版《庄子》大全本于唐宋亡佚，南宋王应麟最早对郭删之文进行辑佚。《困学纪闻》卷十，著录了他从《世说新语》、《文选》、《后汉书》三书及注，以及《艺文类聚》、《太平御览》辑出的《庄子》佚文三十九条，开启后人辑佚之先河与门径。其后明人阎若璩校订《困学纪闻》，增辑佚文八条。孙志祖撰著《读书脞录续编》，增辑佚文十二条。翁元圻注释《困学纪闻》，增辑佚文二条。近人马叙伦《庄子义证》辨析前人所辑，删其可疑条目，增辑佚文至一百二十八条。近人杨伯峻《列子集释》，也随处指出历代注疏所引《庄》文不见今本。今人王叔岷集前人辑佚大成，早年著作《庄子校释》（1947）增辑佚文至一百五十余条，晚年著作《庄子校诠》（1988）增辑佚文至一百七十六条，每条之下详注大量出处。王辑佚文数量居冠，总计3355字（误收若干注文），不及郭删四万余言的十分之一，故有重要遗漏，如闻一多所辑《逍遥游》郭删佚文"无极之外，复无极也"等。

复原本五十二篇靠前的四十一篇（范围与郭象版三十三篇重合）所补脱文663字，仅占已知佚文的五分之一。大量已知佚文，属于郭删之篇，难明篇目归属；少量已知佚文，属于郭存之篇，有些条目亦知篇目归属，只是不知应补该篇何处；有些条目又知应补某篇某处，但是并非该处郭删之文的全部，补入将使上下文难以衔接，仍然不宜补入。因此本文举例辨析若干已知佚文，以窥刘安版概貌，作为复原本的组成部分。为免繁琐，仅对下引少量佚文简注出处。欲知佚文出处者，请观王叔岷《庄子校诠》之《庄子佚文》。

一 佚文多涉庄后史实

日本高山寺古钞本郭象版《庄子》，钞录于镰仓幕府时期（1185—1333，相当于元代），书末录有元代以后的中国钞刻本全予尽删的郭象之跋：

> 庄子闳才命世，诚多英文伟词。正言若反，故一曲之士，不能畅其弘旨，而妄窜奇说。若《阏弈》、《意修》之首，《危言》、《游凫》、《子胥》之篇，凡诸巧杂，若此之类，十分有三。或牵之令近，或迂之令诞，或似《山海经》，或似《占梦书》，或出《淮南》，或辩形名，而参之高韵，龙蛇并御，且辞气鄙背，竟无深奥，而徒难知以困后蒙，令沉滞失流，岂所求庄子之意哉？故皆略而不存。今唯裁取其长，达致全乎大体者，为卅三篇焉。

郭跋自述删残《庄子》大全本"十分有三"、"为卅三篇"的六条理由："或牵之令近，或迂之令诞，或似《山海经》，或似《占梦书》，或出《淮南》，或辩形名。"

本书绪论三《刘安版大全本篇目考》，旨在钩稽郭删篇目，无暇辨析佚文内容，仅言第六条理由"或辩形名"暗示郭象删去《惠施》，第五条理由"或出《淮南》"暗示郭象删去"解说三"（解说三既编入刘安编纂的《庄子》大全本，又编入刘安撰著的《淮南子》外篇）。

郭述前四条删除理由，均与佚文内容相关，而以第一条"牵之令近"最为重要。郭象认为，"一曲之士"所撰外杂篇，牵涉庄子死后的晚近史实，必非庄撰，故应删去。

已知佚文之中，涉及六条明显的庄后史实。

〇庄周病剧，弟子对泣之。应曰："我今死，则谁先？更百年生，则谁

后？先不得免，何贪于须臾？"（《意林》引桓谭《新论》）

此条或为刘安版蔺撰《曹商》庄子将死章之佚文，或为别篇之一事两述。东汉桓谭，后于刘安，先于郭象，得见刘安版大全本。

○田光答太子曰："窃观太子客，无可用者。夏扶血勇之人，怒而面赤；宋意脉勇之人，怒而面青；武阳骨勇之人，怒而面白；光所知，荆轲神勇之人，怒而色不变。"

荆轲刺杀秦王，事在前227年（秦始皇二十年），庄殁59年，蔺殁33年，魏殁13年。

○易姓而王，封于泰山，禅于梁父者，七十有二代。其有形兆垠堮勒石，凡千八百余处。

《史记·封禅书》"昔无怀氏封泰山"集解，注引服虔曰："古之王者，在伏羲前。见《庄子》。"东汉服虔，后于刘安，先于郭象，得见刘安版大全本。秦始皇"封于泰山，禅于梁父"，事在前219年（秦始皇二十八年），庄殁67年，蔺殁41年，魏殁21年。

○卢敖见若士同，深目鸢肩。

"卢敖"即"卢生"，与"侯生"等四百余人同被秦始皇坑杀。"坑儒"事在前212年（秦始皇三十五年），庄殁74年，蔺殁48年，魏殁28年。

○庚市子，圣人无欲者也。人有争财相斗者，庚市子毁玉于其间，而斗者止。（《文选》张协《七命》注引《淮南子·庄子后解》）

○江海之士，山谷之人，轻天下，细万物，而独往者也。（《文选》江淹《杂体诗》等注引《淮南王·庄子略要》及司马彪注）

《文选》注引《淮南子》之《庄子后解》、《庄子略要》及司马彪注，证明刘撰"解说三"不仅是刘安版《庄子》大全本之附录，而且收入刘著《淮南子》外篇。计入《庄子》大全本五十二篇的刘撰"解说三"，均属庄后史实。前179年（汉文帝元年）刘安出生，庄殁107年，蔺殁81年，魏殁61年。

以上佚文涉及六条明显的庄后史实，加上篇名不详的"解说第三"共计七条，均被郭象以第一条删除理由"牵之令近"删去。然而郭象史识不够，仅知删去七条明显的庄后史实，不知郭存外杂篇仍有八条隐晦的庄后史实。

一，《曹商》著录"庄子将死"，临死不能著书。

二，《说剑》虚构庄子见赵文王，前266年赵王何卒后得谥"惠文"，庄殁20年。

三，《胠箧》言及"田成子十二世有齐国"，田齐第十二世齐王建于前264年即位，庄殁22年。

四，《让王》著录魏牟问道于詹何，魏牟小庄子四十九岁。

五，《秋水》著录魏牟面斥公孙龙，事在前256年，庄殁30年，蔺殁4年。

六，《盗跖》言及"汤武后世绝灭"，前256年秦灭周，庄殁30年，蔺殁4年。

七、八，《天道》言及"素王"、"十二经"，均非战国能有，迟至西汉始有。刘安版新外篇《天道》之"素王"为汉语史首见。前139年刘安进献汉武帝的《淮南子·主术训》之"素王"，为汉语史第二见。前134年董仲舒应汉武帝诏的《天人三策》之"素王"，为汉语史第三见（"十二经"即六经六纬，参见《天道》注）。《淮南子》进献汉武帝之年，庄殁147年，蔺殁121年，魏殁101年。

合计郭删外杂篇佚文的七条明显庄后史实，郭存外杂篇的八条隐晦庄后史实，刘安版《庄子》大全本至少有十五条庄后史实。其中十条又是蔺后史实，其中八条又是魏后史实。

外杂篇提及庄后史实，足证所有外杂篇撰者全都无意伪托庄撰。郭象刻意删去"牵之令近"的庄后史实，意在把郭存外杂篇全都视为庄撰，以便利用郭象排于外篇靠前、偏离内七篇的刘安版"新外篇六"，把郭跋所引《老子》名言"正言若反"作为反注《庄子》的依据，全面反注庄学。冒充庄撰的并非外杂篇撰者，而是删去庄后史实、刻意篡改反注的郭象。

二　佚文多合郭述理由

另外三条郭删理由"或迁之令诞，或似《山海经》，或似《占梦书》"，实属一类，即郭跋所谓"妄窜奇说"、"辞气鄙背，竟无深奥"，是郭象对其删残《庄子》的主要自我辩护。

以下十三条佚文，盖属"迁之令诞"。

○童子夜啸，鬼数若齿。

○插桃枝于户，连灰其下，童子入而不畏，而鬼畏之，是鬼智不如童子也。

○有斲鸡于其户，悬苇灰于其上，插桃其旁，连灰其下，而鬼畏之。（上三条似同出一篇。）

○阴气伏于黄泉，阳气上通于天，阴阳分争故为电。玉女投壶，天为之笑则电。

○阴阳交争为雷。

○阳炙阴则虹。

○阳燧见日，则燃为火。

○流脉并作，则为惊怖；阳气独上，则为癫病。

○腾水上溢，故为雾。（上六条似同出一篇。参看魏撰《外物》"阴阳错行，则天地大骇，于是乎有雷有霆"。）

○蛣蜣之智，在于转丸。

○童子埋蜻蛉头，而化为珠。

○橡樟初生，可抓而绝。

○槐之生也，入季春，五日而兔目，十日而鼠耳。（上四条似同出一篇。）

以下十四条佚文，盖属"似《山海经》"。

○龙伯国人钩鳌。

○夸父与日角走，渴死于北地。

○周周衔羽以济河。

○老槐生火，久血为磷，人弗怪也。

○阖庐试其民于五湖，剑皆加于肩，地流血，几不可止。

○马血之为磷也，人血为野火也，大鹝之为鹌，鹌之为布谷，布谷之复为鹝也，燕之为蛤也，田鼠之为鹑也，老韭之为苋也，老羭之为猨也，鱼卵之为虫也，此皆物之变者。

○朽瓜化为鱼，物之变也。

○地三年种蜀黍，其后七年多蛇。（上三条参看蔺撰《至乐》"种有几"章。）

○鶤螟巢于蚊睫。（此条参看魏撰《则阳》"蛮触国于蜗角"。）

○魌二首。（此条参看魏撰《则阳》"蜗角二国"。）

○南方有鸟，其名曰凤，所居积石千里，天为生食，其树名琼枝，高百仞，以璆琳琅玕为实；天又为生离珠，一人三头，递卧递起，以伺琅玕。凤鸟之文，戴圣婴仁，右智左贤。（此条参看魏撰《秋水》"南方有鸟，其名为鹓雏"。）

○函牛之鼎沸，蚁不得措一足焉。

○潜鲠春日毁滴而盖衢者，鳝也。（有司马彪注。）

○鹊上高城之垝，而巢于高榆之巅，城坏巢折，凌风而起。故君子之居世也，得时则蚁行，失时则鹊起。（有司马彪注。）

以下三条佚文，盖属"似《占梦书》"。

○梦者阳气之精也。心之喜恶，则精气从之。

○咸者不作，而欲食之，夜必梦饮三冷。

○尹儒学御，三年而无所得，夜梦受秋驾于其师。明日往朝其师，其师望而谓之曰："吾非独爱道也，恐子之未可与也。今将教子以秋驾。"（有司马彪注。）

综观三类佚文。"迁之令诞"者，实为博物之学。"似《山海经》"者，多及动物植物。"似《占梦书》"者，实为"梦/觉"之辨。内七篇多有博物之学，多及动物植物，多涉"梦/觉"之辨，而郭存外杂篇少有，郭删外杂篇佚文多有，足证外杂篇大多仿拟内七篇。然而郭象裁剪取舍外杂篇的宗旨，是用外杂篇反对内七篇，用伪《庄子》反对真《庄子》。所以"妄窜奇说"、"辞气鄙背，竟无深奥"的，并非外杂篇撰者，而是篡改反注的郭象。

郭象把"梦/觉"之辨视为《占梦书》，庄子必将笑之曰："汝其梦未始觉者邪?"(《大宗师》)

三　佚文不合郭象之义

以上二节，辨析郭述六条删除理由。其实郭象自述的删除理由，不尽不实。郭象删除、裁剪、拼接外杂篇的根本理由，是许多外杂篇之文不合郭义。略举六类。

第一类斥尧舜。
○许由字武仲，隐于沛泽之中，尧闻之，乃致天下而让焉。由以为污，乃临池洗耳。其友巢父饮犊，闻由为尧所让，曰："何以污吾犊口!"牵于上流而饮之。
○尧以天下让巢父，巢父曰："君之牧天下，亦犹予之牧孤犊，焉用惝惝然以所牧而与予! 予无用天下为也。"牵犊而去。
二条佚文均及"巢父"，郭象版无"巢父"。内外杂篇无不贬唐尧，褒许由，郭象反注为褒唐尧，贬许由。"巢父"更甚于许由，所以郭象尽删之。
○善卷，尧闻其得道之士，乃北面而师事之。蒲衣八岁而舜之师。
"善卷"见于魏撰《让王》，"蒲衣"即《应帝王》"蒲衣子"。
○祝牧谓其妻曰："天下有道，我袚子佩；天下无道，我负子戴。"
此条义同孔言"天下有道则见，无道则隐"，文同《让王》"石户之农以舜之德为未至也，于是夫负妻戴，携子以入于海，终身不返"。伪道俗见，多以尧舜之时为"天下有道"。

第二类斥周道。

○坐而至越者舟也。

此条参看魏牟版或撰《天运》："夫水行莫如用舟，而陆行莫如用车。以舟之可行于水也，而求推之于陆，则没世不行寻常。古今非水陆欤？周鲁非舟车欤？今祈行周于鲁，是犹推舟于陆也，劳而无功，身必有殃。"

第三类斥孔子。

○丈人曰："汝逢衣徒也，亦何知问是乎？修汝所以，而后载言其上。"

此条已经补入蔺撰《达生》复原本。

○仲尼读书，老聃倚灶觚而听之，曰："是何书也？"曰："《春秋》也。"

○其人与骨皆已朽矣。

以上二条参看刘安版新外篇《天道》：轮扁"问桓公曰：'敢问公之所读者何言邪？'公曰：'圣人之言也。'曰：'圣人在乎？'公曰：'已死矣。'曰：'然则公之所读者，古人之糟粕矣夫？'"

○狂接舆者，楚人也，耕而食。楚王闻其贤，使使者持金百镒、车二驷，骋之曰："愿烦先生理江南。"接舆笑而不应，使者去而远徙，莫知所之。

"接舆"为斥孔始祖。郭象删改内七篇较为谨慎，所以保留内七篇之三处"接舆"。郭象删改外杂篇较为大胆，所以尽删外杂篇之"接舆"。

《史记》提及"诋訿孔子之徒"的《渔父》、《盗跖》、《胠箧》、《畏累虚》、《亢桑子》五篇。前三篇不太激烈（后世儒生仍视为过于激烈），郭象存之。后二篇过于激烈，郭象删之。亦属此类。

第四类斥儒家。

○虽通如儒墨。

此条已经补入刘安版新外篇《骈拇》复原本。

郭象篡改外杂篇三篇五处"儒墨"为"杨墨"（参看或撰《胠箧》辨析

三），导致后人误以为庄子像孟子一样"辟杨墨"。与《齐物论》贬斥"儒墨"，《应帝王》、《寓言》、《山木》褒扬杨朱，不可兼容。

第五类斥仁义。

〇养性爱民。

此条意为，顺道无为之"养性"，即属"爱民"。魏撰《徐无鬼》"爱民，害民之始也"，则斥悖道有为之"爱民"。魏撰《知北游》、魏撰《则阳》均谓"圣人之爱人也终无已"。庄学仅仅反对庙堂伪道使鱼处陆之后"相呴以湿，相濡以沫"的虚假"仁义"之害民，并不反对江湖真道使鱼处水的"至仁"之"爱民"。

第六类斥庙堂。

〇眇者无以与乎眉目之好，夫刖者不自为假文屦。

陆释引司马彪、崔譔、向秀诸本《逍遥游》"聋者无以与乎钟鼓之声"下，均有此二句。此条虽知为《逍遥游》佚文，又知应补何处，但与下文义难衔接，所以《逍遥游》复原本未补。义难衔接，只能证明郭删不止二句，不能证明郭删正当。

《逍遥游》不仅是内七篇首篇，而且是内七篇总纲，预伏后六篇所有义理线索。"夫刖者不自为假文屦"，正是预伏《德充符》"刖者之屦，无为爱之"。郭象删去《逍遥游》二句，然后反注《德充符》，导致后世误以为庄子赞美形残身丑。其实庄子是贬斥庙堂滥用"刑教"，导致"兀者"众多，"踊贵屦贱"（《左传·昭公三年》）。

综上所述，郭删六类实为一类，即不合郭义。其他所有郭删佚文，无不从属此类。即使佚文貌似不悖郭义，也是拔出萝卜带出泥的牵连而删。

郭象篡改，大要为二：其一，以儒义篡改、裁剪、拼接外杂篇。其二，删去外杂篇所有明显的庄后史实。前者是用篡改较多的外杂篇之郭义，反对篡改较少的内七篇之庄义。后者是证明篡改过的郭象版外杂篇均为庄撰，以此证明郭义符合庄义。

四　佚文属于裁剪弃余

　　郭象裁剪刘安版外杂篇之旧十六篇，拼接为郭存外杂篇之新八篇，佚文也有旁证。兹举三例。

　　○假令十寸之杖，五寸属夜。昼主阳，夜主阴；阳主生，阴主死。之昼复夜，生复死，虽一尺之杖，阴阳生死之理无有穷时。

　　此条或为魏撰《惠施》"一尺之棰，日取其半，万世不绝"之解释。郭象裁剪魏撰《惠施》残篇526字拼接于魏撰《天下》，而弃其余，导致《惠施》残篇之"历物十事"、"辩者二十一事"均失解释，义遂难明。

　　○子张见鲁哀公，哀公不礼。去曰："君之所好士，有似叶公子高之好龙也。叶公好龙，室屋雕文，尽以写龙。于是天龙闻而下之，窥头于牖，拖尾于堂，叶公见之，弃而退走，失其魂魄，五色无主。是叶公非好真龙也，好夫似龙而非龙者也。今君之好士也，好夫似士而非士者也。"

　　"子张"不见别篇，此条或为《子张》佚文。郭象裁剪刘安版杂篇《子张》残篇1354字拼接于刘安版外篇《盗跖》（再移至郭象版杂篇），而弃其余。佚文钞引《申子》"叶公好龙"寓言（申不害，前400—前337），益证虚构"孔子受币"、"孔子不见母"二事而妄诋孔子的《子张》，是刘安凑数编入杂篇的劣篇。内七篇、魏牟版外篇二十二的寓言均属原创，无一钞引别书。

　　○走卒惊眸，叫呼而行，世俗之所富贵者也。

　　此条义同刘安版杂篇《子张》残篇"富之于人，无所不利"。别无外杂篇言及此义，此条或亦《子张》佚文。

五　佚文明篇目而难补

佚文虽明归属某篇，但因已知佚文并非郭删之文的全部，因而难以补入归属之篇。第三节"第六类斥庙堂"所举《逍遥游》二句，为内七篇一例。本节再举外杂篇三例。

〇声氏之牛，夜亡而遇夔，止而问焉，曰："我尚有四足，动而不善，子一足而超踊，何以然？"夔曰："吾以一足王于子矣。"

此条参看魏撰《秋水》："夔谓蚿曰：'吾以一足趻踔而行，予无如矣。今子之使万足，独奈何？'"或为《秋水》佚文，由于不知补于何处，《秋水》复原本未补。郭象删去此章五节之末二节，详见该篇。

〇谓之刑法以守之。

王叔岷认为，此条属于《胠箧》"为之斗斛以量之"一节之佚句。因不知补于何处，《胠箧》复原本未补。

〇今始人生而未尝睹刍豢稻粱也，唯菽藿糟糠之为睹，则以至足为在此也。俄而粲然有束刍豢稻粱而至者，则瞜然视之，曰："此何怪也！"彼臭之而无嗛于鼻，尝之而甘于口，食之而安于体，则莫不取此而弃彼矣。

王叔岷认为，此条属于《天运》之佚句。因不知补于何处，《天运》复原本未补。

上文五节，均从郭删角度辨析佚文。下文四节，再从其他角度辨析佚文。

六 佚文可补庄子生平

庄子生平，后人所知甚少，佚文可以略补不足。

○宋桓侯筑苏宫，使蔡讴，观者数百，倍去之，无有悲色，君乃赏蔡。（有司马彪注。）

○桓侯行，未出城门，其前驱呼辟，蒙人止之，以为狂也。（有司马彪注。）

宋桓侯名"辟兵"（又称宋辟公），出行使人开道，呼"辟"自犯名讳，蒙人认为桓侯疯了。以上二条郭删佚文，可证蒙邑属宋，故庄子为宋之蒙人，而非楚人。

○伏主人马栈下。

《太平御览》、《古今事文类聚》、《古今合璧事类备要》引《秋水》惠子相梁章"庄子往见之曰"，"庄子"下均有此六字。此条虽知属于《秋水》佚文，又知应补何处，但与下文难以衔接，《秋水》复原本未补。义难衔接，只能证明郭删不止一句，不能证明郭删正当。

○惠子始与庄子相见而问焉。庄子曰："今日自以为见凤皇，而徒遭燕雀耳。"坐者俱笑。

佚文"凤皇"、"燕雀"之喻，合于魏撰《秋水》"鹓雏"、"鸱鸢"之喻。可证必非《秋水》佚文，而是一事两述。蔺撰《曹商》、魏撰《秋水》均有庄子拒聘章，即为一事两述。佚文可证《秋水》惠子相梁章确谓庄惠初见，事在前322年惠施罢相之前。庄惠并非自幼相识为友，而是晚年初识于魏，末年交友于宋。

○惠子从车百乘，以过孟诸，庄子见之，弃其余鱼。

"孟诸"为宋泽，佚文乃述前322年惠施被魏惠王罢免魏相，自魏至楚，楚怀王赠车百乘，然后归宋。庄子时年四十八岁，惠施时年五十九岁，二人尚未交友。惠施罢相归宋之后，始与庄子交友。

○庄子谓惠子曰："羊沟之鸡，三岁为株，相者视之，则非良鸡也。然而数以胜人者，以狸膏涂其头也。"

司马彪注："羊沟，斗鸡之处。株，魁帅。鸡畏狸也。"蔺撰《达生》斗鸡章，或即本于此条。上言。曹植后于刘安，先于郭象，得见刘安版大全本，其诗《斗鸡》"愿蒙狸膏助，常得擅此场"，化用此条。

以上四条郭删佚文，属于庄惠之辩、庄惠之事，与六条郭删理由无一相合。足证郭象删改内外杂篇，不仅意在为郭义自造伪证，而且不惜修剪不合郭义的庄子史实。

以下二条无关庄子生平，然而义理相关，顺便及之。
○妪鸡搏狸。

上条言鸡畏狸，故斗鸡"以狸膏涂其头"。此条言母鸡护雏鸡，虽畏狸而仍搏之。此条与上条，或许同出一篇。

○象见子皮，无远近而泣。

母象爱子象，故见子皮而泣，义同上条母鸡爱雏鸡，故畏狸而搏。此条与上条，义本魏牟版或撰《天运》所引庄言"虎狼仁也，父子相亲"。乃谓动物亦有"仁义"，故"仁义"并非至高价值，"道德"方为至高价值。

七　佚文可证郭象反注

郭象删改《庄子》，以证反注之郭义，然而佚文多与郭义抵牾。

○干将补履，不如两钱之锥。

○以十钧射者，见天而不见云；以七钧射者，见鹄而不见鸽；以五钧射者，见鸽而不见雀。

以上二条，有助于理解《逍遥游》"小大之辨"。参看《逍遥游》"（斄牛）能为大矣，而不能执鼠"，《秋水》"小大异便"、"梁丽可以冲城，而不可以窒穴，言殊器也"。

○人长七尺，不以为大；蟪蚁七寸，而得大名。

○以足言之，则殇子为寿；不足论之，则彭祖为夭。

以上二条，有助于理解《逍遥游》"小大之辨"、《齐物论》"天下莫大于秋毫之末，而泰山为小；莫寿于殇子，而彭祖为夭"。

以上四条，均证"大境"之上，更有"至境"。郭象删之，旨在曲解庄学四境为郭义二境。把庄子贬斥大知大言，反注为庄子褒扬大知大言。

○吾亡是非，不亡彼此。

此条抉发庄学"是/非"之辨、"彼/此"之辨的不同义理层次。《齐物论》"周与蝴蝶，则必有分矣。此之谓物化"，就俗谛而言，庄周、蝴蝶确有"彼此"之分，但无"是非"之分。就真谛而言，庄周、蝴蝶既无"是非"之分，又无"彼此"之分，仅是"物化"。"吾亡是非"，即达于真谛。"不亡彼此"，即不废俗谛。

○猿之于木，若蟪蠓于地也。

此条演绎《齐物论》"孰知正处"、"（民）木处则惴栗恂惧，猿猴然乎哉？"物德各异，均为天道分施。猿猴宜处于木，蟪蠓宜处于地。鱼宜处于水，不宜处于陆（参看《大宗师》"泉涸，鱼相与处于陆"、《外物》"涸辙之鱼"）。人宜"自适其适"，不宜"适人之适"（《大宗师》），因为"天子之与己，皆天之所子"（《人间世》），所以"天子不得臣，诸侯不得友"（《让王》）。儒墨百家，囿于方术，未窥道术，皆欲黥劓众生，使之"役人之役，适人之适"（《大宗师》），故庄子斥之。

○羌人死，燔而扬其灰。

此条推演《齐物论》"孰知正处"，犹言"孰知正丧"。羌人丧仪，异于华夏丧仪。华夏不当自矜正丧，不宜鄙视夷狄。

○市上之人有善戴尊者，累十尊而行千里。与之更者，行道未半，而以其尊颠。

此条演绎《养生主》"道↘技"之辨。"善戴尊者"技进于道，"与之更者"仅止于技。

○空穴来风，桐乳致巢，此以其能苦其性者。（有司马彪注。）

此条演绎《人间世》"材之患"，"文木"之患，"此以其能苦其生者也，故不终其天年而中道夭"。

○亡羊而得牢，断指而得头。

"牢"指"牛"。此条演绎《德充符》"犹有尊足者存"、"德有所长，形有所忘"。两害相权取其轻，三兀者宁愿亏身而被刖足，不愿亏德而被黥劓。

○四时常保其青青。

此条演绎《德充符》"受命于地，唯松柏独也正，在冬夏青青"。

○被发童子，日月照之则行。

此条演绎《德充符》"葆始"，永葆"童子"之初始真德。参看《外物》所引庄言"婴儿生无所师而能言"。

○生物者不生，化物者不化。

此条演绎《大宗师》"杀生者不死，生生者不生"。参看魏撰《知北游》"物物者非物"。均明天道非物，故能使万物生、死、化，而自身不生、不死、不化。

○生，寄也；死，归也。（《吕览·节丧》高诱注引）

○生乃徭役，死乃休息也。（《淮南子·俶真训》高诱注引、《列子·天瑞》张湛注引、《文选》班固《幽通赋》李善注引）

二条演绎《齐物论》"予恶乎知恶死之非弱丧而不知归者邪"、《养生主》"帝之悬解"、《大宗师》"夫大块载我以形，劳我以生，佚我以老，息我以死"。东汉高诱，后于刘安，先于郭象，得见刘安版大全本。东晋张湛、唐初李善，虽然后于郭象，其时刘安版大全本尚未亡佚。

八　佚文可解庄学疑难

郭象删改《庄子》原文，反注《庄子》原义，可谓煞费苦心，无所不用其极，然而郭义仍与郭象版伪原文处处抵牾，留下诸多庄学疑难。佚文有助于消解郭象篡改反注造成的若干疑难。

○凤，羽族之美。

"凤"即"鹏"。内七篇以老聃为"龙"（并未明言），孔子为"凤"（《德充符》）。外杂篇以老聃为"龙"（《天运》），庄子为"凤"（《秋水》）。"龙/凤"之辨，从属于"鲲/鹏"之辨（《逍遥游》辨析三）。"鲲/鹏"之辨已被郭象遮蔽，遑论"龙/凤"之辨。

○神龙失水而陆居，为蝼蚁之所制。

前句义本《大宗师》"泉涸，鱼相与处于陆"。后句参看魏撰《庚桑楚》"吞舟之鱼，荡而失水，则蝼蚁能苦之"。"处水↘处陆"之辨（《大宗师》辨析八），也被郭象遮蔽。

○言不广，不足以明道。

此条取义于魏撰《天下》"以寓言为广"。庄学"言/意"之辨（《外物》辨析四），本谓言之意不能尽"道"，非谓言之意不能尽"物"。参看魏撰《则阳》："言而足，则终日言而尽道；言而不足，则终日言而尽物。道，物之极，言默不足以载。非言非默，议有所极。"由于郭象否定"道"之存在，庄学"言/意"之辨，遂被局限于"言能否尽物"，而与"言能否尽道"脱钩。魏晋以降"言/意"之辨，多被郭象误导。

○谓之不善持生。

此条义本魏撰《让王》"道之真以持身"。郭象版《让王》作"道之真以治身"，此条佚文可为郭象改"持"为"治"之旁证。

○遐方企踵。

"企踵"可与刘安版杂篇《泰初》"垂踵"合观。《泰初》"以二垂踵，惑而所适不得矣"，众注纷歧，莫衷一是，此条可解众疑。

九　佚文可证已知庄义

可证已知庄义的佚文甚多，姑举五条。

○人而不学，谓之视肉；学而弗行，谓之撮囊。

此条参看魏撰《让王》"学道而不能行谓之病"。郭象否定"道"之存在，故删《让王》此句之"道"。

○夫去智任性，然后神明洞照，所以为贤也。

"去智"参看《大宗师》"离形去知"，"任性"参看刘安版新外篇《骈拇》"任其性命之情"。

○遍谓周曰：吾知道近乎无内，远乎无外。

魏撰《知北游》所引庄言"周、遍、咸"，《惠施》"至大无外，至小无内"，此条合之，演为寓言。

○至乐无假。

此条综合蔺撰《至乐》篇名和《德充符》"审乎无假而不与物迁"（《天道》暗引）。

○胥士之殉名，贪夫之殉财，天下皆然，不独一人。

此条参看魏撰《秋水》"无以德殉名"，魏撰《则阳》"不得师天，与物皆殉"，魏撰《让王》"今世俗之君子，多危身弃生以殉物"，刘安版新外篇《骈拇》"小人则以身殉利，士则以身殉名，大夫则以身殉家，圣人则以身殉天下。故此数子者，事业不同，名声异号，其于伤性以身为殉，一也。天下尽殉也。彼其所殉仁义也，则俗谓之君子；其所殉货财也，则俗谓之小人。其殉一也"，刘安版杂篇《子张》"小人殉财，君子殉名"。

十　佚文可补今缺庄义

另有一些佚文，可补今本所缺庄义，姑举七条。

○楚人有卖矛及盾者，见人来买矛，即谓之曰："此矛无何不彻。"见人来买盾，则又谓之曰："此盾无何能彻者。"买人曰："还将尔矛刺尔盾，若何？"

此条可证《韩非子》之"矛盾"寓言，并非韩非原创，而是钞自《庄子》初始本。

○海上之人好鸥者，每旦之海上，从鸥游。鸥之至者，百数而不止。

其父曰："吾闻鸥鸟从汝游，取来玩之。"明旦之海上，鸥舞而不下。

此条可证《吕览·精谕》之"好蜻"寓言，并非《吕览》原创，而是化用《庄子》初始本。

○吾闻富贵者送人以轩，仁人者送人以言。

此条演变为后世格言"赠人以车，不如赠人以言"。

○警策我也。

○出处语默。

○小巫见大巫，拔茅而弃，此其所以终身弗如。

三条之"警策"、"出处语默"、"小巫见大巫"，均为后世习语。

○人生几何。

此条义本魏撰《知北游》"虽有寿夭，相去几何？须臾之说也"。曹操后于刘安，先于郭象，得见刘安版大全本，其诗《短歌行》"对酒当歌，人生几何"，暗用此条。

结语 佚文极少违背庄学

仅从本文所引的少量《庄子》佚文即可看出，郭象所删《庄子》十九篇具有重大价值。江世荣所撰《〈庄子〉佚文举例》一文（见《文史》1982年第1辑）认为："《庄子》其余的十九篇也因此不传，这对研究中国哲学或文学来说都是一项重大的损失。"江世荣所撰《刘安〈庄子解说〉辑要》一文（见《文史》1986年第2辑），也对郭象予以强烈谴责："郭注本《庄子》使得许多可珍贵的文献资料遭受损失，委实令人痛心！在这里提出驳议，表示后人对他的怨慨。"

总观所有《庄子》佚文，几乎没有违背庄学之例。外杂篇虽然时常偏离内七篇，然而有些偏离，实为对内七篇的丰富和发展。固然不宜把外杂篇视为庄撰，从而误解庄学真义，但也不应以内七篇为标准，忽视乃至否定外杂篇的自身价值。经过郭象篡改反注的外杂篇，才是反庄学的伪庄学。

郭象篡改反注的伪庄学，极度矮化了庄子，庄子必定"举世非之而不加沮"地拒绝强加于他的无根之毁。退一万步说，即便如同某些郭象追随者所言，郭象篡改反注的伪庄学，远远超越了庄子，庄子也必定"举世誉之而不加劝"地拒绝强加于他的不虞之誉。

由于庄子是先秦中国思想的至高标杆，先秦思想又是后世中国思想的万世不竭之源，因此郭象对先秦思想巨人庄子的反向改造和极度矮化，不仅极度矮化了一位古之博大真人，而且限定了后世思想的精神标高，导致了后世国人难以具有"天子之与己，皆天之所子"、"天子不得臣，诸侯不得友"的伟岸人格，难以成为"以德为循、自适其适"的顺道真人。反庄学的郭象伪庄学，遗害深远，导致后世国人长期"役人之役，适人之适"，匍匐于"以隶相尊"、"泉涸陆处"的专制统治之下苟且偷生。

2009年8月28日—9月15日二稿

附录·索引

附录一　三大版本分类篇目表

一、魏牟版初始本分类篇目表

内篇七	外篇二十二			
逍遥游	寓言	知北游★	盗跖★	天运
齐物论	山木★	庚桑楚★	列御寇	
养生主	达生★	徐无鬼★	天下	
人间世	至乐★	△管仲★	▲惠施★	
德充符	△曹商	则阳	△宇泰定★	
大宗师	秋水★	外物★	胠箧★	
应帝王	田子方★	让王★	天地★	

【说明】

1.后于魏牟的先秦吕不韦、荀况、韩非，钞引外篇十六，标★。

2.先于刘安的汉初贾谊、韩婴，钞引外篇十四。增钞六篇，不标★。

3.魏牟版外篇多有庄后、蔺后史实，无一魏后史实。

二、刘安版大全本分类篇目表

内篇七	外篇二十八				杂篇十四		解说三
逍遥游	寓言	知北游	盗跖	天运	说剑	游凫▲	庄子后解▲
齐物论	山木	庚桑楚	列御寇	骈拇	渔父	子胥▲	庄子略要▲
养生主	达生	徐无鬼	天下	马蹄	泰初△	意修▲	解说第三△
人间世	至乐	管仲△	惠施▲	刻意	百里奚△	卮言▲	
德充符	曹商△	则阳	宇泰定△	缮性	子张△	重言△	
大宗师	秋水	外物	胠箧	在宥	马捶▲	畏累虚▲	
应帝王	田子方	让王	天地	天道	阋弈▲	亢桑子▲	

【说明】

1. 比魏牟版多二十三篇、五万余言：新外篇六，杂篇十四，解说三。

2. 魏后刘前五子，未引刘增二十三篇之一字。

3. 刘增之篇多有庄后、蔺后、魏后史实，无一刘后史实。

三、司马彪、孟氏全注本、元嘉本分类篇目表（略）

【说明】

二者全同刘安版。忠于刘安版之分类构成、原文原貌，从属于刘安版。

四、崔譔选注本分类篇目表（有外无杂）

内篇七	外篇二十八（选注二十，确知十八）			
逍遥游	（寓言）	5 知北游	（盗跖）	14 天运
齐物论	1 山木	6 庚桑楚	10 列御寇	15 骈拇
养生主	2 达生	7 徐无鬼	11 天下	16 马蹄
人间世	3 至乐	8 管仲△	（惠施▲）	（刻意）
德充符	（曹商△）	（则阳）	12 宇泰定△	17 缮性
大宗师	4 秋水	9 外物	13 胠箧	18 在宥
应帝王	（田子方）	（让王）	（天地）	（天道）

【说明】

1. 崔譔全注刘安版内篇七，均有陆引崔注。

2. 崔譔选注刘安版外篇二十八之二十篇，十八篇可知（有陆引崔注），二篇不详，或在括号十篇（无陆引崔注）之中，或为崔譔将刘安版杂篇《泰初》、杂篇《子张》（均有陆引崔注）归入外篇而注。

3. 崔譔不注刘安版杂篇十四，所以郭象版保留的杂篇十四之二（《说剑》、《渔父》）均无陆引崔注。

4. 郭象版外篇《至乐》、杂篇《列御寇》、杂篇《天下》之陆引崔注，所注语句均在刘安版外篇《至乐》、外篇《列御寇》、外篇《天下》之内，不在郭象拼接的刘安版杂篇《马捶》残篇、外篇《曹商》残篇、外篇《惠施》残篇。

5. 崔譔基本忠于刘安版外篇、杂篇之篇目分类，从属于刘安版。

五、向秀选注本分类篇目表（有外无杂）

内篇七	外篇二十八（选注十九，确知十三）			
逍遥游	1 寓言	3 知北游	（盗跖）	（天运）
齐物论	（山木）	4 庚桑楚	（列御寇）	10 骈拇
养生主	（达生）	（徐无鬼）	8 天下	11 马蹄
人间世	（至乐）	5 管仲△	（惠施▲）	（刻意）
德充符	（曹商△）	6 则阳	（宇泰定△）	12 缮性
大宗师	2 秋水	7 外物	9 胠箧	13 在宥
应帝王	（田子方）	（让王）	（天地）	（天道）

【说明】

1. 向秀全注刘安版内篇七，均有陆引崔注。

2. 向秀选注刘安版外篇二十八之十九，十三篇可知（有陆引向注），六篇不详，或在括号十五篇（无陆引向注）之中，其中一篇可能是向秀将刘安版杂篇《泰初》（有陆引向注）视为外篇而注。

3. 向秀不注刘安版杂篇十四，所以郭象版保留的杂篇十四之二（《说剑》、《渔父》）均无陆引向注。

4. 郭象版杂篇《庚桑楚》之陆引向注，所注语句在刘安版外篇《庚桑楚》之内，不在郭象拼接的刘安版外篇《宇泰定》。郭象版杂篇《徐无鬼》之陆引向注，所注语句在郭象拼接的刘安版外篇《管仲》之内，不在刘安版外篇《徐无鬼》。向秀仅注刘安版的外篇《庚桑楚》、外篇《管仲》，未注刘安版的外篇《宇泰定》、外篇《徐无鬼》。

5. 向秀基本忠于刘安版外篇、杂篇之篇目分类，从属于刘安版。

六、郭象版删改本分类篇目表（删十九篇）

内篇七	外篇十五			杂篇十一	
逍遥游	骈拇←	刻意←	知北游	→庚桑楚◆	说剑
齐物论	马蹄←	缮性←		→徐无鬼◆	渔父
养生主	胠箧	秋水		→则阳	→列御寇◆
人间世	在宥←	至乐◆		→外物	→天下◆
德充符	天地◆	达生		→寓言	
大宗师	天道←	山木		→让王	
应帝王	天运	田子方◆		→盗跖◆	

【说明】

1.刘安版新外篇六，郭象版移至外篇靠前位置。标←。

2.魏牟版、刘安版旧外篇九，郭象版移至杂篇。标→。

3.裁剪刘安版旧十六篇，拼接成郭象版新八篇。标◆。

4.比刘安版少十九篇、四五万言：外篇四，杂篇十二，解说三。

5.不忠于刘安版之分类构成、原文原貌，故属版本三。

七、郭删十九篇分类篇目表

分类	刘安版	拼接于	证见
外篇1	曹商△	列御寇	后有陆引崔注
外篇2	管仲△	徐无鬼	前有陆引向注
外篇3	惠施▲	天下	北齐书著录前篇,后有陆引崔注
外篇4	宇泰定△	庚桑楚	后有陆引向注
杂篇1	泰初△	天地	结构断裂,义理脱节,篇幅超长
杂篇2	百里奚△	田子方	结构断裂,义理脱节
杂篇3	子张△	盗跖	结构断裂,义理脱节,篇幅超长
杂篇4	马捶▲	至乐	南史著录前篇,后有陆引崔注
杂篇5	阅弈▲		郭跋,陆序,李善注,司马彪注
杂篇6	游凫▲		郭跋,陆序
杂篇7	子胥▲		郭跋,陆序
杂篇8	意修▲		郭跋,陆序
杂篇9	厄言▲		郭跋,陆序
杂篇10	重言△		严灵峰说
杂篇11	畏累虚▲		史记著录篇名
杂篇12	亢桑子▲		史记著录篇名
解说1	庄子后解▲		郭跋,陆序,李善注
解说2	庄子略要▲		郭跋,陆序,李善注,司马彪注
解说3	解说第三△		郭跋,陆序

裁剪八篇(外篇1–杂篇4);全删十一篇(杂篇5–解说3)

八、三大版本分类篇目增减表

版本	时代	内	外	杂	解	篇数	字数	传播
庄周	战国		0	0	0	7	一万三	内部传承
蔺且	战国		5	0	0	12	二万余	内部传承
1魏牟版	战国		22	0	0	29	五万余	外部传播
2刘安版	汉初							
2司马迁	汉中							
2刘向	汉末							
2班固	东汉	7	28	14	3	52	十余万	取代魏牟版
2高诱	东汉							
2司马彪	魏晋							
2孟氏	魏晋							
2崔譔	魏晋		20	0	0	27		
2向秀	魏晋		19	0	0	26		
3郭象版	西晋		15	11	0	33	六万六	取代刘安版
3郭象后	至今		15	11	0	33	六万五	承袭郭象版

附录二 外杂篇无一庄撰六类内证表

篇名	庄后史实	引用庄言	著录庄事	赞庄	寓言	卮言
1寓言			庄惠辩孔	先人		
2山木			庄论间世 庄过魏王 庄子悟道			无
3达生						
4至乐			庄子妻死			
5曹商	庄子将死		庄斥曹商 庄斥宋王 庄拒聘相 庄子将死			
6秋水	前256魏牟面斥公孙，庄殁30年		庄拒楚聘 庄惠初见 庄惠辩鱼	极妙		无
7田子方			庄见鲁哀			无
8知北游			东郭问道			
9庚桑楚					单一	无
10徐无鬼			庄惠辩射 庄过惠墓			
11管仲						
12则阳		庄子曰				
13外物		庄子曰	庄周贷粟 庄惠辩用			
14让王	魏牟小庄子49岁					
15盗跖	前256秦灭周，庄殁30年				单一	无
16列御寇		庄子曰			单一	无
17天下				极赞		无
18惠施						无
19宇泰定						无

篇名	庄后史实	引用庄言	著录庄事	赞庄	寓言	卮言
20 胠箧	前264田齐十二世王建即位,庄殁22年					
21 天地		夫子曰 夫子曰				
22 天运			太宰问仁			
23 骈拇					无	
24 马蹄					无	
25 刻意					无	
26 缮性					无	
27 在宥						
28 天道	素王 十二经	庄子曰 夫子曰				
1 说剑	前266赵文王得谥,庄殁20年		见赵文王		单一	无
2 渔父					单一	无
3 泰初						
4 百里奚						
5 子张						
6 马捶			见空髑髅			
佚文	庄周病剧		庄周病剧			
佚文	前227年荆轲刺秦,庄殁59年		庄惠初见			
佚文	前219秦始皇封禅,庄殁67年		庄弃余鱼			
佚文	前212秦始皇坑儒(卢教),庄殁74年		庄惠辩鸡			
庄子后解	刘安撰					
庄子略要	刘安撰					
解说第三	刘安撰					
	10篇15条	5篇7章	12篇25事	3篇	12篇	8篇

附录三 钞引魏牟版、刘安版异同表

分类	篇名	魏后刘前五子钞引	淮南子钞引
内篇	1逍遥游	吕、非、贾	淮南子内篇
	2齐物论	吕、荀、贾	淮南子内篇
	3养生主	吕、婴	淮南子内篇
	4人间世	吕、婴	淮南子内篇
	5德充符		淮南子内篇
	6大宗师	吕、荀、非、贾、婴	淮南子内篇
	7应帝王		淮南子内篇
魏牟版旧外篇	1寓言	贾、婴	淮南子内篇
	2山木	吕、非、婴	淮南子内篇
	3达生	吕、荀、婴	淮南子内篇
	4至乐	荀	淮南子内篇
	5曹商△	贾	淮南子内篇
	6秋水	荀、非、贾	淮南子内篇
	7田子方	吕、贾	淮南子内篇
	8知北游	吕、非、贾	淮南子内篇
	9庚桑楚	吕、贾、婴	淮南子内篇
	10徐无鬼	吕、非	淮南子内篇
	11管仲△	吕、非	淮南子内篇
	12则阳	贾、婴	淮南子内篇
	13外物	吕、非	淮南子内篇
	14让王	吕、荀、非、婴	淮南子内篇
	15盗跖	荀、婴	淮南子内篇
	16列御寇	贾	淮南子内篇
	17天下	婴	淮南子内篇
	18惠施▲	吕、荀	淮南子内篇

分类	篇名	魏后刘前五子钞引	淮南子钞引
魏牟版旧外篇	19 宇泰定△	吕、非	淮南子内篇
	20 胠箧	吕	淮南子内篇
	21 天地	吕	淮南子内篇
	22 天运	贾	淮南子内篇
刘安版新外篇	23 骈拇		淮南子内篇
	24 马蹄		淮南子内篇
	25 刻意		淮南子内篇
	26 缮性		淮南子内篇
	27 在宥		淮南子内篇
	28 天道		淮南子内篇
杂篇十四	1 说剑		
	2 渔父		淮南子内篇
	3 泰初△		淮南子内篇
	4 百里奚△		淮南子内篇
	5 子张△		
	6 马捶▲		
	7 阌弈▲		
	8 游凫▲		
	9 子胥▲		
	10 意修▲		
	11 卮言▲		
	12 重言△		
	13 畏累虚▲		
	14 亢桑子▲		
解说三	1 庄子后解▲		淮南子外篇
	2 庄子略要▲		淮南子外篇
	3 解说第三△		淮南子外篇

附录四 魏后刘前五子钞引魏牟版详表

一、魏后刘前五子钞引内七篇详表

内篇	被钞文	钞引者	钞引文
逍遥游	宋人资章甫而适诸越，越人断发文身，无所用之。	韩非子说林上	鲁人身善织屦，妻善织缟，而欲徙于越。或谓之曰："子必穷矣。"鲁人曰："何也？"曰："屦为履之也，而越人跣行；缟为冠之也，而越人被发。以子之所长，游于不用之国，欲使无穷，其可得乎？"
	举世誉之而不加劝，举世非之而不加沮。	韩非子外储说右上	赏之誉之不劝，罚之毁之不畏，四者加焉不变，则除之。
		吕览至忠	人知之不为劝，人不知不为沮。
	小知不及大知。	吕览别类	小智非大智之类也。
	鹏飞九万里。（鹏即凤。）	贾谊吊屈原赋	凤凰翔于千仞兮，览德辉而下之。
	尧让天下于许由，曰："日月出矣而爝火不息，其于光也，不亦难乎！时雨降矣而犹浸灌，其于泽也，不亦劳乎！夫子立而天下治，而我犹尸之，吾自视缺然。请致天下。"许由曰："子治天下，天下既已治也。而我犹代子，吾将为名乎？名者，实之宾也。吾将为实乎？鹪鹩巢于深林，不过一枝；偃鼠饮河，不过满腹。归休乎君，予无所用天下为！庖人虽不治庖，尸祝不越樽俎而代之矣。"	吕览求人	昔者尧朝许由于沛泽之中，曰："十日出而焦火不息，不亦劳乎？夫子为天子，而天下已治矣，请属天下于夫子。"许由辞曰："为天下之不治欤？而既已治矣。自为欤？啁噍巢于林，不过一枝；偃鼠饮于河，不过满腹。归已，君乎！恶用天下？"遂之箕山之下，颍水之阳，耕而食，终身无经天下之色。

内篇	被钞文	钞引者	钞引文
齐物论	昔者尧问于舜曰:"我欲伐宗、脍、胥敖,南面而不释然。其故何耶?"舜曰:"夫三子者,犹存乎蓬艾之间。若不释然,何哉?昔者十日并出,万物皆照,而况德之进乎日者乎?"	吕览求人	(同前)
	其以为异于鷇音,亦有辩乎?其无辩乎?	吕览听言	其与人鷇音也,其有辩乎?其无辩乎?("鷇音"旧讹为"鷇言",陈昌齐、王叔岷校正)
	圣人和之以是非。	荀子性恶	不恤是非,然不然之情,以期胜人为意,是下勇也。
	然不然。		
	无物不可。	贾谊鹏鸟赋	达人大观兮,物无不可。
	吾丧我。	贾谊鹏鸟赋	释知遗形兮,超然自丧。
养生主	庖丁解牛。	吕览精通	宋之庖丁好解牛。
	泽雉十步一啄,百步一饮,不祈畜乎樊中。形虽王,不善也。	韩诗卷九	君不见大泽中雉乎?五步一啄,终日乃饱,羽毛悦泽,光照于日月,奋翼争鸣,声响于陵泽者何?彼乐其志也。援置之囷仓中,常啄粱粟,不旦时而饱,然犹羽毛憔悴,志气益下,低头不鸣。夫食岂不善哉?彼不得其志故也。
人间世	轻用民死,死者以国量乎泽若蕉。	吕览期贤	无罪之民,其死者量于泽矣。
	禹攻有扈,国为虚厉,身为刑戮。	吕览召类	禹攻有扈,以行其教。(史实为启攻有扈,故吕览必钞庄子)
		吕览禁塞	国为丘墟,身为刑戮。
	汝不知夫螳螂乎?怒其臂以挡车辙,不知其不胜任也。	韩诗卷八	齐庄公出猎,有螳螂举足将搏其轮,问其御曰:"此何虫也?"御曰:"此螳螂也。其为虫,知进不知退,不量力而轻就敌。"庄公曰:"以为人,必为天下勇士矣。"于是回车避之,而勇士归之。

内篇	被钞文	钞引者	钞引文
大宗师	维斗得之终古不忒，日月得之终古不息。	韩非子解老	维斗得以成其威，日月得以恒其光。
	莫知其始，莫知其终。……返复终始，不知端倪。	吕览下贤	莫知其始，莫知其终，莫知其门，莫知其端，莫知其源。
	知天之所为，知人之所为者，至矣。	荀子天论	明于天人之分，则可谓至人矣。……唯圣人为不求知天。
		荀子解蔽	庄子蔽于天而不知人。
	以天地为大炉，以造化为大冶。	贾谊鹏鸟赋	且夫天地为炉兮，造化为工。
	万化而未始有极。	贾谊鹏鸟赋	千变万化兮，未始有极。
	古之真人，不雄成，不自得。	贾谊吊屈原赋	既以谪去，意不自得。
	离形去知。	贾谊鹏鸟赋	释知遗形兮，超然自丧。

【说明】

《吕览》钞引五篇八条，《荀子》钞引二篇五条，《韩非子》钞引四篇四条，贾谊二赋钞引三篇六条，《韩诗外传》钞引二篇二条。五子钞引内七篇总计五篇二十三条。未钞引《德充符》、《应帝王》（《淮南子》均钞引）。

二、《吕览》钞引魏牟版外篇详表

外篇	被钞文	吕览	钞引文
胠箧	跖之徒问于跖曰："盗亦有道乎？"跖曰："何适而无有道耶？夫妄意室中之藏，圣也；入先，勇也；出后，义也；知可否，知也；分均，仁也。五者不备，而能成大盗者，天下未之有也。"	当务	跖之徒问于跖曰："盗有道乎？"跖曰："奚啻其有道也？夫妄意关内中藏，圣也；入先，勇也；出后，义也；知时，智也；分均，仁也。不通此五者，而能成大盗者，天下无有。"
天地	尧治天下，伯成子高立为诸侯。尧授舜，舜授禹，伯成子高辞为诸侯而耕。禹往见之，则耕在野。禹趋就下风而问焉，曰："昔尧治天下，吾子立为诸侯。尧授舜，舜授予，而吾子辞为诸侯而耕，敢问：其故何也？"子高曰："昔尧治天下，不赏而民劝，不罚而民畏。今子赏罚，而民且不仁，德自此衰，刑自此立，后世之乱自此始矣夫！子盍行耶？无落吾事！"俋俋乎耕而不顾。	长利	尧治天下，伯成子高立为诸侯。尧授舜，舜授禹，伯成子高辞为诸侯而耕。禹往见之，则耕在野。禹趋就下风，而问曰："尧理天下，吾子立为诸侯。今至于我而辞之，其故何也？"伯成子高曰："当尧之时，未赏而民劝，未罚而民畏。民不知怨，不知说，愉愉其如赤子。今赏罚甚数，而民争利且不服，德自此衰，利自此作，后世之乱自此始夫！子盍行乎？无虑吾农事！"协而耰，遂不顾。
达生	以瓦注者巧，以钩注者惮，以黄金注者昏。其巧一也，而有所矜，则重外也。凡外重者，内拙。	去尤	庄子曰：以瓦殶者翔，以钩殶者战，以黄金殶者殆。其祥一也，而有所殶者，必外有所重者也。外有所重者泄，盖内掘。
达生	鲁有单豹者，岩居而谷饮，不与民共利，行年七十而犹有婴儿之色，不幸遇饿虎，杀而食之。有张毅者，见高门悬薄无不趋也，行年四十而有内热之病以死。	必己	张毅好恭，见门间帷薄聚众无不趋，舆隶姻媾小童无不散，以定其身，不终其寿，内热而死。单豹好术，离俗弃尘，不食谷实，不衣芮温，身处山林岩窟，以全其生，不尽其年，而虎食之。
达生	东野稷以御见庄公，进退中绳，左右旋中规。庄公以为造父弗过也，使之钩百而反。颜阖遇之，入见曰："稷之马将败。"公密而不应。少焉，果败而返。公曰："子何以知之？"曰："其马力竭矣，而犹求焉，故曰败。"	适威	东野稷以御见庄公，进退中绳，左右旋中规。庄公曰："善。"以为造父不过也，使之钩百而反焉。颜阖入见，庄公曰："子遇东野稷乎？"对曰："然，臣遇之。其马必败。"庄公曰："将何败？"少顷，东野之马败而至。庄公召颜阖而问之曰："子何以知其败也？"颜阖对曰："夫进退中绳，左右旋中规，造父之御，无以过焉。向臣遇之，犹求其马，臣是以知其败也。"

外篇	被钞文	吕览	钞引文
山木	庄子行于山中，见大木，枝叶盛茂，伐木者止其旁而不取也。问其故。曰："不材之散木，无所可用。"庄子曰："此木以不材，得终其天年。"夫子出于山，及邑，舍于故人之家。故人喜，具酒肉，命竖子杀雁而享之。竖子请曰："其一能鸣，其一不能鸣，请奚杀？"主人公曰："杀不能鸣者。"明日，弟子问于庄子曰："昨日山中之木，以不材得终其天年；主人之雁，以不材死。先生将何处？"庄子笑曰："周将处乎材与不材之间。材与不材之间，似之而非也，故未免乎累。若夫乘道德而浮游则不然：无誉无訾，一龙一蛇；与时俱化，而无肯专为；一下一上，以和为量。浮游乎万物之祖，物物而不物于物，则胡可得而累耶？此神农、黄帝之法则也。若夫万物之情、人伦之传则不然：合则离，成则毁，廉则剉，尊则亏，有为则议，贤则谋，不肖则欺，胡可得而必哉？"	必己	庄子行于山中，见木甚美，长大，枝叶盛茂，伐木者止其旁而弗取，问其故，曰："无所可用。"庄子曰："此以不材得终其天年矣。"出于山，及邑，舍故人之家。故人喜，具酒肉，令竖子为杀雁飨之。竖子请曰："其一雁能鸣，一雁不能鸣，请奚杀？"主人之公曰："杀其不能鸣者。"明日，弟子问于庄子曰："昔者山中之木以不材得终天年，主人之雁以不材死，先生将何以处？"庄子笑曰："周将处于材不材之间。材不材之间，似之而非也，故未免乎累。若夫乘道德而浮游则不然。无訏无訾，一龙一蛇，与时俱化，而无肯专为；一上一下，以禾为量，而浮游乎万物之祖，物物而不物于物，则胡可得而累？此神农、黄帝之所法。若夫万物之情、人伦之传则不然：成则毁，大则衰，廉则剉，尊则亏，直则骹，合则离，爱则隳，多智则谋，不肖则欺，胡可得而必？"
田子方	温伯雪子适齐，舍于鲁。……仲尼见之而不言。及出，子路曰："夫子欲见温伯雪子久矣，今也见之而不言，何耶？"仲尼曰："若夫人者，目击而道存矣，亦不可以容声矣。"	精谕	孔子见温伯雪子，不言而出。子贡曰："夫子之欲见温伯雪子久矣，今也见之而不言，其故何也？"孔子曰："若夫人者，目击而道存矣，不可以容声矣。"
知北游	至言去言，至为去为。齐知之所知，则浅矣。	精谕	故至言去言，至为无为。浅智者之所争，则末矣。
庚桑楚	吞舟之鱼，荡而失水，则蝼蚁能苦之。	慎势	吞舟之鱼，陆处则不胜蝼蚁。

外篇	被钞文	吕览	钞引文
徐无鬼	子不闻夫越之流人乎？去国数日，见其所知而喜；去国旬月，见所尝见于国中者喜；及期年也，见似人者而喜矣。不亦去人滋久，思人滋深乎？	听言	夫流于海者，行之旬月，见似人者而喜矣。及其期年也，见其所尝见物于中国者而喜矣。夫去人滋久，而思人滋深欤！
	鼓宫宫动，鼓角角动，音律同矣。	应同	类固相召，气同则合，鼓宫而宫应，鼓角而角动。
		召类	类固相召，气同则合，声比则应，故鼓宫而宫动，鼓角而角动。
管仲	管仲有病，桓公往问之曰："仲父之疾病矣，不可讳云。至于大病，则寡人恶乎属国而可？"管仲曰："公谁欲与？"公曰："鲍叔牙。"曰："不可。其为人洁廉，善士也。其于不己若者，不比之人；一闻人之过，终身不忘。使之治国，上且拘乎君，下且逆乎民。其得罪于君也，将弗久矣。"公曰："然则孰可？"对曰："勿已，则隰朋可。其为人也，上忘而下伴。愧不若黄帝，而哀不己若者。以德分人谓之圣，以财分人谓之贤。以贤临人，未有得人者也；以贤下人，未有不得人者也。其于国有不闻也，其于家有不见也。勿已，则隰朋可。"	贵公	管仲有病，桓公往问之，曰："仲父之病矣，渍甚，国人弗讳，寡人将谁属国？"管仲对曰："昔者臣尽力竭智，犹未足以知之也，今病在于朝夕之中，臣奚能言？"桓公曰："此大事也，愿仲父之教寡人也。"管仲敬诺，曰："公谁欲相？"公曰："鲍叔牙可乎？"管仲对曰："不可。夷吾善鲍叔牙，鲍叔牙之为人也，清廉洁直，视不己若者，不比于人；一闻人之过，终身不忘。""勿已，则隰朋其可乎？""隰朋之为人也，上志而下求，丑不若黄帝，而哀不己若者；其于国也，有不闻也；其于物也，有不知也；其于人也，有不见也。勿已乎，则隰朋可也。"
外物	外物不可必，故龙逢诛，比干戮，箕子狂，恶来死，桀纣亡。人主莫不欲其臣之忠，而忠未必信，故伍员流于江，苌弘死于蜀，藏其血三年而化为碧。人亲莫不欲其子之孝，而孝未必爱，故孝己忧而曾参悲。	必己	外物不可必，故龙逢诛，比干戮，箕子狂，恶来死，桀纣亡。人主莫不欲其臣之忠，而忠未必信，故伍员流乎江，苌弘死，藏其血三年而为碧。亲莫不欲其子之孝，而孝未必爱，故孝己疑，曾子悲。
惠施	至大无外，谓之大一；至小无内，谓之小一。	下贤	其大无外，其小无内。

外篇	被钞文	吕览	钞引文
宇泰定	彻志之悖，解心之谬，去德之累，达道之塞。贵富显严名利六者，悖志者也。容色理气意六者，谬心者也。恶欲喜怒哀乐六者，累德者也。去就取与知能六者，塞道者也。此四六者不荡胸中则正。正则静，静则明，明则虚，虚则无为而无不为也。	有度	故曰：通意之悖，解心之缪，去德之累，通道之塞。贵富显严名利六者，悖意者也。容色理气意六者，缪心者也。恶欲喜怒哀乐六者，累德者也。智能去就取舍六者，塞道者也。此四六者不荡乎胸中则正。正则静，静则清明，清明则虚，虚则无为而无不为也。
让王	尧以天下让许由，许由不受，又让于子州支父。子州支父曰："以我为天子，犹之可也。虽然，我适有幽忧之病，方且治之，未暇治天下也。"夫天下至重也，而不以害其生，又况他物乎？唯无以天下为者，可以托天下也。	贵生	尧以天下让于子州支父。子州支父对曰："以我为天子犹可也。虽然，我适有幽忧之病，方将治之，未暇在天下也。"天下，重物也，而不以害其生，又况于他物乎？唯不以天下害生者也，可以托天下。
让王	越人三世杀其君，王子搜患之，逃乎丹穴。而越国无君，求王子搜不得，从之丹穴。王子搜不肯出，越人熏之以艾，乘以王舆。王子搜援绥登车，仰天而呼曰："君乎！独不可以舍我乎？"王子搜非恶君也，恶为君之患也。若王子搜者，可谓不以国伤生矣。此固越人之所以欲得为君也。	贵生	越人三世杀其君，王子搜患之，逃乎丹穴。越国无君，求王子搜而不得，从之丹穴。王子搜不肯出，越人熏之以艾，乘以王舆。王子搜援绥登车，仰天而呼曰："君乎！独不可以舍我乎？"王子搜非恶为君也，恶为君之患也。若王子搜者，可谓不以国伤其生矣。此固越人之所欲得而为君也。
让王	鲁君闻颜阖得道之人也，使人以币先焉。颜阖守陋闾，粗布之衣，而自饭牛。鲁君之使者至，颜阖自对之。使者曰："此颜阖之家欤？"颜阖对曰："此阖之家也。"使者致币。颜阖对曰："恐听谬而遗使者罪，不若审之。"使者还反审之，复来求之，则不得矣。故若颜阖者，非恶富贵也，由重生，恶之也。故曰：道之真以持身，其绪余以为国家，其土苴以治天下。由此观之，帝王之功，圣人之余事也，非所以	贵生	鲁君闻颜阖得道之人也，使人以币先焉。颜阖守闾，粗布之衣，而自饭牛。鲁君之使者至，颜阖自对之。使者曰："此颜阖之家邪？"颜阖对曰："此阖之家也。"使者致币，颜阖对曰："恐听缪而遗使者罪，不若审之。"使者还反审之，复来求之，则不得已。故若颜阖者，非恶富贵也，由重生，恶之也。世之人主多以富贵骄得道之人，其不相知，岂不悲哉？故曰：道之真以持身，其绪余以为国家；其土苴以治天下。

外篇	被钞文	吕览	钞引文
让王	完身养生也。今世俗之君子，多危身弃生以殉物，岂不悲哉？凡圣人之动作也，必察其所以之与其所以为。今有人于此，以随侯之珠弹千仞之雀，世必笑之。是何耶？则其所用者重而所要者轻也。夫生者，岂特随珠之重也哉？	贵生	由此观之，帝王之功，圣人之余事也，非所以完身养生之道也。今世俗之君子，危身弃生以徇物，彼且奚以此之也？彼且奚以此为也？凡圣人之动作也，必察其所以之与其所以为。今有人于此，以随侯之珠弹千仞之雀，世必笑之。是何也？所用重，所要轻也。夫生，岂特随侯珠之重也哉？
让王	太王亶父居邠，狄人攻之。事之以皮帛而不受，事之以犬马而不受，事之以珠玉而不受，狄人之所求者土地也。太王亶父曰："与人之兄居而杀其弟，与人之父居而杀其子，吾不忍也。皆勉居矣！为吾臣与为狄人臣，奚以异？且吾闻之：不以所用养，害所养。"因杖策而去。民相连而从之，遂成国于岐山之下。太王亶父，可谓能尊生矣。能尊生，虽贵富不以养伤身，虽贫贱不以利累形。今世之人，居高官尊爵者，皆重失之。见利轻亡其身，岂不惑哉？	审为	太王亶父居邠，狄人攻之。事以皮帛而不受，事以珠玉而不肯，狄人之所求者地也。太王亶父曰："与人之兄居而杀其弟，与人之父处而杀其子，吾不忍也。皆勉处矣！为吾臣与为狄人臣，奚以异？且吾闻之：不以所以养，害所养。"杖策而去。民相连而从之，遂成国于岐山之下。太王亶父可谓能尊生矣。能尊生，虽贵富不以养伤身，虽贫贱不以利累形。今世之人受其先人之爵禄，则必重失之。生之所自来者久矣，而轻失之，岂不惑哉？
让王	韩魏相与争侵地。子华子见昭僖侯，昭僖侯有忧色。子华子曰："今使天下书铭于君之前，书之言曰：'左手攫之则右手废，右手攫之则左手废，然而攫之者必有天下。'君攫之乎？"昭僖侯曰："寡人不攫也。"子华子曰："甚善！自是观之，两臂重于天下也，身又重于两臂。韩之轻于天下亦远矣，今之所争者，其轻于韩又远。君固愁身伤生以忧戚之不得也！"僖侯曰："善。教寡人者众矣，未尝得闻此言也。"子华子可谓知轻重矣。	审为	韩魏相与争侵地。子华子见昭厘侯，昭厘侯有忧色。子华子曰："今使天下书铭于君之前，书之曰：'左手攫之则右手废，右手攫之则左手废，然而攫之必有天下。'君将攫之乎？亡其不欤？"昭厘侯曰："寡人不攫也。"子华子曰："甚善。自是观之，两臂重于天下也，身又重于两臂。韩之轻于天下远，今之所争者，其轻于韩又远。君固愁身伤生以忧戚之不得也。"昭厘侯曰："善。教寡人者众矣，未尝得闻此言也。"子华子可谓知轻重矣。

外篇	被钞文	吕览	钞引文
让王	中山公子牟谓詹子曰："身在江海之上，心居乎魏阙之下。为之奈何？"詹子曰："重生。重生则轻利。"中山公子牟曰："虽知之，未能自胜也。"詹子曰："不能自胜则从之，神无恶乎？不能自胜而强不从者，此之谓重伤。重伤之人，无寿类矣。"	审为	中山公子牟谓詹子曰："身在江海之上，心居乎魏阙之下，奈何？"詹子曰："重生。重生则轻利。"中山公子牟曰："虽知之，犹不能自胜也。"詹子曰："不能自胜则纵之，神无恶乎！不能自胜而强不纵者，此之谓重伤。重伤之人，无寿类矣。"
让王	舜以天下让其友石户之农。石户之农曰："卷卷乎，后之为人。予葆力之士也。"以舜之德为未至也，于是夫负妻戴，携子以入于海，终身不反。	离俗	舜以天下让其友石户之农，石户之农曰："棬棬乎后之为人也，葆力之士也。"以舜之德为未至也，于是乎夫负妻戴，携子以入于海，终身不反。
让王	舜以天下让其友北人无择，北人无择曰："异哉，后之为人也！居于畎亩之中，而游尧之门。不若是而已，又欲以其辱行漫我。吾羞见之。"因自投清泠之渊。	离俗	舜又让其友北人无择，北人无择曰："异哉后之为人也！居于圳亩之中，而游于尧之门。不若是而已，又欲以其辱行漫我，我羞见之。"而自投于苍领之渊。
让王	汤将伐桀，因卞随而谋。卞随曰："非吾事也。"汤曰："孰可？"曰："吾不知也。"汤又因务光而谋。务光曰："非吾事也。"汤曰："孰可？"曰："吾不知也。"汤曰："伊尹何如？"曰："强力忍垢，吾不知其他也。"汤遂与伊尹谋。伐桀克之，以让卞随。卞随辞曰："后之伐桀也谋乎我，必以我为贼也；胜桀而让我，必以我为贪也。吾生乎乱世，而无道之人再来漫我，吾不忍数闻也。"乃自投颍水而死。汤又让务光曰："知者谋之，武者遂之，仁者居之，古之道也。吾子胡不立乎？"务光辞曰："废上，非义也；杀民，非仁也；人犯其难，我享其利，非廉也。吾闻之曰：'非其义者，不受其禄；无道之世，不践其土。'况尊我乎？吾不忍久见也。"乃负石而自沉于庐水。	离俗	汤将伐桀，因卞随而谋。卞随辞曰："非吾事也。"汤曰："孰可？"曰："吾不知也。"汤又因务光而谋。务光曰："非吾事也。"汤曰："孰可？"务光曰："吾不知也。"汤曰："伊尹何如？"务光曰："强力忍诟，吾不知其他也。"汤遂与伊尹谋夏伐桀，克之，以让卞随。卞随辞曰："后之伐桀也，谋乎我，必以我为贼也；胜桀而让我，必以我为贪也。吾生乎乱世，而无道之人再来诟我，吾不忍数闻也。"乃自投于颍水而死。汤又让于务光曰："智者谋之，武者遂之，仁者居之，古之道也。吾子胡不位？请相吾子。"务光辞曰："废上，非义也；杀民，非仁也；人犯其难，我享其利，非廉也。吾闻之：'非其义，不受其利；无道之世，不践其土。'况于尊我乎？吾不忍久见也。"乃负石而沈于募水。

外篇	被钞文	吕览	钞引文
让王	子列子穷，容貌有饥色。客有言之于郑子阳者曰："列御寇盖有道之士也，居君之国而穷，君无乃为不好士乎？"郑子阳即令官遗之粟。子列子出见使者，再拜而辞。使者去，子列子入，其妻望而拊心曰："妾闻为有道者之妻子，皆得佚乐，今有饥色。君遇而遗先生食，先生不受，岂不命耶？"子列子笑谓之曰："君非自知我也。以人之言而遗我粟，至其罪我也，又且以人之言。此吾所以不受也。"其卒，民果作难，而杀子阳。	观世	子列子穷，容貌有饥色。客有言之于郑子阳者，曰："列御寇，盖有道之士也，居君之国而穷，君无乃为不好士乎？"郑子阳令官遗之粟数十秉。子列子出见使者，再拜而辞。使者去，子列子入，其妻望而拊心曰："闻为有道者妻子，皆得逸乐。今妻子有饥色矣，君过而遗先生食，先生又弗受也，岂非命也哉？"子列子笑而谓之曰："君非自知我也，以人之言而遗我粟也，至其罪我也，有罪且以人言。此吾所以不受也。"其卒，民果作难，杀子阳。
让王	孔子穷于陈、蔡之间，七日不火食，藜羹不糁，颜色甚惫，而弦歌于室。颜回择菜于外。子路、子贡相与言曰："夫子再逐于鲁，削迹于卫，伐树于宋，穷于商周，围于陈蔡，杀夫子者无罪，藉夫子者无禁。弦歌鼓琴，未尝绝音，君子之无耻也若此乎？"颜回无以应，入告孔子。孔子推琴喟然而叹曰："由与赐，细人也。召而来，吾语之。"子路、子贡入。子路曰："如此者，可谓穷矣！"孔子曰："是何言耶？君子通于道之谓通，穷于道之谓穷。今丘抱仁义之道，以遭乱世之患，其何穷之为？故内省而不疚于道，临难而不失其德，大寒既至，霜雪既降，吾是以知松柏之茂也。桓公得之莒，文公得之曹，越王得之会稽。陈蔡之厄，于丘其幸乎？"孔子削然返琴而弦歌，子路扢然执干而舞。子贡曰："吾不知天之高也，地之下也。"古之得道者，穷亦乐，通亦乐。所乐非穷通也，道得于此，则穷通一也，为寒暑风雨之序矣。故许由虞于颍阳，而共伯得乎共首。	慎人	孔子穷于陈、蔡之间，七日不尝食，藜羹不糁。宰予惫矣，孔子弦歌于室，颜回择菜于外。子路与子贡相与而言曰："夫子再逐于鲁，削迹于卫，伐树于宋，穷于陈、蔡，杀夫子者无罪，藉夫子者不禁，夫子弦歌鼓舞，未尝绝音，盖君子之无所丑也若此乎？"颜回无以对，入以告孔子。孔子憱然推琴，喟然而叹曰："由与赐，小人也。召，吾语之。"子路与子贡入。子贡曰："如此者，可谓穷矣！"孔子曰："是何言也？君子达于道之谓达，穷于道之谓穷。今丘也拘仁义之道，以遭乱世之患，其所也，何谓？故内省而不疚于道，临难而不失其德。大寒既至，霜雪既降，吾是以知松柏之茂也。昔桓公得之莒，文公得之曹，越王得之会稽。陈、蔡之厄，于丘其幸乎！"孔子烈然返瑟而弦，子路抗然执干而舞。子贡曰："吾不知天之高也，不知地之下也。"古之得道者，穷亦乐，达亦乐。所乐非穷达也，道得于此，则穷达一也，为寒暑风雨之序矣。故许由虞乎颍阳，而共伯得乎共首。

外篇	被钞文	吕览	钞引文
让王	昔周之兴，有士二人，处于孤竹，曰伯夷、叔齐。二人相谓曰："吾闻西方有人，似有道者，试往观焉。"至于岐阳。武王闻之，使叔旦往见之，与盟曰："加富二等，就官一列。"血牲而埋之。二人相视而笑曰："嘻！异哉！此非吾所谓道也。昔者神农之有天下也，时祀尽敬而不祈禧；其于人也，忠信尽治而无求焉。乐与政为政，乐与治为治。不以人之坏自成也，不以人之卑自高也，不以遭时自利也。今周见殷之乱，而遽为政，尚谋而行货，阻兵而保威，割牲而盟以为信，扬行以悦众，杀伐以要利，是推乱以易暴也。吾闻古之士，遭治世不避其任，遇乱世不为苟存。今天下暗，周德衰，与其并乎周以涂吾身也，不如避之以洁吾行。"二子北至于首阳之山，遂饿而死焉。若伯夷、叔齐者，其于贵富也，苟可得已，则必不赖。高节戾行，独乐其志，不事于世，此二士之节也。	诚廉	昔周之将兴也，有士二人，处于孤竹，曰伯夷、叔齐。二人相谓曰："吾闻西方有偏伯焉，似将有道者，今吾奚为处乎此哉？"二子西行如周，至于岐阳，则文王已殁矣。武王即位，观周德，则王使叔旦就胶鬲于四内，而与之盟曰："加富三等，就官一列。"为三书，同辞，血之以牲，埋一于四内，皆以一归。又使保召公就微子开于共头之下，而与之盟曰："世为长侯，守殷常祀，相奉桑林，宜私孟诸。"为三书，同辞，血之以牲，埋一于共头之下，皆以一归。伯夷、叔齐闻之，相视而笑曰："嘻！异乎哉！此非吾所谓道也。昔者神农氏之有天下也，时祀尽敬而不祈福也。其于人也，忠信尽治而无求焉。乐正与为正，乐治与为治，不以人之坏自成也，不以人之庳自高也。今周见殷之僻乱也，而遽为之正与治，上谋而行货，阻兵而保威也。割牲而盟以为信，因四内与共头以明行，扬梦以说众，杀伐以要利，以此绍殷，是以乱易暴也。吾闻古之士，遭乎治世，不避其任；遭乎乱世，不为苟在。今天下暗，周德衰矣。与其并乎周以漫吾身也，不若避之以洁吾行。"二子北行，至首阳之下而饿死焉。人之情，莫不有重，莫不有轻。有所重则欲全之，有所轻则以养所重。伯夷、叔齐，此二士者，皆出身弃生以立其意，轻重先定也。
佚文	尹儒学御，三年而无所得，夜梦受秋驾于其师。明日往朝其师，其师望而谓之曰："吾非独爱道也，恐子之未可与也。今将教子以秋驾。"	博志	尹儒学御，三年而不得焉，苦痛之，夜梦受秋驾于其师。明日往朝其师，其师望而谓之曰："吾非爱道也，恐子之未可与也。今日将教子以秋驾。"尹儒反走，北面再拜曰："今昔臣梦受之。"先为其师言所梦，所梦固秋驾已。

外篇	被钞文	吕览	钞引文
佚文	海上之人好鸥者，每旦之海上，从鸥游。鸥之至者，百数而不止。其父曰："吾闻鸥鸟从汝游，取来玩之。"明旦之海上，鸥舞而不下。	精谕	海上之人有好蜻者，每朝居海上，从蜻游。蜻之至者，百数而不止，前后左右尽蜻也，终日玩之而不去。其父告之曰："闻蜻皆从女居，取而来，吾将玩之。"明日之海上，而蜻无至者矣。
佚文	阖庐试其民于五湖，剑皆加于肩，地流血，几不可止。	用民	阖庐试其民于五湖，剑皆加于肩，地流血，几不可止。
佚文	田鼠之为鴽也。	季春	田鼠化为鴽。虹始见。萍始生。
佚文	大勇不斗，大兵不寇。	贵公	故曰：大匠不斫，大庖不豆，大勇不斗，大兵不寇。

【说明】

《吕览》之二十一篇，至少钞引魏牟版外篇之十三篇二十七条、佚文五条。

三、《荀子》钞引魏牟版外篇详表

外篇	被钞文	荀子	钞引文
至乐	昔者管子有言曰："褚小者不可以怀大，绠短者不可以汲深。"（今本《管子》无）	荣辱	故曰：短绠不可以汲深井之泉。
达生	东野稷以御见庄公，进退中绳，左右旋中规。庄公以为造父弗过也，使之钩百而返。颜阖遇之，入见曰："稷之马将败。"公密而不应。少焉，果败而返。公曰："子何以知之？"曰："其马力竭矣，而犹求焉，故曰败。"	哀公	定公问于颜渊曰："东野子之善驭乎？"颜渊对曰："善则善矣。虽然，其马将失。"
秋水	坎井之蛙，东海之乐。	正论	语曰：浅不可与测深，愚不足与谋知，坎井之蛙，不可与语东海之乐。
让王	昔桓公得之莒，文公得之曹，越王得之会稽（旧脱）。	宥坐	昔晋公子重耳霸心生于曹，越王勾践霸心生于会稽，齐桓公小白霸心生于莒。
	汤遂与伊尹谋。伐桀克之，以让卞随。……汤又让务光。	成相	天乙汤，论举当，身让卞随举牟光。
盗跖	申徒狄谏而不听，负石自投于河，为鱼鳖所食。	不苟	负石而赴河，是行之难为者也，而申徒狄能之。
惠施	（惠施）历物之意曰：天与地卑，山与泽平。……天下之辩者（桓团、公孙龙）相与乐之：卵有毛。……桓团、公孙龙辩者之徒，饰人之心，易人之意；能胜人之口，不能服人之心，辩者之囿也。	不苟	山渊平，天地比，齐秦袭，入乎耳，出乎口；钩有须；卵有毛；是说之难持者也，而惠施邓析能之。……故曰：君子行不贵苟难，说不贵苟察，名不贵苟得，唯其当之为贵。

【说明】

《荀子》之六篇，至少钞引魏牟版外篇之六篇七条。

四、《韩非子》钞引魏牟版外篇详表

外篇	被钞文	韩非子	钞引文
山木	庄子曰：腾猿得柘棘枳枸之间也，……处势不便，未足以逞其能也。	说林下	惠子曰：置猿于柙中，则与豚同。故势不便，非所以逞能也。
山木	丰狐文豹，……是何罪之有哉？其皮为之灾也！	喻老	丰狐文豹，以皮之美自为罪。
山木	奢闻之：既雕既琢，复归于朴。	外储说左上	书曰：既雕既琢，还归其朴。
山木	阳子之宋，宿于逆旅。逆旅之人有妾二人，其一人美，其一人恶，恶者贵而美者贱。阳子问其故，逆旅小子对曰："其美者自美，吾不知其美也；其恶者自恶，吾不知其恶也。"阳子曰："弟子记之！行贤而去自贤之心，安往而不爱哉？"	说林上	杨子过于宋，东之逆旅，有妾二人，其恶者贵，美者贱。杨子问其故。逆旅之父答曰："美者自美，吾不知其美也；恶者自恶，吾不知其恶也。"杨子谓弟子曰："行贤而去自贤之心，焉往而不美。"
秋水	其不可行明矣，然且语而不舍，非愚则诬也。	显学	无参验而必之者，愚也；弗能必而据之者，诬也。故明据先王，必定尧舜者，非愚即诬也。
知北游	天不得不高，地不得不广，日月不得不行，万物不得不昌，此其道欤？	解老	道者，天得之以高，地得之以藏，日月得之以恒其光，万物得之以死、得之以生。
徐无鬼	庄子曰：射者非前期而中，谓之善射，天下皆羿也，可乎？	外储说左上	不以仪的为关，则射者皆如羿也。……夫新砥砺杀矢，彀弩而射，虽冥而妄发，其端未尝不中秋毫也，然而莫能复其处，不可谓善射，无常仪的也。
徐无鬼	濡需者，豕虱是也：择处疏鬣长毛，自以为广宫大囿；奎蹄曲隈，乳间股脚，自以为安室利处，不知屠者之一旦鼓臂布草，操烟火，而己与豕俱焦也。	说林下	三虱食彘，相与讼。一虱过之，曰："讼者奚说？"三虱曰："争肥饶之地。"一虱曰："若亦不患腊之至而茅之燥耳，若又奚患？"于是乃相与聚嘬其身而食之。彘臞，人乃弗杀。

外篇	被钞文	韩非子	钞引文
徐无鬼	羊肉不慕蚁,蚁慕羊肉,羊肉膻也。舜有膻行,百姓悦之,故三徙成都,而十有万家。	外储说左下	以肉去蚁,蚁愈多;以鱼驱蝇,蝇愈至。
	吴王浮于江,登乎狙之山。众狙见之,恂然弃而走,逃于深椿。有一狙焉,委蛇攫搔,见巧乎王。王射之。敏给搏捷矢。	韩非子佚文	楚王有白猿,王自射之,则搏矢而熙。使养由基射之,始调弓矫矢,未发,而猿拥树而号矣。
外物	演门有亲死者,以善毁,爵为官师,其党人毁而死者半。	内储说上	宋崇门之巷人服丧而毁,甚瘠,上以为慈爱于亲,举以为官师。明年,人之所以毁死者岁十余人。
宇泰定	一雀过羿,羿必得之,惑也。以天下为之笼,则雀无所逃矣。	难三	宋人语曰:一雀过羿,羿必得之,则羿诬矣。以天下为之罗,则雀不失矣。
让王	天子不得臣,诸侯不得友。	外储说右上	不臣天子,不友诸侯,吾恐其乱法易教也,故以为首诛。
	汤又让务光曰:"知者谋之,武者遂之,仁者居之,古之道也。吾子胡不立乎?"务光辞曰:"废上,非义也;杀民,非仁也;人犯其难,我享其利,非廉。吾闻之曰:'非其义者,不受其禄;无道之世,不践其土。'况尊我乎?吾不忍久见也。"乃负石而自沉于庐水。	说林上	汤以伐桀,而恐天下言己为贪也,因乃让天下于务光。而恐务光之受之也,乃使人说务光曰:"汤杀君而欲传恶声于子,故让天下于子。"务光因自投于河。
佚文	楚人有卖矛及盾者,见人来买矛,即谓之曰:"此矛无何不彻。"见人来买盾,则又谓之曰:"此盾无何能彻者。"买人曰:"还将尔矛剌尔盾,若何?"	难一、难势	楚人有鬻盾与矛者,誉之曰:"吾盾之坚,物莫能陷也。"又誉其矛曰:"吾矛之利,于物无不陷也。"或曰:"以子之矛陷子之盾,何如?"其人弗能应也。
佚文	师旷为晋平公作清角,一奏,有云从西北起;再奏,大雨大风随之,裂帷幕,破俎豆,堕廊瓦。平公惧,伏于室内。	十过	平公曰:"清角可得而闻乎?"师旷曰:"不可。……"平公曰:"寡人老矣,所好者音也,愿遂听之。"师旷不得已而鼓之。

外篇	被钞文	韩非子	钞引文
佚文	周周衔羽以济河	说林下	鸟有翢翢者，重首而屈尾，将欲饮于河，则必颠，乃衔其羽而饮之。人之所有饮不足者，不可不索其羽也。

【说明】

《韩非子》之十三篇，至少钞引魏牟版外篇之七篇十四条、佚文三条。

五、贾谊二赋钞引魏牟版外篇详表

外篇	被钞文	贾谊赋	钞引文
寓言	无物不可。	鹏鸟赋	达人大观兮，物无不可。
田子方	遗物离人而立于独。	鹏鸟赋	至人遗物兮，独与道俱。
天运	道可载尔与之俱。		
知北游	人之生，气之聚也。聚则为生，散则为死。……孰知其纪？	鹏鸟赋	合散消息兮，安有常则？
列御寇	饱食而遨游，泛若不系之舟。	鹏鸟赋	澹兮若深渊之静，泛乎若不系之舟。
曹商	夫千金之珠，必在九重之渊而骊龙颔下。	吊屈原赋	袭九渊之神龙兮，沕深潜以自珍。
秋水	夫鹓雏，发于南海，而飞于北海，非梧桐不栖，非楝实不食，非醴泉不饮。于是鸱鸮得腐鼠，鹓雏过之，仰而视之曰：吓！今子欲以子之梁国而吓我邪？	吊屈原赋	鸾凤伏窜兮，鸱枭翔翔。
庚桑楚	夫寻常之沟，巨鱼无所还其体，而鲵鳅为之制。吞舟之鱼，荡而失水，则蝼蚁能苦之。	吊屈原赋	彼寻常之污渎兮，岂能容夫吞舟之巨鱼，横江湖之鱣鲸兮，固将制于蝼蚁。
则阳	圣人自埋于民，自藏于畔。	吊屈原赋	所贵圣人之神德兮，远浊世而自藏。

【说明】

贾谊二赋，至少钞引魏牟版外篇之九篇九条。

六、《韩诗外传》钞引魏牟版外篇详表

外篇	被钞文	韩诗外传	钞引文
寓言	曾子再仕而心再化，曰："吾及亲仕，三釜而心乐；后仕，三千钟而不洎亲，吾心悲。"	卷一	曾子仕于莒，得粟三秉。方是之时，曾子重其禄而轻其身。亲没之后，齐迎以相，楚迎以令尹，晋迎以上卿。方是之时，曾子重其身而轻其禄。
让王	原宪居鲁。环堵之室，茨以生草；蓬户不完，桑以为枢；而瓮牖二室，褐以为塞；上漏下湿，匡坐而弦歌。子贡乘大马，中绀而表素，轩车不容巷，往见原宪。原宪桦冠縰履，杖藜而应门。子贡曰："嘻！先生何病？"原宪应之曰："宪闻之，无财谓之贫，学道而不能行，谓之病。今宪，贫也，非病也。"子贡逡巡而有愧色。原宪笑曰："夫希世而行，比周而友，学以为己，教以为己，仁义之慝，舆马之饰，宪不忍为也。" 原子居卫。缊袍无表，颜色肿瘤，手足胼胝；三日不举火，七年不制衣；正冠而缨绝，捉衿而肘见，纳屦而踵决。曳屣而歌《商颂》，声满天地，若出金石。天子不得臣，诸侯不得友，故养志者忘形，养形者忘利，致道者忘心矣。（郭象版"原子"改为"曾子"。）	卷一	原宪居鲁，环堵之室，茨以蒿莱，蓬户瓮牖，揉桑而为枢，上漏下湿，匡坐而弦歌。子贡乘肥马，衣轻裘，中绀而表素，轩车不容巷而往见之。原宪楮冠黎杖而应门，正冠则缨绝，振襟则肘见，纳屦则踵决。子贡曰："嘻，先生何病也？"原宪仰而应，曰："宪闻之，无财之谓贫，学而不能之谓病。宪贫也，非病也。若夫希世而行，比周而友，学以为人，教以为己，仁义之慝，车马之饰，衣裘之丽，宪不忍为之也。"子贡逡巡，面有惭色，不辞而去。原宪乃徐步曳杖歌《商颂》而反，声满于天地，如出金石。天子不得而臣也，诸侯不得而友也，故养身者忘家，养志者忘身。身且不爱，孰能忝之？
盗跖	申徒狄谏而不听，负石自投于河，为鱼鳖所食。	卷一	申徒狄非其世，将自投于河。崔嘉闻而止之曰："吾闻圣人仁士之于天地之间也，民之父母也，今为濡足之故，不救溺人，可乎？"申徒狄曰："不然。昔桀杀关龙逢，纣杀王子比干，而亡天下。吴杀子胥，陈杀泄冶，而灭其国。故亡国残家，非无圣智也，不用故也。"遂抱石而沉于河。

外篇	被钞文	韩诗外传	钞引文
盗跖	鲍焦饰行非世，抱木而死。	卷一	鲍焦衣弊肤见，挈畚将蔬，遇子贡于道。子贡曰："吾子何以至于此也？"鲍焦曰："天下之遗德教者众矣，吾何以不至于此也？吾闻之，世不己知而行之不已者，是爽行也。上不己用而干之不止者，是毁廉也。行爽廉毁，然且弗舍，惑于利者也。"子贡曰："吾闻之，非其世者，不生其利。污其君者，不履其土。今吾子污其君而履其土，非其世而持其蔬，其可乎？《诗》曰：'溥天之下，莫非王土。'此谁之有哉？"鲍焦曰："于戏！吾闻贤者重进而轻退，廉者易愧而轻死。"于是弃其蔬而立槁于洛水之上。
庚桑楚	夫寻常之沟，巨鱼无所还其体，而鲵鲔为之制。吞舟之鱼，荡而失水，则蝼蚁能苦之。	卷八	夫吞舟之鱼大矣，荡而失水，则为蝼蚁所制，失其辅也。
让王	楚昭王失国，屠羊说走而从于昭王。昭王返国，将赏从者，及屠羊说。屠羊说曰："大王失国，说失屠羊；大王返国，说亦返屠羊。臣之爵禄已复矣，又何赏之有？"王曰："强之！"屠羊说曰："大王失国，非臣之罪，故不敢伏其诛；大王返国，非臣之功，故不敢当其赏。"王曰："见之！"屠羊说曰："楚国之法，必有重赏大功，而后得见。今臣之知，不足以存国；而勇，不足以死寇。吴军入郢，说畏难而避寇，非故随大王也。今大王欲废法毁约而见说，此非臣之所以闻于天下也。"王谓司马子綦曰："屠羊说居处卑贱，而陈义甚高，子其为我延之以三珪之位。"屠羊说曰："夫三珪之位，吾知其贵于屠羊之肆也；万钟之禄，吾知其富于屠羊之利也。	卷八	吴人伐楚，昭王去国，国有屠羊说从行。昭王反国，赏从者。及说，说辞曰："君失国，臣所失者屠。君反国，臣亦反其屠。臣之禄既厚，又何赏之？"辞不受命。君强之，说曰："君失国，非臣之罪，故不伏其诛。君反国，非臣之功，故不受其赏。吴师入郢，臣畏寇避患。君反国，说何事焉？"君曰："不受则见之。"说对曰："楚国之法，商人欲见于君者，必有大献重质，然后得见。今臣智不能存国，节不能死君，勇不能待寇，然见之，非国法也。"遂不受命，入于涧中。昭王谓司马子期曰："有人于此，居处甚约，论议甚高，为我求之。愿为兄弟，请为三公。"司马子期舍车徒求之，五日五夜，见之，谓曰："国危不救，非仁也。君命不从，非忠也。恶富贵于上，甘贫苦于下，意者过也。今君

外篇	被钞文	韩诗外传	钞引文
让王	然岂可以贪爵禄，而使吾君有妄施之名乎？说不敢当，愿复返吾屠羊之肆。"遂不受也。	卷八	愿为兄弟，请为三公，不听君，何也？"说曰："三公之位，我知其贵于刀俎之肆矣。万钟之禄，我知其富于屠羊之利矣。今见爵禄之利，而忘辞受之礼，非所闻也。"遂辞三公之位，而反乎屠羊之肆。
让王	伯夷、叔齐、卞随、原宪	卷一	伯夷、叔齐、卞随、介子推、原宪、鲍焦、袁旌目、中徒狄之行也，其所受天命之度，适至是而止，弗能改也，虽枯槁，弗舍也。
盗跖	介子推、鲍焦、申徒狄		
天下	（墨子）虽枯槁，不舍也。……（宋钘）其行适至是而止。		
达生	东野稷以御见庄公，进退中绳，左右旋中规。庄公以为造父弗过也，使之钩百而反。颜阖遇之，入见曰："稷之马将败。"公密而不应。少焉，果败而返。公曰："子何以知之？"曰："其马力竭矣，而犹求焉，故曰败。"	卷二	颜渊侍坐鲁定公于台，东野毕御马于台下。定公曰："善哉！东野毕之御也。"颜渊曰："善则善矣，其马将佚矣。"定公不说，以告左右曰："闻君子不谮人。君子亦谮人乎？"颜渊退，俄而厩人以东野毕马佚闻矣。定公揭席而起，曰："趣驾召颜渊。"颜渊至，定公曰："乡寡人曰：'善哉东野毕之御也。'吾子曰：'善则善矣，然则马将佚矣。'不识吾子何以知之？"颜渊曰："臣以政知之。昔者舜工于使人，造父工于使马。舜不穷其民，造父不极其马。是以舜无佚民，造父无佚马。今东野毕之御，上车执辔，衔体正矣，周旋步骤，朝礼毕矣，历险致远，马力殚矣，然犹策之不已，所以知其佚也。"定公曰："善，可少进乎？"颜渊曰："兽穷则啮，鸟穷则啄，人穷则诈。自古及今，穷其下能不危者，未之有也。"
则阳	戴晋人见魏王	卷九	戴晋生见梁王

外篇	被钞文	韩诗外传	钞引文
山木	庄周游于雕陵之樊，睹一异鹊自南方来者，翼广七尺，目大运寸，感周之颡，而集于栗林。庄周曰："此何鸟哉？翼殷不逝，目大不睹。"蹇裳躩步，执弹而留之。睹一蝉，方得美荫而忘其身。螳螂执翳，且将搏之，见得而忘其形。异鹊从而利之，见利而忘其真。	卷十	臣园中有榆，其上有蝉。蝉方奋翼悲鸣，欲饮清露，不知螳螂之在后，曲其颈，欲攫而食之也。螳螂方欲食蝉，而不知黄雀在后，举其颈，欲啄而食之也。黄雀方欲食螳螂，不知童挟弹丸在下，迎而欲弹之。童子方欲弹黄雀，不知前有深坑，后有掘株也。此皆贪前之利，而不顾后害者也。

【说明】

《韩诗外传》之五卷，至少钞引魏牟版外篇之八篇十三条。

附录五　庄学分段年表

一、庄前道家年表

老聃（前570—前480）：道家始祖，春秋末期陈国人。约长孔子（前551—前479）二十岁。其书今存，但非原貌。（见于《养生主》、《德充符》、《应帝王》、《寓言》、《田子方》、《知北游》、《庚桑楚》、《则阳》、《天下》、《天运》、《在宥》、《天道》、《泰初》。）

关尹：道家二祖，老聃弟子。春秋末期人，母邦不详。约与孔子年辈相当。《汉书·艺文志》著录《关尹子》九篇，久佚，今本为伪书。（见于《达生》、《天下》。）

列御寇（前450—前375）：道家三祖，关尹弟子或再传弟子，战国初期郑国人。《汉书·艺文志》著录《列子》八篇，久佚，今本为东晋张湛伪托编纂（杂取先秦旧籍）。（见于《逍遥游》、《应帝王》、《至乐》、《达生》、《让王》、《列御寇》、《百里奚》。）

杨朱（前395—前335）：道家四祖，老聃数传弟子。战国中期魏国人。其书久佚。（见于《应帝王》、《寓言》、《山木》。）

子华子（前380—前320）：道家五祖，当属杨朱弟子。战国中期魏国人。其书久佚，《吕览》钞引六条。与庄同时略先，与庄关系不详。（见于《让王》、《则阳》。）

【说明】

参看各篇注及《天下》附论。

二、庄周生平年表

前369年　庄子生于宋国蒙邑（宋君偃生年与之相当），时为宋辟公（桓侯）十二年。《庄子》佚文有"宋桓侯"。

前353年　庄子十七岁，齐威王僭称"王"。

前340年　庄子三十岁，戴剔成弑君（宋桓侯）篡位，宋人惠施出任魏相。庄子弟子蔺且约于此年前后，生于宋国。

前337年　庄子三十三岁，宋君偃逐兄（宋君剔成）篡位。庄子辞漆园吏，约在此后。

前335年　庄子三十五岁，魏惠王僭称"王"。庄子赴魏见魏惠王、惠施（《秋水》、佚文），必在此后。

前328年　庄子四十二岁，宋君偃僭称"王"。

前325年　庄子四十五岁，秦惠王、韩宣惠王僭称"王"。庄子贬斥"宋王"、"秦王"（《曹商》），必在此后。

前323年　庄子四十七岁，"合纵"创始人公孙衍主持魏惠王、赵武灵王、韩宣惠王、燕易王、中山王"五国相王"，相互承认僭称"王"。《史记·鲁周公世家》："景公二十九年（前323），是时六国皆称王。"

前322年　庄子四十八岁，"连横"创始人秦相张仪游说魏惠王联秦攻齐。惠施罢相返宋，首次与庄子盘桓。"惠子从车百乘，以过孟诸，庄子见之，弃其余鱼"（《庄子》佚文、《淮南子》），发生于惠施返宋之时。《逍遥游》："惠子谓庄子曰：'魏王贻我大瓠之种。'"撰于庄惠首次盘桓之后。

前320年　庄子五十岁，庄子再传弟子魏牟约于此年前后，生于中山。

前319年　庄子五十一岁，魏惠王卒，魏襄王立。张仪罢相返秦。惠施离宋返魏，图谋复相失败。

前316年　庄子五十四岁，燕王哙禅位燕相子之，燕国大乱。

前313年　庄子五十七岁，孟轲（前372—前289）鼓动齐宣王伐燕，燕王哙、燕相子之皆死。"之、哙让而绝"(《秋水》)。

前311年　庄子五十九岁，燕昭王立，筑黄金台招贤，苏秦、乐毅、邹衍往燕。

前305年　庄子六十五岁，惠施在魏都大梁公布"历物"学说，天下辩者齐集大梁，韩人桓团、赵人公孙龙击败惠施(《惠施》)。"惠子(谓庄子)曰：'今夫儒墨杨秉，且方与我以辩。'"(《徐无鬼》)。中山公子魏牟崇信公孙(《列子·仲尼》)。惠施辩论失败返宋，再次与庄子盘桓。

前300年　庄子七十岁，惠施卒于宋，葬于宋(《徐无鬼》)。《齐物论》："惠子之知几乎？故载之末年。"撰于此后。

前296年　庄子七十四岁，赵武灵王伐灭中山。中山公子魏牟流落江湖，"身在江海之上，心居乎魏阙之下"，问道于楚人詹何(《让王》)。后成庄子再传弟子，其师或即蔺且。

前288年　庄子八十二岁，秦昭王僭称"西帝"，齐湣王僭称"东帝"，月余迫于国际压力撤销。"鸡麻也，豕零也，是时为帝者也，何可胜言？"(《管仲》)

前286年　庄子八十四岁，卒于宋国蒙邑，临终反对弟子对其厚葬(《曹商》、佚文)。遗著内篇七，一万三千余言。燕使苏秦唆使齐湣王伐灭宋，宋王偃卒于魏国温邑。

三、庄后蔺且、魏牟年表

前284年　庄殁二年，燕将乐毅率五国联军伐齐，齐湣王车裂燕使苏秦，自己逃至莒邑，被楚使淖齿所杀。

前266年　庄殁二十年，赵王何卒，谥惠文。《说剑》虚构庄子讽谏赵文王，必在此后。

前264年　庄殁二十二年，田齐第十二世齐王建即位。《胠箧》贬斥"田成子十二世有齐国"，必在此后。

前260年　庄殁二十六年,弟子蔺且卒。遗著《寓言》、《山木》、《达生》、《至乐》、《曹商》等,阐释内篇义理,多述庄子生平。

前257年　庄殁二十九年,秦围邯郸失败。魏牟在秦,讽谏秦相范雎(《战国策》)。

前256年　庄殁三十年,魏牟离秦至赵,赵相赵胜迎之(《战国策》),面斥公孙龙(《秋水》)。秦昭王灭周,《盗跖》言及"汤武立为天子,而后世绝灭",必在此后。

前245年　庄殁四十一年,赵悼襄王即位。魏牟过赵,讽谏赵悼襄王(《战国策》),必在此后。

前240年　庄殁四十六年,再传弟子魏牟卒。遗编《庄子》初始本,包括无一庄后史实的内篇七,多有庄后、蔺后史实的外篇二十二,总计二十九篇,五万余言。

四、魏牟版传播年表（魏后刘前）

前239年　魏殁一年,《吕览》成书,至少钞引魏牟版《庄子》初始本内篇五、外篇十三之四十条。

前238年　魏殁二年,荀况卒于楚国兰陵,《荀子》至少钞引魏牟版《庄子》初始本内篇二、外篇六之十二条。

前233年　魏殁七年,韩非卒于秦国大狱,《韩非子》至少钞引魏牟版《庄子》初始本内篇四、外篇七之二十一条。

前227年　魏殁十三年,荆轲刺杀秦王嬴政失败。刘安版《庄子》大全本新增之篇言及"荆轲"(《庄子》佚文),必在此后（当在秦灭之后的汉初）。

前221年　魏殁十九年,秦灭齐,秦王嬴政僭称"始皇帝"。

前219年　魏殁二十一年,秦始皇封禅。刘安版《庄子》大全本新增之篇言及"封于泰山,禅于梁父"(《庄子》佚文),必在此后（当在秦灭之后的汉初）。

前212年　魏殁二十八年，秦始皇坑儒。刘安版《庄子》大全本新增之篇言及被坑儒生"卢敖"（《庄子》佚文），必在此后（当在秦灭之后的汉初）。

前179年　魏殁六十一年，汉高祖刘邦幼子淮南王刘长之长子刘安出生。

前168年　魏殁七十二年，贾谊卒。所撰《吊屈原赋》、《鹏鸟赋》至少钞引魏牟版《庄子》初始本内篇三、外篇九之十五条，未引刘安版《庄子》大全本新增二十三篇一字。刘安十二岁。

前167年　魏殁七十三年，湖北江陵张家山136号汉墓下葬，随葬魏牟版外篇《盗跖》（1988年出土）。刘安十三岁。

前165年　魏殁七十五年，汝阴侯夏侯灶卒，下葬于安徽阜阳双古堆1号汉墓，随葬魏牟版外篇《则阳》、《外物》、《让王》（1977年出土）。刘安十五岁。

前145年　魏殁九十五年，司马迁出生。刘安三十五岁。

前139年　魏殁一百零一年，刘安四十一岁，所著《淮南子》进呈汉武帝，《主术训》言及"素王"，承自刘安版《庄子》大全本"新外篇"《天道》。刘安编纂《庄子》大全本，当在此前。

前134年　魏殁一百零六年，董仲舒《天人三策》进呈汉武帝，言及"素王"。汉武帝采其献策，"罢黜百家，独尊儒术"。

前130年　魏殁一百十年，韩婴卒。所著《韩诗外传》至少钞引魏牟版《庄子》初始本内篇二、外篇八之十五条，未引刘安版《庄子》大全本新增二十三篇一字。韩著时间当早于刘安编纂《庄子》大全本。

前122年　魏殁一百十八年，刘安五十八岁，因汉武帝诬其谋反而被迫自杀。遗编《庄子》大全本，增补"新外篇六"，创设"杂篇十四"，附录"解说三"（又收入《淮南子》外篇），总计"五十二篇"（《汉书》）、"十余万言"（《史记》）。

五、刘安版传播年表（刘后郭前）

前90年　刘殁三十二年，司马迁卒。所著《史记·老子韩非列传》谓"庄子著书十余万言"（五十二篇之数），误以五十二篇均为庄撰。

前6年　刘殁一百十六年，刘向卒。所著《别录》谓"《庄子》五十二篇，宋之蒙人"，误以五十二篇均为庄撰。

23年　刘殁一百四十五年，刘歆卒。所著《七略》谓"《公子牟》四篇，魏之公子也，先庄子，庄子称之"，误以庄子再传弟子魏牟先于庄子。

92年　刘殁二百十四年，班固卒。所著《汉书·古今人表》列"严周"（避东汉明帝刘庄讳）于"魏牟"之前，不误。《汉书·艺文志》钞引刘向《别录》"《庄子》五十二篇，宋之蒙人"，误以五十二篇均为庄撰；又钞引刘歆《七略》"《公子牟》四篇，魏之公子也，先庄子，庄子称之"，误以庄子再传弟子魏牟先于庄子。

212年　刘殁三百三十四年，高诱卒。所著《吕览注》钞引刘向《别录》、班固《艺文志》"《庄子》五十二篇，宋之蒙人"，误以五十二篇均为庄撰。

272年　刘殁三百九十四年，向秀卒。崔譔、向秀各著《庄子注》，均选注刘安版大全本，"崔譔注内篇七，外篇二十，无杂篇；向秀注内篇七，外篇十九，亦无杂篇"（陆德明《经典释文·序录》）。

306年　刘殁四百二十八年，司马彪卒。所著《庄子注》全注刘安版大全本五十二篇，分类篇目全同刘安版，孟氏《庄子注》亦然。均为"内篇七，外篇二十八，杂篇十四，解说三"（陆德明《经典释文·序录》）。

刘安版与郭象版并存六七百年，前者影响日微，后者影响日广。唐宋类书偶尔钞引刘安版被郭象所删的十九篇，成为后人辑佚之依据。唐宋以后三教合一，郭象版最终取代刘安版。刘安版彻底亡佚。

六、郭象版传播年表（郭象至今）

312年　刘殁四百三十四年，郭象卒。遗著郭象版《庄子》，对刘安版"以意去取"（陆序）、"裁取其长"（郭跋），删除"十分有三"（郭跋），仅有"内篇七，外篇十五，杂篇十一"，而郭象版"杂篇十一"之九篇实为刘安版外篇，实为刘安版"内篇七，外篇二十四，杂篇二"，比刘安版少十九篇：外篇四、杂篇十二、解说三。总计三十三篇，六万六千言。郭象版"杂篇十一"，仅有《说剑》《渔父》原属刘安版杂篇，另外九篇原属魏牟版、刘安版外篇。郭象版外杂篇"新八篇"，由刘安版外杂篇"旧十六篇"拼接而成。篡改、妄断、反注，遍布全书。

　　郭象以后一千七百年的《庄子》注家，均以郭象版《庄子》为底本，大多盲信郭象版伪原文，盲从反庄学的郭象伪庄学，并且根据郭象反注，变本加厉地篡改、删除不合郭注的郭象版伪原文，乃至篡改郭象注文，为庄义、郭义之全面对立弥缝。详见附录六《本书参考文献》之《旧庄学要目》。

附录六　本书参考文献

一、相关经籍

1.《老子》，2.《论语》，3.《周易》，4.《诗经》，5.《左传》，6.《墨子》，7.《管子》，8.《尸子》，9.《商君书》，10.《孟子》，11.《慎子》，12.《晏子春秋》，13.《战国纵横家书》，14.《公孙龙子》，15.《荀子》，16.《吕览》，17.《韩非子》，18.《文子》，19.《鹖冠子》，20.《山海经》，21.《楚辞》，22.《陆贾新语》，23.《贾谊新书》，24.《韩诗外传》，25.《淮南子》，26.《春秋繁露》，27.《史记》，28.《战国策》，29.《新序》，30.《说苑》，31.《法言》，32.《汉书》，33.《后汉书》，34.《三国志》，35.《阮籍集》，36.《嵇康集》，37.《王弼集》，38.伪《列子》，39.《抱朴子》，40.《谢灵运集》，41.《陶渊明集》，42.《世说新语》，43.《文心雕龙》，44.《颜氏家训》，45.《文选》，46.《太平御览》，47.《艺文类聚》，48.《群书治要》，49.《初学记》，50.《白孔六帖》。

二、旧庄学要目

1.魏晋司马彪（？—306）《庄子（全）注》，已佚。唐陆德明《庄子音义》、李善《文选注》等引

2.魏晋孟氏《庄子（全）注》，已佚。唐陆德明《庄子音义》著录

3.魏晋崔譔《庄子（选）注》，已佚。唐陆德明《庄子音义》引

4.魏晋向秀（227—272）《庄子（选）注》，已佚。东晋张湛《列子注》、

唐陆德明《庄子音义》等引

5.西晋郭象（252—312）《庄子注》（篡改重编，并非选注，本书简称"郭注"），今日唯一传本

6.西晋李颐《庄子集解》，已佚。唐陆德明《庄子音义》引。李颐以降的历代注家，均以郭象版《庄子》删改本为底本

7.东晋王坦之（330—375）《废庄论》

8.南朝宋《庄子》元嘉本，已佚。唐陆德明《庄子音义》引

9.唐陆德明（约550—630）《经典释文》之《庄子音义》（本书简称"陆释"），总体忠于郭象反注，局部多引司马彪本、崔譔本、向秀本、李颐本、元嘉本与郭象本的异文，多引司马、崔、向、李注。版本价值第一

10.唐成玄英（约601—约690，道士）《南华真经注疏》（本书简称"成疏"），总体忠于郭象反注，局部略有修正

11.唐文如海（唐玄宗时道士）《庄子正义》，已佚。北宋陈景元《庄子阙误》引

12.敦煌唐写本（郭象版写本）

13.唐李磎（大中十三年进士，859）《广废庄论》

14.北宋王安石（1021—1086）《庄周论》

15.北宋陈景元（1025—1094，道士，号碧虚子）《南华真经章句音义》附《庄子阙误》，校勘异文甚多，统计郭象版《庄子》原文总计65923字，比清末郭庆藩《庄子集释》多742字，比清末王先谦《庄子集解》多774字

16.北宋吕惠卿（1032—1111）《庄子义》，已佚。南宋褚伯秀《南华真经义海纂微》引

17.北宋苏轼（1037—1101）《庄子祠堂记》

18.北宋陈祥道（1042—1093）《庄子注》，已佚。南宋褚伯秀《南华真经义海纂微》引

19.北宋林自（字疑独）《庄子注》，已佚。南宋褚伯秀《南华真经义海纂微》引

20.北宋王雱（1044—1076，字元泽，王安石之子）《南华真经新传》

21.南宋赵以夫（1189—1256）《庄子内篇注》，已佚。南宋褚伯秀《南

华真经义海纂微》引

22.南宋林希逸（1193—1271）《庄子口义》

23.南宋李士表《庄子九论》，已佚。南宋褚伯秀《南华真经义海纂微》引

24.南宋褚伯秀《南华真经义海纂微》。《四库提要》："其书纂郭象、吕惠卿、林疑独、陈祥道、陈景元、王雱、刘概、吴俦、赵以夫、林希逸、李士表、王旦、范元应十三家之说，而断以己意，谓之'管见'。"

25.南宋罗勉道《南华真经循本》

26.南宋王应麟（1223—1296）《困学纪闻》卷十《庄子逸篇》，从《世说新语》、《文选》、《后汉书》注及《艺文类聚》、《太平御览》辑出三十九条《庄子》佚文，开《庄子》辑佚先河

27.南宋刘辰翁（1232—1297）《庄子南华真经点校》

28.元吴澄（1249—1333）《庄子内篇订正》

29.元苗善时《南华经公案》（《玄教大公案》之四十三至五十五则）

30.日本高山寺古钞本（郭象版钞本，元代），末有郭跋（元后中国版均删）

31.明宋濂（1310—1381）《庄子辨》

32.明杨慎（1488—1559）《庄子解》、《庄子阙误》、《庄子难字》

33.明陆西星（1520—约1601，字长庚）《南华真经副墨》，嘉靖三十九年（1560）成书

34.明朱得之（1485—？，王阳明弟子）《庄子通义》，万历六年（1578）成书

35.明释性通《南华发覆》，嘉靖四十五年（1566）成书

36.明陈深（嘉靖二十八年举人，1549）《庄子品节》

37.明归有光（1506—1571）《庄子释意》、《南华真经评注》

38.明唐顺之（1507—1560）《南华经释略》

39.明王世贞（1526—1590）《读庄子》、《南华经评点》

40.明李贽（1527—1602）《庄子解》

41.明张四维《庄子口义补注》

42.明沈一贯（1531—1615，字肩吾）《庄子通》，万历十六年（1588）

成书

43. 明焦竑（1540—1620）《庄子翼》，万历十六年（1588）成书

44. 明李光缙（1549—1623）《南华肤解》

45. 明陈继儒（1558—1639）《庄子类语》、《庄子粹》、《庄子隽》

46. 明钟惺（1574—1624）《庄子娜嬛》、《庄子文归》

47. 明释德清（1546—1623，号憨山）《庄子内篇注》

48. 明杨起元（1547—1599）《南华经品节》

49. 明郭良翰（万历太仆寺丞）《南华经荟解》

50. 明潘其庆《南华经集注》

51. 明胡应麟（1551—1602，字符瑞）《九流绪论》

52. 明袁宏道（1568—1610，字中郎）《广庄》

53. 明袁中道（1570—1623，字小修）《导庄》

54. 明陶望龄（1562—1609）《解庄》

55. 明李腾芳（1573—1633，万历二十年进士）《说庄》，方以智《药地炮庄》引

56. 明谭元春（1586—1637）《庄子南华真经评》

57. 明陈治安（天启二年举人）《南华真经本义》

58. 明周拱辰《南华真经影史》，崇祯十年（1637）成书

59. 明程以宁《南华真经注疏》，崇祯十年（1637）自序

60. 明方虚名《南华真经旁注》

61. 明陈荣选《南华经句解》

62. 明遗民觉浪道盛（1592—1659，方以智之师）《庄子提正》

63. 明遗民傅山（1607—1684，字青主）《批点庄子》

64. 明遗民方以智（1611—1671）《药地炮庄》，入清后著

65. 明遗民钱澄之（1612—1693）《庄子诂》，方以智《药地炮庄》引

66. 明遗民佷亭净挺（1615—1684）《漆园指通》

67. 明遗民王夫之（1619—1692）《庄子解》、《庄子通》

68. 清初金圣叹（1608—1661）《第一才子书》

69. 清初胡文蔚《南华经合注吹影》

70.清初方人杰《庄子读本》

71.清初林云铭（1628—1697）《庄子因》，康熙二十七年（1688）自序

72.清初王敔（1656—1730，王夫之之子）《庄子增注》

73.清初高秋月、曹同春《庄子释意》

74.清藏云山房主人《南华经大意解悬参注》

75.清吴世尚《庄子解》

76.清林仲懿（康熙辛卯举人，1711）《南华本义》

77.清王懋竑（1668—1741，康熙进士）《庄子存校》

78.清浦起龙（1679—1762）《庄子钞》

79.清刘大櫆（1698—1779）《庄子评点》

80.清孙嘉淦（1683—1753，康熙五十二年进士）《南华通》

81.清方正瑗（方以智之孙，康熙五十九年举人，1720）《方斋补庄》，乾隆二年（1737）自序

82.清宣颖《南华经解》（康熙六十年张芳序）

83.清徐廷槐（雍正庚戌进士，1730）《南华简钞》

84.清卢文弨（1717—1796，乾隆十七年进士）《庄子音义考证》

85.清姚鼐（1732—1815，乾隆二十八年进士）《庄子章义》

86.清胡文英（乾隆三十年贡生，1765）《庄子独见》，乾隆十七年（1752）自叙

87.清陆树芝（乾隆四十五年举人，1780）《庄子雪》，嘉庆元年（1796）自序

88.清王念孙（1744—1832）《读书杂志·庄子》

89.清翁元圻（1751—1825）《庄子逸篇注》

90.清王引之（1766—1834，王念孙之子）《读书杂志·庄子》、《经传释词》

91.清洪颐煊（1765—1837）《庄子丛录》

92.清江有诰（1773—1851）《庄子韵读》

93.清万希槐《庄子逸篇集证》

94.清孙冯翼（孙星衍之侄）《司马彪庄子注》

95.清茆泮林（？—1845）《庄子司马彪注考逸》

96.清朱骏声（1788—1858）《说文通训定声》，多及《庄子》音义

97.清方潜（1805—1868）《南华经解》

98.清郭嵩焘（1818—1891）《庄子注》。郭庆藩叔父（《庄子集释》称为"家世父"）

99.清俞樾（1821—1907，晚号曲园居士）《庄子平议》、《庄子人名考》

100.清刘凤苞（1826—1905，同治四年进士）《南华雪心编》，光绪十八年（1892）刻本

101.清刘鸿典（同治七年进士）《庄子约解》

102.清末王闿运（1832—1916）《庄子内杂篇注》

103.清末陈寿昌《南华真经正义》

104.清末杨文会（1837—1911）《南华经发隐》

105.清末吴汝纶（1840—1903）《庄子点勘》

106.清末郭庆藩（1844—1896，郭嵩焘之侄）《庄子集释》，全收郭注、成疏、陆释，杂引各家，并附"家世父曰"（郭嵩焘）、"庆藩案"

107.清末王先谦（1842—1917，翰林院庶吉士）《庄子集解》

108.清末孙诒让（1848—1908）《庄子札迻》

109.清末林纾（1852—1924）《庄子浅说》

110.清末严复（1853—1921）《庄子评点》

111.清末于鬯（1854—1910）《庄子校书》

112.清末马其昶（1855—1930）《庄子故》

113.清末武延绪（1857—1916，光绪壬辰进士）《庄子札记》

114.清末章炳麟（1869—1936，号太炎）《庄子解故》、《齐物论释》

115.清末胡远浚（1869—1933）《庄子诠诂》

116.清末阮毓崧（1870—1951）《庄子集注》

117.清末梁启超（1873—1929）《庄子天下篇释义》（《清华周刊》1926年18期）

118.清末奚侗（1878—1939）《庄子补注》

119.清末胡朴安（1878—1947）《庄子章义》

120.清末刘师培（1884—1919）《庄子斠补》（《中国学报》1912年1期，

江苏古籍出版社1997《刘申叔遗书》）

121.顾实（1878—1956）《庄子天下篇讲疏》（台湾商务印书馆1980）

122.曹受坤（1879—1959）《庄子内篇解说》（台湾艺文印书馆1972）

123.刘武（1883—1975）《庄子集解内篇补正》（中华书局1987）

124.吴承仕（1884—1939）《庄子音义辨证》（中华书局1984）

125.马叙伦（1885—1970）《庄子义证》（商务印书馆1930）

126.杨树达（1885—1956）《庄子拾遗》（上海古籍出版社2007《积微居读书记》）

127.胡怀琛（1886—1938）《庄子集解补正》（台湾艺文印书馆1972）

128.钱基博（1887—1957）《读庄子天下篇疏记》（商务印书馆1930）

129.方光《庄子天下篇释》（严灵峰《无求备斋老庄列三子集成补编》第五五册）

130.谭戒甫（1887—1974）《庄子天下篇校释》（台湾商务印书馆1985）

131.钟泰（1888—1979）《庄子发微》（上海古籍出版社1988）

132.刘文典（1889—1958）《庄子补正》（安徽大学出版社、云南大学出版社1999）。征引王念孙、王引之、卢文弨、奚侗、俞樾、郭庆藩、章太炎、刘师培、马叙伦诸家

133.陈柱（1890—1944）《老子与庄子》、《庄子内篇学》、《阐庄》

134.陈启天（1893—1984）《庄子浅说》（台湾中华书局1971）

135.钱穆（1895—1990）《庄子纂笺》（台湾东大图书公司1985）

136.张默生（1895—1979）《庄子新释》（新世界出版社2007）

137.于省吾（1896—1984）《庄子新证》（上海书店出版社1999）

138.朱桂曜（1898—1929）《庄子内篇证补》（商务印书馆1935）

139.丁展成《庄子音义绎》（台北艺文印书馆1974）

140.支伟成（1899—1929）《庄子校释》（中国书店1988）

141.闻一多（1899—1946）《庄子内篇校释》、《庄子章句》、《庄子校补》、《庄子义疏》、《周易与庄子研究》（湖北人民出版社1994）

142.王孝鱼（1900—1981）《庄子内篇新解·王夫之〈庄子通〉疏证》（岳麓书社1983）

143. 严灵峰（1904—1999）《庄子章句新编》（台湾商务印书馆1968）

144. 周绍贤（1908—1993）《庄子要义》（台湾中华书局1983）

145. 单晏一《庄子天下篇荟释》（西安黎明日报社1948）

146. 陶鸿庆《读庄子札记》（《国学丛刊》1924年第3期，台湾艺文印书馆1971《读诸子札记》）

147. 曹慕樊（1911—1993）《庄子新义》（重庆出版社2005）

148. 王叔岷（1914—2008）《庄子校释》（1947）、《庄子校诠》（台湾"中央研究院"历史语言研究所1988，附录《庄子佚文》）、《庄子校诠》（中华书局2007，未附《庄子佚文》，转收于中华书局2007《庄学管窥》）。征引之广，有史以来居冠

149. 李勉《庄子总论及分篇评注》（台湾商务印书馆1973）

150. 罗龙治《哲学的天籁——庄子》（台湾时报文化出版社1981）

151. 陈鼓应（1935—）《庄子今注今译》（中华书局1983）

152. 曹础基（1937—）《庄子浅注》（中华书局1982）

153. 方勇（1956—）、陆永品（1936—）《庄子诠评》（巴蜀书社2007增订）

三、相关著作

1. 王国维（1877—1927）《古本竹书纪年辑校》（辽宁教育出版社1997）

2. 顾颉刚（1893—1980）主编《古史辨》（上海古籍出版社1982）

3. 钱穆（1895—1990）《先秦诸子系年》（湖北教育出版社2002）

4. 陈梦家（1911—1966）《六国纪年》（上海人民出版社1956）

5. 杨伯峻（1909—1992）《列子集释》（中华书局1979）

6. 吕思勉（1884—1957）《先秦学术概论》（中国大百科全书出版社1985）

7. 胡适（1891—1962）《中国哲学史大纲》（商务印书馆1987）

8. 郭沫若（1892—1978）《十批判书》、《庄子与鲁迅》、《〈兰亭序〉与老

庄思想》

9.冯友兰（1895—1990）《中国哲学史》

10.蒋锡昌（1897—?）《庄子哲学》

11.高亨（1900—1986）《庄子新笺》（开封岐文斋1935，山东人民出版社1961《诸子新笺》）

12.叶国庆（1901—2001）《庄子研究》（"国学小丛书"1936）

13.张恒寿（1902—1991）《庄子新探》（湖北人民出版社1983）

14.郎擎霄（1903—?）《庄子学案》（上海书店出版社1992）

15.崔大华（1938—2013）《庄学研究》（人民出版社1992）

16.涂光社（1942—）《庄子范畴心解》（中国社会科学出版社2003）

17.刘笑敢（1947—）《庄子哲学及其演变》（中国社会科学出版社1988）

18.陈少明（1958—）《齐物论及其影响》（北京大学出版社2004）

19.王博（1967—）《庄子哲学》（北京大学出版社2004）

20.［美］爱莲心《向往心灵转化的庄子》（江苏人民出版社2004）

21.潘雨廷（1925—1991）《易与老庄》（上海古籍出版社2005）

22.裘锡圭（1935—）《中国出土古文献十讲》（复旦大学出版社2004）

23.叶舒宪（1954—）《庄子的文化解析》（陕西人民出版社2005）

24.徐克谦（1956—）《庄子哲学新探》（中华书局2006）

25.王叔岷《庄学管窥》（台湾艺文印书馆1978，中华书局2007）

26.王叔岷《诸子斠证》（台湾世界书局1964，中华书局2007）

27.王叔岷《先秦道法思想讲稿》（台湾"中央研究院"中国文哲研究所1992，中华书局2007）

28.王叔岷《陶渊明诗笺证稿》（台湾艺文印书馆1975，中华书局2007）

29.［印］奥修《庄子心解》（陕西师范大学出版社2007）

30.汤一介、胡仲平编《魏晋玄学研究》（湖北教育出版社2008）

31.方勇《庄子学史》（人民出版社2008）

32.江世荣《有关〈庄子〉的一些历史资料》（《文史》1962年第1辑）

33.江世荣《〈庄子〉佚文举例》（《文史》1982年第1辑）

34.江世荣《刘安〈庄子解说〉辑要》（《文史》1986年第2辑）

索引一 《庄子复原本》人物索引

A

艾封人：逍遥游

B

伯昏无人：德充符。百里奚，列御寇（伯昏瞀人）

伯夷：秋水，让王，盗跖，骈拇

伯成子高：天地

伯乐：马蹄

卜梁倚（惠施化身）：大宗师

比干：人间世。山木，外物，盗跖，胠箧，子张

柏矩（老子弟子）：则阳

北宫奢：山木

北海若：秋水

北人无择：让王

北门成：天运

被衣：知北游，天地

卞随：让王

鲍焦：盗跖

百里奚：宇泰定，百里奚

C

尺鴳：逍遥游。达生（鴳）

长梧子：齐物论

长梧封人：则阳

常季：德充符

苌弘：外物，胠箧

承蜩丈人：达生

曹商：曹商

捶钩者：知北游

崔瞿：在宥

赤张满稽：泰初

D

东郭子綦：寓言

东郭顺子：田子方

东郭子：知北游

东野稷：达生

董梧：管仲

戴晋人（庄子化身）：则阳

盗跖：盗跖，胠箧，骈拇，在宥，泰初（跖）

E

妸荷甘：知北游

F

逢蒙：山木

冯夷：大宗师

傅说：大宗师

鲋鱼：外物

G

关尹：达生，天下

关龙逢：人间世。外物（龙逢），胠箧（龙逢）

管仲：达生，管仲，子张

公孙龙：秋水，徐无鬼（秉），惠施

公阅休：则阳

公孙衍（犀首）：则阳

光曜：知北游

庚桑楚（老聃弟子）：庚桑楚

广成子：在宥

滑介叔：至乐

滑稽：徐无鬼

故人（庄子之友）：山木

H

惠子（惠施）：逍遥游，齐物论，德充符。寓言，至乐，秋水，徐无鬼，则阳，外物，惠施

壶子（关尹化身）：应帝王

忽：应帝王

浑沌：应帝王。泰初（浑沌氏）

皇子告敖：达生

河伯：秋水，外物

桓团：惠施

黄缭：惠施

华封人：天地

鸿蒙：在宥

汉阴丈人：泰初

J

接舆：逍遥游，人间世，应帝王

肩吾：逍遥游，大宗师，应帝王。百里奚

狙公：齐物论

匠石：人间世。徐无鬼

据梁：大宗师

箕子：外物

季咸：应帝王

季真：则阳

季彻：泰初

接子：则阳

纪渻子：达生

纪他：外物

九方歅：管仲

介子推：盗跖

将闾葂：泰初

K

孔子（仲尼）：齐物论，人间世，德充符，大宗师。寓言，山木，达生，至乐，曹商，秋水，田子方，知北游，管仲，则阳，外物，让王，盗跖，天运，天道，渔父，泰初，百里奚，子张

堪坏：大宗师

坎井之蛙：秋水

狂屈：知北游

L

列子（子列子）：逍遥游，应帝王。达生，至乐，让王，列御寇，百里奚

连叔：逍遥游

丽之姬：齐物论

老聃（老子）：养生主，德充符，应帝王。寓言，田子方，知北游，庚桑楚，则阳，天下，天运，在宥，天道，泰初

老聃弟子：养生主。庚桑楚（庚桑楚），则阳（柏矩）

老莱子：外物

老龙吉：知北游

栎社树：人间世

蔺且（庄了弟了）：山木

鲁遽：徐无鬼

柳下季：盗跖

离朱：胠箧，天地，骈拇

轮扁：天道

吕梁丈夫：达生

M

藐姑射神人：逍遥游

毛嫱：齐物论

闵子骞（孔子弟子）：德充符（闵子）

孟子反：大宗师

孟孙才：大宗师

牧马童子：徐无鬼

墨翟（墨子）：列御寇，天下，子张

墨翟弟子：天下（禽滑釐，相里勤，五侯，苦获，已齿，邓陵子）

门无鬼：泰初

满苟得：子张

N

南郭子綦：齐物论

南伯子綦：人间世。管仲

南伯子葵：大宗师

南荣趎：庚桑楚

女偊（神偊）：齐物论，大宗师

女商：徐无鬼

啮缺：齐物论，应帝王。知北游，管仲，天地

P

彭祖：逍遥游，齐物论，大宗师。刻意

彭蒙：天下

庖丁：养生主

蒲衣子（被衣）：应帝王。知北游，天地，佚文（蒲衣）

Q

鹢鹊子：齐物论

秦佚：养生主

公文轩：养生主

蘧伯玉：人间世。则阳

禽滑釐：天下

裘氏（孔子化身）：列御寇

R

儒墨：齐物论。知北游，徐无鬼，管仲，列御寇，胠箧，天运，骈拇，在宥，泰初

儒服丈夫（孔子化身）：田子方

任公子（庄子化身）：外物

冉求（孔子弟子）：知北游

日中始：应帝王

S

叶公：人间世

宋荣子：逍遥游。天下（宋钘）

宋元君：徐无鬼，外物，百里奚

师旷：齐物论。胠箧，骈拇

叔山无趾：德充符

叔齐：让王，盗跖

倏：应帝王

申徒嘉：德充符

申徒狄：外物，盗跖

市南宜僚：山木，管仲，则阳

单豹：达生

孙休（孔子化身）：达生

孙叔敖：管仲，百里奚

寿陵余子：秋水

神农：山木，至乐，知北游，让王，盗跖，胠箧，天运，缮性

史䲡：则阳

狶韦氏：大宗师。知北游，则阳（狶韦），外物

少知：则阳

善卷：让王，子张

石户之农：让王

司马子綦：让王

慎到：天下

师金：天运

士成绮：天道

T

蜩：逍遥游。宇泰定

太公任（庄子化身）：山木

太公调（庄子化身）：则阳

太王亶父：让王

太宰荡：天运

泰清：知北游

泰隗：徐无鬼

田开之：达生

田子方（孔子再传弟子）：田子方

田和：管仲

田骈：天下

田成子：胠箧，子张

屠羊说：让王

W

魏王：逍遥游。山木

魏牟：秋水，让王

魍魉：齐物论。寓言

王倪：齐物论，应帝王。天地

王骀：德充符

王果：则阳

王子庆忌：山木

王子搜：让王

文惠君：养生主。佚文

文种：管仲

兀者：养生主（右师），德充符（王骀，申徒嘉，叔山无趾）。宇泰定

瓮㼜大瘿：德充符

卫君：人间世。盗跖

卫灵公：德充符。山木，则阳

卫灵公太子：人间世。达生（庄公）

无庄：大宗师

无根：应帝王

无名人（庄子化身）：应帝王

无为谓：知北游

无穷：知北游

无为：知北游

无始：知北游

无有：知北游

无足：子张

温伯雪子：田子方

伍子胥：至乐，外物（伍员），盗跖，胠箧，子张，子胥

恶来：外物

务光：外物，让王

务成昭：天运

尾生：盗跖，子张

罔象：达生，天地

X

鹝鸠：逍遥游。宇泰定

许由：逍遥游，大宗师。管仲，外物，让王，天地，子张

西施：齐物论。天运

西王母：大宗师

黡工：田子方

徐无鬼：徐无鬼

孝己：外物

Y

颜成子游：齐物论。寓言

颜成子：管仲

颜回（孔子弟子）：人间世，大宗师。山木，达生，至乐，田子方，知北游，让王，盗跖，天运，渔父，百里奚

颜阖：人间世。达生，曹商，让王

颜不疑：管仲

闉跂支离无脤：德充符

禺强：大宗师

鹓𪃟子：大宗师。山木（鹓𪃟）

阳子居（杨朱）：应帝王。寓言，山木，徐无鬼（杨）

弇堈：知北游

伊尹：则阳，让王，宇泰定

夷节：则阳

余且：外物

原宪（孔子弟子）：让王

尹文：天下

羿：德充符。山木，徐无鬼，宇泰定

云将：在宥

苑风：泰初

Z

庄子：逍遥游，齐物论（庄周），德充符。寓言，山木（庄周），至乐，曹商，秋水，田子方，知北游，徐无鬼，则阳，外物（庄周），列御寇，天下（庄周），天地（夫子），天运，天道，说剑，马捶

庄子弟子：蔺且（山木），魏牟（秋水，让王）

支离疏：人间世

支离叔：至乐

支离益：列御寇

子产：德充符

子祀：大宗师

子舆：大宗师

子犁：大宗师

子来：大宗师

子桑户：大宗师（子桑）。山木（子桑雽）

子琴张：大宗师

子扁庆子：达生

子华子：则阳（华子），让王

子州支父：让王

子州支伯：让王

子贡（孔子弟子）：大宗师。至乐，让王，盗跖，天运，渔父，泰初

子路（孔子弟子）：秋水，田子方，则阳，让王，盗跖，天道，渔父

子牢（孔子弟子）：则阳

子张（孔子弟子）：子张

祝肾：达生

张毅：达生

祝宗人：达生

梓庆：达生

正考父（孔子七世祖）：曹商

知：知北游，天地

知和：子张

则阳：则阳

郑子阳：让王

郑人缓：列御寇

詹子（詹何）：让王

周公：让王（叔旦），天运，子张

朱泙漫：列御寇

曾参（孔子弟子）：寓言（曾子），外物

曾史（曾参、史䲔）：胠箧，骈拇，在宥，泰初

谆芒：泰初

臧丈人：百里奚

索引二 《庄子复原本》君侯索引

一、尧舜以前上古酋长

狶韦氏：大宗师。知北游，则阳（狶韦），外物

冉相氏：则阳

容成氏：则阳，胠箧

大庭氏：胠箧

伯皇氏：胠箧

中央氏：胠箧

栗陆氏：胠箧

骊畜氏：胠箧

轩辕氏：胠箧

赫胥氏：胠箧，马蹄

尊卢氏：胠箧

祝融氏：胠箧

燧人：至乐，缮性

伏羲氏：人间世（伏羲），大宗师，应帝王（泰氏）。缮性（伏羲），百里奚（伏羲），胠箧（伏牺氏）

神农氏（炎帝）：山木（神农，炎氏），至乐（神农），知北游（神农），让王（神农），盗跖（神农），胠箧，天运（有炎氏），缮性（神农）

几蘧：人间世

黄帝：齐物论，大宗师。山木，至乐，知北游，徐无鬼，管仲，盗跖，天地，天运，缮性，在宥，天道，百里奚，游凫

颛顼：大宗师

二、尧舜以后先秦君侯

尧：逍遥游，齐物论，人间世，德充符，大宗师。山木，至乐，秋水，知北游，庚桑楚，徐无鬼，管仲，则阳，外物，让王，盗跖，胠箧，天地，天运，在宥，天道，泰初，子张

舜（有虞氏）：逍遥游，齐物论，人间世，德充符，应帝王。山木，至乐，秋水，知北游，庚桑楚，管仲，则阳，让王，盗跖，胠箧，天地，天运，骈拇，在宥，天道，泰初，百里奚，子张

禹：人间世。山木，秋水，盗跖，天下，天地，天运

桀：人间世，大宗师。秋水，知北游，外物，让王，在宥，泰初，子张

汤：逍遥游。秋水，知北游，则阳，外物，让王，盗跖，宇泰定，天运，子张

武丁：大宗师

纣：人间世。秋水，外物，盗跖，天运，子张

文王：让王，天运，说剑，百里奚

武王：让王，盗跖，天运，泰初，子张

周王：达生

周威公：达生

五伯（五霸）：大宗师

齐桓公：德充符。达生，管仲，让王，天道

晋文公：让王

晋王：齐物论

秦穆公：百里奚

楚王：人间世。管仲，则阳，百里奚

楚昭王：让王

凡君：百里奚

吴王：逍遥游。管仲

越王句践：管仲，让王

卫君：人间世。盗跖

卫灵公：德充符。山木，则阳

卫灵公太子：人间世。达生（庄公）

鲁哀公：德充符。曹商，田子方，佚文

鲁侯：山木，达生，至乐，让王（鲁君）

田成子：胠箧，子张

田和：管仲

田侯午：则阳

齐康公：管仲

魏文侯：田子方

魏武侯：徐无鬼

魏王（魏惠王）：逍遥游。山木，则阳（魏罃）

韩昭僖侯：让王

秦王：曹商

宋王：曹商

赵文王：说剑

三、庄子虚构君侯

狙公：齐物论

文惠君：养生主

日中始：应帝王

神巫季咸：应帝王

监河侯：外物（引用庄言）

索引三 《庄子复原本》寓言索引

一、内七篇寓言表

篇　名	寓言	寓言数
1逍遥游	鲲化为鹏，蜩鸠笑鹏，鲲不化鹏，尺鴳笑鹏，尧让许由，藐姑射神人，宋人资章甫，尧治天下，庄惠辩瓠，庄惠辩樗	10
2齐物论	子綦论三籁，朝三暮四，尧伐三苗，王倪论道，长梧斥孔，魍魉问影，庄周梦蝶	7
3养生主	庖丁解牛，右师刖足，老聃之死	3
4人间世	颜回往刑，叶公使齐，颜阖傅储，栎树寄社，商丘大木，宋国荆氏，支离疏，接舆讽孔	8
5德充符	兀者王骀，兀者申徒嘉，兀者无趾，恶人哀骀它，二恶人，庄惠辩情	6
6大宗师	道之九阶，造化四子，江湖三子，孔论处丧，息黥补劓，孔颜坐忘，道极二子	7
7应帝王	俗王臧仁，俗王式义，明王不治，老论明王，巫相壶子，浑沌凿窍	6

【说明】

内七篇47章。孔子10章，老子7章。

二、外杂篇寓言表

篇　名	寓言	寓言数
1寓言	庄惠辩孔★，曾子再仕，学道九阶，魍魉问影，杨朱悟道	5
2山木	木雁两难★，宜僚教鲁侯，驾乘虚舟，北宫筑坛，太公任斥孔，子桑寧斥孔，庄斥魏王★，孔教颜回，庄子悟道★，杨朱论道	10
3达生	关尹教列，丈人斥孔，孔教颜回，养生鞭后，宗人劝彘，桓公见鬼，丈夫教孔，梓庆削木，东野御车，扁子哀孙	10
4至乐	庄子妻死★，至人观化，颜渊之齐，列子见髑髅	4
5曹商	庄斥曹商★，颜阖斥孔，庄斥宋王★，庄子拒聘★，庄子将死★	5
6秋水	河伯观海，夔怜蚿，孔子穷困，魏牟斥公孙，庄拒楚聘★，庄惠初见★，庄惠辩鱼★	7
7田子方	子方见魏文，孔见温伯，孔教颜回，老聃教孔，庄见鲁哀★	5
8知北游	知北游，啮缺问被衣，舜问丞，孔问老聃，东郭问道★，老龙吉死，泰清闻道，光曜闻道，大马捶钩，冉求问孔，颜回问孔	11
9庚桑楚	整篇	1
10徐无鬼	无鬼讽魏武，无鬼斥魏武，黄帝见泰隗，庄惠辩射★，庄过惠墓★	5
11管仲	管仲有病，吴王射狙，子綦隐几，孔子之楚，子綦悲子，许由逃尧	6
12则阳	王果教则阳，戴晋人教魏王，孔赞宜僚，长梧教子牢，柏矩学于老聃，蘧伯玉改宗，狶韦教孔，少知问太公调	8
13外物	庄周贷粟★，任公子钓大鱼，儒以诗礼发冢，老莱教孔，宋元君梦龟，庄惠辩用★	6
14让王	尧让许由，舜让支伯，舜让善卷，舜让之农，亶父去邠，王子搜恶为君，子华子说昭僖侯，颜阖逃仕，列子拒赐，屠羊说拒赏，原宪安贫，原宪不臣，颜回不仕，魏牟问詹何，孔穷陈蔡，舜让北人，商汤伐桀，夷齐观周	18
15盗跖	整篇	1
16列御寇	整篇	1

篇 名	寓 言	寓言数
17天下		0
18惠施		0
19宇泰定		0
20胠箧	盗亦有道	1
21天地	罔象得珠，尧师许由，封人斥尧，子高斥禹	4
22天运	太宰问仁★，黄帝论乐，师金斥孔，老子斥孔，老斥孔仁，老斥子贡，孔子改宗	7
23骈拇		0
24马蹄		0
25刻意		0
26缮性		0
27在宥	崔瞿问老聃，黄帝问广成，云将问鸿蒙	3
28天道	舜问尧，老聃斥孔，老斥士成，轮扁议书	4
1说剑	整篇★	1
2渔父	整篇	1
3泰初	老聃教孔，将闾葂见季彻，子贡游楚，谆芒教苑风，门无鬼斥武王	5
4百里奚	宋元君将画图，文王观臧，列子习射，孙叔敖，楚王凡君	5
5子张	苟得斥子张，知和斥无足	2
6马捶	庄子见髑髅★	1

【说明】

外杂篇寓言137章。庄事21(标★),3事虚构(《田子方》、《说剑》、《马捶》)。

索引四 《庄子复原本》动物索引

一、内七篇动物表

1逍遥游	鱼，鲲，乌，鹏，蜩＊，鸴鸠＊，尺鷃＊，朝菌，蟪蛄，冥灵，鹌鹁，鼹鼠，飞龙，狸狌，斄牛，鼠，野马，二虫
2齐物论	彀，马，众狙，鳅，猿，猴，麋，鹿，蝍蛆，带（小蛇），鸱鸦，鼠，猵狙，鱼，乌，麋鹿，鹍鹊子＊，时夜（鸡），鸹，蛇蚹，蜩翼，蝴蝶
3养生主	牛，泽雉
4人间世	螳螂，虎，虿，蚊虻，蠹，狙猴，白颡牛，亢鼻豚，凤
5德充符	豚子，豚母
6大宗师	鱼，狶，鼠肝，虫臂，乌，鹍鹁子＊
7应帝王	蚊，乌，鼹鼠，二虫，莽眇之鸟，虎豹，猿狙，鲵，豕

【说明】

内七篇动物61种。人格化22种，说话5种（标＊）。

二、外杂篇动物表

1 寓言	鹳雀蚊虻，蜩甲，蛇蚹
2 山木	雁，龙，蛇，丰狐文豹，意怠，鸟，兽，腾猿，鹍鸸，异鹊，螳螂，蝉
3 达生	蜩，豹（单豹），羊，饿虎，麤，斗鸡、木鸡，鼋鼍鱼鳖，马，鸟，鳅鲦，鸡
4 至乐	海鸟，鳅鲦，鸟，兽，鱼，蛙，蛴螬，蝴蝶，鸲掇，乾余骨，斯弥，食醯，颐辂，黄轵，九猷，瞀芮，腐蠸，羊（羊奚），青宁，程，马
5 曹商	骊龙，牺牛，孤犊，乌鸢，蝼蚁
6 秋水	牛马，井鱼，夏虫，骐骥骅骝，鼠，狸狌，鹓鶵，蚤，禽兽，马首，牛鼻，夔★，蚿★，蛇★，蛟龙，兕虎，坎井之蛙★，东海之鳖★，虾蟹蝌蚪，蚊，商蚷，神龟，鸟，鹓雏，鸱鸢★，腐鼠，儵鱼
7 田子方	龙，虎，马，草食之兽，水生之虫，醯鸡
8 知北游	狐（狐阅），新生之犊，白驹，蝼蚁，狶，龙（老龙吉），马
9 庚桑楚	巨鱼，鲵鳅，巨兽，孽狐，函车之兽，吞舟之鱼，蝼蚁，乌兽，鱼鳖，奔蜂，藿蠋，螟蛉，越鸡，鹄卵，鲁鸡
10 徐无鬼	狗，狸，马，国马，天下马，麑鼬，鹤（鹤列），蝇
11 管仲	狙，狗，羊，鹑，蚤虱，豕，羊，蚁，鱼，鸡（鸡廱），鸥，鹤
12 则阳	鳖，虎，牛，马，蜗，蚁（蚁丘之蒋），狶，狗，鸡
13 外物	龙（龙逢），鲋鱼★，巨鱼，犞，大鱼，鲵鲋，白龟★，鱼，鹈鹕，狶，兔
14 让王	犬，马，牛，千仞之雀，羊（屠羊说）
15 盗跖	牛，马，死牛之胁，乳虎，禽兽，麋鹿，涿鹿之野，鱼鳖，磔犬，流豕，骐骥，虎头，虎须，虎口
16 列御寇	龙（屠龙）
17 天下	
18 惠施	鸡，犬，羊，马，丁子，龟，蛇，飞鸟，狗，黄马，骊牛，白狗，孤犊，蚊虻
19 宇泰定	膍胲（牛百叶），蜩，鸒鸠，虫，雀，羊
20 胠箧	龙（龙逢），骊（骊畜氏），鸡，狗，鸟，鱼，兽，喘喘之虫
21 天地	鹑，縠，鸟

22天运	虎，狼，蛰虫，乌狗，狸，猨狙，蚊虻，鹊，乌，鱼，飞鸿，游鹿，走狗，井鱼，龙，蚳蛊之尾，鲜窥之兽，白鹢，虫，乌鹊，细腰（蜂）
23骈拇	兔，鹤，羊
24马蹄	马，禽兽，乌鹊
25刻意	鱼，熊，乌
26缮性	
27在宥	龙，雀跃，兽，鸟，昆虫
28天道	禽兽，鼠壤，牛，马，雁
1说剑	斗鸡
2渔父	
3泰初	狸，狗，猿狙，螳螂，野鹿，鸠鹊，虎豹
4百里奚	牛，驳马
5子张	
6马捶	马

【说明】

外杂篇动物104种。人格化21种（其6引庄）。说话8种（标★，其2引庄），均在魏撰之篇（《秋水》6,《外物》2）。

索引五 《庄子复原本》植物索引

一、内七篇植物表

1逍遥游	芥（草），榆，枋，大椿，棘，蓬蒿，深林，一枝，五谷，秕糠，大瓠，大树，大樗
2齐物论	楄木，山林，大木，竹，菌，莛，楹，芋，蓬艾，荠，长梧子★
3养生主	桑林，薪
4人间世	蕉，栎社树★，散木，文木，大木，柤，梨，橘，柚，果蓏，荆，楸柏桑，稷，粟，迷阳，山木，桂（树），漆（树）
5德充符	松柏，橘梧
6大宗师	南伯子葵★，子桑★
7应帝王	蒲衣子★，壶子（葫芦）★

【说明】

内七篇植物37种。人格化9种，说话6种（标★）。

二、外杂篇植物表

1寓言	
2山木	大木，枝叶，散木，直木，山林，芋栗，树，楠梓榆樟，柘棘枳枸，橘木，橘枝，栗林
3达生	橛株之枸，橘木之枝，白茅，山林，深林
4至乐	柳（瘤），深林，蓬，蛙蠙之衣，陵舄，乌足，羊奚，笋，竹
5曹商	萧（芦苇），乌菣
6秋水	小木，大木，稊米，谷食，梧桐，楝实

7 田子方	槁木
8 知北游	果蓏，稊稗，山林
9 庚桑楚	百草，蓬蒿，米，槁木之枝
10 徐无鬼	山林，藜藋，芋栗，葱韭，草莱
11 管仲	深榛，梧（董梧）★，菫，桔梗，鸡癕，豕零
12 则阳	草木，梧（长梧封人）★，禾，萑苇，蒹葭，柏（柏矩）★
13 外物	梧（苍梧），青青之麦，草木
14 让王	生草，蓬，桑，丝麻，藜，藜藿，穄，菜，树，松柏，树，竹（孤竹）
15 盗跖	柳（柳下季），枝木之冠，橡栗，竹（孤竹）
16 列御寇	楸柏
17 天下	
18 惠施	
19 宇泰定	
20 胠箧	栗陆氏，肖翘之物
21 天地	柤梨橘柚，果蓏
22 天运	橘梧，树
23 骈拇	丝竹
24 马蹄	草，木，草木
25 刻意	
26 缮性	山林
27 在宥	五谷，白茅，扶摇之枝，草木
28 天道	山林，树木，余蔬
1 说剑	
2 渔父	缁帷之林，杏坛，树，苇
3 泰初	标枝，百年之木
4 百里奚	
5 子张	
6 马捶	

【说明】

外杂篇植物61种。人格化3种，说话3种（标★），均在魏撰之篇（《管仲》1，《则阳》2）。

索引六 《庄子复原本》校勘总汇

【说明】

（ ）内为衍文、讹文、误倒之文，[ ] 内为所补之文、正字。

一，复原本内七篇13800字。补脱文105字，删衍文82字，订讹文85字，厘正误倒16处，移正三处错简99字。

《逍遥游》

补脱文31字：

1.抢榆枋 [而止]。

2.奚以之九万里而 [图] 南为。

3.八千岁为秋 [此大年也]。

4.汤之问棘也是矣。[汤问棘曰：上下四方有极乎？棘曰：无极之外，复无极也。]

5.孰肯 [纷纷然] 以物为事。

删衍文5字：

1.翼若垂天之云，搏扶摇（羊角）而上者九万里。

2.举世（而）誉之而不加劝，举世（而）非之而不加沮。

3.汾水之阳窅然丧其天（下）焉。

订讹文8字：

1.水击三千里，（抟）[搏] 扶摇而上者九万里。

2.（穷发）[终北] 之北有溟海者。

3.翼若垂天之云，（抟）[搏] 扶摇而上者九万里。

4.（斥）[尺] 鷃笑之曰。

5.德合一君、（而）[能] 征一国者。

6.吾将为（宾）[实]乎？

7.（淖）[绰]约若处子。

《齐物论》

补脱文27字：

1.恶乎不然？不然于不然。[恶乎可？可于可。恶乎不可？不可于不可。]

2.名实未亏而喜怒为用，亦因是[因非]也。

3.若是而可谓成乎？虽我[无成]，亦[可谓]成也。

4.五者无[弃]而几向方矣。

5.疾雷破山[而不能伤，飘]风振海而不能惊。

删衍文8字：

1.其溺之所为（之）。

2.万世之后而一遇（大圣）知其解者，是旦暮遇之也。

3.俄然觉，则蘧蘧然周也（自喻适志欤）。

订讹文27字：

1.山林之畏（佳）[崔]。

2.激者，（謞）[滈]者。

3.（宊）[笑]者，咬者。

4.夫吹万不同，而使其自（己）[已]也。

5.小知（间间）[闲闲]。

6.喜怒哀乐，虑叹（变）[恋]慹，（姚佚）[摇曳]启态。

7.奚必知（代）[化]？而心自取者有之。

8.虽有神（禹）[偶]，且不能知。

9.自彼则不见，自（知）[是]则知之。

10.昭文之鼓琴也，师旷之（枝）[杖]策也，惠子之据梧也。

11.是故滑疑之耀，圣人之所（圖）[鄙]也。

12.有左，有右；有（伦）[论]，有（义）[议]。

13.夫（大）[至]道不称，（大）[至]辩不言，（大）[至]仁不亲，（大）[至]廉不谦，（大）[至]勇不忮。

14.仁常而不（成）[周]。

15.五者（园）[无弃]而几向方矣。

16.鸱（鸦）[鸮]嗜鼠。

17.毛嫱（丽姬）[西施]，人之所美也。

18.是若果是也，则是之异乎不是也,（亦）[其]无辩；然若果然也，则然之异乎不然也，亦无辩。

厘正误倒2处：

1.尔（问之）[之问]也。

2.今我则已有谓矣，而未知吾（所谓之）[之所谓]，其果有谓乎？其果无谓乎？

移正错简一处38字：

然则我与若与人，俱不能相知也，而待彼也邪？

[化声之相待，若其不相待；和之以天倪，因之以蔓衍，所以穷年也。忘年忘义，振于无境，故寓诸无境。]

何谓和之以天倪？

（化声之相待，若其不相待；和之以天倪，因之以蔓衍，所以穷年也。忘年忘义，振于无境，故寓诸无境。）

曰：是不是，然不然。是若果是也，则是之异乎不是也，其无辩；然若果然也，则然之异乎不然也，亦无辩。

《养生主》

补脱文1字：

1.始臣之解牛之时，所见无非[全]牛者。

订讹文4字：

1.技（盖）[盍]至此乎

2.（技）[枝]经肯綮之未尝，而况大骨乎？

3.（神）[形]虽王，不善也。

4.始也吾以为（其）[至]人也，而今非也。

《人间世》

补脱文4字：

1.愿以所闻，思其［所行］。

2.有［心］而为之，其易邪？

3.故其杀［之］者，逆也。

删衍文6字：

1.是皆修其身以伛拊（下）人之民。

2.外合而内（不）訾，其庸讵可乎。

3.言祈乎（而）人善之、祈乎（而）人不善之。

4.外曲者，与人（之）为徒也。

5.故未终其天年，而中道（之）夭于斧斤。

订讹文7字：

1.尔强以仁义绳墨之言，（術）［衒］暴人之前者。

2.回之未始得使，实（自）［有］回也；得使之也，未始有回也。

3.虚室生白，吉祥止（止）［也］。

4.大枝折，小枝（泄）［揠］。

5.凤兮凤兮，何（如）［尔］德之衰也？

6.（吾行）［却曲］却曲，无伤吾足。

厘正误倒5处：

1.是以人恶（有其）［其有］美也，命之曰灾人。

2.（若一）［一若］志！

3.（听止于耳）［耳止于听］，心止于符。

4.于是并生（心厉）［厉心］。

5.（隐将）［将隐］庇其所藾。

《德充符》

补脱文17字：

1.命物之化而守其宗［者］也。

2.受命于地，唯松柏独也［正］，在冬夏青青；受命于天，唯［尧］舜独也正,［在万物之首］。

3.一知之所［不］知，而心未尝死者乎。

4.不知先生之洗我以善邪?［吾之自悟邪］。

5.犹有尊足者存［焉］。

6.犹务学以复补［其］前行之恶。

7.闷然而后应，泛［然］而若辞。

删衍文8字：

1.子（而）悦子之执政，而后人者也。

2.游于羿之彀中（中央者，中地也），然而不中者，命也。

3.倚树而吟，据（槁）梧而瞑。

订讹文4字：

1.自其异者视之，肝胆（楚）［胡］越也。

2.物何为（最）［冣=聚］之哉?

3.吾与夫子游十九年矣，而未尝知吾（兀）［介］者也。

4.丘也尝（使）［游］于楚矣。

厘正误倒2处：

1.未尝闻（有其）［其有］唱者也。

2.不（爪剪）［剪爪］，不穿耳。

《大宗师》

补脱文23字：

1.与乎［其］止我德也……闷乎［其］忘其言也。

2.［与其］相呴以湿，相濡以沫，不如相忘于江湖。

3.夫藏舟于壑，藏山于泽，［人］谓之固矣。

4.［故］杀生者不死，生生者不生。

5.孰［能］知死生存亡之一体者，吾与之友矣。

6.特范人之形而犹喜之，若人之形者，万化而未始有极者也,［弊而复新］，其为乐可胜计邪?

7.成然寐，蘧然觉。[发然汗出]。

8.是恶［乎］知礼意［邪］。

9.又恶知死生先后之所在［邪］。

10.庸讵知吾所谓吾之［非吾］乎。

11.堕［其］肢体，黜［其］聪明。

12.子舆与子桑［为］友。

删衍文51字：

1.亡身不真，非役人也（若狐不偕、务光、伯夷、叔齐、箕子、胥余、纪他、申徒狄），是役人之役，适人之适，而不自适其适者也。

2.（夫大块载我以形，劳我以生，佚我以老，息我以死。故善吾生者，乃所以善吾死也。）夫藏舟于壑。

3.今（之）大冶铸金。

订讹文26字：

1.不以心（捐）[损]道，不以人助天。

2.其心（志）[忘]，其容寂。

3.（天）[失]时，非贤也。

4.（行）[徇=殉]名失己，非士也。

5.古之真人，其状（义）[峨]而不（朋）[凭]。

6.（与）[举]乎其廓而不坚也。

7.（邴）[怲]乎其似喜（乎）[也]，催乎其不得已（乎）[也]，（厉）[广]乎其似世（乎）[也]。

8.善（少）[夭]善老，善始善终。

9.在太极之（先）[上]而不为高，在六极之下而不为深。

10.浸假而化予之左臂以为（鸡）[卵]。

11.二（人）[子]相视而笑曰。

12.相造乎水者，穿池而养给；相造乎道者，无事而（生定）[性足]。

13.不知（就）[孰]先，不知（就）[孰]后。

14.有（旦）[怛]宅而无（情死）[耗精]。

15.梦为鸟而（厉）[唳]乎天，梦为鱼而没于渊。

16.孟孙氏特觉，人哭亦哭，是自其所以（乃且）［宜］也。

厘正误倒5处：

1.吾犹（守而告之）［告而守之］。

2.天之小人，人之君子；（人）［天］之君子，（天）［人］之小人也。

3.有骇形而无损心，有怛宅而无（情死）［耗精］。

4.（安排而去化）［去排而安化］，乃入于寥天一。

5.回忘（仁义）［礼乐］矣。回忘（礼乐）［仁义］矣。

删去错简重出一处31字，移正错简一处30字：

（夫大块载我以形，劳我以生，佚我以老，息我以死。故善吾生者，乃所以善吾死也）夫藏舟于壑，藏山于泽，人谓之固矣，然而夜半有力者负之而走，昧者不知也。藏小大有宜，犹有所遁。若夫藏天下于天下，而不得所遁，是恒物之大情也。（特范人之形而犹喜之，若人之形者，万化而未始有极者也，其为乐可胜计邪？）故圣人将游于物之所不得遁而皆存。

……

今大冶铸金，金踊跃曰：'我且必为镆铘！'大冶必以为不祥之金。今一范人之形，而曰：'人耳！人耳！'夫造化者必以为不祥之人。［特范人之形而犹喜之，若人之形者，万化而未始有极者也，弊而复新，其为乐可胜计邪？］

《应帝王》

补脱文2字：

1.不［可］以旬数矣。

2.纷［然］而封哉，一以是终。

删衍文4字：

1.虎豹之文来畋，猿狙之便（执斄之狗）来藉。

订讹文9字：

1.有虞氏，其犹（藏）［臧］仁以要人。

2.君人者以己出经式义，（度）［庶］民孰敢不听而化诸？

3.（天）［无］根游于殷阳。

4.汝又何（帛）[暇]以治天下感予之心为。

5.萌乎不震不（正）[止]。

6.子之先生不（齐）[斋]，吾无得而相焉。试（齐）[斋]，且复相之。

7.向吾示之以太冲莫（勝）[朕]。

8.浑沌待之甚（善）[厚]。

厘正误倒2处：

1.（众雌而无雄）[众雄而无雌]，尔又奚卵焉。

2.（吾向）[向吾]示之以太冲莫朕。

二、复原本修订版之外杂篇51716字（初版51710字，少6字），含魏牟版旧外篇二十二37341字（初版37335字，少6字），含刘安版新外篇六7540字（初版同），含刘安版杂篇十四之六篇白文6835字（初版同）。补脱文558字（初版560字），删衍文248字（初版258字），订讹文416字（初版422字），厘正误倒41处（初版42处），移正一处错简51字（初版17字）。

魏牟版外篇二十二

《寓言》

补脱文9字：

1.故曰[言]无言。

2.三千钟而不洎[亲]。

3.夫无所悬者，可以有哀[乐]乎。

4.自吾闻子之言[也]，一年而野。

5.五年而[人]来。

6.劝公以其[私]。

7.向也括[撮]而今也披发。

8.而况乎以有待[无]者乎。

9.尔睢睢,［尔］盱盱,尔谁与居。

删衍文3字:

1.终身言,未尝（不）言。

2.而无经纬本末以期来者（者）,是非先也。

3.其往也,舍（者）迎将。

订讹文5字:

1.重言十七,所以（已）［己］言也。

2.无经纬本末以期（年耆）［来者］,是非先也。

3.使人乃以心服而不敢（蘁）［亹＝彊」立。

4.如（觀）［鸛］雀蚊虻相过乎前也。

《山木》

补脱文26字:

1.［不材之散木］,无所可用。

2.夫［子］出于山,［及邑］,舍于故人之家。故人喜,［具酒肉］。

3.主人［公］曰:杀不能鸣者。

4.虽有偏心之人,［终］不怒［也］。［忽］有一人在其上,则［一］呼张［之,一呼］歆之。

5.从其强梁,随其曲附,因其自穷［也］。

6.孰能去名与功,而还与众人［同］。

7.庄子衣大布［之衣］而补之。

8.执臣［而］犹若是。

9.螳螂执翳,且［将］搏之。

10.逆旅［之］人有妾二人。

删衍文6字:

1.（今）主人之雁。

2.无须臾（离）居。

3.孔子曰:善（哉）!

4.执臣（之道）而犹若是。

5.今吾游于雕陵而忘（吾）身。

订讹文27字：

1.命竖子杀雁而（烹）［享］之。

2.犹（旦）［且］胥疏于江湖之上而求食焉。

3.刳形去皮，（洒）［洗］心去欲。

4.（与）［予］而不求其报。

5.倪乎其（怠疑）［佁痴］；（萃）［芴］乎芒乎。

6.从其强梁，随其曲（传）［傅＝附］。

7.功成者（堕）［隳］，名成者亏。

8.子独不闻（假）［叚］人之亡欤。

9.绝学捐书，弟子无（挹）［揖］于前。

10.舜之将死，（真泠）［乃命］禹曰。

11.歌（猋）［焱＝炎］氏之风。

12.天地之行也，运（物）［化］之泄也。

13.吾命（其）［有］在外者也。

14.袭诸人（间）［舍］，社稷存焉尔。

15.（塞）［褰］裳躩步，执弹而留之。

16.螳螂执翳，（而）［且］将搏之。

17.虞人逐而（谇）［讯］之。

18.庄周返入，三（月）［日］不（庭）［逞］。

19.夫子何为顷间甚不（庭）［逞］乎？

20.栗林虞人以吾为辱，吾是以不（庭）［逞］也。

21.入其（俗）［国］，从其（令）［俗］。

22.行贤而去自贤之（行）［心］，安往而不爱哉？

厘正误倒3处：

1.一（上）［下］一（下）［上］，以和为量。

2.尊则（议）［亏］，有为则（亏）［议］。

3.孰能去（功与名）［名与功］，而还与众人同？

《达生》

补脱文75字：

1.物有余而形不 ［得］ 养者有之矣。

2.夫奚足以至乎先？是 ［形］ 色而已。

3.圣人藏于天，故 ［物］ 莫之能伤也。

4.吾处身也，若橛株 ［之］ 枸；吾执臂也，若槁木之枝。

5.其佝偻丈人之谓乎。［丈人曰：汝逢衣徒也，亦何知问是乎？修汝所以，而后载言其上。］

6.颜回问 ［于］ 仲尼曰。

7.［能游者，可教也］。善游者，数 ［习而后］ 能 ［也］。

8.仲尼曰：［能游者之可教也，轻水故也］。善游者 ［之］ 数能 ［也］，忘水 ［故］ 也。

9.覆却万 ［物］，方陈乎前。

10.有张毅者 ［见］ 高门悬薄无不趋也。

11.而不知为之戒者，［知之］ 过也。

12. ［其］ 所异㪍者，何也。

13.仲父何见？对曰：臣无所见 ［也］。

14.中身当心，则为病 ［耳］。

15. ［见人］ 则捧其首而立。见之者，［其］ 殆乎霸。

16.十日而问：鸡 ［可斗］ 已乎。

17.异鸡无敢应，［见］ 者返走矣。

18.以为有苦而欲死 ［者］ 也。

19.器之所以凝神者，其 ［由］ 是欤。

20.庄公以为 ［造］ 父弗过也。

21.食之 ［以鳅鲦］，委蛇 ［而处］，则 ［安］ 平陆而已矣。

删衍文4字：

1.（物）焉得而正焉。

2.不幸遇饿虎，（饿虎）杀而食之。

3.子独不闻夫至人之（自）行。

订讹文19字：

1.达命之情者，不务（知）[命]之所无奈何。

2.夫欲免为形者，莫如弃（世）[事]。弃（世）[事]则无累。

3.夫得是而穷之者，焉得而（止）[正]焉？

4.不开人之（天）[人]，而开天之天。

5.仲尼适楚，出（于）[游]林中。

6.吾处身也，若（厥）[橛]株之（拘）[枸]。

7.（吾）[回]尝济乎觞深之渊。

8.鲁有单豹者，岩居而（水）[谷]饮。

9.有张毅者，见高门悬薄无不（走）[趋]也。

10.人之所（取）[冣=最]畏者，衽席之上，饮食之间。

11.（十）[七]日戒，三日斋。

12.公返，（诶诒）[駴佁]为病，数日不出

13.其巧专，而外（骨）[滑]消。

14.庄公以为造（文）[父]弗过也。

15.工倕旋而（盖）[盍=合]规矩。（简体本作"盖"则误。）

16.茫然彷徨乎尘垢之外，逍遥乎无（事）[为]之业。

厘正误倒2处：

1.累（丸二）[二丸]而不坠，则失者锱铢。

2.为彘谋，曰不如食以（糠糟）[糟糠]。

《至乐》

补脱文26字：

1.久忧不死，何[之]苦也。

2.故两无为相合，万物皆化[生]。

3.唯予与汝，知尔未尝死，[予]未尝生也。

4.陵舄[则]为郁栖，[郁栖]则为乌足。

5.鸲掇千日[化而]为鸟。

6.食酰生乎颐辂,[颐辂生乎黄軦],黄軦生乎九猷,[九猷生乎瞀芮],瞀芮生乎腐蠸,[腐蠸生乎羊奚]。

订讹文6字:

1.我（嗷嗷）[嗷嗷]然随而哭之,自以为不通乎命,故止也。

2.游之（壇）[澶]陆,浮之江湖。

3.名止于实,义设于适,是之谓条达而（福）[辐]持。

4.列子（行）[适卫],食于道（從）[徒=途],见百岁髑髅。

厘正误倒1处:

1.（颐辂）[食酰]生乎（食酰）[颐辂],颐辂生乎黄軦。

《曹商》

补脱文14字:

1.知慧外通,勇动多怨,仁义多责,[六者所以相刑也]。

2.子[不]见夫牺牛乎? 衣以文绣,食以刍菽,[养之牢筴之中]。

删衍文1字:

1.（以）日月为连璧。

订讹文12字:

1.一（悟）[晤]万乘之主。

2.子岂（治）[舐]其痔邪? 何得车之多也?

3.仲尼方且饰羽而画,（從）[徒]事华辞。

4.有长若不肖,有（顺）[慎]达而（懷）[懁],有坚而慢,有缓而悍。

5.醉之以酒而观其（侧）[则]。

6.贼莫大乎德有心而心有（睫）[眼],及其有（睫）[眼]也而内视,内视而败矣。

7.穷有八极,达有三必,（形）[刑]有六府。

8.（子）[汝]能得珠者,必遭其睡也。使骊龙而寤,（子）[汝]尚奚（微）[徽=侥]之有哉?

厘正误倒2处:

1.慎[达]（懁）而（达）[懁]。

2.（不若人三者）[三者不若人]。

《秋水》

补脱文29字：

1.故异便[耳]。

2.[不贵清廉]，不贱贪污。

3.知尧桀之自然，而[不可以]相非。

4.[俨]俨乎若国之有君。

5.[河伯]曰：何谓天何谓人。

6.孔子曰：[由]，来！吾语汝。

7.当尧舜[之时]而天下无穷人，非知得也；当桀纣[之时]而天下无通人，非知失也。

8.还[视]虾蟹与蝌蚪。

9.[专]擅一壑之水，而跨跱坎井之乐。

10.今子不去，将忘子之故[步]，失子之业。

11.公孙龙口呿而不[能]合，舌举而不[能]下。

12.庄子钓于濮水[之上]。

13.愿以境内累（矣）[夫子]。（计1字。）

14.王[以]巾笥而藏之[于]庙堂之上。

15.于是鸱[鸢]得腐鼠。

16.惠子曰：子非鱼，安知鱼之乐[邪]？庄子曰：子非我，安知我不知鱼之乐[邪]？

删衍文4字：

1.言之所不能谕，意之所不能（察）致者。

2.泛泛乎（其）若四方之无穷。

3.出跳（梁）乎井干之上，入休乎缺甃之崖。

4.宁其死（为）留骨而贵乎。

订讹文31字：

1.井（蛙）[鱼]不可以语于海者，拘于墟也。

2.人（卒）[萃]九州岛，谷食之所生。

3.五帝之所（连）[禅]，三王之所争。

4.终始无（故）[固]、知终始之不可（故）[固]也。

5.（大）[至]知观于远近。

6.可以言（论）[谕]者。○言之所不能（论）[谕]。

7.（大）[达]人之行。○（大）[达]人无己。

8.（道）[至]人不闻，至德不得。

9.则功分（定）[睹]矣。

10.则趣（操）[捨=舍]睹矣。

11.（帝王）[五帝]殊禅，三代殊继。（计1字。）

12.一虚一（满）[盈]，不位乎其形。

13.知（天）[夫]人之行，本乎天，位乎（得）[德]，蹢躅而屈伸，返要而（语）[悟]极。

14.无以（得）[德]殉名。

15.白刃交于前，视死（若生）[如归]者，烈士之勇也。

16.无几何，（将）[持]甲者进。

17.（合）[别]同异，离坚白。

18.夫海，（千）[万]里之远不足以举其大，千仞之高不足以极其深。

19.自（适）[得]一时之利。

20.且子独不闻夫寿陵余子之学（行）[步]于邯郸欤？未得国能，又失其故（行）[步]矣，直匍匐而归耳。

21.愿以境内累（矣）[夫子]。（计1字。）

22.非梧桐不（止）[栖]，非（练）[楝]实不食。

23.（鯈）[儵]鱼出游从容，是鱼之乐也。

厘正误倒4处：

1.予动吾脊胁而行，则（有似）[似有]也。

2.孔子游于（匡）[宋]，（宋）[匡]人围之数匝。

3.告之（海）曰：夫［海］，万里之远不足以举其大。

4.无（东）[西]无（西）[东]，始于玄冥，返于大通。

《田子方》

补脱文13字：

1.仲尼见之而不言，[及出]。

2.[今也]见之而不言。

3.夫子步亦步也[者]，夫子言，[回]亦言也。夫子趋亦趋也[者]，夫子辩，[回]亦辩也。夫子驰亦驰也[者]，夫子言道，回亦言道也。及[夫子]奔逸绝尘，而回瞠若乎后[也]者，夫子不言而信，不比而周，无器而民蹈乎前，而[回]不知所以然而已矣。

订讹文8字：

1.吾固告子矣。中国之（民）[君子]，明乎礼义而陋乎知人心。

2.子路曰：（吾）[夫]子欲见温伯雪子久矣。

3.（夫子）[仲尼]曰："回，何谓邪？"

4.孔子便而（待）[侍]之。

5.消息（满）[盈]虚，一晦一明。

6.履（句）[方]屦者，知地形；（缓）[绶]佩玦者，事至而断。

《知北游》

补脱文22字：

1.是其所美者为神奇，[非]其所恶者为臭腐。

2.邀于此者，[五藏宁]，四肢强。

3.渊渊乎其若海，巍巍乎其[若山]。

4.不形之形，形之不形，是[至]人之所同知也。

5.孰知不知之知、[知之不知乎]？

6.[孰]知形形之不形乎？

7.[无有弗应也。]光曜不得问。

8.山林欤皋壤欤，[与我无亲]。

删衍文7字：

1.神农（隐几）拥杖而起。

2.（于是）泰清问乎无穷曰。

3.未有子（孙）而有（子）孙。

4.（知）能能而不能所不能。

订讹文20字：

1.知北游于玄水之（上）［北］。

2.其唯（大）［达］人乎？

3.（今）［合］彼神明至精，与彼百化；物（已）［己］死生方圆，莫知其根也。

4.（扁）［遍］然而万物，自古以固存。

5.汝（瞳）［惷＝蠢］焉如新生之犊，而无求其故。

6.（媒媒）［昧昧］晦晦，无心而不可与谋，彼何人哉！

7.运量万物而不（匮）［遗］。

8.生者，暗（醅）［噫］物也。

9.寥矣吾志，（无）［旡＝既］往焉，而不知其所至。

10.谓盈虚（衰）［长］杀。○彼为（衰）［长］杀，非（衰）［长］杀。

11.噭然放杖而（咲＝笑）［叹］曰。

12.于是泰清（中）［卬＝仰］而叹曰。

13.仲尼曰：已矣，（未）［末］应矣！

14.物（出）［固］不得先物也。

15.唯无所伤者，为能与（人）［之］相将迎。

厘正误倒2处：

1.（孙子）［子孙］非汝有，是天地之委蜕也。

2.至道若是，（大言）［言大］亦然。

移正错简一处51字：

汤武之室；（君子之人若儒墨者师，故以是非相齑也，而况今之人乎？圣人处物，不伤物；不伤物者，物亦不能伤也。唯无所伤者，为能与之相将迎。）山林欤！皋壤欤！与我无亲，使我欣欣然而乐欤！乐未毕也，哀又继之。哀乐之来，吾不能御，其去弗能止。悲夫，世人直为物逆旅耳！夫知遇而不知所遇，能能而不能所不能。无知无能者，固人之所不免也。

夫务免乎人之所不免者，岂不亦悲哉？至言去言，至为去为。齐知之所知，则浅矣。[君子之人若儒墨者师，故以是非相齑也，而况今之人乎？圣人处物，不伤物；不伤物者，物亦不能伤也。唯无所伤者，为能与之相将迎]。

《庚桑楚》

补脱文7字：

1.吞舟之鱼荡而失水，则［蝼］蚁能苦之。

2.奔蜂不能化藿蠋，［而能化螟蛉］。

3.儿子终日嗥而［不］嗌不嗄。

删衍文8字：

1.寻常之沟，步仞之丘（陵）。

2.盲者不能（自）见、聋者不能（自）闻、狂者不能（自）得。

3.辞尽矣。（曰）奔蜂不能化藿蠋。

4.（然其病）病者犹未病也。

订讹文8字：

1.其妾之（挈）［絜＝洁］然仁者，远之。

2.夫春气发而百草生，正得秋而万（寶）［實］成。

3.趏（勉）［晚］闻道，达耳矣。

4.十日（自）［息］愁，复见老子。

5.夫外韄者，不可繁而（捉）［促］，将内（揵）［楗］；内韄者，不可缪而（捉）［促］，将外（揵）［楗］。

《徐无鬼》

补脱文4字：

1.去国旬月，见所尝见于国中者［而］喜。

2.无盛鹤列于丽谯之间，无［行］徒骥于锱坛之宫。

3.未始异于声，而音之君已［形也］。

订讹文4字：

1.唯君（所）［不］病之，何也？

2.此皆顺比于岁，（不）［而］物于（易）［物］者也。

3.（慢）［墁］其鼻端若蝇翼。

厘正误倒1处：

1.君（若勿）［勿若］已矣，修胸中之诚。

《管仲》

补脱文10字：

1.管仲有病，桓公［往］问之。

2.上忘而下⌊不⌋叛。

3.尔［以］捆祥邪？

4.择［处］疏鬣［长毛］。

5.鸥目有所适，［昼出则瞑］。

删衍文1字：

1.夫大备（矣）莫若天地，然奚求焉？而大备矣。

订讹文19字：

1.仲父之（病）［疾］病矣，不可（谓）［讳］云。

2.其于不己若者，不比之（又）［人］。一闻人之过，终身不忘。

3.上且（钩）［拘］乎君，下且逆乎民。

4.狙（执）［既］死，王顾谓其友颜不疑曰。

5.颜不疑归而师董梧，以（助）［锄］其色。

6.当是时也，田（禾）［和］一睹我。

7.此之谓（大）［达］人。○而况为（大）［达］乎？○夫为大不足以为（大）［达］。○（大）［达］人之诚。

8.适（当）［掌］（渠）［康］公之（街）［闾］。

9.有濡（需）［呴］者。○濡（需）［呴］者，豕虱是也。○此其所谓濡（需）［呴］者也。

10.古之真人，以天待（之）［人］，不以人入天。

11.句践也，以甲盾（三）［五］千栖于会稽。

厘正误倒1处：

1.仲父之疾病矣，（可不）[不可] 讳云。

《则阳》

补脱文4字：

1.遁其天，离其性，灭其情，亡其神，以众为 [伪]。

2.文武 [殊能]，人不赐，故德备。

3.又不能以意 [度] 其所为。

删衍文6字：

1.犀首（公孙衍）闻而耻之曰。

2.五官殊职，君不私，故国治；文武殊能,（大）人不赐，故德备。

3.虽有至知，不能以言读其所（自）化，又不能以意其所（将）为。

订讹文25字：

1.夫夷节之为人也无（德）[得]，而有知不自许。

2.非相助以（德）[得]，相助消也。

3.汤得其司御（门）[伊] 尹登恒，为之傅之。

4.魏罃与田侯（牟）[午] 约，田侯（牟）[午] 背之。

5.筑十仞之城，城者既（十）[七] 仞矣。

6.客，（大）[达] 人也。

7.孔子之楚，舍于蚁丘之（浆）[蒋]。

8.至齐，见辜人焉，推而（彊）[僵] 之。

9.故一（形）[物] 有失其形者，退而自责。

10.匿为物而（遇、愚）[过] 不识。

11.夫灵公有妻三人，同（滥）[鉴] 而浴。

12.不（冯）[凭=凭] 其子。灵公夺而（里）[埋] 之。

13.江（河）[海] 合（水）[小] 而为大，（大）[达] 人合（并）[私] 而为公。

14.道不私，故无（名）[功]。无（名）[功] 故无为，无为而无不为。

15.缓急相磨，聚散（以）[相] 成。

16.二家之议，孰正于其情？孰（偏）[偏]于其理？

17.虽有（大）[至]知，不能以言读其所化。

18.未生不可忌，已死不可（徂）[阻]。

19.道不可有，（有）[又]不可无。

《外物》

补脱文33字：

1.任公子[好钓巨鱼]，为大钩巨纶。

2.[大儒曰]：《诗》固有之曰。

3.老莱子之弟子出[取]薪。

4.中民之行，[易]进焉耳。

5.君曰：[若]渔何得？

6.乃刳龟[以卜]，七十二钻而无遗策。

7.仲尼[闻之]曰，神能见梦于元君，而不能避余且之网；知能七十二钻无遗策，[而]不能避刳肠之患。

8.知有所[不]周，神有所不及。

9.天之穿之[也]，日夜无降。

10.大林丘山之善于人也，亦神者不胜[也]。

11.植者过半，而不知其所以然[也]。

12.揃搣可以休老，[安]宁可以止遽。

13.贤人[之]所以䂫世、君子[之]所以䂫国、小人[之]所以合时。

14.务光怒之，[负石自沉于庐水]。

15.筌者所以在鱼[也]，得鱼而忘筌；蹄者所以在兔[也]，得兔而忘蹄。言者所以在意[也]，得意而忘言。

删衍文6字：

1.（自）浙河以东，苍梧以北，莫不厌若鱼者。

2.（予）为清江使河伯之所。

3.神（龟）能见梦于元君。

4.虽相（与）为君臣。

5.故（曰）至人不留行焉。

6.（非）佚者之所未尝过而问焉。

订讹文18字：

1.有甚忧两陷而无所逃，螴蜳不得（成）[和]。

2.（月）[肉]固不胜火，于是乎有颓然而道尽。

3.任公子好钓巨鱼，为大钩巨（缁）[緡]。

4.牵巨钩（銘）[陷]没而下，（惊）[骛]扬而奋鳍。

5.（轾）[铨]才讽说之徒。

6.揭其鬓，（壓）[挈]其颏，（儒）[而＝尔]以金椎控其颐。

7.与其誉尧而非桀，不如两忘而闭其（所）[非]誉。

8.知有所不（困）[周]，神有所不及。

9.去小知而大知明，去（而）[自]善而善矣。婴儿生无（石、硕）[所]师而能言，与能言者处也。

10.（天）[夫]地非不广且大也?

11.侧足而（垫）[堃]之至黄泉，人尚有用乎?

12.覆坠而不返，（火）[北]驰而不顾。

13.大（林）[棽＝樊]丘山之善于人也，亦神者不胜也。

14.静（然）[默]可以补病，（眦）[揃]搣可以休老。

厘正误倒3处：

1.君岂有（斗升）[升斗]之水而活我哉?

2.吾得（斗升）[升斗]之水然活耳。

3.去[自]善而（自）善矣。

《让王》

补脱文64字：

1.许由不受，[退而耕于颍水之阳，终身不见]。

2.故天下大器也，而不以易[其]生。

3.[余]葆力之士也。

4.携子以入于海，终身不返[也]。

5.君固愁身伤生，以忧戚［之］不得也。

6.故若颜阖者，非恶富贵也，［由重生，恶之也］。

7.夫生者，岂特随珠之重［也］哉。

8.子列子［出］见使者，再拜而辞。

9.岂非命也［哉］。

10.上漏下湿，匡坐而弦［歌］。

11.学［道］而不能行谓之病。

12.所学［于］夫子者足以自乐也。

13.不能自胜则从之，［从之］神无恶乎。

14.颜色甚惫而弦歌于室［不辍］。

15.颜回择菜［于外］。

16.今丘［也］，抱仁义之道。

17.［昔桓公得之莒，文公得之曹，越王得之会稽。］陈蔡之厄，于丘其幸乎。

18.道得于此，则穷通［一也］。

19.乃自投［于］洞水而死。

20.至于岐阳，［则文王已殁矣］。

21.今周见殷之乱，而遽为政［与治］。

22.［与］其并乎周以涂吾身也，不如避之以洁吾行。

删衍文12字：

1.君（能）攫之乎。

2.僖侯曰：善（哉）！教寡人者众矣。

3.恐听（者）谬而遗使者罪。

4.今（且）有人于此。

5.其妻望（之）而拊心。

6.所学于夫子（之道）者足以自乐也。

7.而无道之人再来墁我（以其辱行）。

8.尚谋而（下）行货。

订讹文27字:

1.逍遥于天地之间而心意自（得）[适]。

2.两臂重于天下也，身（亦）[又]重于两臂。

3.（苴）[粗]布之衣。

4.（真）[非]恶富贵也。

5.道之真以（治）[持]身，其绪余以为国家，其土苴以治天下。

6.夫生者，岂特随（侯）[珠]之重也哉？

7.君（过）[遇]而遗先生食，先生不受，岂（不）[非]命也哉？

8.子（綦）[其]为我延之以三（旌）[珪]之位。○夫三（旌）[珪]之位。

9.原宪桦冠（縰）[屣]履，杖藜而应门。

10.（曾）[原]子居卫。

11.三日不举火，（十）[七]年不制衣。

12.曳（縰）[屣]而歌《商颂》。

13.孔子（愀）[欣]然变容曰:（善）[美]哉，回之意!

14.审自（得）[适]者，失之而不惧。

15.内省而不（穷）[疚]于道，临难而不失其德。（天）[大]寒既至，霜雪既降。

16.孔子（削）[列＝烈]然返琴而弦歌，子路忔然执干而舞。

17.道（德）[得]于此，则穷通一也。

18.又欲以其辱行（漫）[墁]我。

19.强力忍（垢）[诟]，吾不知其他也。

20.而无道之人再来（漫）[墁]我。

21.乃自投于（洞、桐、椆、稠）[洞]水而死。

22.今天下暗，（殷）[周]德衰。

厘正误倒1处:

1.重生则（利轻）[轻利]。

《盗跖》

补脱文4字：

1.丘闻之，凡天下［人］有三德。

2.古者禽兽多而人［民］少。

3.世之所谓贤士，［莫若］伯夷、叔齐。

删衍文5字：

1.武王伐纣，（文王拘羑里）。

订讹文5字：

1.穴室（枢）［抠］户。

2.子之罪大（极）［殛］重，疾走归！

3.今将军兼此三者，身长（八）［九］尺二寸。

4.尧舜作，立（群）［君］臣。

5.除病（瘦）［痩］、死丧、忧患。

《列御寇》

补脱文1字：

1.古之［至］人，天而不人。

删衍文1字：

1.盍（胡）尝视其垠?

订讹文4字：

1.彼将任我以事，而（效）［校］我以功。

2.盍尝视其（良）［垠］?

3.（单）［殚］千金之家，三年技成。

4.甘（冥）［瞑］乎无何有之乡。

厘正误倒1处：

1.（十年而）缓自杀。［十年而］其父梦之。

《天下》

补脱文5字：

1.［以］蕃息畜藏为意。

2.［不］察古人之全。

3.墨子真天下之好［者］也。

4.纵脱无行，而非天下之大圣［也］。

5.若［落］羽之旋。

删衍文80字：

1.邹鲁之士、搢绅先生多能明之。（《诗》以道志，《书》以道事，《礼》以道行，《乐》以道和，《易》以道阴阳，《春秋》以道名分。）

2.不与先王同，毁古之礼乐。（黄帝有《咸池》，尧有《大章》，舜有《大韶》，禹有《大夏》，汤有《大濩》，文王有辟雍之乐，武王、周公作《武》。）

3.桐棺三寸而无椁，以为法式。（天子棺椁七重，诸侯五重，大夫三重，士再重。）

4.常宽（容）于物。

5.时恣纵而（不）傥。

订讹文16字：

1.天下（多）［各］得一察焉以自好。

2.为之太过，已之太（顺）［循］。

3.名（山）［川］三百，支川三千。

4.禹亲自操橐耜，而（九）［鸠］杂天下之川。

5.沐（甚）［湛］雨，栉疾风。

6.俱诵《墨经》，而背（谲）［适］不同，相谓别墨。以坚白、同异之辩相訾，以奇偶、不（件）［仵］之辞相应。

7.不（苟）［苛］于人，不忮于众。

8.接万物以别（宥）［囿］为始。

9.（曰）［日］请欲固置五升之饭足矣。

10.（圖）[鄙]傲乎救世之士哉！

11.公而不（當）[黨]，易而无私。

12.知不知，将薄知，而（後）[復=复]邻伤之者也。

13.时恣纵而（党）[傥]。

14.其书虽环玮，而连（犿）[抃]无伤也。

15.可谓（稠）[调]适而上遂矣。

厘正误倒1处：

1.以蕃息畜藏［为意］，老弱孤寡（为意）皆有以养。

《惠施》

删衍文2字：

1.我知天（下）之中央。

2.惠施日以其知与（人）之辩。

订讹文2字：

1.孤（驹）[犊] 未尝有母。

2.南方有（倚）[畸] 人焉。

《宇泰定》

补脱文41字：

1.人见其人，［物见其物］。

2.兵莫憯于志，［而］镆铘为下；寇莫大于阴阳，［而桴鼓为小。无适而非阴阳］，无所逃于天地之间。

3.道通［为一］，其分也，［成也］。

4.所［以］恶乎分者，其分也以备；所以恶乎备者，其有［也］以备。

5.有所出而无窍者有实，［有所入而无本者有长］。

6.悖志［者］也、谬心［者］也、累德［者］也、塞道［者］也。

7.此四六者不荡胸中则正，正则静，静则［清，清则］明，明则虚，虚则无为而无不为也。

8.全人恶［有］天？恶［有］人之天？

9.以天下为之笼，则雀无所逃［矣］。

删衍文2字：

1.至礼（有）不人。

2.而况（吾）天乎人乎？

订讹文14字：

1.不足以滑（成）［和］，不可纳于灵台。

2.为不善乎幽（闲）［闇］之中者，鬼得而诛之。

3.与物（且）［齟］者，其身之不能容，焉能容人？

4.出而得，是谓（得）［德］死。

5.有实而无乎处，有长而无乎本（剽、摽）［標］。○有长而无本（剽、摽）［標］者，宙也。

6.孰知有无死生之一（守）［宗］者，吾与之为友。

7.（甲）［屈］氏也，著封也。非一（也）［邪］？

8.腊者之有膍（胲）［胘］，可散而不可散也。

9.一雀（适）［過］羿，羿必得之，（威）［或＝惑］也。

10.（介）［兀］者拸画，外非誉也。

11.夫复习不（馈）［愧］，而忘人。

厘正误倒1处：

1.（入出）［出入］而无见其形，是谓天门。

《胠箧》

订讹文12字：

1.唇（竭）［揭］则齿寒，鲁酒薄而邯郸围。

2.彼圣（人）［知］者，天下之利器也，非所以明天下也。

3.塞（瞽）［師］旷之耳，而天下始人含其聪矣。

4.攦工倕之指，而天下始人（有）［含］其巧矣。

5.削曾史之行，钳（杨）［儒］墨之口。

6.彼人含其明，则天下不（铄）［烁］矣。

7.彼曾史、（杨）［儒］墨、师旷、工倕、离朱，皆外立其德而以熠乱天下者也。

8.夫弓弩、毕弋、机（變）[罿]之知多，则鸟乱于上矣。

9.解（垢）[诟]同异之变多，则俗惑于辩矣。

10.上悖日月之明，下（烁）[铄]山川之精。

11.（惴）[喘]（奭）[䎃]之虫，肖翘之物。

《天地》

补脱文13字：

1.故通于天 [者，道也；顺于] 地者，德也。

2.夫道，覆载 [天地，化生] 万物者也。

3.大小长短修远，[各得其宜]。

删衍文4字：

1.不以王天下为已处显（显则明）。

2.禹趋就下风（立）而问焉。

订讹文5字：

1.以道观言，而天下之（君）[名] 正。

2.故通于天者，道也；顺于地者，德也；行于万物者，（道）[义] 也。

3.方且尊知而（火）[北] 驰。

4.夫圣人，鹑（居）[裾] 而鷇食，鸟行而无（彰）[影]。

厘正误倒4处：

1.（故执德）[执故德] 之谓纪。

2.乃使（象罔）[罔象]，（象罔）[罔象] 得之。黄帝曰：异哉！（象罔）[罔象] 乃可以得之乎？

《天运》

补脱文85字：

1.是以 [至] 道不渝。

2.[心困乎所欲知]，目穷乎所欲见，力屈乎所欲逐。

3.人之所引，非引人 [者] 也。

4.其犹粗梨橘柚、[果蓏之属]邪? [虽]其味相反,而皆可于口。

5.吾求之于阴阳,十有二年而未得[也]。

6.名[者],公器也,不可多取。仁义[者],先王之蘧庐也。

7.又奚杰[杰]然[揭仁义],若负建鼓而求亡子者邪。

8.[与其]相呴以湿,相濡以沫,不若相忘于江湖。

9.[吾与汝处于鲁之时,人用意如飞鸿者,吾为弓弩而射之;用意如游鹿者,吾为走狗而逐之;用意如井鱼者,吾为钩缴以投之。至于龙,吾不知也。]吾乃今于是乎见龙。

10.予口张而不能噏,[舌举而不能讱]。

11.民妇孕七月[而]生子。

12.类自为雌雄,故[曰]风化。

删衍文57字:

1.意者其有机缄而不得已邪? 意者其运转而不能(自)止邪。

2.建之以太清。(夫至乐者,先应之以人事,顺之以天理,行之以五德,应之以自然,然后调理四时,太和万物。)

3.一清一浊,(阴阳调和)。

4.西施病心而颦(其里),其里之丑人见(之)而美之,归亦捧心而颦(其里),其里之富人见之,坚闭门而不出。

5.子贡曰:夫三王(五帝)之治天下不同,其系声名一也。

6.(尧授舜,舜授禹。)禹用力而汤用兵。

7.余语汝:三王(五帝)之治天下,名曰治之,而乱莫甚焉。三王(五帝)之知,上悖日月之明。

订讹文15字:

1.(有)[在]上彷徨,孰嘘吸是?

2.(巫咸祒)[务成昭]曰:来! 吾语汝。(计1字。)

3.太宰曰:(荡)[盈]闻之。

4.至(願)[顯],名誉摒焉。

5.吾奏之以人,(徽)[徵=征]之以天。

6.(子)[予]欲虑之而不能知也。

7.故若混逐丛生，（林）[体]乐而无形。

8.彼未知夫无方之（传）[转]，应物而不穷者也。

9.夫仁义憯然，乃（愤）[愦]吾心，乱莫大焉。

10.民有为其亲杀其（杀）[服]。

11.民妇孕（十）[七]月而生子。

12.而今乎（妇）[归]，汝何言哉？

13.子贡曰：夫三（皇）[王]之治天下不同，其系声名一也。

14.三（皇）[王]之治天下，名曰治之，而乱莫甚焉。三（皇）[王]之知，上悖日月之明，下睽山川之精。

厘正误倒3处：

1.孰居无事（推而）[而推]行是？

2.人固有尸居而龙见，（雷声而渊默）[渊默而雷声]，发动如天地者乎？

3.民（孕妇）[妇孕]七月而生子。

刘安版新外篇六

《骈拇》

补脱文20字：

1.累丸结绳，窜句[棰辞]。

2.自[有]虞氏招仁义以挠天下也。

3.[属其性乎辩者，虽通如儒墨，非吾所谓臧也]；属其性于五味，虽通如俞儿，非吾所谓臧也。

删衍文5字：

1.且夫属其性乎仁（义）者，虽通如曾史。吾所谓臧者，非仁（义）之谓也，臧于其德而已矣。吾所谓臧者，非（所谓仁）义之谓也，任其性命之情而已矣。

订讹文12字：

1.擢德（塞）[搴]性以收名声，使天下簧鼓以奉不及之法非乎？

2.累（瓦）[丸]结绳，窜句棰辞。游心于坚白同异之间，而（敝跬）[蹩躠]誉无用之言非乎？而（杨）[儒]墨是矣。

3.彼（正）[至]正者，不失其性命之情。

4.骈于拇者，决之则泣；枝于（手）[指]者，龁之则啼。

5.故（意）[曰]：仁义其非人情乎？

6.待（绳约）[纆索]胶漆而固者，是侵其德者也。

7.屈折礼乐，呴（俞）[濡]仁义。

8.属其性乎辩者，虽通如（杨）[儒]墨，非我所谓臧也。

厘正误倒1处：

1.合者不为骈,（枝）[跂]者不为（跂）[枝]。

《马蹄》

删衍文1字：

1.夫马,（陆）居则食草饮水，喜则交颈相磨。

订讹文10字：

1.翘（足）[尾]而（陆）[蹉]，此马之真性也。

2.虽有（义）[羲]台路寝，无所用之。

3.故至德之世，其行（填填）[蹎蹎]，其视（颠颠）[瞑瞑]。

4.澶漫为乐，摘（僻）[擗]为礼。

5.故马之知而（態）[能]至盗者，伯乐之罪也。

7.含哺而（熙）[戏]，鼓腹而游。

厘正误倒1处：

1.（性情）[情性]不离，安用礼乐？

《刻意》

补脱文12字：

1.非世之人 [也]、教诲之人 [也]、尊主强国之人 [也]、避世之人

［也］、养形之人［也］。

2.忧患不能入［也］，邪气不能袭［也］，故其德全而神不亏［矣］。

3.德之邪［也］、道之过［也］、心之失［也］。

4.柙而藏之，不敢［轻］用也。

订讹文6字：

1.此天地之（平）［本］，而道德之质也。

2.好恶者，（德）［心］之失也。

3.无所（于）［与］忤，虚之至也；不与物（交）［殽］，淡之至也；无所（于）［与］逆，粹之至也。

4.郁闭而不流，亦不能清，（天）［失］德之象也。

厘正误倒2处：

1.就薮泽，处闲旷，钓鱼闲处，（无为）［为无］而已矣。

2.圣人休（休）焉，［休］则平易矣，平易则恬淡矣。

《缮性》

补脱文2字：

1.轩冕在身，非性命［之有］也。

删衍文3字：

1.缮性于俗，（俗）学以求复其初；滑欲于俗，（俗）思以求致其明。

2.古之存身者，不以辩饰知，不以知穷天（下），不以知穷德。

订讹文7字：

1.义明而物亲，（忠）［中］也；中纯实而返乎情，乐也。

2.礼乐（偏）［徧］行，则天下乱矣。

3.浇淳散朴，离道以（善）［伪］。

4.世与道交相丧也，道（之人）［亦］何由兴乎世，世亦何由兴乎道哉？

5.古之（行）［存］身者，不以辩饰知。

6.由（之）［是］观之，虽乐，未尝不荒也。

厘正误倒2处：

1.然后民始惑乱，无以返其（性情）［情性］而复其初。

2.物之傥来寄（者）也。寄之［者］，其来不可御，其去不可止。

《在宥》

补脱文4字：

1.［岂］有治天下者哉。

2.乃斋戒以言之［邪］? 跪坐以进之［邪］? 鼓歌以舞之［邪］?

订讹文11字：

1.不治天下，安（藏）［臧］人心?

2.天下（脊脊）［肴肴＝淆淆］，罪在撄人心。

3.闻广成子在于空同之（上）［山］。

4.当我，缗乎! 远我,（昏）［昬］乎!

5.鸿蒙方将拊（脾）［髀］雀跃而游。○鸿蒙拊（脾）［髀］雀跃不辍。
○鸿蒙拊（脾）［髀］雀跃掉头曰。

6.灾及草木，祸及（止）［昆］虫。

7.堕尔形体,（吐）［黜］尔聪明。

8.（大）［达］人之教，若形之于影，声之于响。

《天道》

补脱文4字：

1.天地之平而道德之至［也］。

2.安取道［哉］。

3.尔弃昧［之者］。

删衍文3字：

1.（仁）贤不肖袭情。

2.而不足以为（之）累。

3.广（广）乎其无所不容也。

订讹文9字：

1.休则虚，虚则实，实（者）［则］（伦）［备＝备］矣。

2.其（鬼）［魄］不祟，其魂不疲。

3.辩虽（雕）[周]万物，不自说也。

4.（隆）[降]杀之服，哀之末也。

5.舜曰：天德而（出）[土]宁。

7.尔状（義）[巍]然。

8.审乎无假，而不与（利）[物]迁。

9.然则（君）[公]之所读者，古人之糟粕矣夫？（共2）

厘正误倒1处：

1.礼法（度数）[数度]，形名比详，治之末也。

刘安版杂篇十四之六

《说剑》

删衍文1字：

1.夫子休，就舍待命。（令）设戏请夫子。

订讹文5字：

1.谨奉千金，以币从（者）[车]。

2.今日试使士（敦）[教=校]剑。

3.夫子所御（杖）[仗]，长短何如？

4.晋、（魏）[卫]为脊。

5.上斩颈（领）[颔]，下决肺肝。

厘正误倒3处：

1.蓬头突鬓，（垂冠）[冠垂]缦胡之缨。（共2）

2.上斩颈颔，下决（肝肺）[肺肝]。

《渔父》

补脱文8字：

1.不同于己，[则]虽善不善。

2.［慈孝以适为主］,饮酒以乐为主。

3.事亲以适,不论［其］所以矣。

删衍文7字:

1.举足愈数而迹愈多,走愈疾而影不离(身)。

2.处丧以哀为主,(事亲以适为主)。

订讹文15字:

1.(饰)［饬］礼乐,选人伦。(共2)

2.方将杖(挐)［挈］而引其船。(共3)

3.丘不肖,未知所谓,窃(待)［侍］于下风。

4.人(忧)［处］其事,乃无所凌。

5.长(少)［幼］无序,庶人之忧也。

6.称誉诈伪,以败(恶)［惪=德］人。

7.两容(颊)［颜］适,(偷)［揄］拔其所欲。

8.真怒(未发)［不严］而威。

9.今者丘得(遇)［过］也。

10.见(贤)［贵］不尊,不仁也。

厘正误倒1处:

1.强(哭)［悲］者虽(悲)［哭］不哀,强怒者虽严不威,强亲者虽笑不和。

《泰初》

补脱文6字:

1.执狸之狗成累,猿狙之便来［藉］。

2.始吾以［夫子］为天下一人耳。

3.饮食取足,而不知其所从［出］。

4.青黄而文之,其［一］断在沟中。

5.［桀］跖与曾史,行义有间矣。

删衍文10字:

1.执狸之狗成累,猿狙之便(自山林)来。

2.其名为（桔）槔。

3.（子）非夫博学以拟圣。

4.非其志不之，（非）其心不为。

5.亲之所言而然，所行而善，则（世俗）谓之不肖子。君之所言而然，所行而善，则（世俗）谓之不肖臣。

订讹文20字：

1.（且）[徂]然无间，谓之命；（留）[流]动而生物，物成生理，谓之形。

2.其合缗缗，若愚若（昏）[昬]。

3.执（留）[狸]之狗成（思）[累]，猿狙之便来藉。

4.犹螳螂之怒臂以当车（轶）[辙]。

5.岂（兄）[足]尧舜之教民？溟滓然（弟）[夷]之哉！

6.速如（佚）[溢]汤，其名为槔。

7.纯白不备，则神（生）[性]不定；神（生）[性]不定者，道之所不载也。

8.汝将固惊（也）[邪]。

9.则不谓之（謟、道）[诌]谀之人也。（共4）

10.大声不入于里耳，《折杨》、《皇（荂）[华]》则嗑然而笑。

11.以二（缶锺）[垂踵]，惑而所适不得矣。

12.（杨）[儒]墨乃始离跂自以为得，非吾所谓得也。

《百里奚》

补脱文12字：

1.文王［微服而］观于臧。

2.先君［命］王也。

3.臧丈人昧然而不应，泛然而［若］辞。

4.措杯水其肘上，［如矩］发之。

5.于是［伯昏］无人遂登高山。

6.充满天地［而不窕］。

删衍文7字：

1.解衣槃礴（裸）。

2.入乎渊泉而不濡，（处卑细而不惫）。

订讹文4字：

1.公使人视之，则解衣（般）[槃]礴。

2.见一丈（夫）[人]钓。

3.非持其钓有钓者也，（常）[尚]钓也。

4.（適）[镝]矢复沓，（方）[放]矢复寓。

《子张》

补脱文4字：

1.则亦 [犹] 久病长厄而不死者也。

2.耳营 [于] 钟鼓管籥之声，口嗛于刍豢醪醴之味。

3.若负重行而上 [坂] 也。

4.缭意 [绝] 体而争。

删衍文3字：

1.盍（不）为行。

2.则（有）作色有不服之心者。

3.申子（不）自埋。

订讹文12字：

1.则（怍）[作] 色有不服之心者。

2.诸侯之门，（义士）[仁义] 存焉。

3.吾（日）[昔] 与子讼于无约曰。

4.无（转）[专] 尔行。

5.申子自（理）[埋]。

6.穷美究（执）[埶=势]。

7.（侠）[挟] 人之勇力。

8.非享国，而（严）[俨] 若君父。

9.尧舜为帝而（雍）[推]。

10.贪财而取（慰）[蔚]。

11.满心戚（醮）[憔]。

《马捶》

补脱文1字：

1.髑髅曰：[夫]死，无君于上，无臣于下。

订讹文3字：

1.（從）[泛]然以天地为春秋。

2.吾安能弃南面王乐，而复为（人间）[生人]之劳乎？

索引七 《庄子复原本》校勘统计

【说明】

初版、修订版相同者不标，相异者标于下格。

分类	篇名	字数	补脱文	删衍文	订讹文	厘正误倒	移正错简
内篇	1逍遥游	1491	31	5	8		
	2齐物论	3015	27	8	26	2处	1处38字
					27		
	3养生主	570	1		3		
					4		
	4人间世	2799	4	6	7	5处	
	5德充符	1871	17	8	4	2处	
	6大宗师	2966	21	51	25	5处	2处61字
		2968	23		26		
	7应帝王	1086	2	4	9	2处	
	初版合计	13798	103	82	82	16处	3处99字
	修订版合计	13800	105		85		
魏牟版旧外篇	1寓言	939	9	3	5		
	2山木	2206	27	12	26	4处	
		2212	26	6	27	3处	
	3达生	2417	75	4	20	2处	
					19		
	4至乐	1219	26		6	1处	
	5曹商	936	14	1	13	2处	
					12		
	6秋水	2845	29	4	31	4处	
	7田子方	1367	13		8		
	8知北游	2629	22	7	20	2处	
							1处51字

分类	篇名	字数	补脱文	删衍文	订讹文	厘正误倒	移正错简
魏牟版旧外篇	9 庚桑楚	1293	7	8	8		
	10 徐无鬼	1581	7		4	1处	
		1578	4				
	11 管仲	1877	10	1	19	1处	
	12 则阳	2534	3	6	27		
			4		25		
	13 外物	1543	33	8	18	3处	
		1545		6			
	14 让王	2760	63	13	29	1处	
		2761	64	12	27		
	15 盗跖	1747	4	5	5		1处17字
							撤销
	16 列御寇	669	1	1	4	1处	
	17 天下	2053	5	80	17	1处	
					16		
	18 惠施	526		2	2		
	19 宇泰定	1197	41	2	14	1处	
	20 胠箧	1281			12		
	21 天地	1151	13	4	5	4处	
	22 天运	2565	85	57	15	3处	
	初版合计	37335	487	218	308	31处	1处17字
	修订版合计	37341	485	208	302	30处	1处51字
刘安版新外篇	23 骈拇	1062	20	5	12	1处	
	24 马蹄	558		1	10	1处	
	25 刻意	670	12		6	2处	
	26 缮性	640	2	3	7	2处	
	27 在宥	2307	4		11		
	28 天道	2303	4	3	9	1处	
	合计	7540	42	12	55	7处	

分类	篇名	字数	补脱文	删衍文	订讹文	厘正误倒	移正错简
刘安版杂篇	1说剑	868		1	5	3处	
	2渔父	1546	8	7	15	1处	
	3泰初	2005	6	10	20		
	4百里奚	834	12	7	4		
	5子张	1354	4	3	12		
	6马捶	228	1		3		
	合计	6835	31	28	59	4处	
初版外杂篇合计		51710	560	258	422	42	1处17字
修订版外杂篇合计		51716	558	248	416	41	1处51字
初版内外杂总计		65508	663	340	504	58处	4处116字
修订版内外杂总计		65516	663	330	501	57处	4处150字

索引八 《庄子复原本》初版订正

篇名	初版	修订版	订正原因
齐物论	鸱鸦嗜鼠	鸱鸦嗜鼠	漏校，修订版补校
	是皇、帝之所听荧也	是黄帝之所听荧也	误校，修订版恢复
养生主	技盖至此乎	技盍至此乎	漏校，修订版补校
德充符	我勃然而怒	我怫然而怒	误校，修订版恢复
大宗师	与乎其廓而不坚也	举乎其廓而不坚也	漏校，修订版补校
	与乎止我德也	与乎其止我德也	漏校，修订版补校
	闷乎忘其言也	闷乎其忘其言也	漏校，修订版补校
	特范人之形而犹喜之，若人之形者，万化而未始有极者也，弊而复新，其为乐可胜计邪？今大冶铸金，金踊跃曰：'我且必为镆铘！'大冶必以为不祥之金。今一范人之形，而曰：'人耳！人耳！'夫造化者必以为不祥之人。	今大冶铸金，金踊跃曰：'我且必为镆铘！'大冶必以为不祥之金。今一范人之形，而曰：'人耳！人耳！'夫造化者必以为不祥之人。特范人之形而犹喜之，若人之形者，万化而未始有极者也，弊而复新，其为乐可胜计邪？	移正错简不当，修订版重移
山木	胡可得而必哉	胡可得而必乎哉	误脱，修订版补入
	虽有褊心之人	虽有愊心之人	误校，修订版恢复
	向不怒而今怒，向虚而今实也	向也不怒而今也怒，向也虚而今也实	误校，修订版恢复
	惚乎恍乎，其送往而迎来	芴乎芒乎，其送往而迎来	误校，修订版恢复
	东海有鸟，其名意怠	东海有鸟焉，其名曰意怠	误校，修订版恢复
	子独不闻假之亡人欤	子独不闻殷人之亡欤	漏校，修订版补校
达生	颜回问于仲尼曰	颜渊问于仲尼曰	误校，修订版恢复
至乐	恍乎惚乎，而无从出乎？惚乎恍乎，而无有象乎	芒乎芴乎，而无从出乎？芴乎芒乎，而无有象乎	误校，修订版恢复
	杂乎恍惚之间	杂乎芒芴之间	误校，修订版恢复

篇名	初版	修订版	订正原因
曹商	秦王有疾召医	秦王有病召医	误校，修订版恢复
秋水	知大人之行	知达人之行	误校，修订版重校
知北游	君子之人若儒墨者师，故以是非相齑也，而况今之人乎？圣人处物，不伤物；不伤物者，物亦不能伤也。唯无所伤者，为能与之相将迎。山林欤！皋壤欤！与我无亲，使我欣欣然而乐欤！乐未毕也，哀又继之。哀乐之来吾不能御，其去弗能止。悲夫，世人直为物逆旅耳！夫知遇而不知所不遇，能能而不能所不能。无知无能者，固人之所不免也。夫务免乎人之所不免者，岂不亦悲哉？至言去言，至为去为。齐知之所知，则浅矣。	山林欤！皋壤欤！与我无亲，使我欣欣然而乐欤！乐未毕也，哀又继之。哀乐之来吾不能御，其去弗能止。悲夫，世人直为物逆旅耳！夫知遇而不知所不遇，能能而不能所不能。无知无能者，固人之所不免也。夫务免乎人之所不免者，岂不亦悲哉？至言去言，至为去为。齐知之所知，则浅矣。君子之人若儒墨者师，故以是非相齑也，而况今之人乎？圣人处物，不伤物；不伤物者，物亦不能伤也。唯无所伤者，为能与之相将迎。	漏移，修订版移正
徐无鬼	缗山人徐无鬼因女商见魏武侯	徐无鬼因女商见魏武侯	误增，修订版删除
则阳	夫冻者假兼衣于春，暍者望泠风于秋	夫冻者假衣于春，暍者反冬乎冷风	误校，修订版恢复
则阳	魏莹与田侯午约，田侯午背之。魏莹怒	魏罃与田侯午约，田侯午背之。魏罃怒	厘正异体字，修订版名从主人恢复
	达人合并而为公	达人合私而为公	漏校，修订版补校
	又不能以意其所为	又不能以意度其所为	漏校，修订版补校
外物	得白龟，圆五尺	得白龟焉，其圆五尺	误校，修订版恢复
让王	携子以入于海，终身不返	携子以入于海，终身不返也	误校，修订版恢复
	鲁侯闻颜阖得道之人也……鲁侯之使者至	鲁君闻颜阖得道之人也……鲁君之使者至	误校，修订版恢复

篇名	初版	修订版	订正原因
盗跖	子教子路菹此患，上无以为身，下无以为人。子自谓才士圣人邪？则再逐于鲁，削迹于卫，穷于齐，围于陈蔡，不容身于天下。子之道岂足贵邪？	子自谓才士圣人邪？则再逐于鲁，削迹于卫，穷于齐，围于陈蔡，不容身于天下。子教子路菹此患，上无以为身，下无以为人，子之道岂足贵邪？	误移，修订版恢复
天下	惚乎若亡，寂乎若清	芴乎若亡，寂乎若清	误校，修订版恢复
	寂漠无形，变化无常。死欤生欤？天地并欤？神明往欤？恍乎何之？惚乎何适	芴漠无形，变化无常。死欤生欤？天地并欤？神明往欤？芒乎何之？芴乎何适	误校，修订版恢复
天地	后世之乱自此始矣！夫子盍行邪？	后世之乱自此始矣夫！子盍行邪？	断句有误，修订版重断
天运	子将何以戒我乎	子将何以诫我乎	漏校，修订版补校
	鲜规之兽	鲜窥之兽	漏校，修订版补校
渔父	未尝见夫子遇人若此其威也	未尝见夫子遇人如此其威也	误校，修订版恢复
泰初	蒋闾葂靦靦惊曰	将闾葂靦靦惊曰	偶误，修订版订正
子张	耳营于钟鼓管钥之声	耳营于钟鼓管籥之声	偶误，修订版订正

索引九 《庄子复原本》主要辨析

一、庄学本体论

宇宙发生论:《齐物论》辨析三十

宇宙本体论:《齐物论》辨析四五,《大宗师》辨析十、十一

道枢、环中、天均、天倪:《齐物论》辨析二六、四六

道↘一、无↘有:《知北游》辨析一

道↘帝:《大宗师》辨析十七

帝↘王:《应帝王》题解,《让王》辨析二

造化↘物化:《齐物论》附论,《大宗师》辨析十九、二一、二二,《至乐》辨析五

无为↘无不为:《大宗师》辨析十二

二、庄学认识论

天道↘人道"两行":《齐物论》辨析二七,《大宗师》辨析一,《天下》三十

"价值颠倒"范式:《逍遥游》辨析七

道↘德↘仁↘义:《齐物论》辨析三六,《大宗师》辨析八、三十,《天下》辨析三,《天道》辨析六

本↘末:《天下》辨析四,《天道》辨析四

道体↘道术:《大宗师》辨析十二、十三

道术↘方术:《天下》辨析一

物德之量/物德之质:《齐物论》题解,《庚桑楚》辨析二,《管仲》辨析一

庄学三义:《逍遥游》附论,《达生》辨析一

内圣/外王:《天下》辨析六、九、二五

道/言:《齐物论》辨析三三、三四

言/意:《外物》辨析四

三、庄学方法论

小大之辨:《逍遥游》辨析四,《齐物论》辨析三二

庄学四境:《逍遥游》辨析二、附论,《应帝王》辨析五,《达生》辨析四,《山木》辨析七,《秋水》辨析六,《徐无鬼》辨析一,《天下》辨析三

四境动植范型:《逍遥游》辨析二、附论

四境排行隐喻:《德充符》辨析八

庄学至境之标准式:《逍遥游》"至境"三句,《至乐》题解

"鲲化为鹏"范式:《逍遥游》辨析三,《大宗师》辨析十四、三二,《应帝王》辨析六

两个"孔子"及"孔子改宗"范式:《齐物论》辨析四十、四一,《人间世》辨析二十,《德充符》辨析十六,《寓言》辨析四

"息黥补劓"范式:《大宗师》辨析二九

"寓言问答"范式:《逍遥游》辨析六

庄文三言:《寓言》辨析一

四、庄学知识论

一与言为二:《齐物论》辨析三三、三四、三五

吊诡:《齐物论》辨析四三

道↘理:《养生主》辨析七,《惠施》辨析一

道↘术↘方↘技:《养生主》辨析五

成道九阶:《大宗师》辨析十五

闻道九阶:《大宗师》辨析十六(《寓言》辨析九"学道九阶",《天道》辨析七"王道九阶")

至知无知:《齐物论》辨析三七

五、庄学是非论

同是:《齐物论》辨析二七,《徐无鬼》辨析五(公是),《宇泰定》辨析三(移是)

因是:《齐物论》辨析十六

因是已:《齐物论》辨析二三

彼亦一是非,此亦一是非:《齐物论》辨析十七、十八

庄学俗谛之评价原则"然于然,不然于不然",庄学真谛之评价原则"然不然,不然然":《齐物论》辨析四七,《养生主》辨析一、二

六、内七篇其他要义

自"逍"己德/"遥"达彼道：《逍遥游》题解，《则阳》辨析一

天籁﹨地籁﹨人籁：《齐物论》辨析五

齐物：《齐物论》题解、辨析三三

尤己、丧我、心斋、坐忘：《逍遥游》"至境"三句，《齐物论》辨析二，《人间世》,《大宗师》

对待：《齐物论》辨析四

真君真宰﹨假君假宰：《齐物论》辨析十二

葆光：《齐物论》辨析三八

倚待：《齐物论》辨析五一

养生四义：《养生主》辨析四

天人四刑：《养生主》辨析九

间世：《人间世》题解、辨析十三

乘物以游心："乘↗游"句式（五见),《人间世》辨析十二

天命﹨人义：《人间世》辨析十、十一

散木﹨文木：《人间世》辨析十七

过/非过：《德充符》辨析五

才全/德不形：《德充符》辨析十四

处水﹨处陆：《大宗师》辨析八、九

自适其适﹨适人之适：《大宗师》辨析八

故德（真德）﹨欺德（伪德）：《天地》辨析二,《山木》辨析四

尽其所受乎天：《应帝王》辨析七

七、外杂篇非庄所撰硬证

庄后十五史实：本书余论，附录二《外杂篇无一庄撰六类内证表》
非对话语境引用庄言：《天地》辨析一

八、外杂篇其他要义

物物／不物于物：《山木》所引庄言，《则阳》辨析十
适↘义（宜）：《山木》辨析一，《至乐》辨析三
保身／葆德：《山木》辨析三，《达生》辨析二
有故／无故：《山木》辨析四
内七篇、外杂篇"改宗"范式小异：《山木》辨析五
外化／内不化：《达生》辨析六，《外物》辨析三
孔子问道于老聃：《田子方》辨析一
气一元论／理气二元论：《知北游》辨析二
下齐／上不齐：《天下》辨析十八，《骈拇》辨析一、二

九、郭象篡改原文

篡改"自得"为"自适"、篡改"自适"为"自得"：《达生》辨析七，《让
王》辨析一
篡改"至知"为"大知"：《秋水》辨析一

篡改"达人"为"大人":《秋水》辨析一

篡改"儒墨"为"杨墨":《胠箧》辨析三

篡改"夫子":《泰初》辨析二

十、郭象妄断反注

庄义"道"存/郭义"道"不存:《齐物论》辨析三、五、四五、五一,《大宗师》辨析十、二十,《则阳》辨析九,《外物》辨析一

庄义"天道自古以固存"/郭义"万物自古以固存":《知北游》第二章

庄义"天道、人道两行"/郭义"名教即自然":《齐物论》辨析二七

庄义"四境"/郭义"二境":《逍遥游》辨析二、附论,《齐物论》辨析七、八

庄义"褒至知贬大知"/郭义"褒大知贬小知":《逍遥游》辨析二,《齐物论》辨析七、十三

庄褒"造化"/郭褒"独化":《大宗师》辨析二十

庄褒"不自得"/郭褒"自得":《大宗师》辨析三,《让王》辨析一,《骈拇》题解、辨析三

庄褒"与天为徒"/郭褒"与人为徒":《人间世》辨析四

庄褒"去害民之君"/郭褒"去害群之马":《徐无鬼》辨析四

庄褒"不祈畜乎樊中"/郭褒"畜乎樊中":《养生主》辨析十二

庄褒"道德"/郭褒"仁义":《齐物论》辨析三六,《大宗师》辨析八

庄褒"无待"/郭褒"有待":《齐物论》辨析四九、五十、五一

庄褒"殊乎俗"/郭褒"从其俗":《天下》辨析二八

庄褒"不修"/郭褒"修心":《田子方》辨析二

庄义"重chóng言"/郭义"重zhòng言":《寓言》辨析一

庄义斥孔/郭义褒孔:《田子方》辨析三,《徐无鬼》辨析三、四,《则阳》辨析三、四,《泰初》辨析三,《子张》辨析一

庄斥尧舜/郭褒尧舜:《德充符》辨析一、二,《大宗师》辨析九

直面《庄子》，突破遮蔽

1982年，我初读郭象版《庄子》。2009年，我完成《庄子复原本》。

《逍遥游》曰："适莽苍者，三餐而返，腹犹果然；适百里者，宿舂粮；适千里者，三月聚粮。"我舂粮、聚粮二十八年，是否穿越了百里千里的空间迷途，是否突破了百年千年的时间迷雾，尚待读者评判，历史检验，天道作证。

《应帝王》曰："尽其所受乎天，而无见得。"虽然穷尽了我的有限天赋，由于物德太薄，天池太小，天机太浅，《庄子复原本》仍有两大遗憾。

遗憾之一，外杂篇的撰者大多是推测性的，推测可能有误。然而推测即使有误，其误小于视为庄撰。

遗憾之二，在魏牟版、刘安版完整出土之前（不敢奢望有此一日），复原魏牟版、刘安版，如同把残存古陶片拼成古陶罐，无法恢复其全貌，只能恢复其概貌。

郭象砸碎古陶罐，丢弃不合郭义的古陶片，选取合于郭义的古陶片进行加工，最后拼成符合郭义的新陶罐。本书先把郭象的新陶罐还原为旧陶片，再寻找被郭象丢弃的古陶片，然后对每一陶片做出鉴定，去伪存真，最后复原为符合庄义、蔺义、魏义、刘义的古陶罐。

由于郭象丢弃的古陶片只能找到极少部分，所以复原的古陶罐远非完美无缺，而是颇有缺损。然而郭存古陶片和后人找到的郭弃古陶片，只要复归原初位置，残存古陶片就能呈现古陶罐的真实轮廓。缺损古陶片的缺损之形，因被复归原初位置的残存古陶片限定，也能呈现古陶罐的真实轮廓。正如老聃所言："当其无，有器之用。故有之以为利，无之以为用。"

《庄子复原本》虽不完美，但已足以证明：郭象通过删除篇目、裁剪拼接、移外入杂、增删改字、妄断反注，把"天子不得臣，诸侯不得友"的庄子，改造成了"役人之役，适人之适"的"天之戮民"；把"息黥补劓"、"撄而后成"的《庄子》，改造成了黥劓民众、撄扰天下的伪《庄子》；把真《庄子》的宗旨"天道人道两行"，改造成了伪《庄子》的宗旨"名教即自然"。概而言之，郭象把古典中国的头号自由宗师，改造成了头号专制帮闲。

历代有识之士，多有明白郭义全反庄义者。北宋妙总禅师说："曾见郭象注《庄子》，识者云：却是《庄子》注郭象。"南宋大儒朱熹说："汉儒解经，依经演绎。晋人则不然，舍经而自作文，如王弼、郭象辈是也。"

历代有识之士，偶有明白郭象篡改原文者。南宋畸人刘辰翁说："'杨墨'字，只当'儒'者。"已知郭象篡改"儒墨"为"杨墨"。当代学者王叔岷说："所谓三十三篇，非五十二篇中删去十九篇之数，盖于旧有篇第，有删略，亦有两篇合为一篇，一篇分为两篇。"

当代大儒钱穆所论尤为精辟："郭象以儒学来纠正《庄子》之过偏过激，如《庄子·逍遥游》，明明分别鲲鹏、鷽鸠大小境界不同，但郭象偏要说鹏、鸠大小虽异，自得则一。庄子明明轻尧舜而誉许由，但郭象偏要说尧舜是而许由非。可见郭象注《庄》，明非庄子本义。庄、老精义，本在对政治社会文化流弊有深刻之讥评，而能自己超然世外。郭象既不能学儒家对政治社会积极负责，又不能如庄、老对政治社会超然远避。这是两面俱不到家。郭象是无性情的放荡，抱着消极态度，而又不肯超然远俗，十足的玩世不恭，而转把儒家的理论来掩饰遁藏。郭象实不足为《庄子》之功臣，却不免为两晋之罪人。"

钱穆既不认可郭象以儒学反注《庄子》，又不认可郭象以儒学篡改《庄子》，也不认可郭象是"新道家"，而是斥为道家、儒家的双重罪人，体现了令人钦敬的真儒风范。追随郭象的假道家、假儒家，必然"两面俱不到家"，只能像郭象一样"无性情的放荡，抱着消极态度，而又不肯超然远俗，十足的玩世不恭，而转把儒家的理论来掩饰遁藏"。

一切真道家，无不肯定"道"为至高价值和终极存在。郭象否定"道"的至高价值和终极存在，以儒书《孟子》"自得之，则居之安"之义，谬解庄子主张"独化自得"，充其量是"失道而后德"（《老子》）的"德家"。郭义之"德"，并非得自江湖真道的真德，而是得自庙堂伪道的伪德。新儒家为孟轲之"自得"辩护，旧庄学为郭象之"自得"辩护，均称之为"内在超越"，实为不通之语。真正的"超越"必须"无己"（《逍遥游》）、"丧我"（《齐物论》），必须以高于人类、不以人类意志为转移的至高价值，首先超越个体小我，进而超越群体大我。否定"道"之存在的"内在超越"，缺乏高于人类、不以人类意志为转移的至高价值，即使标榜以群体大我（阶级、民族、国家）超越个体小我，由于个体小我的利益寓于群体大我之中，必定不能"无己"、"丧我"，其所标举的一切价值，必定不是遍在永在的普遍价值。

《庄子》是古典中国的文化圣经，空前绝后的汉语极品，所以虽经郭象删残篡改和反注矮化，仍有无数国人酷爱郭象版伪《庄子》。郭象版伪《庄子》和奉郭象为至高权威的旧庄学，实为中华专制话语的重要组成部分，对中华心灵造成了极大毒害和深度腐蚀，导致无数士人身在庙堂之时，就是为专制帮忙的假儒家，身在江湖之时，又是为专制帮闲的假道家。没有郭象炮制的假道家，"儒道互补"的文化虚构就无法成立，"三教合一"的庙堂话语就难以建构，"以隶相尊"的意识形态就不够完整，僭用"帝"号的中华帝国就不能长存。唯愿《庄子复原本》有助于终结旧庄学，有助于消解中华专制话语。

2010年1月31日

相关附录

庄子与我的虚拟对话（二）

——关于《庄子复原本》

远山：上次先生化蝶赐教，令我受益匪浅。烦请先生再扮一次蝴蝶。

庄子：我扮蝴蝶，你扮什么？

远山：我扮髑髅。秦汉之际慕庄后学所撰《马捶》，说先生曾经梦见髑髅。

庄子：髑髅所言"无君于上，无臣于下"，甚合吾意。你今又有何言？

远山：汇报"庄子工程"进展，我完成了《庄子复原本》。

庄子：此书与《庄子奥义》有何不同？

远山：《奥义》是哲学书，只讲先生亲撰的内七篇。《复原本》是通过校勘，复原早于郭象版的魏牟版、刘安版，包括弟子后学所撰的外杂篇。注释是学术性的，翻译是普及性的。

庄子：魏牟版和刘安版，与郭象版有何不同？

远山：魏牟版是《庄子》初始本，战国末年，秦汉之际，曾经广泛传播。包括内篇七，外篇二十二。共计二十九篇，五六万言。

庄子：魏牟版既已亡佚，你如何确知其外篇篇目？

远山：战国魏牟以后，西汉刘安以前，吕不韦、荀况、韩非、贾谊、韩婴等秦汉之际的众多士人，大量钞引魏牟版，涉及外篇二十二的每一篇。

庄子：魏牟版外篇的撰者是谁？

远山：很难具体考定。撰者都是先生的弟子后学，秉承先生"至人无己，神人无功，圣人无名"之教，不署己名。幸而个别篇目的内文，留有撰者之名，如先生的亲传弟子蔺且，再传弟子魏牟。据我推测，蔺且撰写了五篇，魏牟撰写了十三篇，其他弟子或再传弟子撰写了另外四篇。

庄子：你对自己的推测，有多大把握？

远山：把握有大有小。不过即使推测有误，其误小于视为先生亲撰。有些把握较大，比如蔺且在《山木》里自书其名，自称"弟子"，在《曹商》里也自称"弟子"。

庄子：蔺且是蒙邑的后生，住处与我相邻。我中年以后，他常在我身边。惠施晚年，两次由魏返宋与我盘桓，蔺且大都在场。但我主张"以天为师"，反对"以人为师"，主张"自适其适"，反对"适人之适"，所以不把蔺且视为弟子，而是视为小友。我们常常一起出游，还曾同去访友。

远山：《山木》开篇就写了此事。蔺且师事先生，并不影响"以天为师"，"自适其适"。蔺撰外篇精准阐发内七篇义理，使支离其言、晦藏其旨的内七篇不再特别难懂，是弘扬庄学第一人。

庄子：蔺且写我倒也罢了，魏牟为何也来祭我的冷灶？

远山：魏牟原是魏属中山国的王子，二十五岁时，赵武灵王灭中山，是其人生转折点。此前他迷恋公孙龙的名学，此后他转向先生的道术，编纂了《庄子》初始本，是传播庄学第一人。

庄子：赵武灵王灭中山，是在惠施死后四年，那年我七十四岁。魏牟比我小四十九岁，比公孙龙还小五岁，难怪我没听说过。

远山：西汉刘向，东汉班固，不知魏牟晚于先生、蔺且、公孙龙，妄言魏牟早于先生，妄言《秋水》为先生所撰，妄言先生在《秋水》中称赞魏牟。东晋张湛，又妄言魏牟是魏文侯之子。那就意味着，魏牟不仅比先生早，也比杨朱早，而与列子同时。后世庄学家大都盲从这些权威谬见，不知魏牟实为魏文侯的四世孙。

庄子：刘向、班固、张湛都是儒生，怎么忘了儒门信条"长幼有序"？

远山：近人钱穆也是儒生，已举三证驳正。首先，《秋水》并非先生所撰。其次，《秋水》所载并非先生称赞魏牟，而是魏牟对公孙龙称赞先生。最后，公孙龙、魏牟都晚于先生。可惜钱穆说也白说。

庄子：为什么？

远山：因为郭象妄言外杂篇均为庄撰。盲从郭象者认为，《秋水》、《天下》称赞先生，是先生自称自赞的寓言笔法。清人林云铭、今人王叔岷也已驳正，说先生主张"无己"、"丧我"、"不自得"，不可能自称自赞。

　　庄子：总算还有明白人。

　　远山：然而夏虫不可语冰！盲从郭象者仍然认为，林云铭、王叔岷缺乏硬证，只是主观判断。仍然坚信《秋水》、《天下》好到极点，必为文章天下第一的先生亲撰。

　　庄子：难道他们不知"文无第一，武无第二"？

　　远山：近人鲁迅也说，先生文章"晚周诸子莫能先"。中国文人无不坚信，先生文章天下第一，别人只能角逐天下第二。

　　庄子：既然《秋水》、《天下》好到极点，文章天下第一的就不是我，而是魏牟。

　　远山：按照他们的逻辑，确实如此。认为《秋水》、《天下》不好的人，古今皆无。认为内七篇不好的人，古今都有。唐人柳宗元认为，内七篇不如《列子》。近人傅斯年认为，《齐物论》不好，所以不是先生亲撰，而是主张"齐万物以为首"的慎到所撰。任继愈更加离谱，认为内七篇不好，所以是庄门弟子所撰，外杂篇极好，所以是先生亲撰。

　　庄子：倒是为我藏拙遮丑的妙招。

　　远山：郭象以降一千七百年，庄学领域充满积非成是的胡言乱语。《庄子复原本》已举大量文本内证和史实外证，证明内七篇均属庄撰，外杂篇无一庄撰。

　　庄子：魏牟文章如此之好，你为什么说蔺且是弘扬庄学第一人，魏牟是传播庄学第一人？

　　远山：义理、辞章是庄学大鹏的两翼，蔺且、魏牟各得先生一翼。蔺且所撰《山木》、《达生》等外篇，义理极佳，辞章稍逊，对于理解内七篇帮助极大。魏牟所撰《秋水》、《天下》等外篇，辞章极佳，义理稍逊，对于理解内七篇帮助不大。

　　庄子：义理才是屠龙大道，辞章仅是雕虫小技。

　　远山：所以魏牟的主要成就，并非阐明庄学义理，而是编纂《庄子》

初始本。若非魏牟成功传播《庄子》，先生之书很快就会失传。

庄子：蔺且为什么没能成功传播？

远山：彭蒙、告子、淳于髡、邹忌、季梁、孟轲、宋钘、兒说、尹文、田骈、慎到、季真、接予、邹衍、邹奭、田巴、荀况等各国士人，全都趋赴齐国稷下学宫，位居列大夫，锦衣玉食，住则独立别墅，行则后车百乘，门徒众多，声名显赫。先生逍遥江湖，远离庙堂，拒楚聘相，不去稷下，弟子不多，自隐其名。所以宋儒朱熹说："庄子当时，也无人宗之，他只在僻处自说。"蔺且也与先生一样逍遥江湖，远离庙堂，仅是知者甚少的庄学传人。

庄子：魏牟为什么能够成功传播？

远山：魏牟身为中山王子，财力既富，交游又广，改宗庄学以后，编纂并大力传播《庄子》初始本，已是天下皆知的庄学传人。

庄子：那么后人为什么不再知道魏牟是何许人？

远山：被汉代以后刘向、班固、郭象、张湛的权威谬见误导。其实魏牟生前的影响，远远超过后人熟知的其他先秦诸子，到处受到诸侯卿相礼遇。秦相范雎请教进退，赵相平原君称述其言，赵悼襄王请教治国，公孙龙也反过来向这位早年信徒请教庄学。由于魏牟的成功传播，秦相吕不韦，赵人荀况及其弟子韩非，都大钞特钞魏牟版《庄子》初始本，尽管立场不同，好恶有异。

庄子：其异何在？

远山：吕不韦是黄老信徒，极其钦服先生，所以《吕览》大钞《庄子》，多达四五千字。荀况是儒家集大成者，极其反感先生，《荀子·解蔽》认为"庄子蔽于天而不知人"；尤其反感魏牟，《荀子·非十二子》把他列为头号论敌，认为他"纵情性，安恣睢，禽兽行，不足以合文通治"。韩非是法家集大成者，更加痛恨先生，尽管先生已死，仍然恨恨不已，《韩非子·外储说右上》杀气腾腾："不臣天子，不友诸侯，吾恐其乱法易教也，故以为首诛。"

庄子：幸亏我已死了，否则躲得过猛如骊龙的宋康王，逃不过毒如蛇蝎的韩公子。

远山：后来嵇康宣称"以庄子为师"，就没逃过庙堂毒手。三千太学生集体请愿，嵇康仍被公开杀头。

庄子：看来魏牟传播吾书也有害处，至少害死了嵇康。

远山：那是嵇康没学到家。先生不仅贬斥"以隶相尊"、"役人之役"的庙堂伪道；也已阐明"逃刑免患"、"不夭斤斧"的因应真道。所以魏晋庙堂只能杀死嵇康，无法禁绝《庄子》，正如秦始皇、汉武帝只能剿灭百家，无法禁绝《庄子》。

庄子：这是什么原因？

远山："文革"时期的拙劣手抄本，尚且庙堂越是禁绝，江湖越是珍爱。魏牟的成功传播，导致《庄子》的影响遍及士林，庙堂已难禁绝。刘安的继续传播，导致《庄子》的影响遍及朝野，庙堂更难禁绝。

庄子：淮南王刘安，是汉高祖刘邦之孙，为何喜爱吾书？

远山：刘安前半生，受益于崇尚"黄老"的汉文帝、汉景帝之"无为而治"。后半生，受害于"独尊儒术"的汉武帝之"有为而治"。因此酷爱魏牟版《庄子》初始本，进而编纂了刘安版《庄子》大全本。

庄子：没想到《庄子》的两位编纂者，都是庙堂反叛者。

远山：正因为魏牟、刘安出身庙堂，深知悖道庙堂的丑恶黑幕，所以想用先生之书，对庙堂君子"息黥补劓"。可惜刘安才华逊于魏牟，但是财力胜于魏牟，所以招集了大量门客，广泛搜罗魏牟以后的慕庄后学之文，编纂了刘安版《庄子》大全本。

庄子：刘安版与魏牟版有何不同？

远山：刘安版比魏牟版多二十三篇，多五六万言，总计五十二篇，十余万言。主体部分是七七四十九篇，就是内篇七，外篇二十八，杂篇十四。

庄子：刘安为什么大搞形式主义，把外篇、杂篇都凑成内篇七的倍数？

远山：可能是附会"大衍之数五十，其用四十有九"。刘安为了凑数，滥收劣篇，导致刘安版《庄子》良莠不齐。比如杂篇《说剑》，竟把先生写得如同策士。

庄子：我从不齿及公孙衍、张仪、陈轸、苏秦之流，倒是在《大宗师》

里讽刺了一下纵横家的鼻祖子贡。

远山：外杂篇也都效法内七篇，一再讽刺子贡。

庄子：除了《说剑》，刘安版还有哪些劣篇？

远山：若论义理，《在宥》、《天道》最劣。若论辞章，刘安版的外杂篇劣篇，仍然胜于一切诸子之文，又搭内七篇便车，所以引用率仍然很高。后世第一才子李白的名诗《侠客行》，就是对《说剑》的生吞活剥。

庄子：除了主体部分四十九篇，另外三篇呢？

远山：就是刘安自撰的三篇"解说"，附于书末。唐人李善《文选注》提及其中两篇，《庄子后解》，《庄子略要》。

庄子：刘安版尽管编得不佳，但是刘安身在庙堂，心在江湖，汉武帝岂能容忍？

远山：当然难以容忍。刘安被诬谋反，被逼自杀。

庄子：我不仅害死了嵇康，又害死了刘安。

远山：冤有头，债有主。与先生何干？江湖民众心知肚明，刘安谋反纯属冤案。民间神话说，刘安既未谋反，也未自杀，而是得道成仙，甚至"一人得道，鸡犬升天"。民间神话公然歌颂谋反者，自古至今仅此一例。

庄子：民间神话也是支离其言，晦藏其旨，讽刺汉武帝像秦始皇一样求仙失败。嫦娥的兔子，刘安的鸡犬，都能得道成仙，以王僭帝的秦始皇、汉武帝，却不能得道成仙。哈哈！

远山：民间所谓"仙人"、"真人"，源于《逍遥游》的"藐姑射神人"、《大宗师》的"真人"，原是江湖至人的文学象征，超越庙堂、笑傲江湖的文学隐喻，不事王侯、高尚其事的隐讳表达。秦始皇、汉武帝上了先生大当，不能得意忘言，只能死于句下。秦始皇死前，听信江湖术士侯生、卢生的招摇撞骗，竟然不再称"朕"，改称"真人"。

庄子：如你所说，刘安、嵇康不是我害死的，秦始皇、汉武帝反倒是我害死的？

远山：他们妄求长生，乃是自己找死。东晋葛洪是道士，东晋王羲之是道教信徒，全都笃信神仙术，全都反感先生不信神仙，更反感《养生主》揭破老聃死于秦国，并未成仙。所以葛洪《抱朴子》大骂庄子"永无至言"，王羲之《兰亭序》隐讽先生"一死生为虚诞，齐彭殇为妄作"。

庄子：魏牟、刘安传播吾书，害得我死后不得清静！

远山：先生之书既招江湖深爱，必招庙堂痛恨。庙堂无法禁绝先生之书，因此西晋儒生郭象只能对先生进行"思想改造"，把刘安版《庄子》，改编为郭象版《庄子》。

庄子：郭象做了什么？

远山：刘安版是大做加法，比魏牟版多二十三篇，多五六万言，变成五十二篇，十余万言。郭象版是大做减法，比刘安版少十九篇，少四五万言，变成三十三篇，六万六千言。追随郭象的后儒，又删去近千言。今存郭象版《庄子》，仅剩六万五千言。

庄子：刘安版既已亡佚，你如何确知郭象删去的十九篇篇目？

远山：上穷碧落下黄泉，一篇一篇找史证。比如《史记》提及《畏累虚》、《亢桑子》，《南史》提及《马捶》，《北齐书》提及《惠施》，四篇全都不见于郭象版。郭象《庄子跋》又主动承认，删去了《阏弈》、《游凫》、《意修》、《子胥》、《厄言》五篇。《文选注》提及"解说三"的《庄子后解》、《庄子略要》两篇，又可推知另有《解说第三》一篇。从郭象版《寓言》、刘安版《厄言》，又可推知另有《重言》一篇。以上十三篇，十一篇有史料明证，两篇从史料推知，个别篇目还有《庄子》佚文。另外六篇，从有无陆德明所引崔譔注、向秀注等史料外证，结构分析的文本内证，可以找到线索，甚至找到残篇，就是《庄子复原本》的《曹商》、《管仲》、《宇泰定》、《泰初》、《百里奚》、《子张》。

庄子：郭象删去十九篇，就能对我完成"思想改造"？

远山：远远不能。所以郭象又对删存的三十三篇，大肆篡改。篡改方式主要有四：裁剪拼接，移外入杂，增删改字，妄断反注。

庄子：何为裁剪拼接？

远山：就是裁剪魏牟版、刘安版外杂篇的两篇，拼接为郭象版外杂篇的一篇，总计裁剪了旧十六篇，拼接为新八篇：裁剪《曹商》，拼接于《列御寇》。裁剪《管仲》，拼接于《徐无鬼》。裁剪《宇泰定》，拼接于《庚桑楚》。裁剪《泰初》，拼接于《天地》。裁剪《百里奚》，拼接于《田子方》。

裁剪《子张》，拼接于《盗跖》。裁剪《马捶》，拼接于《至乐》。裁剪《惠施》，拼接于《天下》。

庄子：你指控郭象是裁缝师傅，有无硬证？

远山：郭象版《庚桑楚》的"庚桑楚"数章，陆德明引用了向秀注；"宇泰定"以下数章，陆德明未引向秀注。郭象版《徐无鬼》的"徐无鬼"数章，陆德明未引向秀注；"管仲"以下数章，陆德明引用了向秀注。郭象版《列御寇》的"列御寇"数章，陆德明引用了崔譔注；"曹商"以下数章，陆德明未引崔譔注。郭象版《天下》的"天下"数章，陆德明引用了崔譔注；"惠施"章，陆德明未引崔譔注，同时《北齐书》提及《庄子·惠施》。郭象版《至乐》的"至乐"数章，陆德明引用了崔譔注；"马捶"章，陆德明未引崔譔注，同时《南史》提及《庄子·马捶》。以上十篇被裁剪、拼接为五篇，均有史料硬证。郭象版《田子方》、《盗跖》、《天地》，分别裁剪、拼接了《百里奚》、《子张》、《泰初》残篇。以上六篇被裁剪、拼接为三篇，均有文本内证，比如结构断裂，义理脱节，篇幅超长等等。

庄子：郭象怎样移外入杂？

远山：就是把魏牟版、刘安版的外篇九，即《寓言》、《庚桑楚》、《徐无鬼》、《则阳》、《外物》、《让王》、《盗跖》、《列御寇》、《天下》，移到郭象版的杂篇。

庄子：你又指控郭象是搬运工人，也有硬证？

远山：陆德明《经典释文·序录》说，崔譔、向秀的《庄子注》，全都"有外无杂"，就是全注内篇，选注外篇，不注杂篇。但是陆德明却在郭象版八篇杂篇之下，大引崔譔注、向秀注。既然崔譔、向秀不注杂篇，那么有崔譔注、向秀注的郭象版八篇杂篇，原先必为魏牟版、刘安版外篇。

庄子：如此铁证，为什么陆德明以后一千多年，竟然没人发现？

远山：因为庄学家们都是郭象信徒，一叶障目，视而不见。另有郭象版杂篇《让王》，虽然陆德明未引崔譔注、向秀注，但是刘安以前的秦汉之书，引用《让王》最多，必在魏牟版外篇，因为魏牟版没有杂篇。而刘安保留了魏牟版外篇二十二，仅仅增加了六篇新外篇。所以郭象移外入杂，共计九篇。

庄子：郭象做裁缝师傅，十分有利于"改造思想"。但是郭象做搬运工人，对"改造思想"有何作用？

远山：郭象移动的外篇九篇，都是魏牟版外篇二十二中，正确阐释内七篇的重要篇目，如果留在外篇，就是"改造思想"的重大障碍，只有贬入杂篇，方能大大降低其重要性。又能腾出外篇靠前的重要位置，放置《在宥》《天道》等刘安版劣篇，大大提升其重要性。移外入杂，移前劣篇，两者相互配合，正是"改造思想"的关键步骤。

庄子：郭象真是煞费苦心，手段高明！再说说如何增删改字。

远山：先说增字之例，仅举其一。郭象版《杂篇·天下》的六句名言："《诗》以道志，《书》以道事，《礼》以道行，《乐》以道和，《易》以道阴阳，《春秋》以道名分。"魏牟版、刘安版《外篇·天下》全都没有，却被后人视为庄学不异儒学、先生尊孔尊儒至极的重要证据。

庄子：删字之例呢？

远山：司马迁认为，《庄子》"诋訿孔子之徒，以明老子之术"。郭象为了反注《庄子》，主张先生尊孔尊儒之极，于是删去《达生》承蜩丈人贬斥孔子的"汝逢衣徒也"等24字，删去《天运》孔子赞扬老聃的"至于龙，吾不知也"等55字。其他例子还有无数，无暇尽举。

庄子：改字之例呢？

远山：先生褒"达人"，贬"儒墨"。郭象为了反注《庄子》，于是改"达"为"大"，改"儒"为"杨"，变成褒"大人"，贬"杨墨"。先生就被改造成了"辟杨墨"的孟轲。

庄子：后儒只有编造老不异孔、庄不异孟、道不异儒的谎言，才能天下一心，共建和谐社会。

远山：《养生主》贬斥"畜乎樊中"的倚待庙堂者，认为"形虽王，不善也"。郭象改"形"为"神"，变成"神虽王，不善也"，于是反转原意。

庄子：这符合郭象注《庄》的宗旨："圣人虽在庙堂之上，然其心无异于山林之中。"

远山：《秋水》"自得一时之利"，郭象改成"自适一时之利"。《让王》"逍遥于天地之间而心意自适"，郭象改成"逍遥于天地之间而心意自得"。

原意都是贬斥"自得"，褒扬"自适"。郭象一改，反转原意，成了褒扬"自得"，贬斥"自适"。

庄子：这不是把孟轲"自得之，心乃安"，强加于我吗？我在《大宗师》里用"孟子反"来反孟子，郭象《庄子注》就用"庄子反"来反庄子，也算一报还一报吧！

远山：《缮性》"礼乐遍行，则天下乱矣"，原意是贬斥"礼乐遍行"。郭象改"遍"为"偏"，变成"礼乐偏行，则天下乱矣"，于是反转原意，成了主张"礼乐遍行"，贬斥"礼乐偏行"。

庄子：巧妙之极，佩服之至！他又如何妄断反注？

远山：例子太多，仅举其一。《知北游》"遍然而万物，自古以固存"，原意是天道自古固存，遍在永在万物。郭象改"遍"为"偏"，再连读为"偏然而万物自古以固存"，于是反转原意，成了"万物自古以固存"。先生认为道遍在永在，郭象却否定道之存在。一切反注，无不植根于此。

庄子：这些都是删改原文。那么没有删改的其他原文，他又如何反注？

远山：不改原文的反注之例更多，姑举内七篇关键几例。先生认为天道"真宰"遍在永在，郭象反注为天道"真宰"并不存在。先生认为"天籁"主宰"地籁"、"人籁"，郭象反注为"地籁"即"天籁"。先生认为万物无不被天道"造化"，郭象反注为万物无不"独化"。先生主张"自适"，郭象反注为"自得"。先生主张"无待逍遥"，郭象反注为"得其所待，然后逍遥"。先生主张"自适即逍遥"，郭象反注为"自得即逍遥"。先生主张天道自然、人道名教"两行"，郭象反注为是非"两行"、"名教即自然"。先生主张"齐物"之论，"吹万不同"；郭象反注为"齐一物论"，统一思想。先生褒至知，贬大知，郭象反注为褒大知，贬小知。先生标举"初—小—大—至"四境，贬大境，褒至境；郭象反注为"小—大"二境，贬小境，褒大境。先生贬斥儒墨"所言未定"的"此亦一是非，彼亦一是非"，郭象反注为先生主张"此亦一是非，彼亦一是非"。反注外杂篇，是其反注内七篇的延伸，无须举例。

庄子：如此彻底的全面反注，陆德明为什么竟说郭象"独会庄生之旨"?

远山：陆德明也是倚待庙堂的儒生。北宋妙总禅师不是儒生，很不满意郭象反注，一言揭穿其捣鬼："曾见郭象注《庄子》，识者云：却是《庄子》注郭象。"南宋朱熹虽是儒生，也不满意郭象反注，因为郭象妄言庄学不异儒学，不仅导致儒学不再纯粹，而且可能诱导儒生阅读《庄子》而受影响，所以批评郭象"舍经而自作文"（《朱子语类》卷六七）。近人钱穆既是崇敬庄学的儒生，又是治学严谨的学者，也不满意郭象反注，批评说："《逍遥游》明明分别鲲鹏、鷽鸠大小境界不同，但郭象偏要说鹏、鸠大小虽异，自得则一。庄子明明轻尧舜而誉许由，但郭象偏要说尧舜是而许由非。可见郭象注《庄》，明非庄子本义。"尽管从古至今都有极少数人明白郭象反注《庄子》，但是绝大多数庄学家仍是郭象信徒，仍然坚信庄孔一家、儒道互补，鲜有人知庄学真义。

庄子：郭象比宋康王、秦始皇、汉武帝厉害太多！历代僭主难以禁绝吾书，郭象却让吾书名存实亡。

远山：欲使《庄子》名存实亡，郭象凭借的是三大法宝。一是通过篡改反注，使内七篇不可能读懂读通。二是通过篡改反注，使外杂篇貌似容易读懂读通。三是妄言外杂篇均为先生亲撰，完成移花接木，使人接受全反庄义的郭义。

庄子：郭象如何让人相信外杂篇均出我手？

远山：就是把外杂篇的庄后史实，删除殆尽。

庄子：聪明绝顶！

远山：可惜郭象毫无智慧，历史常识又差，至少漏删了郭存外杂篇的八条隐晦庄后史实。

庄子：举些例子。

远山：比如《说剑》虚构庄周见赵文王，前266年赵王何死后得谥"惠文"，先生已殁二十年。《胠箧》言及"田成子十二世有齐国"，田齐第十二世齐王建于前264年即位，先生已殁二十二年。《盗跖》言及"汤武后世绝灭"，前256年秦昭王灭周，先生已殁三十年。

庄子：郭删十九篇外杂篇，又有多少庄后史实？

远山：郭删十九篇已经亡佚，很难弄清共有多少庄后史实。属于郭删十九篇的已知《庄子》佚文，至少有七条明显庄后史实。

庄子：愿闻其详。

远山：佚文有"荆轲"、"田光"、"燕太子丹"，荆轲刺杀秦王嬴政，事在秦始皇二十年（前227），先生已殁五十九年。佚文有秦始皇"封于泰山，禅于梁父"，事在秦始皇二十八年（前219），先生已殁六十七年。佚文有秦始皇坑杀的儒生"卢敖"，事在秦始皇三十五年（前212），先生已殁七十四年。佚文有刘安撰写的三篇"解说"，刘安生于前179年，先生已殁一百零七年。

庄子：郭象又把我变成了能掐会算、预知后事的半仙。

远山：仅从现存史料，我发现外杂篇至少有十五条庄后史实。其中十条，又是蔺且死后的史实。其中八条，又是魏牟死后的史实。蔺后史实证明，《庄子》初始本并非蔺且编纂，而是魏牟编纂。魏后史实证明，《庄子》大全本并非魏牟编纂，而是刘安编纂。

庄子：这是你复原魏牟版、刘安版的重要依据吧？

远山：是的。由于郭象把外杂篇的庄后史实删除殆尽，所以后人盲信外杂篇均为庄撰。无论是赞扬先生，还是批评先生，都以郭象篡改以后符合郭义的外杂篇为据，都把违背内七篇宗旨的外杂篇之言，全部张冠李戴，视为先生之言。

庄子：郭象奸谋，终于得售！

远山：魏牟版《庄子》初始本、刘安版《庄子》大全本的江湖真道，对唐宋以前一千多年的中华文明上升期，贡献极大。郭象版《庄子》删改本的庙堂伪道，对唐宋以后一千多年的中华文明衰退期，罪责极大。先生之书的流变，与两千多年中华文明的盛衰完全同步，正是中国之谜的主要谜底。

庄子：何为中国之谜？

远山：中国之谜的谜面、谜底，古今中外众说纷纭。我认为中国之谜的主要谜面是：既然古典中国的庙堂政治如此悖道，为何竟能打造傲视全球的汉唐盛世，创造辉煌卓越的中华文化？

庄子：谜底呢？

远山：古典中国，不仅有庙堂悖道政治，而且有江湖顺道文化，两者不能混为一谈。其他诸子百家，大多助长庙堂悖道政治。唯有《庄子》，无尽滋养江湖顺道文化。

庄子：有何依据？

远山：其他诸子百家，尤其儒家经典，无不面对庙堂君子，只讲如何治民，如何治国，所以悖道庙堂把儒家经典尊为政治圣经。只有《庄子》独持异议，不为庙堂君子立言，仅对江湖民众传道。不言如何治民，如何治国，贬斥庙堂悖道政治，教导江湖民众如何避免成为庙堂悖道政治的牺牲品。同时广泛深入地精确描述了江湖民众的百工众技，如何解牛，如何养猴，如何养虎，如何牧马，如何牧羊，如何钓鱼，如何斗鸡，如何捕蝉，如何相狗，如何相马，如何相人，如何游泳，如何驾船，如何驾车，如何种树，如何种谷，如何运斤，如何斫轮，如何捶钩，如何铸钟，如何调瑟，如何奏乐，如何赏乐，如何画图，如何射箭，如何使剑，如何读书。《庄子》虽未言尽百工众技，比如并未言及江湖顺道文化的辉煌代表丝绸、瓷器、茶道、棋道等等，但是顺道技艺无不相通，读者可以举一反三，触类旁通，所以两千多年的江湖顺道文化，都把《庄子》视为至高无上的文化圣经。

庄子：吾书重在言道，言技仅是应用。道不可言，所以借技言道。

远山：诸子百家无不言术，不足在于不言道。《老子》专门言道，胜于诸子百家，不足在于不言技，因而所言之道，与物脱钩，隐于天外，恍惚玄虚，难学难用。《庄子》又超越《老子》，不仅言道，同时言技，可补《老子》之凌空蹈虚，既能弘扬天道，又能以道御技；由于借技言道，因而所言之道，遍涉万物，显于人间，切实生动，易学易用。所以《庄子》是江湖顺道文化取之不尽用之不竭的百科全书。西人爱说，一切荣耀归于上帝。我却爱说，一切荣耀归于庄子。

庄子：一切荣耀，归于天道。

2010年7月2日—31日

（本文刊于《书屋》2012年第7期。收入张远山文集《老庄之道》。）

《庄子复原本》简介

出版航母凤凰集团旗下的江苏文艺出版社，曾于2008年隆重推出张远山"庄子工程"的第一部专著《庄子奥义》，得到了学界好评和读者欢迎。2010年又隆重推出张远山"庄子工程"的第二部专著《庄子复原本注译》，必将得到学界更大好评和读者更大欢迎。

北宋妙总禅师说："曾见郭象注《庄子》，识者云：却是《庄子》注郭象。"南宋大儒朱熹说："汉儒解经，依经演绎。晋人则不然，舍经而自作文……如王弼、郭象辈是也。"当代学者钱穆说："郭象以儒学来纠正《庄子》之过偏过激，如《庄子·逍遥游》，明明分别鲲鹏、鸒鸠大小境界不同，但郭象偏要说鹏、鸠大小虽异，自得则一。庄子明明轻尧舜而誉许由，但郭象偏要说尧舜是而许由非。可见郭象注《庄》，明非庄子本义。"可见历代有识之士，多有明白郭义全反庄义者。

南宋畸人刘辰翁说："'杨墨'字，只当'儒'者。"当代学者王叔岷说："所谓三十三篇，非五十二篇中删去十九篇之数，盖于旧有篇第，有删略，亦有两篇合为一篇，一篇分为两篇。"可见历代有识之士，偶有明白郭象篡改原文者。

古今有识之士虽然多能明白郭象对《庄子》的篡改反注，由于不知郭象篡改反注的作案细节，因而无论郭象义理受到多大质疑，郭象版《庄子》仍是一千七百年来绕不过去的唯一版本。张远山"庄子工程"的终极目标，就是绕过郭象版《庄子》。

今年年初,《社会科学论坛》杂志发表了张远山的论文《〈庄子〉三大版本及其异同》,详尽论证了郭象版《庄子》仅是《庄子》三大版本最为晚出的版本,而且是不忠于此前两大版本的伪《庄子》。《新华文摘》迅速转载,引起了广泛关注。

张远山钩稽出散于浩瀚古籍的大量细微史证,缜密考定《庄子》大全本的编纂者是西汉初年的淮南王刘安,同时考定《庄子》大全本的五十二篇具体篇目和分类归属。详见下表:

刘安版《庄子》大全本分类篇目表

内篇七	外篇二十八				杂篇十四		解说三
逍遥游	寓言	知北游	盗跖	天运	说剑	游凫▲	庄子后解▲
齐物论	山木	庚桑楚	列御寇	骈拇	渔父	子胥▲	庄子略要▲
养生主	达生	徐无鬼	天下	马蹄	泰初△	意修▲	解说第三△
人间世	至乐	管仲△	惠施▲	刻意	百里奚△	卮言▲	
德充符	曹商△	则阳	宇泰定△	缮性	子张△	重言△	
大宗师	秋水	外物	胠箧	在宥	马捶▲	畏累虚▲	
应帝王	田子方	让王	天地	天道	阕弈▲	亢桑子▲	

(引自《庄子复原本》附录一)

这一有史以来首次公布的完整篇目及其分类归属,破解了长期困扰学界的庄学最大疑案,同时破解了郭象删去的《庄子》大全本十九篇的具体篇目及其分类归属。其中特别重要的是,郭象把原属刘安版《庄子》大全本"外篇"的重要九篇《寓言》、《庚桑楚》、《徐无鬼》、《则阳》、《外物》、《让王》、《盗跖》、《列御寇》、《天下》,移到了郭象版《庄子》篡改本的"杂篇"。郭象"移外入杂"的铁证,就是唐人陆德明《经典释文》记载了先于郭象的崔譔、向秀《庄子》选注本全都"有外无杂",然而陆德明却在郭象版《庄子》的八篇"杂篇"(《让王》除外)之下,大量引用了崔譔注、向秀注。

张远山并未止步于破解《庄子》大全本和郭删十九篇，他又通过详尽论证，缜密考定《吕氏春秋》、《荀子》、《韩非子》、贾谊二赋、《韩诗外传》大量钞引的《庄子》，并非刘安版《庄子》大全本，而是此前从未有人知晓的《庄子》初始本。

张远山同样钩稽出散于浩瀚古籍的大量细微史证，缜密考定《庄子》初始本的编纂者是庄子再传弟子、中山王子魏牟，同时考定《庄子》初始本的二十九篇具体篇目和分类归属，其中外篇二十二的每一篇，均被魏牟以后、刘安以前的吕不韦、荀况、韩非、贾谊、韩婴钞引。详见下表：

魏牟版《庄子》初始本分类篇目表

内篇七	外篇二十二			
逍遥游	寓言	知北游★	盗跖★	天运
齐物论	山木★	庚桑楚★	列御寇	
养生主	达生★	徐无鬼★	天下	
人间世	至乐★	△管仲★	▲惠施★	
德充符	△曹商	则阳	△宇泰定★	
大宗师	秋水★	外物★	胠箧★	
应帝王	田子方★	让王★	天地★	

（引自《庄子复原本》附录一）

魏牟版《庄子》初始本成书于战国末年，刘安版《庄子》大全本成书于西汉初年，郭象版《庄子》篡改本成书于西晋初年，阅读和研究《庄子》，理应以早于西晋郭象五六百年的战国魏牟版、西汉刘安版为主，然而此前这是不可能之事。江苏文艺出版社近期出版的张远山新著《庄子复原本注译》，一举廓清了一千七百年的历史迷雾。经过张远山长达三十年的不懈努力，拓荒性地深入前人未曾涉及的诸多领域，终于使早已隐入历史忘川的《庄子》两大版本重现人间。

除了复原《庄子》两大版本的原初篇目和分类归属，张远山又综合古今史证和前贤抉发的《庄子佚文》，对郭象篡改过的每一篇原文全都予以校勘复原。仅论原文字数，《庄子复原本》接近北宋陈景元本，多于此后的所有别本。若论篇目分类，《庄子复原本》附编接近西汉刘安版概貌，《庄子复原本》正编接近战国魏牟版旧观。此书的注释简明扼要，有助于理解原义，无不与郭象义理相反。此书的辨析精微深湛，有助于延伸研究。此书的今译准确流畅，有助于初学新进。

《庄子复原本》运用了王国维先生倡导的"纸上材料与地下材料相互参证"的二重证据法。张远山说："今存史料和文献征引，完全支持复原本的篇目及其分类。目前出土的《庄子》简牍仅有四篇，也完全支持复原本的篇目及其分类。1977年安徽阜阳双古堆汉墓出土了《则阳》《外物》《让王》残简，下葬时间为汉文帝前元七年至十三年（前173—前167），刘安七岁至十三岁。1988年湖北江陵张家山汉墓出土了《盗跖》残简，墓主汝阴侯夏侯灶卒于汉文帝前元十五年（前165），刘安十五岁。二墓下葬之时，刘安均未成年，尚未编纂《庄子》大全本，因此二墓出土的四篇，均属本书考定的魏牟版外篇（刘安版均保留于外篇，郭象版均移至杂篇）。若有新的考古发现，必将继续支持复原本。"（引自《庄子复原本注译》序言）

虽然《庄子复原本》是石破天惊的先秦研究重大成果，张远山仍然认为有两大遗憾："遗憾之一，外杂篇的撰者大多是推测性的，推测可能有误。然而推测即使有误，其误小于视为庄撰。遗憾之二，在魏牟版、刘安版完整出土之前（不敢奢望有此一日），复原魏牟版、刘安版，如同把残存古陶片拼成古陶罐，无法恢复其全貌，只能恢复其概貌。……由于郭象丢弃的古陶片只能找到极少部分，所以复原的古陶罐远非完美无缺，而是颇有缺损。然而郭存古陶片和后人找到的郭弃古陶片，只要复归原初位置，残存古陶片就能呈现古陶罐的真实轮廓。缺损古陶片的缺损之形，因被复归原初位置的残存古陶片限定，也能呈现古陶罐的真实轮廓。"（引自《庄子复原本注译》跋语）

张远山认为，《庄子》是古典中国的文化圣经，影响极其深远。郭象通过删除篇目、裁剪拼接、移外入杂、增删改字、妄断反注，对《庄子》进行了全面彻底的篡改反注，把主张"天道人道两行"的真庄学，改造成了主张"名教即自然"的伪庄学，把古典中国的头号自由宗师，改造成了古典中国的头号专制帮闲，严重误导了古往今来无数中国人的世界观、价值观、人生观。中华民族的大部分优良品格，中国文化的大部分精华，无不与魏牟版、刘安版真《庄子》的正面影响息息相关。中华民族的大部分不良品性，中国文化的大部分糟粕，无不与郭象版伪《庄子》的负面影响息息相关。

不难预料，全部庄学研究，全部先秦研究，全部中国研究，都将因为张远山《庄子复原本注译》的问世而改观。

2010年7月9日

（本文是为江苏文艺出版社所拟《庄子复原本注译》新闻通稿，刊于《书屋》2010年第9期。）

《庄子复原本》与中国之谜

　　从"五四"到"文革"，古典中国被批倒批臭。余生也晚，未及"五四"，仅历"文革"。其时年幼无知，仍有莫大疑惑：古典中国的登峰造极，究竟是真实存在的历史图景，还是向壁虚构的镜花水月？为了探究这一中国之谜，1980年我由理科改考文科，进大学后直奔先秦，开始了终生系之的漫长求索。

　　先秦诸子百家争鸣，相互竞争于庙堂、江湖一切领域，大师云集，精彩纷呈。儒、道两家最后胜出，瓜分了此后两千年的势力范围：儒家经典成了政治圣经，建构了当时全球范围之内最为严密完备的庙堂悖道政治，搭建了古典中国的唯一政治舞台。道家经典成了文化圣经，创造了当时全球范围之内最为美妙完善的江湖顺道文化，提供了古典中国的无数文化剧目。虽然儒、道两家的思想张力，始终大于思想合力，然而两家共同创造了登峰造极的两千年灿烂文明。

　　儒家主宰的庙堂政治，与道家滋养的江湖文化，具有悖道、顺道的巨大张力。缓解这一巨大张力，遂成古典中国不可懈怠的最大难题。由于现代中国与古典中国剪不断理还乱、既断裂又延续的特殊关系，庙堂悖道政治与江湖顺道文化的巨大张力，时至今日仍未消除。古典中国以及现代中国的权力格局，则决定了对峙双方缓解张力的不同因应方式。

一 江湖达人，陆沉间世

江湖顺道文化的传承者缓解巨大张力的基本因应方式是，自隐江湖，远离庙堂。庄门弟子所撰《则阳》，把向往天赋自由、反抗庙堂奴役的自隐不彰，称为"陆沉"，其义源于庄子亲撰的《大宗师》："泉涸，鱼相与处于陆。与其相呴以湿，相濡以沫，不如相忘于江湖。与其誉尧而非桀也，不如两忘而化其道。"庄子认为，君主专制的悖道政治，导致全体臣民"役人之役，适人之适"（《大宗师》），失去了"以德为循，自适其适"（《大宗师》）的天赋自由，如同鱼处于陆。因此"陆沉"之义，就是自隐于庙堂悖道政治造成的无水之陆，自隐于庙堂悖道政治造成的险恶外境。"陆沉"自隐的变文，遍布于庄子亲撰的内七篇，《齐物论》称为"不用而寓诸庸"，《养生主》称为"善刀而藏之"、"不祈畜乎樊中"，《德充符》称为"才全而德不形，内葆之而外不荡"，《人间世》称为"间世"。逍遥江湖、反抗庙堂的"间世"方式，庄子不仅反复表述，而且终身践行，成为后世追慕效法的不朽典范，深深融入长期处于悖道政治外境的中华民族骨髓之中。

远离庙堂的江湖达人，遍布古典中国的一切时空，成为阴暗的庙堂政治之外最为耀眼的文化景观，故有所谓"小隐隐于乡，中隐隐于市，大隐隐于朝"。江湖达人的文学象征，就是超越庙堂、傲视帝王的"仙人"。美妙无比的文学表述，连不幸生于帝王之家、不得不倚待庙堂的帝王将相也心驰神往。因为帝王将相虽是特权自由的享有者和独霸者，仍是天赋自由的匮乏者和向往者。特权自由如同包办婚姻娶来的绝世佳人，天赋自由如同自由恋爱赢得的小家碧玉，哪怕后者稍逊前者，也因两者获得方式之不同，决定了自由芬芳之有无。人无我有的特权自由，仅是倚待庙堂的古代臣民的肉身放纵。人我同享的天赋自由，才是笑傲江湖的现代公民的精神狂欢。

每一朝代的同时代人，对于本朝的江湖达人都知之甚少。但是每一后续朝代，都把前一朝代鲜为人知的江湖达人，视为前一朝代的精神标高。后一朝代为前一朝代所修正史，常常特辟无关庙堂大局的《隐逸传》。修史之朝表彰远离前朝庙堂的江湖达人，意在谴责前朝庙堂之悖道，自诩本朝庙堂之顺道。殊不知后一朝代为本朝修史，仍有《隐逸传》，其意仍同。因此字面不通、蕴含中国之谜的"著名隐士"，贯穿于两千年中华帝国史。

正是高蹈自隐于悖道庙堂之外的无数江湖达人，创造了中华顺道文化，其成果遍及衣食住行等一切物质生活领域，遍及琴棋书画等一切精神生活领域，因此帝王将相与普通民众一样，其个人的物质生活和精神生活，都受惠于江湖顺道文化。不仅如此，悖道庙堂又把顺道江湖的辉煌成果，作为傲视万邦的理由，自诩顺道的借口。其实中华顺道文化的一切成果，均与儒家思想无关，仅受道家思想滋养，尤其与《庄子》息息相关。所以庙堂衰微的乱世，都是江湖辉煌的盛世。战国，魏晋，六朝，五代，南宋，晚明，清末民初，无一例外。个体亦然，士人倚待庙堂之时，假装信奉以儒家思想为核心的庙堂意识形态，士人远离庙堂之时，大多信仰以道家思想为核心的江湖顺道文化。假装信奉儒家、真正信仰道家之人，都被称为"性情中人"，业已蕴含中国之谜的谜底。

二　庙堂君子，篡改曲解

庙堂悖道政治的代言人缓解巨大张力的基本因应方式是，篡改曲解乃至篡改反注道家经典，主要集中于《老子》、《庄子》。

著力于《老子》的庙堂政治代言人，举其要者，先秦有韩非的《解老》、《喻老》，汉代有严遵、河上公的《老子注》，集大成于魏晋儒生王弼的《老子注》。后世老学家对王弼毁誉参半，不奉王弼为老学至高权威。原因是王弼以儒解老，篡改曲解《老子》，动作幅度甚小。王弼曲注与《老子》原文的抵牾，始终未能彻底消除，因此后世老学家不断反诘王弼。近年又不断出土战国秦汉的《老子》简帛，王弼的老学权威遭到进一步削弱，仅仅沦为曾有重大历史影响的一家之言。

著力于《庄子》的庙堂政治代言人，举其要者，先秦有吕不韦、荀况、韩非，西汉有贾谊、司马迁、刘向、扬雄，东汉有桓谭、班固，魏晋有司马彪、崔譔、向秀等，集大成于西晋儒生郭象的《庄子注》。后世庄学家多奉郭象为庄学至高权威，认为郭象"独会庄生之旨"（唐儒陆德明《经典释文·序录》）。原因是郭象以儒解庄，篡改反注《庄子》，动作幅度极大。郭象对著录于正史的《庄子》大全本"五十二篇"（《汉书》）、"十余万言"（《史记》），删去十九篇、四五万言，变成郭象版《庄子》删改本三十三篇、六万六千言，又对删存的三十三篇，再予裁剪拼接、移外入杂、增删改字、妄断反注。郭象反注与郭象版《庄子》伪原文的抵牾，在郭象手里已经基本消除，因此后世庄学家极少反诘郭象。

对于郭象反注与郭象版《庄子》伪原文的少量抵牾，后世庄学家大多效法郭象，变本加厉地篡改郭象版《庄子》伪原文，乃至篡改郭象注文，为全面对立的庄义、郭义竭力弥缝。北宋陈景元统计的郭象版《庄子》伪原文尚有65923字，而我统计的清末郭庆藩《庄子集释》的郭象版《庄子》伪原文却减至65181字，清末王先谦《庄子集解》的郭象版《庄子》伪原文又减至65149字，比北宋陈景元时分别减少了742字、774字。删一字、增一字，改一字，主旨就会相反，而郭象删去了四五万字，郭象追随者删去了近千字，郭象及其追随者又增加了数百字，篡改了数百字，妄断了无数句，因此郭象反注与庄学真义处处抵牾。比如《庄子》原文一再褒扬"达人"，一再贬斥"儒墨"，未曾出现一次"大人"、"杨墨"，郭象版《庄子》伪原文却一再褒扬"大人"，一再贬斥"杨墨"。顺便一说，近来十分时髦的旧词新用"达人"，源头正是《庄子》。正如本文反复提及的对词"江湖/庙堂"，源头也是《庄子》。《庄子》自古至今滋养、催生着一切江湖顺道文化。

顾颉刚探究中华上古史，结论是"层累造伪"。我探究《庄子》流变史，结论同样是"层累造伪"。郭象及其追随者一千七百年的层累造伪，使郭象版《庄子》成了面目全非的伪《庄子》；把"天子不得臣，诸侯不得友"的庄子，改造成了"役人之役，适人之适"的"天之戮民"，把"息黥补劓"、

"攖而后成"的《庄子》，改造成了黥劓民众、攖扰天下的伪《庄子》；把真《庄子》的宗旨"天道人道两行"，改造成了伪《庄子》的宗旨"名教即自然"。概而言之，郭象及其追随者把古典中国的头号自由宗师，改造成了古典中国的头号专制帮闲，把弘扬江湖顺道文化的道家真经，改造成了鼓吹庙堂悖道政治的儒家伪经。

三　鸟尽弓藏，兔死狗烹

不宜认为王弼更有学术操守，郭象更无学术操守，因为王弼治老，郭象治庄，均非学术行为，均属政治行为，正如"文革"时期"评法批儒"、"批林批孔"，都是政治行为。郭象篡改《庄子》之所以比王弼篡改《老子》动作更大，首先是客观原因，即《庄子》比《老子》反庙堂更甚。其次才是主观原因，即郭象比王弼人格卑劣。郭象官至黄门侍郎、太傅主簿，"任职当权，熏灼内外"（《晋书·郭象传》），剽窃向秀《庄子注》。王弼则无劣迹，仅是出身门阀世家，天然维护庙堂。

"独尊儒术"的两汉之解体，导致魏晋庙堂深陷意识形态危机。为了挽救庙堂意识形态危机，王弼、郭象不得不事急从权地大搞统战，对《老子》、《庄子》进行创造性篡改，把庙堂悖道政治的终极天敌，暂时整容为庙堂悖道政治的统战净友。

王弼无须大量篡改《老子》原文，其统战式曲注就能轻易成功。因为《老子》仅是低调规劝"侯王若能守之，万物将自化"，"受国之垢，是谓社稷主。受国不祥，是谓天下王"，其与庙堂悖道政治的张力较小，极易调和。早在战国之时，老学即已融入当时最大的御用学术中心——齐国稷下学宫的主流学派"黄老之学"。悖道最甚的秦朝短命速亡以后，黄老之学一度成为西汉初年的庙堂官学，直到汉武帝"罢黜百家，独尊儒术"以后才被黜退。黜退以后，喜爱《老子》者并不限于江湖达人，庙堂君子仍然视若拱璧。唐玄宗李隆基，宋徽宗赵佶，明太祖朱元璋，清世祖顺治，四位截然不同的帝王曾为《老子》亲自撰注。近年不断有《老子》简帛出土于王侯之墓，同样证明老学易被庙堂改造利用。

郭象只有大量篡改《庄子》原文，其统战式反注方能勉强成功。因为《庄子》高调宣布"天子之与己，皆天之所子"（《人间世》），"天子不得臣，诸侯不得友"（《让王》），其与庙堂悖道政治的张力极大，极难调和。早在战国之时，孟轲、荀况、宋钘、尹文、慎到、田骈、邹衍等倚待庙堂的绝大多数诸子大佬，纷纷趋赴稷下学宫，唯有公然挑战庙堂、痛斥"昏上乱相"（《山木》）的庄子例外。三为稷下祭酒的大儒荀况，妄诋"庄子蔽于天而不知人"（《荀子·解蔽》）。钟情老学的荀况弟子韩非，则对早已死去的庄子发出死亡威胁："不臣天子，不友诸侯，吾恐其乱法易教也，故以为首诛。"（《韩非子·外储说右上》）

"老子庄周吾之师"、"非汤武而薄周孔"的嵇康被庙堂诛杀，为恨不得对庄子开棺鞭尸的韩非之专制叫嚣，追加了血腥注脚。"以庄周为模则"、撰写《达庄论》的阮籍，协助嵇康把《庄子》的重要性提升至超越《老子》之上。于是竹林七贤以后，"老庄"变成"庄老"，《庄子》成为魏晋以后江湖顺道文化挑战庙堂悖道政治的第一旗帜。

王弼《老子注》和郭象《庄子注》，都是冒充道家、实为儒家的魏晋"玄学"代表作，共同特征是以儒解道，共同宗旨是挽救庙堂意识形态危机。伪道家王弼、郭象与真道家嵇康、阮籍原本不属同一数量级，仅因悖道庙堂以权力介入学术，结果"至言不出，俗言胜也"（《庄子复原本·泰初》）。道家两大经典均被庙堂代言人运用统战策略反向消解，成为唐宋庙堂凭空虚构儒释道"三教合一"的奠基石。

唐宋庙堂成功虚构"三教合一"，庙堂意识形态危机业已安然度过。儒学也蜕变为理学，又重新站稳脚跟，于是理学代表人物抛弃统战策略，再次划清敌友。程颐曰："庄子叛圣人者也，而世之人皆曰矫时之弊。矫时之弊固若是乎？伯夷、柳下惠，矫时之弊者也，其有异于圣人乎？"（《二程遗书》卷二十五）朱熹曰："自晋以来，解经者却改变得不同，如王弼、郭象辈是也。汉儒解经，依经演绎，晋人则不然，舍经而自作文。"（《朱子语类》卷六十七）

程、朱之言，再次证实了道家对庙堂悖道政治的洞见"鸟尽弓藏，兔死狗烹"。王弼、郭象挽救庙堂意识形态危机，事急从权地大搞统战，假装认敌为友，仅是魏晋时期的"政治正确"。程颐对前统战对象庄子重算老账，朱熹对前统战功臣王弼、郭象过河拆桥，则是唐宋以后的"政治正确"。既然江湖之鸟已尽，江湖之兔已死，那么庙堂之弓和庙堂之狗，就会因为"政治正确"的时移世易，而被庙堂秋后算账。其实庙堂代言人为了贪恋及身小年的庙堂富贵，已经无暇计及千秋大年的江湖清誉。

四　复原《庄子》，破解谜底

无论是庙堂代言人此一时视《庄子》为庙堂暂时必须笼络的统战对象，彼一时视《庄子》为庙堂无须再予笼络的批斗对象，《庄子》的反庙堂本质永远不变，正如司马迁早已明言"（庄子）诋訾孔子之徒"，"故自王公大人不能器之"（《史记·老子韩非列传》）。所以古代王侯之墓颇多《老子》简帛，极少《庄子》简帛。然而反庙堂的先秦之书无数，《墨子》、《关尹子》、《子华子》、《惠子》、《公孙龙子》、《公子牟》等等，或残灭于秦始皇之焚书，或残灭于汉武帝之罢黜，唯有挑战庙堂的最大反书《庄子》，任何专制帝王都难以彻底剿灭。尽管魏牟版《庄子》初始本被刘安版《庄子》大全本正淘汰，刘安版《庄子》大全本又被郭象版《庄子》删改本逆淘汰，然而亡佚之前，仍有向往天赋自由、反抗庙堂奴役的无数士人，大量引用魏牟版、刘安版《庄子》，许多引言不在郭象版《庄子》之内。因此魏牟版、刘安版《庄子》尽管亡佚千年，奢望其简帛出土于王侯之墓又很渺茫，葬入普通士人之墓的简帛也早已烂光，但是散见于正史、类书、笔记的大量《庄子》佚文，仍为集腋成裘地复原魏牟版、刘安版《庄子》，留下了微弱可能。

无数酷爱《庄子》的学者，曾经搜罗《庄子》佚文，考订《庄子》原貌，举其要者有南宋王应麟，明人阎若璩，近人马叙伦、刘文典、王叔岷等。从二十世纪八十年代开始，我投入三十年时间精力，充分吸纳前贤成果，终于完成了《庄子复原本》。

《庄子复原本》，正编复原的是成书于战国的魏牟版《庄子》初始本，附编复原的是成书于西汉的刘安版《庄子》大全本，虽然无法恢复全貌，只能恢复概貌，然而有助于重新认知这一古典中国的文化圣经，有助于重新探究古典中国的不解之谜。

中国之谜的谜底，蕴含于如下谜面之中：唐宋以前一千年，是古典中国的兴盛期、上升期，也是魏牟版、刘安版真《庄子》的流传期、影响期。唐宋以后一千年，是古典中国的衰退期、下坠期，也是郭象版伪《庄子》的流传期、影响期。古典中国的两千年兴衰，与真伪《庄子》的两千年流变完全同步，决非偶然。

虽然"五四"时期对古典中国的批判过于偏激化，"文革"时期对古典中国的批判过于政治化，然而两者的批判矛头共同指向庙堂政治，并非全无准星。但是仅因古典中国的庙堂悖道政治已不适应现代世界，就全盘否定古典中国的江湖顺道文化，乃至无视滋养、催生了一切江湖顺道文化的《庄子》，那么古典中国的登峰造极，就无从索解，庙堂乱世均为江湖盛世的中国之谜，也难觅谜底。

以儒家思想为核心的古典中国之陈旧政治舞台，必将转型重建。以道家思想为核心的古典中国之优秀文化剧目，必将常演常新。中华顺道文化曾经赐福古典中国，仍在赐福今日中国，还将在崭新的现代政治舞台上赐福未来中国，进而赐福全体人类。

2010年7月19日—23日

（本文刊于《博览群书》2010年第10期。）

《投资有道》记者鲁刚专访
——复原《庄子》与中华道术的正本清源

张远山，1963年生于上海。出版著作14部，海内外版本27种。

张远山1980年考入华东师大，1984年毕业以后教书11年，他的《与时代拔河》一文写过那段经历。张远山读书时忍受不了教材，教书时也忍受不了教材，更忍受不了教参，所以不愿继续教书了。上班的职业，教书是他的首选。不上班的职业，写作是他的理想。他1995年33岁时离职开始写作，此后开始追求人生理想。

张远山读书唯兴趣是从，鲸吞保证其量，蚕食保证其质。经典必定过目，决不寻找捷径，按他的话说是"无为"。喜欢的经典就反复重读，凡有疑问就不断研究，这是"无不为"。"无为无不为"是道家思想，而张远山最喜欢的正是道家经典。

2005年后，张远山启动"庄子工程"。今年出版的新著《庄子复原本注译》，确定了《庄子》大全本的编纂者是淮南王刘安，《庄子》初始本的编纂者是中山王子魏牟，同时分别考定了《庄子》大全本和初始本的具体篇目和分类归属。这一成果廓清了影响上千年的郭象版伪《庄子》的迷雾，使得庄学研究出现了崭新的面貌。

彻底颠覆郭象版伪《庄子》

鲁刚：《庄子复原本注译》复原了郭象版《庄子》以前的魏牟版《庄子》和刘安版《庄子》。古往今来的《庄子》注释本不计其数，都是郭象版吗？郭象对《庄子》大全本的删减和篡改，历代学者如何看待，是否指出来过？

张远山：魏牟版《庄子》初始本，流传于刘安以前的战国末期和秦汉之际，吕不韦、荀况、韩非、贾谊、韩婴都曾大量引用。刘安版《庄子》大全本，流传于郭象以前的两汉，《史记》、《汉书》都曾评论或著录。初始本只有二十九篇，大全本则有五十二篇，由于两种版本的引用者，都把引用之书称为《庄子》，导致后人从未意识到曾经有过《庄子》初始本。我搜罗了大量史料证据，首次论证并复原了魏牟版《庄子》初始本。《史记》作者司马迁和《汉书》作者班固，都不知道评论或著录的仅是大全本，都不知道大全本的编纂者是司马迁以前的淮南王刘安，都错误认为大全本五十二篇的作者全是庄子。后世学者盲从《史记》、《汉书》的权威谬见，因而只知郭象以前曾有大全本，不知大全本以前另有初始本，也不知大全本的编纂者是刘安，不知外杂篇的作者均非庄子。郭象重新编纂刘安版《庄子》大全本，删去十九篇四五万字，又对保留的三十三篇大肆篡改，然后全面反注，用伪《庄子》淘汰了真《庄子》。

郭象至今的所有《庄子》注释本，都以郭象版伪《庄子》为母本，都盲从郭象反注，每位注家都以校勘的名义，把郭象删改得不通的关键原文，重新删改得自以为通顺，但是按照郭象反注把原文删改得越是通顺，越不符合原文原意，因此郭象版《庄子》越来越伪，字数也越来越少。郭象以后的历代学者，又删改了不符合郭象反注的关键原文近千字——我都根据史料证据，一一予以复原。只有少数学者曾在某些局部，怀疑郭象篡改，批评郭象反注，但是不够全面系统，举证尤其不足，无法影响多数学者对郭象版伪《庄子》及其反注的盲信盲从。只有全面论证郭象篡改反注，彻底颠覆郭象版伪《庄子》的《庄子复原本》问世以后，这种局面才会改观。

鲁刚：你的《〈庄子复原本〉与中国之谜》一文，提出了庙堂悖道政治和江湖顺道文化这一组对应的概念，"悖道"这一概念是你创造的吗？这是否意味着你对中华帝国的彻底否定？

张远山：是我对老庄思想的综合概括。《老子》主张"惟道是从"，就是主张"顺道"。《庄子》反对"遁天悖情"，就是反对"悖道"。《老子》认为"道生万物"，《庄子》认为天道是万物"真宰"，君主只是假宰，治理民众不能"遁天悖情"，必须"惟道是从"，才是"以人合天"的顺道政治。然而儒家认为"天道远，人道迩，非所及也"（《左传》），违背"天道"的万物自然平等，鼓吹"人道"的君臣名教等级，成了"以人灭天"的悖道政治。

我对中华帝国并不彻底否定，可分四点说明。

第一，我遵循庄子首创的两分法，对"庙堂"、"江湖"作出不同评价。

第二，我遵循庄子倡导的"然于然，不然于不然"，对庙堂悖道政治也有理解的同情，历史的分析。庙堂悖道政治也有成就，但是反方向成就越大，就悖道越甚，所以不能用成就否认悖道。金字塔只有奴隶社会才能建造，非奴隶社会都无法建造，但是不能用金字塔的成就否认奴隶社会的悖道。

第三，庙堂悖道政治虽恶，仍是历史的部分动力，但不是全部动力，古典文明是庙堂悖道政治和江湖顺道文化共同创造的。仅有属于庙堂悖道政治的明成祖朱棣，没有属于江湖顺道文化的木匠蒯祥，就没有伟大的紫禁城。赞叹紫禁城伟大的后人，仅知"伟大"的朱棣，不知更加伟大的蒯祥，乃是因为庙堂悖道政治遮蔽了江湖顺道文化。

第四，其他古代民族也曾建立专制帝国，之所以唯有中华帝国创造了如此伟大的古典文明，乃是因为除了儒家主宰的庙堂悖道政治，还有道家滋养的江湖顺道文化。

古典中国的兴衰，与真伪《庄子》的流变同步

鲁刚：你在上文最后还说："唐宋以前一千年，是古典中国的兴盛期，也是魏牟版、刘安版真《庄子》的流传期。唐宋以后一千年，是古典中国的衰退期，也是郭象版伪《庄子》的流传期。古典中国的两千年兴衰，与真伪《庄子》的两千年流变同步，决非偶然。"请定义"古典中国"，解释"决非偶然"。

张远山：两千年中华帝国，始于公元前221年秦始皇称帝，终结于1911年辛亥革命。此前是先秦中国，此后是现代中国。由于"中华帝国"只记得朱棣们的儒家庙堂，不记得删祥们的道家江湖，所以我用"古典中国"兼指儒家庙堂和道家江湖，以便让热爱古典文明的人们明白，古典文明成其伟大的主要原因，是被儒家庙堂遮蔽的道家江湖。

关于唐宋以前是古典中国的兴盛期，唐宋以后是古典中国的衰退期，可以参考我的文章《告别五千年》。魏牟版、刘安版真《庄子》和郭象版伪《庄子》，分别流行于唐宋以前和以后，并非偶然巧合，而是必然相关。因为始于汉代的"罢黜百家，独尊儒术"，直到唐宋才告完成。唐宋以前一千年，先秦顺道文化虽因罢黜而逐渐消亡，但是生命力不强的其他各家容易剿灭，生命力最强的道家难以剿灭，仍然影响极大，造就了民族性格的强悍，滋养着文化创造的活力，推动了古典文明的上升。魏晋庙堂不得不对其终极天敌道家调整策略，于是王弼《老子注》、郭象《庄子注》通过篡改反注，使原本贬斥庙堂悖道政治的道家经典，变成了拥护庙堂悖道政治的伪道家经典，道家经典从此名存实亡。因此唐宋以后一千年，庙堂上层失去了江湖下层的支撑，庙堂政治更加悖道，君主专制更加强化，江湖下层失去了道家思想的滋养，民族性格大为奴化，文化活力大为窒息，导致了古典文明的衰退，埋下了近代中国全面溃败的祸根，负面影响直至今日。

鲁刚：《庄子复原本》跋语说："没有郭象炮制的假道家，'儒道互补'的文化虚构就无法成立，'三教合一'的庙堂话语就难以建构，'以隶相尊'的意识形态就不够完整，僭用'帝'号的中华帝国就不能长存。唯愿《庄子复原本》有助于终结旧庄学，有助于消解中华专制话语。"你是否认为，对《庄子》原文的篡改和对《庄子》真义的屏蔽，助长了中国专制王朝的千年延续？

张远山：正是如此。先秦顺道经典之中，唯有《庄子》明确反对君主专制，主张"天子之与己，皆天之所子"，"天子不得臣，诸侯不得友"。道家、儒家对君主专制的态度截然相反。道家认为"名教违背自然"。儒生王弼却反注《老子》，妄言《老子》宗旨是"名教本于自然"。儒生郭象又反注《庄子》，妄言《庄子》宗旨是"名教即自然"。唐宋以前，道家宗旨"名教违背自然"属于常识，制约着庙堂政治的悖道程度，因而专制有限，文明上升。唐宋以后，伪道家宗旨"名教本于自然"、"名教即自然"却被视为道家宗旨，加剧了庙堂政治的悖道程度，因而专制强化，文明衰退。正因如此，中国进入君主专制的中世纪，时间与欧洲相当，进入民主自由的近现代，却比欧洲晚了很久。

鲁刚：道家思想对中国商道有何影响？了解道家思想对普通人有何现实意义？

张远山：老子是道家之祖，其弟子范蠡是道商之祖。范蠡助越灭吴以后，遵循老子教导功成身退，移居天下第一商业都会定陶，成了天下首富陶朱公。孔子是儒家之祖，其弟子子贡是儒商之祖。道商有道，凭借"自然"的江湖市场致富。儒商有术，依托"名教"的庙堂权力致富。贵刊的刊名主张投资"有道"，反对投资"有术"，我很赞赏。理财是投资金钱，有道就能获得财富。读书是投资时间，有道就能获得智慧。人生是投资生命，有道就能获得幸福。中国不仅需要有道的商人，而且需要一切领域的顺道真人。无论个体、群体，顺道必将获得丰厚回报，悖道必将付出惨重代价。

鲁刚：能否列出你的著作目录？ 2004年之前，你的著作以寓言和评论为主，请谈谈为何钟情寓言这一文体。2005年之后，你以老庄研究为主，请谈谈为何发生写作转向。

张远山：我的著作大致分为两大阶段和两大类别。2004年以前是求道阶段，文学类著作有诗集《独自打坐》，长篇小说《通天塔》，寓言小品集《人文动物园》、《人类素描》、《故事的事故》、《吊驴子文》，文学评论集《汉语的奇迹》、《齐人物论》（与人合著）。哲学类著作有《寓言的密码》，《永远的风花雪月，永远的附庸风雅》，《告别五千年》，《文化的迷宫》。早期著作都以《庄子》为背景，但是很不成熟，许多疑问尚未找到答案。《庄子》是文哲合璧的汉语极品，寓言是庄子述道的基本文体。我创作和研究寓言，是想从实践到理论，全面理解《庄子》，进而理解中华道术。

从1980年到2004年的二十五年，是求道阶段，写作为辅，研究为主，只是研究尚无成果。2005年以后，研究小有成果，所以转入述道阶段，启动"庄子工程"。2008年完成《庄子奥义》，今年完成《庄子复原本注译》。

鲁刚：请谈谈未来著述计划。

张远山："庄子工程"前半部分是庄学三书，就是已经出版的《庄子奥义》，《庄子复原本注译》，还有正在撰写的《庄子传》。庄子是中华道术的集大成者，不是开创者，所以工程后半部分是百家三书：《老子奥义》将会追溯《庄子》的先驱《老子》，再追溯《老子》的源头《易经》，我称为"由庄溯老，由老溯易"。《公孙龙子奥义》将会描述道家以外的百家顺道文化，主要是墨家、名家。收官之作《中华道术总论》，将会全面描述先秦知识总图，完成中华道术的系统陈述。正本清源的中华道术，必将再次赐福中华民族。

（本文刊于《投资有道》2010年第10期，记者鲁刚。）